Erich Loest

Durch die Erde ein Riß

Ein Lebenslauf

Linden-Verlag

Copyright © 1981/90 Linden-Verlag, Leipzig
Umschlaggestaltung: Günter Grass
Druck und Bindung: Offizin Andersen Nexö,
Grafischer Großbetrieb, Leipzig III/18/38
Printed in Germany

ISBN 3-86152-006-0

Inhalt

Klammer auf 7
I. Dieses Jahr sechsunddreißig 13
II. Pistole mit sechzehn 32
III. Kleiner Krieg 61
IV. Wechsel auf offener Szene 98
V. An der Pressefront 118
VI. Jeden Tag fünf Seiten 150
VII. Und durch die Erde ein Riß 171
VIII. Dieser Mittwoch im Juni 196
IX. »Der Fall Loest« 231
X. Ein Institut wird gegründet 256
XI. Roll back 283
XII. Die Lehmann-Gruppe 309
XIII. Gemordete Zeit 337
XIV. Sein albanisches Wunder 365
XV. Abschied von den Gittern 392

Klammer auf

»Dreinzwanzsch, komm Se!«

Der Strafgefangene 23/59 folgte dem Hauptwachtmeister über Galerien und Treppen hinunter. Es war ein beschaulicher Vormittag, die Brigaden steckten in der Arbeit, die Einzelhäftlinge liefen still und in Abständen über die Nordtreppe zur Freistunde ab, ein Kalfaktor fummelte am Geländer. 23/59 ließ die Augen huschen: Die Belegung auf Station IV war wie bisher, rote Nummern an den Türen, eine rote Eins bedeutete: ein Mann in Einzelhaft. Dort lag Harich, drei Zellen weiter Dertinger, der gewesene Außenminister. Vor dem Saniraum wartete ein dicker Kerl, ein Neuer offenbar. Zwinkern wie nebenher, dabei rannen in 23/59 Gedanken ab: Verlegung oder Material zählen? Kabel abmessen? Oder der Quatsch mit der Zange ging wieder los, die seit letzter Woche nicht aufzutreiben war; er wußte von nichts und hatte das ziemlich schlüssig beweisen können; aber vielleicht suchten sie wieder und stellten die Zelle auf den Kopf; irgendwas fanden sie ja immer, hoffentlich nicht die kostbare Bleistiftmine. Dann gäb es kein Kreuzworträtsellösen mehr.

Der Hauptwachtmeister schloß die Tür zur Materialausgabe auf. Er war ein kleiner, beweglicher Vierziger mit lauter Stimme, nicht der schlechteste. »Sie übernehm de Abrechnung un de Materialausgabe un's Werkzeug.«

»Möcht ich nich machn, Herr Hauptwachtmeister.«

Ungläubiger Blick. »Traun Se sichs nich zu?«

»Das schon. Aber ich möchts nich machn.«

Pause. Warten. Schlüsselklappern.

»Ich übernehm keine Funktion.« Das äußerte 23/59 so gelassen, wie er sichs vorgenommen hatte, und so fest wie möglich, er hatte Zeit gehabt, sich auf diese Situation vorzubereiten, vielleicht war sie unausweichlich, nun war sie da. Abrechnen hieß auch, dafür zu sorgen, daß die Norm erfüllt wurde, und da blieb es nicht aus, daß er mal sportne: Harry, nu quassl nich so viel, hau ran, sonst schaffn wir die Norm nie!

»Anweisung von der Anstaltsleitung.«

Blicke trafen sich, glitten nicht auseinander. Damit hatte der Hauptwachtmeister wohl nicht gerechnet, 23/59 galt als Häftling, der keinen Rabatz machte, er hielt die Zelle in Ordnung, brachte eine erträgliche Arbeitsleistung, wenn er auch keine Bäume ausriß. Auf einmal das. »Is doch gar nich viel, was Se machen solln. Bei vier Mann, das wern Se doch schaffn!«

Versuchung regte sich, sich zu besänftigen: Lohnt nicht, das bißchen, Brigadier biste dadurch noch lange nicht, und wenn dich der Anstaltsleiter eines Tages fragt: Welche politischen Gespräche werden bei Ihnen geführt? Oder: Welche Einstellung hat 4/58 zu seiner Straftat? Dann ist immer noch Zeit, zu antworten: Ich geb keine Auskünfte über Mithäftlinge. Aber er hatte sich hundertmal vorgenommen: Nicht den kleinen Finger geben, du rutschst rein und weißt nicht wie. »Ich geb keine Anordnungen an Mitgefangene.«

Nach einer Viertelminute, mit Schulterzucken: »Nochmals: Anweisung von der Anstaltsleitung.« Die Auflehnung, Befehlsverweigerung war nicht vor versammelter Mannschaft ausgesprochen worden, also war die Anstaltsleitung nicht gezwungen, das Gesicht zu wahren. Sie konnte so tun, als wäre nichts gewesen, konnte einen anderen beauftragen. Aber sie konnte 23/59 auch einen Denkzettel verpassen oder für etwas ganz anderes abstrafen, das sie ihm nicht hatte nachweisen können. Oder: 23/59 ließ auch im vierten Haftjahr nicht locker und hatte wieder einen Antrag beim Staatsanwalt gestellt, in seiner Freizeit schriftstellerisch arbeiten zu dürfen. Also endlich dem Querulanten eins auf den Deckel: Einundzwanzig Tage Bau!

»Sie könn sichs bis Schichtende überlegn.« Der Wachtmeister führte 23/59 zurück.

Köpfe hoben sich.

»Soll die Abrechnung machn.«

»Und?«

»Ich machs nich.«

Zangen faßten wieder nach Drähten, Schräubchen, das war ja nun das Ereignis der Woche, endlich wurde es mal spannend. Das würden die Kumpel drehen und wenden, würden Parallelen ziehen. Heinz Schmidt hatte mal abgelehnt voriges Jahr, Spion, lebenslänglich, der beste Motorenbauer des Hauses, der immer für 160 Prozent gut war. Keine Reaktion der Anstaltsleitung. »Mensch, Erich«, sagte Jupp, »wenn das nich ins Auge geht.« Nachgeben, am Abend sagen: Ich machs doch. Natürlich blieb ihm diese Versuchung nicht erspart. Aber das hätte er auch sofort haben können, da hätte er sich nicht hundertmal vorzunehmen brauchen: Nicht den kleinen Finger! Jetzt kneifen, und er war noch nicht mal vor die Alternative gestellt worden: Wenn Sies nicht machen, marschieren Sie in den Bau. Harry sagte: »Paß auf, die haun uns auseinander.«

Mittags liefen sie aus dem Arbeitsraum auf Zelle ab. 23/59 lag mit Jupp zusammen, der war eher in der Zelle gewesen und hatte deshalb das obere Bett. Bessere Luft am Fenster. Das dritte Mal Nudeln diese Woche, Kartoffeln waren knapp. Möhrenstücke dazwischen, winzige Würfelchen Schweineschwarte, immerhin. Man konnte nicht immer dasselbe reden, und so erinnerten sie sich, daß vor einem Monat Weißkraut mit Hering ausgekellt worden war, als Eintopf gekocht, eine Wahnsinnstat der Küche. 23/59 löffelte langsam, er würde aufessen, und wenn der Fraß noch so miserabel schmeckte. Jupp horchte nach draußen, und da erscholl er schon, der Ruf: »Station drei – Feuer!« Das war nun die Frage für Jupp: Aufs Rauchen verzichten während der Mittagspause oder rauchen mitten im Essen.

Natürlich entschied er sich fürs Laster, lehnte sich an die Tür, der Kalfaktor öffnete den Spion, Jupp schob sorgsam die Zigarette mit dem Papiertütchen hindurch, sog. Sofort verfiel er in heilige, stumme Andacht.

23/59 entsann sich unterdessen der Zeiten, in denen er Macht besessen hatte, ein bißchen immer nur, und stets hatte sie ihn verändert. Jungenschaftsführer und Fähnleinführer beim Deutschen Jungvolk, Reserveoffiziersbewerber, Redakteur, Bezirksvorsitzender im Schriftstellerverband. Dazwischen jeweils ein schmerzhafter Fall. Aufrappeln. Der tiefste Sturz, Zuchthaus. Nun ein Sprößchen: Verantwortlich für die Arbeitsleistung von drei Mitgefangenen.

»Ich würds machen«, sagte Jupp nach dem Rauchen. »Deswegen mußte doch kein anscheißn.«

»Und in paar Wochen heißts: Sie machn Kalfaktor in 'ner Brigade.«

»Warts doch ab.«

Sie wurden wieder in den Arbeitsraum geführt und montierten und löteten und erfüllten die Norm und schafften ein wenig Vorlauf für den nächsten Tag. Eine halbe Stunde vor Schichtende stand der Hauptwachtmeister in der Tür, er blickte 23/59 an und fragte, wobei er mit dem Schlüsselbund gegen den Oberschenkel klapperte: »Also was is?«

»Ich bleib dabei.«

Ein Blick, wartend, nicht einmal zornig. »Hoffentlich ham Se sichs gut überlegt.« Wieder Warten. Schlüsselklappern. Der Hauptwachtmeister zeigte auf Jupp: »Sie gem Matrial und Werkzeug ab.«

»Jawoll, Herr Hauptwachtmeister.«

Sie redeten nach einer Weile darüber, ob noch vor Sonnabend Zigaretten ausgeteilt würden. Jupp sammelte die Zangen und Schraubenzieher ein. 23/59 war eher auf Zelle als er und nahm die Zeitung und das Abendbrot herein. Er schlug die Zeitung auf, 27. November 1961, wieder hatten sich DDR-Betriebe entschlossen, nach dem Bau des antifaschistischen Schutzwalls etliche Erzeugnisse, die sie bislang aus dem westlichen Ausland bezogen hatten, selbst herzustellen, sich, wie es hieß, störfrei zu machen. Bauern bereiteten sich in Winterseminaren auf das kreuzweise Verlegen von Mais vor.

Jupp berichtete, er habe bei der Materialausgabe den Löwen von Biesdorf getroffen, auch Graf Hardenberg, der natürlich kein Graf war. Allgemeine Meinung: vor Abschluß des Friedensvertrags keine Amnestie mehr. Aber dann sofort. Schöne Grüße. Und halt den Arsch warm.

Sie aßen Brot mit Schmalz und Leberwurst und ein wenig Marmelade aus dem eigenen Vorrat. Kurz nach sechs wurde die Glühbirne ausgeschaltet, die Anstalt sparte Strom. Licht fiel nur noch durchs Fenster herein, die Scheinwerfer auf den Mauern, die Kunstmonde, brannten natürlich hell und klar. Ihr Glanz reichte, vor der Nachtruhe die Klamotten auf dem Schemel kantenrein zu packen, Schüssel und Löffel obenauf. Abmeldung in Unterhosen.

Nach dem Einschluß lag 23/59 noch eine Stunde wach. Er hakte diesen Tag ab, vier Jahre und vierzehn Tage war er in Haft, drei Jahre, fünf Monate und sechzehn Tage hatte er noch vor sich. Er hätte alles in Tagen ausdrücken können, auch die Spanne dazwischen. Er resümierte: Kein leichter Tag heute, aber du hast ihn hinter dir. Der Teufel naht meist auf leisen Sohlen. Er dachte darüber nach, wie es denn gekommen war, daß er keine Macht wollte, keine von oben verliehene und von unten nicht kontrollierte Macht. Keine Gesellschaft war denkbar, ohne daß Menschen Macht über andere ausübten – warum, fragte er sich, ist das für mich ein Problem und für andere nicht? Wer Macht hatte, war allergisch gegen alle, die nicht ein Häppchen von ihr leihen wollten. Trugen die Mächtigen schlechtes Gefühl mit sich herum, suchten sie deshalb Komplizenschaft und haßten die Machtverweigerer, weil die sich nicht zu Mittätern machen ließen? War es eitel, sich das weiße Hemd der Unschuld überzuziehen – seht her, was für ein Engel ich bin, ich mach mir die Hände nicht schmutzig? Teilhabe an der Macht, um Informationsbedürfnis, Neugier zu befriedigen? Die Tragik derer, die in der Mitte zerrieben wurden – ein endloses Feld.

Vielleicht verschwand er morgen oder nächste Woche in Einzelhaft, vielleicht steckten sie ihn mit einem Lump zusammen, legten ihn in eine Außenzelle, in der es doppelt so kalt war wie in Innenzellen. Kein Kino für drei Monate. Möglichkeiten gab es die Menge, und er kannte fast alle. Schreiberlaubnis bekam er ohnehin nicht. Oder auch: Es blieb alles beim alten.

Jupp begann tief zu atmen und leise zu schnarchen. 23/59 blickte gegen die Decke mit dem Gitterschatten, der Knastmond würde niemals untergehen. Er versuchte, sich an Wendungen zu erinnern, als er mit der Macht kollidiert war. Dabei überkam ihn Müdigkeit, er drehte sich auf die Seite und zog die Decke über den Kopf, daß nur ein Spalt zum Atmen blieb. So würde er die Kälte überstehen. Der Schlaf kam schnell und spülte alles Grübeln weg. 23/59 wehrte sich nicht gegen ihn. Denn natürlich ist Schlaf das Beste, was es im Knast überhaupt gibt.

I.

Dieses Jahr sechsunddreißig

1

Im April 1936 füllte ein Zehnjähriger den Aufnahmeantrag für das Deutsche Jungvolk aus. Füllte er aus? Tat es die Mutter für ihn? Das geschah auf dem abschüssigen Markt von Mittweida, seiner Geburtsstadt, zwanzig Kilometer nördlich von Chemnitz. Ein Zelt war aufs Pflaster gepflockt, uniformierte Dreizehnjährige wachten mit gespreizten Beinen, die Fäuste auf den Oberschenkeln geballt, den Blick nach Möglichkeit starr. Habt-Acht-Stellung hieß das, der Neuling sollte es noch lernen. Es war dämmrig im Zelt und roch nach imprägnierter Leinwand und gelacktem Leder, die Luft war stickig wie immer in Zelten, da begegnete er zum erstenmal diesem Geruch, der in der Erinnerung aufweht als Geruch dieser Zeit. Jedesmal, wenn er in den nächsten acht Jahren das Halstuch umlegte, hatte er den Ledergeruch des Knotens vor der Nase; so was hält ein Leben lang vor.

Vermutlich traten die beiden nicht Hand in Hand ins Zelt, gewiß gingen sie nicht Hand in Hand wieder hinaus. »Komm, laß dich führen«, hatten Mutter und Großeltern und Schwester tausendmal gesagt, das war nun vorbei. Zwei Sehnsüchte rieben sich: Er wollte, daß ihn die Mutter oder das Dienstmädchen jeden Morgen Huckepack aus dem Kinderzimmer in die Küche trug, daß er der gehegte Erich der lieben Großeltern bliebe, folgsam und gutartig. Und er wollte fort zu den *großen Jungen,* die auf Trommeln einschlugen und jetzt im April schon kurze Hosen und Kniestrümpfe trugen.

Das war ein aufregendes Frühjahr, er wechselte von der

Volksschule zur Oberschule über, und am 20. April, zu Hitlers Geburtstag, sollte er ins Jungvolk aufgenommen werden. Nachdem alle linken Jugendorganisationen zerdrückt und alle rechten aufgesogen waren, schickte Reichsjugendführer Baldur von Schirach sich an, die Masse der deutschen Jugend zu gliedern in Führer und Gefolgschaft, ihnen marschieren und singen zu befehlen, sie zu lehren, wie man Zelte baute, Wasser im Kochgeschirr zum Wallen brachte und eine Karte las unter Beachtung der westlichen Mißweisung. Kimme und Korn, verklemmt und verkantet, und kehrt wurde immer auf dem linken Absatz gemacht. Landsknechtstrommeln dröhnten, Fanfaren gellten, abends loderte auf dem Markt ein Feuer. Mit Flammen hatten's die Nazis auch in Mittweida, mit Sonnwendfeuern und Fackelzügen; es muß sie geschmerzt haben, als sie im Herbst 1939 feindlicher Flieger wegen auf dieses Rauschmittel verzichten mußten. Schon einige Wochen vorher, an seinem zehnten Geburtstag, hatte der künftige Pimpf dies auf dem Gabentisch gefunden: Braunhemd und schwarze Hose von den Großeltern, Koppel und Schulterriemen von Tante Lucie, Halstuch und Knoten und Jacke von Mutter und Vater. Er machte sich uniform damit, bevor er sich am Morgen des 20. April mit wimmelnden Scharen anderer Jungen auf dem »Platz der SA« einfand und unter überlaut wiederholten und nicht verstandenen Befehlen in Reih und Glied geschubst wurde. Da merkte er schon, daß er pinkeln mußte und wagte nicht, sich ein Stückchen davonzumachen und in einen Winkel zu stellen; der Druck der Blase verstärkte sich beim Marsch durch die halbe Stadt zum Schützenhaus hinauf, im Saal traute er sich erst recht nicht, einen Schnurträger um Erlaubnis zum Austreten zu bitten. Fahnen wurden hereinzelebriert, Reden gehalten, und im Pimpfanwärter L. wuchs die Scham, im heiligsten Augenblick, der ihm bislang vergönnt gewesen war, entlaufen zu müssen zur teergestrichenen Wand neben der Bühne, und es wuchs die Angst, er pißte sich in die Hosen. Als die Not am höchsten war, quälte er sich doch aus der Reihe und auf einen Beschnurten zu, der sah ihm seine Bedrängnis an und wartete keine Frage ab und zeigte eilfertig den Weg, der Gequälte erreichte die Teerwand mit Müh und Not und schiffte in panischer Hast durchs Hosenbein; das Glück dabei war größer als jedes andere an diesem Tag. Draußen im Saal schworen hundert Jungen ihrem Führer die Treue, im Abort für MÄNNER stand der kleine Loest, das Pimmelchen durchs Bein der Kordhose gezwängt, und alles wurde gut.

Auf dem Schützenplatz traten Mittweidas Jungen im nächsten halben Jahr an jedem Sonnabend morgens um sieben an und hielten Dienst bis Mittag und am Nachmittag noch einmal; dieser Tag hieß Staatsjugendtag, an ihm hatte die Schule ihr Recht verloren. Als die Zehnjährigen hinreichend geübt hatten, ihre Beine im gleichen Takt in die richtige Richtung zu lenken und die Arme schwingen zu lassen, zogen sie hinaus in die Wälder und ins Flußtal der Zschopau und lernten, wie man sich tarnte und einen Gegner anschlich, was ein Spähtrupp war und was es mit der Wetterseite der Bäume auf sich hatte. Primitivsoziales wurde großgeschrieben: Die Päckchen mit den Frühstücksbroten wurden auf eine Zeltplane gelegt und ausgelost, denn Gemeinnutz sollte vor Eigennutz gehen; dieser Brauch war Relikt aus der Kampfzeit der SA, noch in diesem Jahr wurde er aufgehoben, und L. mußte sich nicht mehr ekeln, wenn er Stullen kaute, von denen er nicht wußte, von welchen Händen in welcher Küche sie geschmiert worden waren, und er aß wieder, was ihm seine Mutter mitgegeben hatte: Brote mit Schweinebauch und Senf.

Er war klein für sein Alter und erbärmlich dünn, in seiner Klasse stand er beim Turnen an vorletzter Stelle. Fotos zeigen eine viereckige Stirn, darunter ein spitz zulaufendes Gesicht. In der Badehose: Da ist jede Rippe zu zählen, und das Jämmerlichste an ihm sind die Beine, mit denen er zu seinem größten Leidwesen nie lernte, auch nur einigermaßen Fußball zu spielen. Er war allzeit mit erfreulichem Appetit gesegnet und machte außer dem Üblichen, Masern und Ziegenpeter und Keuchhusten, keine Krankheit durch. In seiner Familie hatte man sich auf diese Formel geeinigt: Das ist nun mal so 'ne zähe Rasse. Sein Vater war Kaufmann und hatte eine Eisenwarenhandlung gepachtet, dort half die Mutter mit. Der Knabe Erich unterstand ihnen und den Großelternpaaren, Gaswerksdirektor und Oberlehrer mit ihren Frauen, er zog, kam er nach Hause, die Schuhe aus, da das Dienstmädchen es so anordnete, und erkannte wenigstens damals noch die Autorität seiner ein Jahr älteren Schwester an, die ein Mustermädchen war und die besten aller denkbaren Zensuren nach Hause brachte. In dieser Familie gab es nie die Spur von Not und erst recht nicht auch nur einen Anflug von Verschwendung. Es wurde solid gearbeitet und sparsam gewirtschaftet, der Pfennig galt und die Minute auch, und aus allen diesen Gründen fiel es dem Sohn leicht, sich nun auch noch dem Jungenschaftsführer und dem Jungzugführer zu fügen. Leidlich gern ging er zum Dienst und noch lieber wieder nach Hause, wo er las und mit seinen Elastolinsoldaten spielte; er besaß an die zweihundert, Deutsche meist, auch Franzosen und Engländer, dazu Geschütze, Autos, Schützengräben und Bunker. Sein Stolz war ein sieben Zentimeter großes Hitlerchen, das den Arm strecken konnte; zwei Jahre vorher hatten er und ein Freund einen sieben Zentimeter messenden Hindenburg in einem schwarzen Karton im Garten vergraben. Mit diesen Armeechen schlug er die Schlachten des Ersten Weltkriegs, der damals noch schlicht Weltkrieg hieß, noch einmal, und wenn er mit seinem Vater am Sonntagmorgen spazieren ging, ließ er sich von der Somme erzählen; Vater war verschüttet gewesen und hatte Fleckfieber überstanden, aus verworrenen Gründen war er beim Zusammenbruch des kaiserlichen Deutschland mit seinem Schreibstubenkameraden Carl von Ossietzky, dem späteren Nobelpreisträger, in einen Soldatenrat gewählt worden und hatte geholfen, den Rücktransport seiner Kompanie zu organisieren. Aber das war die einzige halblinke Episode, der Vater war bürgerlich gesonnen wie alle in der Familie, die demokratisch gewählt hatten während der ersten zehn Jahre der Weimarer Repu-

blik und für Hitler ab 1931, »denn so konnte es nicht weitergehen«.
Ein Vierteljahr nach seinem Eintritt ins Jungvolk legte L. die Pimpfenprobe ab. Er packte einen Tornister und half beim Aufbau eines Zwölferzeltes und spulte allerlei bräunliches Wissen ab, den Lebenslauf des Führers und die Schwertworte der Hitlerjugend, in denen es hallte, Hitlerjungen seien hart, schweigsam und treu, und des Hitlerjungen höchstes sei die Ehre. Hart wie Kruppstahl und flink wie die Windhunde sollten Hitlerjungen sein, und da er gemäßigten Willen mitbrachte, so zu werden, und alle Strophen der von seinem Reichsjugendführer gedichteten Hitlerjugendhymne aufsagen konnte – »und die Fahne führt uns in die Ewigkeit, denn die Fahne ist mehr als der Tod« –, durfte er künftig das Fahrtenmesser tragen, das eine Blutrinne aufwies und die geätzten Worte »Blut und Ehre«. Dann kehrte er zu seinen Büchern und Spielsoldaten und zu seinem Atlas zurück. Drei Tage später meldete er sich wieder zum Dienst, nur hin und wieder drückte er sich vor Wochenendfahrten, bei denen gezeltet oder in einer Scheune kampiert wurde, wo er sich nicht richtig waschen konnte, wo Erbsensuppe aus einem Bottich geschöpft wurde und er den heimischen Sonntagskarpfen oder das Schnitzel verpaßte. Herzlich gern verzichtete er auf die Teilnahme am Sommerlager – zwei Wochen auf Stroh; einmal schwemmte ein Wolkenbruch das Lager fort – und fuhr statt dessen mit Großeltern und Schwester bravbürgerlich an die Ostsee.
Der Chronist, ein Mittfünfziger, lauscht, äugt, tastet zurück, um dieses Bürschleins habhaft zu werden, das in seiner Erinnerung hochschnellt, sächsisch spricht, marschiert, sich ängstigt, hofft. Dem Chronisten helfen Gespräche mit seiner Frau Annelies auf, die am Rand Mittweidas aufwuchs. Begriffe werden aus zwei Gedächtnissen gegraben: Kletterweste, ein Stück der BdM-Uniform, die womöglich nicht Uniform hieß, sondern Kluft. Der Chronist könnte in seiner vertrauten Bibliothek nachschlagen, der Deutschen Bücherei in Leipzig, aber was bedeuten schon Begriffe, wenn

sie nur noch auf dem Papier stehen und in keinem Gedächtnis mehr Sinn haben oder Unfug treiben? Heilkräutersammlung. WHW-Sammlung. Gab es einen Uniformschuh der HJ? Das Jungvolk besaß Fähnleinfahnen, der BdM nur Wimpel. Weil Mädchen zu schwach waren, Fahnen zu schleppen? Immer wieder redete der Chronist mit seinen Uralt-Schulkameraden, dem Journalisten Carl Andrießen und dem Romanisten Manfred Naumann, über die Schule damals, über Mittweida vor der Nazizeit und bis zum Krieg und im Krieg; diese drei belästigten ihre Umgebung, die nichts mit Mittweida zu tun hatte, und forderten Spott heraus: Mittweida sei wohl der Nabel der Welt? Für diese drei war Mittweida die Nabelschnur, die sie mit der Welt verband, ehe sie sich nach Leipzig davonmachten und zwei von ihnen später weiter nach Berlin. Der Chronist besitzt kein Gedächtnisvehikel wie Oskar Matzerath in der »Blechtrommel« des Günter Grass, mit dem er sich die Vergangenheit aus weiter Ferne aus dem Brunnen der Vergangenheit herauftrommeln könnte. Sein bißchen Gehirn befragte er, nutzt die Erinnerung der Schwester, der Schwägerin, auch die Chronik des Arztes Dr. Sauer. Und das Familienalbum. Oskar Matzerath stellt die umfassende Frage: Was auf dieser Welt, welcher Roman hätte die epische Breite eines Familienalbums?

Schwarzledern, einen halben Meter lang, zehn Zentimeter dick prunkt es heute zwischen Zinn. Auf der ersten Seite: »Landsmannschaft PLATTONIA i/e Ehrenmitgliede A. Loest in Dankbarkeit gewidmet. Mittweida, Weihnachten 1906.« Was heißt i/e? Das Fremdwörterbuch behauptet: id est, zu deutsch: das ist, das heißt. Das gäbe wenig Sinn. Immerhin, man zeigte Drang zur Bildung. Gesichter über Gesichter, Studenten des Technikums Mittweida mit Schärpen und Mützen und Kordeln, mit Säbeln und Trinkhorn, Gasfachleute später, unter ihnen immer Albert L., der Großvater, der wohl schon mit zwanzig vollbärtig und vollglatzig war. Martha, seine Frau, nach eigener jahrzehntelang wiederholter Aussage einst das schönste Mädchen aus der Weberstraße, Rück- und Seitenblicke auf das Pommersche Dorf, aus dem Albert L. aufs Mittweidaer Technikum gekommen war, der Aufbau der Gasanstalt – so blättert sich's hin bis zum Ersten Weltkrieg, da erweist sich der Sohn der Martha und des Albert, Alfred, schon beinahe als kriegsflügge. Samtigbräunlich ist der Ton der Bilder, hasenhaft und nicht nackt schwarzweiß wie später und schon gar nicht rotgrüngelbschreiend wie die Fotos, die die Westverwandtschaft letzten Sommer in Italien schoß. Da war Vorbereitung, Sammlung nötig zu jedem Konterfei, die Familie kleidete sich feiertäglich und pilgerte zum Atelier und postierte sich vor phantastischem Hintergrund, reckte Hälse und Brüste – klack, das war's dann für die nächsten fünf Jahre. Gruppen, die Hochzeit feiern – welche Seitenlinie? Zwanzig Vorzeitgenossen an Bord eines Schiffes –, wanderten sie nach Amerika aus oder amüsierten sie sich bei anderthalbstündiger Hafenrundfahrt in Stettin? Keine Aufregungen, klack, keine Krankheiten, klack, keine Gräber, klack, Hochzeiten und Kindtaufen, keiner fotografierte Alfred im Gasgranatenbeschuß an der Somme. Als der Krieg begann, hätte Gaswerksdirektor Albert eine Briefmarkensammlung für etliche tausend Reichsmark kaufen können, aber er zeichnete Kriegsanleihe. Hätte er Thurn und Taxis, Bergedorf und die berühmte Sachsen Eins der Finanzierung des U-Boot-Baus vorgezogen, wäre der Chronist längst Millionär. Schon taucht im Familienalbum das freundliche Klärchen an Alfreds Seite auf, die Lehrerstochter, die keinen Zentner wog, aufgezogen worden war mit Kenntnissen im Kochen, Sticken, Klavierspielen und sogar Klöppeln, die ihren Alfred heiratete im Inflationsjahr 1923 und zwei Jahre später Mutter der Käthe und ein Jahr darauf des Erich wurde, und dann mischt sich dieses Bürschlein ins Gruppenbild, der Stammhalter, ostisch rundköpfig, krummbeinig, mit magerem Po auf dem Schaffell und windelpraller Hose an der Hand seiner Schwester, einszweidrei im Sauseschritt, da hält er schon die Zuckertüte. Ein Germane war er keineswegs; die Loests aus Pommern waren blond und blauäugig, aber

Martha, das schönste Mädchen aus der Weberstraße, hatte massenhaft Pigmente in die Erbmasse eingestreut. Alle Rippen der Sonne und der Vogtländerkamera darbietend hockt der vorerst Letzte seines Namens auf einem Steg an der Kriebsteintalsperre. Zehn Jahre alt ist er inzwischen, klappen wir das Album einstweilen zu.

In diesem Jahr 1936 erlebte Berlin die Olympischen Spiele. Die Arbeitslosigkeit war beseitigt, in Mittweida unter anderem dadurch, daß die Firma Wächtler & Lange Millionen Blechabzeichen für braune Feste und Kampagnen stanzte. In Spinnereien, Steinbrüchen und Maschinenfabriken war wieder jeder Arbeitsplatz besetzt, in Alfred Loests Eisenwarengeschäft stieg der Umsatz. Fremde strömten nach Mittweida, denn die Kriebsteintalsperre staute seit kurzem ihr Wasser bis vor die Tore der Stadt, Zufahrtsstraßen und Bootsanlegestellen wurden gebaut, und der örtliche Tagebuchschreiber, der Arzt Dr. Sauer, vermerkte den Besuch des Gauleiters Mutschmann und des Reichsorganisationsleiters Dr. Ley und stellte im ›Mittweidaer Tageblatt‹ die Frage: »Wann kommt der Führer?« Hitler kam nicht nach Mittweida, doch weihte er ein Stück der Autobahn von Dresden über Chemnitz zum Hermsdorfer Kreuz ein. Im Wald bei Hainichen harrte Mittweidas Jugend, um zu jubeln, aber Hitler verspätete sich, weil andere Jubler ihn aufgehalten hatten. Die Oberschüler begannen ein Versteck- und Suchespiel, und L. kroch gerade durch die dickste Dickung, als Hitler vorbeifuhr. Erzählte er abends daheim trotzdem, er habe den Führer gesehen?

Nicht nur das Jungvolk war neu in diesem Jahr, sondern auch die Oberschule. Ihr Lehrprogramm war dem aller Oberschulen im Reich angeglichen und bot einunddreißig Wochenstunden, davon u. a. fünf Stunden Sport, sechs Stunden Englisch, fünf Stunden Deutsch, drei Stunden Geschichte, vier Stunden Mathematik und zwei Stunden Religion. L. begriff leicht und mußte auf beinahe jedem Zeugnis den Tadel über sich ergehen lassen, seine Mitarbeit ließe zu wünschen übrig. Mit Leidenschaft betrieb er Erdkunde und Geschichte und wußte das Zehnfache von dem, was der Lehrstoff vorschrieb, er war faul im Englischen und handelte sich dort hin und wieder eine Vier ein. Fast alle Schüler stammten aus Bürger- und Kleinbürgerhäusern, die Väter waren Fabrikbesitzer, Prokuristen, Lehrer, Kaufleute, Ärzte, es gab ganz wenige Großbauernsöhne und in jeder Klasse zwei, deren Eltern nicht die zwanzig Mark Schulgeld monatlich aufbringen konnten, und eine der Freistellen besaß der blitzgescheite Manfred Naumann aus Altmittweida, das einzige Arbeiterkind dieser Klasse. Carl Andrießen radelte aus Dreiwerden zur Schule, sein Vater arbeitete dort als Chemiker in einer Papierfabrik. Naumann war von Anfang an der Zweitbeste hinter einem unsportlichen, ungeselligen Nur-Lerner, Andrießen und L. lagen auf den Plätzen vier oder fünf, sie waren niemals auch nur in einem Fach gefährdet und griffen niemals nach der Krone des Primus. Naumann war in schwieriger Lage: Wenn er einmal nicht gelernt hatte oder sich an einer Dummheit beteiligte, mahnte ein Lehrer mit erhobenen Brauen, vom Inhaber einer Freistelle habe man derlei nicht erwartet! Niemand handelt sich leichtfertig solch einen Tiefschlag ein, auch Naumann nicht. Und so verwendete er mehr Fleiß als die meisten auf die Hausaufgaben, von ihm konnte jeder jederzeit abschreiben. Andrießen las früher als andere Zeitung und wußte montags früh die Ergebnisse der Fußball-Gauliga oder die Aufstellung eines Länderspiels und die Vereinszugehörigkeit beispielsweise der Herren Münzenberg und Gelesch. Dafür revanchierte sich L. mit den Namen der längsten norwegischen Fjorde und aller schweizerischen Kantone, der Forts von Verdun und der Zahl der Luftsiege der Kriegsflieger Boelcke und Immelmann, von Richthofen ganz zu schweigen.

Alle Einflüsse daheim waren bürgerlich-national. Manchmal klang Unbehagen über Rüdes und Lautes der frischen Machthaber durch, aber neue Besen kehren eben manchmal etwas heftig. Was gegen die Juden geschah, war gewiß hart und geschmacklos über jedes Maß, aber, wendete der Vater ein, hätten nicht jüdische Kaufhäuser den Einzelhandel schwer geschädigt? Kein Wörtchen gegen die Nazis hörte L. in den Häusern seiner Freunde. Die meisten Väter der Klassenkameraden waren Mitglieder der NSDAP, einige schon vor 1933, andere waren trotz allerlei Vorbehalte vom wirtschaftlichen Aufschwung düpiert und wollten, da die Nazis nun einmal gesiegt hatten und keine Kraft in Deutschland existierte, die sie vertreiben konnte, ihre Kinder nicht in Konflikte stürzen.

Mittweida: Kein König nächtigte hier, keine Schlacht wurde ringsum geschlagen; was will es schon bedeuten, daß sich Karl Stülpner, erzgebirgischer Exfreischütz, als geschlagener alter Mann hier am erblindeten Auge operieren ließ, wer weiß schon, daß Karl May vom Amtsgericht Mittweida wegen Betrugs und Diebstahls im Rückfall zu vier Jahren Zuchthaus verurteilt wurde, die er im benachbarten Waldheim absaß? Aus Jahrhunderte währendem Schlaf schreckte die Stadt im Dampfmaschinenzeitalter auf. Textil- und Maschinenfabriken entstanden, Unternehmer bauten Villen; das Technikum zog Studierende aus aller Welt an, bis zu zweitausend waren es bisweilen, Mittweida besaß an die hundert Gaststätten vom Hotel bis zur Stampe. Mit den Fabriken wuchs das Proletariat. Als einer der ersten Wahlkreise im Reich schickte Mittweida-Frankenberg oder Mittweida-Burgstädt einen sozialdemokratischen Abgeordneten in den Reichstag; Vahlteich (nach dem man in Mittweida keine Straße benannt hat) war mehrmals der siegreiche Kandidat. Bebel hat oft in Mittweida gesprochen, die Sozialdemokratie war hier jahrelang die stärkste Partei. Das rote Sachsen hatte seinen glutroten Kern um Chemnitz und Zwickau, Mittweida gehörte zu diesem Kraftzentrum. Als die faschistische Demagogie vordrang, sog sie die bürgerliche Mitte auf, gegen die Arbeiterparteien gewann sie keinen Stich. Am 14. September 1930 ergab die Reichstagswahl im Amtsbezirk Mittweida (Stadt und umliegende Dörfer): SPD 8706 Stimmen, KPD 1749 Stimmen, NSDAP 5467 Stimmen.

Die Arbeitslosigkeit, die kein Land der Welt so schlug wie Sachsen, führte zur Radikalisierung und Polarisierung und bot den Nazis Anlässe zu immer zügelloserer Agitation. Noch nicht zwei Jahre später, am 31. Juli 1932, gab es dieses für die alte rote Hochburg erschreckende Bild: SPD 7999 Stimmen, KPD 2146 Stimmen, NSDAP 11 280 Stimmen.

Die Nazis waren stärker als die beiden Arbeiterparteien zusammen und bauten ihre Organisationen massiv aus. Am 6. November wurde noch einmal gewählt: SPD 7643 Stimmen, KPD 2746 Stimmen, NSDAP 10 134 Stimmen.

Die schlimmste Gefahr schien überwunden. Aber am 30. Januar 1933 übernahmen die Nazis die Macht, Tagebuchführer Dr. Sauer schwafelte aus brauner Sicht: »Die Hochburg der KPD, das Karl-Liebknecht-Haus in Berlin, wurde besetzt. Ein Labyrinth von unterirdischen Gängen wurde entdeckt. Viele hundert Zentner hochverräterischen Materials wurden gefunden. Man hatte zum bewaffneten Umsturz aufgefordert; dabei sollten angesehene Bürger festgenommen und erschossen werden. Im ganzen Reich fanden Polizeiaktionen gegen die KPD, Haussuchungen, Verhaftungen von KPD-Führern statt. In Sachsen wurde für die gesamte staatliche Polizei der Ausnahmezustand verhängt, streng national gesinnte Deutsche bildeten die Hilfspolizei, öffentliche Geldsammlungen der Kommunisten wurden verboten. Bei uns fanden die ersten Verhaftungen von Kommunisten-Führern am 3. März früh statt. Auch Gewerkschaftsführer kamen in Schutzhaft. Das Volkshaus (Rosengarten) wurde durchsucht. Waffen wurden gefunden. Elf Personen kamen in Schutzhaft. Das Straßenbild Mittweidas hatte sich geändert. Neben der alten Schupo zeigten sich Hilfspolizisten: Zehn Stahlhelmer und zehn SA-Leute steckten in der Hilfspolizei-Uniform. Bewaffnete Feuerwehrleute schützten Gas-, Wasser- und Eltwerk. Wir hatten jetzt eine national eingestellte Polizei!«

E. L. war sieben. Wenige unscharfe Bilder bewahrt das Gedächtnis: Mit seiner Mutter querte er eine Straße, da war ein Umzug, heute würde man sagen: eine Demonstration. Menschen und Menschen, die beiden mußten warten, bis eine Lücke entstand. Wahl, die Mutter nahm den Zettel und wollte in die Kabine gehen, jemand sagte, da dürfe niemand anderes mit hinein, jemand widersprach: nun ja, der Junge, warum denn nicht. Die Mutter machte ein Kreuz auf den Zettel und flüsterte, damit wähle sie Hitler, und Erich solle es niemandem verraten. Abend, Blick aus dem Fenster; gegenüber, unter einer Gaslaterne am Zaun des Gaswerks stand ein Uniformierter mit Stahlhelm und Gewehr. Die Kommunisten wollten das Gaswerk in die Luft jagen, erläuterte der Vater, aber dieser Mann da paßte auf. Opa war Gaswerksdirektor. Dieser Mann da wachte; Opa konnte ruhig schlafen und sein Enkel Erich auch.

Die Nazipropaganda trommelte auf Mittweida. Oberschuldirektor Schönfelder dichtete im ›Mittweidaer Tageblatt‹:

»O ewig Frühlingswunder, sei gepriesen!
Hell strahlt die Welt im goldnen Sonnenschein;
In Halm und Zweigen gärt's wie junger Wein.
Bald, bald wird wieder frisches Grün uns sprießen!
Nie durfte eines Lenzes ich genießen
Wie dieses, den Millionen benedei'n.
O deutsches Frühlingswunder – denk' ich sein,
muß ich ergriffen meine Augen schließen:
Der Winterbann Alldeutschlands ist zu Ende.
Horch, wie es jauchzend ringt, wie's birst und kracht!
Das Dritte Reich stand auf: Heil Schicksalswende!
Der du uns Führer sandtest in der Nacht,
O Herr, nun segne gnädig ihre Hände!
Hilf Deutschlands Volk, das endlich aufgewacht!«

Mittweida erlebte bei der Reichstagswahl am 5. März 1933 eine Rekordbeteiligung von 97 Prozent. Der Stadtchronist berichtet, daß sich Kranke auf der Trage nach dem Wahllokal bringen ließen. Für diese Wahl liegen die Ergebnisse der

Stadt vor: SPD 4599 Stimmen, KPD 1482 Stimmen, NSDAP 5317 Stimmen. Die beiden Arbeiterparteien waren zusammen noch immer stärker als die Nazis, Mittweidas Proletarier waren durch den Terror nicht zu erschüttern gewesen und stellten sich selbst das glänzendste Zeugnis aus. In den umliegenden Dörfern allerdings drangen die Nazis weiter vor, der Amtsbezirk meldete: Für die SPD stimmten 7457, für die KPD 2547 Wähler. Hier wie fast überall im Reich siegten die Nazis, sie erhielten 11 741 Stimmen. Die Parlamentsgewalt wurde außer Kraft gesetzt, dieser März brachte auch Mittweida die Diktatur. Noch einmal Dr. Sauer:

»Schon früh um ein Uhr wurde die SA und SS aus den Betten geholt. Im Technikum befanden sich viele Nationalsozialisten. In ›Stadt Chemnitz‹ waren ca. 46 Mann Motorsturm mit Stahlhelmen. Vom Volkshaus (›Rosengarten‹) wurde die Rote Fahne entfernt, und an ihre Stelle trat die Hakenkreuzfahne. Neben den schwarz-weiß-roten Fahnen wehten auch auf dem Amtsgericht, dem Ortskrankenkassengebäude, dem Technikum, der Post die Hitlerfahnen. In den Straßen bewegte sich sehr viel Uniform: Schupo, Hilfspolizei, SA- und SS-Männer. Die SS trug Stahlhelme, einzelne Gummiknüppel, Gewehre, Revolver. Dem Amtshauptmann von Rochlitz und dem ersten Bürgermeister von Mittweida wurde auf einige Zeit die Befehlsgewalt über Polizei und Gendarmerie entzogen. Der zweite Bürgermeister unserer Stadt wurde beurlaubt. Rote Fahnen wurden verbrannt. Kommunistische und Abzeichen der ›Eisernen Front‹ (drei Pfeile) waren von den Straßen verschwunden. Die Plakattafeln der SPD und KPD waren von den Wänden der Häuser, von den Zäunen usw. verschwunden. Stahlhelm und SA beherrschten die Straße!«

2

Kaum etwas von alledem wußte dieser Zehnjährige, als er drei Jahre später das Koppelschloß mit der Sig-Rune zum erstenmal zuhakte. Er sah sein Volk als einen monolithischen Block, umstellt von neidischen Engländern, Franzosen und Russen, später kamen Tschechen und Polen hinzu. Längst nicht alle in seinem Jungzug taten so pflichtbewußt Dienst wie er. Am häufigsten fehlten Arbeiterjungen. Manchmal gaben sie Gründe an: Sie müßten zu Hause helfen, auf kleine Geschwister aufpassen, sie besäßen keine festen Schuhe fürs Marschieren und das Geländespiel. Manchmal blieben sie einfach weg, gingen baden oder spielten Fußball. Es ist undenkbar, daß alle sechstausend linken Wähler vom März 1933 ihre Ideale und Hoffnungen innerhalb von drei Jahren vergessen hätten, daß nicht in Küchen und Stuben debattiert worden wäre, was vor 1933 versäumt worden war, daß nicht Jungen mit heißen Ohren dabeigesessen hätten, wenn Mütter und Väter sich die Köpfe nach einem Ausweg zermarterten. Wenn diese Jungen nur hörten, daß es in absehbarer Zeit unmöglich schien, das Geringste an der verdammten Naziherrschaft zu ändern, wenn sie nur die Hoffnungslosigkeit gegen die alles erdrückende braune Gewalt gespürt hätten, es wäre schon etwas gewesen. Aber von all dem drang nicht ein Hauch in L.s Erlebniswelt hinüber, und es ist dem Chronisten unmöglich, auch nur grob zu schätzen, was die Proletarierjungen aus dieser Sphäre heraus wissend oder instinktiv in ihr Verhältnis zur HJ einbrachten.

Drei Jahre lang war L. ein pünktlicher Pimpf. Aber er war kein begeisterter Hitlerjunge, und heute ist der Chronist geneigt zu sagen, daß es begeisterte Hitlerjungen, daß es ein Glück im dritten Glied überhaupt nicht gab. Es gab nur begeisterte Hitlerjugendführer.

Diese Entwicklung scheint denkbar: Seine Klassenkameraden trugen Führerschnuren, er nicht. Da hätte sich womöglich in ihm eine Abwehrhaltung herausbilden können: Marschieren war doof; viel besser war, Schlager zu hören, Zigarettenbilder zu sammeln, den Mädchen nachzulaufen, zu lesen. Er *wollte* ja gar keine rot-weiße Schnur von der linken Brusttasche über das Halstuch hinweg, er *wollte* ja gar nicht in der ersten Reihe marschieren und melden dürfen, der Jungzug wäre angetreten, er *wollte* ja gar nicht, daß andere vor ihm die Hacken zusammenknallten.

Kein Erfolgserlebnis war ihm in den ersten drei Jahren im Jungvolk beschieden, er brachte beim jährlichen Sportwettbewerb im Sechzigmeterlauf, Weitsprung und Ballwurf nicht einmal die nötige Punktzahl zusammen, um ein kleines Blechabzeichen, gestanzt bei Wächtler & Lange, am Braunhemd tragen zu dürfen, viel weniger noch tat er sich bei den Raufereien der Geländespiele hervor. Er war Pimpf im dritten Glied.

Aber er war zuverlässig. Schweigsamkeit wurde in der Praxis nicht verlangt, sicherlich war er ein leidlich zu leidender Kamerad, doch Zuverlässigkeit ist wohl ein Teil von Treue. Also fragte ihn, als er dreizehn geworden war, sein Jungzugführer, ob er eine Jungenschaft befehligen wolle, zehn Zehnjährige, die an Hitlers fünfzigstem Geburtstag ins Deutsche Jungvolk aufgenommen werden sollten. Er sagte sofort ja, und in diesem Augenblick war sein Verhältnis zur HJ gewandelt, jetzt war er nicht mehr Masse, sondern ein Führerchen, trug Verantwortung und Schnur, hatte den Fuß auf die unterste Sprosse der Himmelsleiter gesetzt, an deren Spitze der Führer stand.

Und es begab sich, daß Alfred Loest sich und seiner Frau und den Kindern ein Erlebnis besonderer Art bieten wollte: Am Morgen des 20. April 1939 stieg die Familie in den D-Zug nach Berlin, und was dort auf den frischgebackenen Jungenschaftsführer einstürmte, war, um mit einem Lieblingswort dieser Zeit zu sprechen, gigantisch. Historiker vermuten, daß sich Hitler an diesem Tag auf dem Höhepunkt seiner Selbstverwirklichung fühlte, andere ziehen dafür die Stunde in Betracht, da er im Wald von Compiègne dem geschlagenen Frankreich den Waffenstillstand diktierte. Berlin gab sich als eine vor Glück taumelnde Stadt. Fahnen an jedem Haus, Girlanden, Transparente, Menschenmassen auf den Beinen, und zwischendrin ein kleiner Sachse mit seiner rot-weißen Schnur. Damals führte die Reichsjugendführung eine neue Regelung ein: Die Schnur war nicht mehr Kennzeichen des

Dienstgrades, sondern der Dienststellung, in Sachsen galt diese Regelung schon, in Berlin noch nicht, in Berlin bedeutete eine rot-weiße Schnur noch viel mehr, und wo das Führerchen ging und stand, *grüßten* Jungvolk- und Hitlerjungen mit erhobenem Arm und Blickwendung, und der Geehrte dankte in gleicher Weise. Größere Jungen waren das, fünfzehnjährige, siebzehnjährige, sie werden sich gewundert haben, daß dieser Knopp schon zum Jungenschaftsführer *befördert* war, aber er war ja nur *ernannt*, und er ging an der Seite seiner Eltern und seiner Schwester, und wurde immerfort gegrüßt. Hitler stand stundenlang auf der Tribüne und nahm den Vorbeimarsch seiner Regimenter ab, einen Kilometer davon entfernt war E. L. mit Berliner Jungen auf einen Sims geklettert, von dort sahen sie auf immer neue Kolonnen hinunter, Panzerspähwagen und Flak, motorisierte Artillerie und Kradschützen, und sie riefen sich gegenseitig die Bezeichnungen des vorrüberrollenden Kriegsgeräts zu. Heinkelbomber dröhnten – das alles, so muß es Hitler empfunden haben, war sein Werk, Berlin, so sah es aus, lag ihm zu Füßen. Die Straßen waren überschwemmt von Volksgenossen, die sich zuriefen, dort habe man eben Göring, dort Dr. Ley gesehen, und L. war dabei, als ein offener Mercedes in der Menge eingekeilt war, in ihm saß Außenminister Ribbentropp, schüttelte Hände und rief fröhlich, man solle ihn doch passieren lassen. Ein Volk, ein Reich, ein Führer. Und wieder wurde ein Dreizehnjähriger gegrüßt und dankte, er selbst grüßte Jungen mit der grünen oder grünweißen Schnur und war dabei, als sich Massen auf dem Platz vor der Reichskanzlei drängten und im Chor schrien: »Wir wollen unsern Führer sehn!« Hitler zeigte sich auf dem Balkon, gerahmt von Himmler und Goebbels, und L. reckte mit Tausenden den Arm und brüllte Heil, Heil, Heil! Da hatte Hitler die Abenteuer Aufrüstung, Rheinland, Österreich und Sudetenland schon hinter sich gebracht, hatte gar auf der Prager Burg gestanden, und alles war gelungen mit Lüge, Wortbruch und Mord, aber ohne einen Kanonenschuß, über ihm donnerte die modernste Luftwaffe der Welt, und die Tausende, die da jauchzten, fühlten sich als Teilhaber dieser

Erfolge, auch das dünne Loestchen mit seiner rot-weißen Schnur. Als L. sich am Abend im D-Zug nach Chemnitz auf seinen Sitz fallen ließ, ratterten in seinen Gedanken noch Kradschützen und dröhnten Stukas und ballten sich Menschen und reckten Hände und Hälse und schrien Heil, und ein paar Hundert oder vielleicht auch nur zwei Dutzend Jungen hatten ihn gegrüßt. Er war Teil der Macht.

Es gibt keinen Roman über die Hitlerjugend, und auch der Chronist wird keinen schreiben, es sei denn, er stieße auf eine packende Fabel. Eine Fabel – er müßte über sie stolpern, denn eigentlich sucht er sie nicht –, und wenn er dann schriebe, würde er diesem Phänomen beizukommen suchen, daß sich Menschen, die keine Macht besaßen und vielleicht auch keine wollten, mit einem Schlag änderten, wenn ihnen Macht in den Schoß fiel, und wäre sie noch so gering. Dieser Gedanke ist nicht für alle Zeiten gleich und stellt sich in jeder Ordnung neu, weil die Formen der Macht immer anders sind. Wie's 1939 war, wie's dem kleinen E. L. erging, hat der Chronist nicht vergessen.

Es scheint obenhin betrachtet denkbar, der Schriftsteller L. hätte sich um das Jahr 1955 herum einem Roman über die HJ zugewendet. Da lag das Ende des Zweiten Weltkriegs zehn Jahre zurück, keinen Zweifel gab es landauf, landab an der Zutreiberrolle der HJ, schon gar nicht beim Genossen L.; Emotionen hatten reichlich Bodensatz hinterlassen, auf dem innere Anteilnahme sprießen konnte – warum suchte er keine Fabel? Freilich wäre es besser gewesen, er wäre auf eine harte Geschichte geprallt, hätte sich an ihr den Schädel wund- und wachgeschlagen und an ihr alle schriftstellerischen Theoreme zertrümmert, die er in sich aufgebaut hatte. Denn nie ging er selbstsicherer an das Montieren von Fabeln heran als Mitte der fünfziger Jahre, nie war er überzeugter, genau zu wissen, wie ein Roman beschaffen sein mußte und was er im Leser bewirken, wie er in dessen Bewußtsein diese und jene Reaktion hervorrufen sollte; flink war er mit dem Urteilen und Verurteilen bei der Hand, er fühlte einen glattgeschliffenen Stein in der Tasche, den Stein der Weisen, denn er wußte *alles* über den

Sozialistischen Realismus und sein Kern- und Glanzstück, den positiven Helden. Er hatte gelernt, was das Typische war, zitierte Engels und Shdanow, und als das Typische galt ihm das Vorwärtsdrängende, Herausragende im Sinne des historischen Fortschritts. Also konnte, meinte er, niemals ein HJ-Führer der Held eines Romans sein, sondern in der Hitler-Ära immer und immer nur ein Widerständler, ein kommunistischer am besten. Ein jugendlicher Kämpfer *gegen* die HJ hätte im Zentrum eines solchen Werkes stehen müssen, so hätte er argumentiert, aber nicht isoliert hätte er kämpfen dürfen (wie Falladas Otto Quangel in »Jeder stirbt für sich allein«, was die zeitgenössische Kritik als untypisch schalt), sondern Schulter an Schulter mit Gleichgesinnten, die er mitriß. Solches aber war ihm nicht begegnet, da stieß sich die Theorie mit eigenem Erleben, und ein so arger Theoretiker war er nun doch nicht, daß er alle Erfahrung in den Wind geschlagen hätte. Ein HJ-Führer als tragisch scheiternde Hauptfigur? Oh, da war er gewarnt, es erging Arnold Zweig schlecht mit seinem Roman »Das Beil von Wandsbek« und vor allem der DEFA mit dem danach gedrehten Film, in dem ein Fleischermeister, der zum Scharfrichter der Faschisten wird, im Mittelpunkt steht. Nein, es gab nichts in der Theorie und der Praxis der fünfziger Jahre, das ermuntert hätte, sich am HJ-Stoff zu versuchen. Einmal, 1952 vermutlich, gab Kurt Bartel, der sich Kuba nannte und Sekretär des Schriftstellerverbandes war, in L.s Beisein einen Katalog von Schwerpunktthemen bekannt: Umgestaltung der Landwirtschaft, Kasernierte Volkspolizei, Einheit Deutschlands, Bau der Stalinallee, Geschichte der deutschen Arbeiterbewegung, deutsch-sowjetische Freundschaft, antifaschistischer Widerstandskampf. Dafür verhieß Kuba anspornende Stipendien. Die HJ war nie Schwerpunkt.

An jedem 9. November marschierte eine Delegation des Deutschen Jungvolks zum Friedhof und legte einen Kranz am Grabe des SA-Mannes Max Beulich nieder. Beulich war von den Kommunisten zu den Nazis übergelaufen, das vergaßen ihm seine verratenen Genossen nie. An einem düstern Abend des Jahres 1932 kehrten Mittweidas Faschisten aus Chemnitz zurück, dort hatte Hitler gesprochen. Auf dem Bahnhofsvorplatz wurden sie von Kommunisten empfangen, deren Losung hieß: Schlagt die Faschisten, wo ihr sie trefft! Den Worten folgten die Fäuste, bis in den Stadtkern zogen sich die Prügeleien hin; in einer Gasse zum Schützenplatz hinauf wurde Beulich schließlich erstochen. Am nächsten Tag waren drei junge Kommunisten, alle unter zwanzig, aus Mittweida verschwunden; es hieß, sie hätten sich in die Sowjetunion davongemacht. Ein Prozeß fand nie statt. Einer von denen, die nach dieser Nacht geflohen waren, wurde nach dem Krieg Polizeigeneral in Thüringen.

Nach dem Sieg über den Faschismus wurde die Max-Beulich-Straße sofort umbenannt. In den Jahren danach bestand nie die Chance, daß der Name dieses Mannes genannt wurde. Nur noch die ganz Alten kennen ihn, mit ihrem Tod wird er gelöscht werden. Eines Tages könnten wache Kinder fragen: Ist es denn möglich, daß nur Kommunisten in den Saal- und Straßenschlachten mit den Nazis ihr Leben ließen, wehrten sich die Kommunisten denn nicht? Die Antworten sind dann verschollen.

Meist troff Regen, wenn L., die Toten der Feldherrnhalle und Max Beulich zu ehren, zum Friedhof marschierte. Auch er trug einen Dolch am Koppel.

II.
Pistole mit sechzehn

1

Doch das Wichtigste für ihn war zwischen 1936 und 1939 nicht die Hitlerjugend, sondern die Schule. Ein halbwegs neues Gebäude am Stadtrand mit Blick auf den Park, ein praktisches freundliches Haus, Raum bietend für je eine Klasse von der Sexta bis zur Oberprima – der Sextaner L. trug neue Schulbücher in neuer Tasche nach Ostern 1936 zum erstenmal dorthin. Durch den Großvater mütterlicherseits, den Oberlehrer i. R., flackerte noch einmal die Überlegung auf, die ein Jahr ältere Schwester Käthe doch noch mitzuschicken, aber der Gaswerks-Opa siegte mit diesem Argument: Da kriegt sie bloß 'ne Brille und folglich nie einen Mann. Vor allem aber war Käthe als kaufmännischer Nachwuchs für das elterliche Geschäft ausersehen. Schluß der Debatte.

Für das Gerangel um die Führungsspitze in der Klasse fehlte es ihm an Körperkraft und Lautstärke. Er lernte. Diese drei Jahre bis zum Kriegsbeginn boten ihm fordernde Schule, angefüllt, ausgefüllt mit Lehrstoff, dargeboten von Lehrern, die mit geringer Ausnahme ihr Fach verstanden und ernst nahmen. Der Chronist zweifelt fast an seiner Erinnerungsfähigkeit, so stark ist er verwundert, daß noch an jedem Montag eine christliche Andacht abgehalten wurde. Der Physiklehrer bediente das Harmonium, Pflicht war es, das Gesangbuch mitzubringen. Rektor Schönfelder, schon vor- und bloßgestellt als Gelegenheitsbarde des ›Mittweidaer Tageblatts‹, wachte an der Aulatür über die Einhaltung dieses Gebots. Ein Jahr darauf wurde er pensioniert – er kehrte nach Kriegsbeginn zu seiner und der Schüler Qual als Lateinlehrer für untere Klassen zurück –, ein junger Rektor trat ein, Lehnert, Alter Kämpfer der NSDAP, ein Politischer Leiter. Andacht wurde durch Fahnenappell ersetzt, zwei Studienräte aus dem demokratischen Lager trugen alsbald das Hakenkreuz am Jackett. In der Wolle gefärbte Nazis waren der Sport- und der Chemielehrer, der Sportlehrer war Reserveoffizier und rückte gelegentlich zu einer Übung ein; wenn er wiederkam, hatte er seine Kommandos so verkürzt, daß sie nur noch wie Bellen klangen. Knallend verkündete er, er sei von der Truppe zurück, nun pfeife es aus einem anderen Loch, und ordnete Körperschule an, ein Intensivtraining mit dreitägigem Muskelkater als Folge. Der Zweitkleinste und beinahe Schwächste der Klasse war flink und zäh, eine Niete im Kugelstoßen, doch behende die Kletterstange hinauf, und was er je gelernt hat im ungeliebten Geräteturnen, das bei diesem Mann. Geschwommen wurde und geboxt, und Spezialität war ein Spiel namens Bückeball, Handball auf eine Turnhalle zugeschnitten, bei dem der Ball nur bis Hüfthöhe gespielt werden durfte und sonst fast alles erlaubt war. Das war seine Welt, da wühlte er verbissen, und wenn es eine Strafbank gegeben hätte, er hätte immerzu auf ihr gesessen. So gerieten seine Sportzensuren nie so schlecht, daß sie ihm die Freude an diesem Unterrichtsfach verdorben hätten. Er glänzte in Geschichte; Griechen und Perser schlugen ihre Schlachten, Armin trieb die Römer zu Paaren, das Mittelalter ließ ihn relativ kalt, aber dem preußischen Friedrich gehörte seine kundige Sympathie, er betete die Namen preußischer und österreichischer Generäle und aller Schlachten her und wunderte sich nicht, daß ihm als Sachsen die Liebe zum Preußenkönig anerzogen wurde, der doch mit Sachsen rüde genug umgesprungen war. Sächsische Geschichte wurde nicht gelehrt, die Richtung hieß »Preußen als Keimzelle des Deutschen Reiches«, und dieses Preußentum, so wollten es Geschichtsbücher und Lehrer, war der Vorläufer von Hitlers Ideen, und Blücher ein früher SA-Mann. Friedrichs lange Gardesoldaten waren die Ahnen der SS. Die Sachsen galten als verdächtiges Gemisch von Hofschranzen, Verrätern und Schwachköpfen, die Lustschlösser anstelle von Festungen gebaut hatten; es lohnte nicht, sich mit ihnen zu befassen.

Allmählich schied sich die Spreu vom Weizen. Mit achtundzwanzig Jungen und acht Mädchen hatte diese Klasse begonnen, Ostern 1940 überstanden noch vierzehn Jungen und zwei Mädchen. Die anderen hatten die jeweiligen Ziele nicht erreicht, genauer gesagt: Die Schulleitung hatte den Eltern nahegelegt, ihre Kinder herunterzunehmen. Denn kein Lehrer gefährdete ohne Not den Ruf einer Familie, mit deren Mitgliedern er etwa der »Liedertafel« angehörte oder dem »Verein ehemaliger Realschüler«, mit denen er vielleicht selbst die Schule oder die Tanzstunde besucht hatte oder ihnen zumindest jeden Tag auf der Straße begegnen konnte. Etliche, die die Oberschule verließen, wechselten zur Handelsschule über; die Eltern argumentierten im Bekanntenkreis, ihre Sprößlinge seien nun einmal mehr fürs Praktische. Ein Kern hielt sich bis zum Abbröckeln lange vor dem Abitur.

Denn der Sommer 1939 brachte den Krieg, sein brüllendes Näherrücken bestimmte die Gespräche der Älteren. Alle Väter waren Frontsoldaten gewesen, kannten Hunger und Inflation – niemand sehnte sich nach Krieg. Zwei Tage lang schien es, als beschränke sich das Schlachten auf Polen. L. spazierte mit seinen Eltern an der Zschopau entlang, sie trafen Bekannte, die ihnen sagten, England und Frankreich hätten den Krieg erklärt. Da wurden die Gesichter seiner Eltern maskenhaft starr.

Wenige Tage später rückte der Vater ein. Er war zweiundvierzig und laborierte an der Galle. Es war klar: Die Mutter konnte das Geschäft nur eine kurze Zeit allein führen, es hätte ohne den Chef geschlossen werden müssen, die Familie wäre ohne Existenz gewesen. Aber nach zwei Wochen war der Vater wieder da, noch einmal wurde er im Herbst eingezogen und bewachte polnische Gefangene, die bei Wittenberg Rüben rodeten, dann gab er abermals sein Feldgrau auf Kammer ab und wurde nicht wieder behelligt.

In diesem heißen September, in dem Polen zusammenbrach, radelten Mittweidas Oberschüler täglich an die Talsperre, sie spielten Wasserhasche und Fußball bis zur Erschöpfung, manchmal lagen sie im Gras und schauten zu den Flugzeugen hinauf. Alle kannten alle Typen, Ju 52 und He 111 und die berühmte Me 109. Traurig waren sie, daß sie diesen Krieg nicht mitschlagen durften, sie waren ja erst dreizehn, vierzehn, und bis sie Soldat sein konnten, war zweifelsfrei alles längst vorbei. Vielleicht kamen sie zum nächsten zurecht? Aber der jetzige Krieg, so stand in allen Zeitungen, würde ja jedes Problem in Europa auf tausend Jahre lösen.

In diesem Herbst und Winter lagen die Straßen dunkel. Für einen Jungen, der vierzehn wurde und sich für Mädchen zu interessieren begann, waren die abendlichen Schattenspiele von romantischem Reiz. Unmassen von schwarzem Papier, Reißzwecken und Initiativen wurden für die Verdunklung verbraucht. Leuchtabzeichen tauchten auf, Buchstaben waren am beliebtesten; der erste Fliegeralarm war eine erschöpfend beredete Sensation. Jüngere Lehrer rückten ein, Pensionäre kehrten in die Schule zurück, die Disziplin lockerte sich. Immerzu war Anlaß, zu flaggen oder zu einem Gemeinschaftsempfang in der Aula zusammenzuströmen. Die Einschränkungen blieben erträglich, der Krieg war siegreich; nun, da er einmal da war, verlor er auch für die erfahrene Generation von seinem Schrecken. Man mußte mit dem Krieg leben und tat es. Deutschstämmige Umsiedler aus Bessarabien füllten eine Schule, sie zogen weiter auf geraubte Höfe nach Polen. Eine Lazarettbaracke wurde eingerichtet, manchmal brachten Mittweidas Hitlerjungen und BdM-Mädchen den Verwundeten Blumen und sangen und musizierten. Alle älteren Führer waren eingerückt, manche kamen auf Urlaub und berichteten, sie trugen Litzen und Orden, wurden Fähnrich und Leutnant. Im ›Mittweidaer Tageblatt‹ standen die ersten Anzeigen: Gefallen für Führer und Volk. Jüngere Führer rückten nach, in den Straßen dröhnten nach wie vor die Landsknechtstrommeln, durch die Wälder hallte das Kriegsgeschrei der Geländespiele. Sie waren ein Mischmasch von Germanenstrategie, Pfadfinderromantik und radebeulischer Indianerei, auf Cheruskergerangel aufgepfropfter blaublumiger Winnetou, und als tot galt, wem ein Wollfädlein vom Oberarm gerissen wurde. Manchmal entschied die größere Haltbarkeit der roten gegenüber der blauen Wollsorte ein Gemetzel; die Sieger trugen die Beutefäden, Lebensfäden triumphierend wie Skalpe am Hemdknopf heim in die Stadt, wo auf dem Marktplatz die Fahnen in den Torbogen eines Gasthofs hineingetragen wurden, denn darin lag das Jungvolkbüro, genannt Dienststelle, und dreimal grüßte ein Heil der lebenden und der toten Geländespieler den fernen Führer.

Die Konfirmation im Frühjahr 1940 verlief wie im Frieden, Geschenke türmten sich, nichts fehlte auf der Tafel. Er war in einem läßlichen evangelischen Christentum aufgewachsen, mit fünf betete er abendlich, mit sieben quälte ihn schlechtes Gewissen, wenn er es eine Woche lang vergessen hatte. Die Großeltern besuchten jeden zweiten Sonntag die Kirche, die Mutter folgte ihnen zweimal im Jahr, der Vater einmal in fünf Jahren. Das Verhältnis zur Kirche in dieser Familie war überständig und bröckelte ab; der Einfluß auf E. L. war immerhin so stark, daß er sich von der Konfirmation ein machtvolles inneres Erlebnis versprach, etwas Unerhörtes, nie Gefühltes. Nichts trat ein, die Konfirmation war eine tiefe Enttäuschung, und vom nächsten Tag an war er Atheist. Besser: Er war Untheist. Gott existierte für ihn nicht mehr, kein Glaube gab ihm Kraft; Religion oder Nichtreligion wurden ihm nie wieder zum Problem. Eine Zeitlang allerdings beneidete er die, die einen Gott besaßen, das war viel später, als er im Zuchthaus Bautzen ganz allein war, da hätte er Gott brauchen können. Aber kurzfristig läßt Gott sich nicht aufbauen, und er versuchte es auch nicht erst.

In diesem Frühjahr 1940 starb Gott für ihn. Der Führer lebte und war Gott genug, Erzengel Göring schickte seine himmlischen Heerscharen gegen britische Schiffe und Städte, und der Teufel war Churchill. Gottes Propheten hießen Prien und Galland, L. wußte alles über die Funktion eines Sturzkampfflugzeugs und die Bestückung der »Scharnhorst« und die Feigheit der Franzosen, die sich hinter der Maginotlinie verkrochen. In den Sommerwochen, da Frankreich stürzte, hörte er jeden Mittag heißen Herzens den Wehrmachtsbericht und steckte Fähnchen auf einer Karte, und wenn das Jungvolk durch die Stadt marschierte, gellten die Lieder der Saison: Bomben auf Engeland! Ein Winkel schmückte jetzt seinen Ärmel, denn er war nicht nur zum Jungenschaftsführer ernannt, sondern auch zum Hordenführer befördert. Kein Tropfen Ernüchterung fiel in diesen Rausch, den totale Propaganda schäumen ließ, nicht einmal die Sorge um einen Bruder, der jetzt etwa durch Frankreich keuchte oder auf einem U-Boot von Atlantikwogen gebeutelt wurde. Krieg aus der Wochenschau und über Radiowellen, siegreicher Krieg, der weit entfernt geschlagen wird, kann wundervoll sein.

Sommer und Mädchen, Filme und Schlager hatten ihren normalen Platz. Ein Leben lang kehrt die Erinnerung zum ersten Kuß zurück – haben da nicht Kirschbäume geblüht? Aber er küßte nicht in lauer Nacht, sondern unter Ausnutzung der Verdunklungsvorschriften. Er brachte sein jeweiliges Mädchen nicht nach Hause, nachdem sie in einer Milchbar die Händchen gehalten hatten, sondern zu der Heldenfeier am 9. November oder dem gemeinsamen Üben, wie man einen Verschütteten aus einem Keller befreit, oder zu einem Lichtbilderabend über die Trachten deutscher Volksgruppen in Siebenbürgen. Emsig genutzte Gelegenheit zum Flirt bot sich, wenn Jungvolkführer und Jungmädelführerin Schulter an Schulter fürs Winterhilfswerk mit der Sammelbüchse klapperten. Wenn heute im Radio ein Schlager aus dieser Zeit gespielt wird, bei den Namen Rosita Serano oder Zarah Leander schmettert und stampft in des Chronisten innerem Ohr das Engelandlied. Der Jungenschaftsführer Erich aus dem Fähnlein 6/214 küßte das Jungmädel Christa aus der Jungmädelgruppe 6/214. Nie wieder konnte er über den Schauspieler Lingen reinen Herzens lachen, denn er lachte über ihn, im »Theaterhaus«-Kino, bis Fliegeralarm ihn in den Keller trieb.

Da brach Aufregung in die Familie ein: Dem Vater wurde angeboten, ja, er wurde gedrängt, eine große Eisenwarenhandlung in Bromberg im eroberten Polen zu übernehmen. Der Chronist hat sich später bisweilen einen Vater gewünscht, der politisch weitblickender gewesen wäre und ihn vor Irrtümern bewahrt hätte. In diesem Haus war oft genug geäußert worden, Politik verdürbe den Charakter, keiner hatte je aktiv Politik betrieben, aber alle hatten Hitler gewählt. Jetzt sollte sich Alfred L. etwas für einen Pappenstiel aneignen, das einem anderen, einem Juden vermutlich, mit Gewalt weggenommen worden war; das widersprach seinem Gefühl für Redlichkeit und Rechtlichkeit. Er, der nie in seinem langen Leben auch nur drei Mark zahlen mußte, weil er etwa bei Rot eine Kreuzung überquert hätte, zögerte keinen Augenblick. Der Eintritt in die NSDAP wäre Bedingung gewesen, er lehnte ab, da war für ihn in der Handelskammer des Kreises Rochlitz kein Platz mehr, und die Gefahr nahm zu, er müßte wieder Soldat werden. Doch die Wellen glätteten sich, er verkaufte weiterhin Herde und Töpfe und Nägel, nun schon auf Bezugsschein, Nachschub tröpfelte spärlicher, allmählich leerten sich die Läger. Manchmal half ihm sein Sohn, nie tat er es gern, und so stark Alfred L. wünschte, Erich würde sein Nachfolger, so sah er doch, daß Begabung und Neigung fehlten, und drängte mit keinem Wort.

Aus dem Jungenschaftsführer wurde ein Jungzugführer; jetzt hing eine grüne Schnur von der Schulter herunter zum Knopf der Brusttasche. Fünfunddreißig Jungen befehligte er nun und hielt selbständig Dienst ab, Heimabend und Sport und Altmaterialsammeln, er lehrte seine Pimpfe die neuen Lieder: Das Fallschirmjägerlied, und: Panzer rollen in Afrika vor. Die Heimabendthemen wählte er nach seinen Lieblingsbüchern: Der Marsch der Kimbern und Teutonen, die Skagerrak-Schlacht, die Fahrt der »Emden«, Rommel als Stoßtruppführer im Ersten Weltkrieg, das Sterben des Berliner Hitlerjungen Herbert Norkus, und natürlich immer wieder der Lebenslauf des Führers. Jetzt nahm er die Pimpfenprobe ab und verlieh das Recht, das Fahrtenmesser zu tragen, unbeschadet des Umstands, daß es Fahrtenmesser im Handel nicht mehr gab.

Denn der Krieg, der zog sich nun doch etwas hin, der Säufer Churchill wollte nicht kapieren, daß er längst geschlagen war. Aus Griechenland und von Kreta herunter mußten Britanniens Söldner gefegt werden – sollte es wirklich nötig sein, daß Hitlers Wehrmacht den Erzfeind aus seinem Bunker unter dem zerbombten London ans Licht zerrte? Da trat Alfred L. eines Sonntagmorgens ans Bett seines Jungen, er war leichenblaß, als er sagte: »Krieg mit Rußland. Nun haben wir den Krieg verloren.«

Jetzt erst war wirklich Krieg, jeder begriff es. In diesem Sommer marschierte allein Jungvolk durch Mittweida, SA und SS gab es nur noch auf dem Papier. Die eigentliche Hitlerjugend der Vierzehn- bis Achtzehnjährigen machte einen rapiden Schrumpfungsprozeß durch, da sie an chronischem Führermangel litt, denn schon Siebzehnjährige rückten zum Arbeitsdienst ein. Einigermaßen mobil waren noch Flieger-HJ und Nachrichten-HJ, exklusive Gruppen von technisch Interessierten, in Agonie lag die Stamm-HJ, der große Haufen. Dort zockelten noch zehn Prozent zum Dienst, die meisten ohne Uniform, sie blödelten ein bißchen und gingen wieder zu ihren Mädchen oder ins Kino; immer waren Ausreden zur Hand: Überstunden im Betrieb, keine Schuhe, sie hatten nichts gewußt. Hier waren nicht einmal mehr die Führer begeistert, es gab nichts, woran sich ein Funke hätte entzünden können. Vor allem die Arbeiterjungen, nicht die Oberschüler, ließen sich in die Stamm-HJ abschieben, weil sie dort kaum behelligt wurden. Klasseninstinkt? Der behutsame, nicht nach außen dringende, nicht faßbare Einfluß proletarischer Eltern? Der Chronist muß passen.

Bescheidenste Erfahrungen machte er immerhin. Von seinen fünfunddreißig Jungen meldeten sich drei oder vier nur jedes dritte oder zehnte Mal zum Dienst. Er mahnte, schickte schriftliche Befehle. Ein Kriegs-Jugenddienstgesetz machte den Dienst zur Pflicht und sah im Weigerungsfall Arrest als Strafe vor. Er hat nie gehört, daß Jugendliche, weil sie den Dienst schwänzten, tatsächlich eingesperrt worden wären. Immerhin war ein Druckmittel gegeben, und er brachte es vor, wenn er in Arbeiterküchen darauf hinwies, daß der Sohn dieser Familie wieder und wieder nicht zum Dienst erschienen war. Am Tisch saß ein Vater, der wenig redete: Er hatte Schicht, konnte sich nicht kümmern, wollte es dem Jungen noch mal sagen. Oder der Vater stand an der Front, eine Mutter argumentierte: Sie arbeite in der Spinnerei, versorge drei Kinder, sie könne nicht auf alles aufpassen. Warum bekäme der Junge nicht wenigstens einen Bezugsschein für eine Hose? Keine Schuhe – barfuß schicke sie den Jungen nicht.

War das vielleicht schon ein Jahr früher? Da lief seine Klasse im Sportunterricht über tausend Meter, er hielt sich in der Spitzengruppe, zog in der letzten Runde an, kam zu aller Überraschung auf den zweiten Platz, sah die Riesenmöglichkeit, zum erstenmal sportlichen Lorbeer zu ernten, das ließ seine Kräfte wachsen, auf den letzten Metern kämpfte er den Spitzenreiter nieder und siegte, siegte zum erstenmal über die Größeren und Stärkeren, siegte in einer Zeit, die er jahrelang bis auf die Zehntelsekunde auswendig wußte. Da hielt er sich unversehens für ein Langstreckentalent, er rannte, wann und wo sich ihm Gelegenheit bot, besaß genügend Zähigkeit, immer wieder die Dreitausendmeterstrecke in Angriff zu nehmen; sein großes Vorbild war der kleine Japaner Murakoso, der es bei den Olympischen Spielen in Berlin mit den finnischen Riesen aufgenommen hatte. Zehntausendmeterläufer wollte er werden, Marathonläufer vielleicht, er würde der Welt zeigen, wozu Willenskraft fähig war.

Und er lief. Vom Markt zum Bahnhof und zurück, zur Talsperre hinunter, allein oder seinem Jungzug vornweg. Nie hatte er irgendeine Anleitung. Er probierte alle Strecken zwischen 400 und 3000 Metern aus, verzichtete bald auf die mörderischen 800. An manchem Abend zog er seine Runden über 3000 Meter, hatte den toten Punkt bei 1800, überwand ihn, glaubte, bei 5000 läge seine größte Chance. Die Olympiade 1940, vorgesehen für Tokio, war ausgefallen, 1944 war der Krieg gewiß gewonnen, aber da würde er noch nicht starten können. 1948 würde er zweiundzwanzig sein und wie einst Murakoso gegen die langen Kerle aus Finnland anrennen.

Da fanden Bahnmeisterschaften in Rochlitz statt, Sportgierige aus Mittweida fuhren mit ihren Rädern hinunter. In brütender Hitze keuchte er dreitausend Meter hinter Jungen her, die bis zu zwei Jahre älter waren, das Anfangstempo riß ihn aus seinem Rhythmus, der erste ernsthafte Wettkampf, den dieser Selfmade-Läufer bestritt, sollte sein letzter sein. Abgeschlagen schleppte er sich ins Ziel, ausgepumpt und zu Tode enttäuscht. Eine Stunde lang lag er im Schatten, ehe er Erschöpfung und Scham überwunden hatte. Während der Heimfahrt kamen seine Freunde auf die Idee, am langen Berg hinter Rochlitz zu probieren, wer sich am längsten im Sattel hielt. Da packte ihn der Ehrgeiz, er trat, bis ihm schwarz vor Augen wurde, im Straßengraben lag er zum zweitenmal bleich und schweißnaß, und am nächsten Tag kippte er während des Unterrichts aus der Bank.

Kein Grund zur Aufregung, sagte der Arzt. Das Herz war überstrapaziert worden, das war nicht bedenklich in diesem Alter, das wuchs sich aus. Ein Vierteljahr kein Sport, dann vorsichtig wieder beginnen, auf sich selbst aufpassen, in einem halben Jahr wäre alles wieder im Lot. Während des Sportunterrichts saß L. jetzt am Rand der Turnhalle. Es kam ihm vor, als hätte man ihm beide Beine abgehackt. Kein Marathonlauf jemals, kein Olympiasieg – er schwartete eine zehnbändige Schillerausgabe durch einschließlich der Geschichte des Dreißigjährigen Krieges und des Abfalls der Niederlande. Wahrscheinlich würde er nun Historiker werden, Geschichtsbücher schreiben über den preußischen Friedrich, über die Schlachten auf den Spicherner Höhen und den Todesritt von Mars la Tour. Nie waren seine Heimabende romantischer als in dieser Zeit.

Da wurde er nach Schneckengrün im Vogtland zu einem Lehrgang der Gebietsführerschule befohlen und fuhr hin mit Teddy Schulze, den er mochte und der jahrzehntelang sein Freund blieb. Teddy war eine kraftvolle sportliche Begabung und obendrein ein begnadeter Schifferklavierspieler. L. trug eine Bescheinigung bei sich, die ihn vom Sport befreite. Schneckengrün wurde der Ort seiner bis dahin bittersten Erniedrigung. Hier kommandierte ein Bannführer, der an der Front ein Auge eingebüßt hatte, an seiner Seite standen Absolventen einer Nationalpolitischen Erziehungsanstalt, die ein Praktikum ableisteten, ehe sie in eine SS-Führerschule einrückten. Jungzugführer L. wies seine Bescheinigung vor und bewirkte Befremden auf allen Gesichtern. Kein Vorwurf eigentlich, eher Ratlosigkeit. Was sollte man hier mit einem Herzkranken? Das Gesunde galt so viel, daß Krankheit ein Makel war, Kranke gehörten nicht in die Reihe der Kämpfer, der Jugend, wie der Führer sie liebte und brauchte. Hier sollte das HJ-Leistungsabzeichen erworben werden, dafür waren sportliche Bedingungen zu erfüllen. Ein Kranker – warum hatte er nicht seinem Bannführer gemeldet, daß er herzkrank war, man hätte ihn gar nicht erst nach Schneckengrün schicken sollen. Schon lange? Angeboren? Da erklärte er, wie es zu seiner Schwäche gekommen war und bezeichnete sie als vorübergehend. Also war es gar nicht so schlimm, da sollte er sich mal nicht haben! Dennoch stand er dabei, wie die anderen weitsprangen, er durfte Sand rechen und das Bandmaß halten. Sein Freund Teddy sprang fünfeinhalb Meter und wurde von keinem überboten. L. war, so würde man heute sagen, weg vom Fenster. Die Herrenmenschen sprangen. Das erstklassige Menschenmaterial sprang. Die nordische Rasse sprang. Nordische Rasse mit Herzfehler – es war ein Widersinn.

Immerzu wehte Wind. Nie wurde einer satt. Kenntnisse über den Kampf des Generals von Lettow-Vorbeck waren nicht gefragt. Wer konnte Schifferklavier spielen? Teddy hing die Hohner um und spielte, als hätte er sein Lebtag nichts anderes getan. Am nächsten Tag warf Teddy die Handgranate weiter als jeder andere, er war der Star des Lehrgangs. Und dann gab es noch diesen Herzkranken.

Nie wurde ein Roman über die Hitlerjugend geschrieben. Wer robust, hart im Einstecken und Austeilen war, kam mit den Bedingungen der HJ zurecht und fühlte sich bestätigt. Aber die Sensiblen, die Schwachen. Vielleicht so: Ein Herzkranker versuchte mit seiner Schwäche fertig zu werden, *riß sich zusammen,* der Herzmuskel riß, er starb im Augenblick des großen Glücks, da er es wenigstens einmal im Hindernislauf oder beim Boxen den Großen, Starken, Bewunderten und Beneideten gleichgetan hatte. Das wäre ein möglicher Nebenstrang in einem Roman oder auch eine selbständige Geschichte. Was wäre eine Fabel, die ins Zentrum traf? Jeder Schriftsteller plagt sich mit seinen eigenen weißen Flecken herum.

Er war ganz unten angelangt und merkte, wie demütigend es ist, am Boden zu sein, aber keine Sekunde lang kam er auf die Idee, ein System daran zu messen, wie es sich zu seinen schwächsten Gliedern verhielt. Unten war es gräßlich, also mußte er hinauf, und so meldete er am dritten Tag, er wolle am Zwanzigkilometermarsch teilnehmen. Der Gruppenführer nickte befriedigt: Da war einer, der den inneren Schweinehund besiegte.

Während dieses Marsches wurde er die Angst nicht los, zusammenzubrechen. Aber selbst wenn er hinschlug: Dann sahen wenigstens alle, daß er kein Simulant war, und wußten, daß er bis zum Umfallen gekämpft hatte, davor mußten sie Achtung haben. Nach zehn Kilometern fragte einer der ehemaligen Napola-Schüler, der künftige Waffen-SS-Führer: Geht's? L. nickte. Und der Führer sagte: Na also! L. atmete gleichmäßig, horchte auf sein Herz, das gleichmäßig schlug. Alles schien gut, er war kein Krüppel.

Diese vier Wochen in Schneckengrün waren für L. auch in der Erinnerung eine solche Last, daß er zwölf Jahre danach, als er die Erzählung »Linsengericht« schrieb, seine erfundene Gestalt des Harry Hahn in Schneckengrün SS-Werbern in die Hände fallen ließ; später montierte er diese Szene in den Roman »Der Abhang« ein. Die Kiesgrube, an deren Hang die Werber ihre Opfer fertigmachten, übernahm er aus seiner späteren Erfahrung aus Zeithain.

Niemals mehr erwähnte er sein Herz, auch nicht, als sie bei kaltem Regen in einem Freibad in Plauen eine Viertelstunde lang schwammen, wie die Bedingung des HJ-Leistungsabzeichens es befahl; die Temperatur des Wassers lag bei zwölf Grad. Als er heimfuhr, glaubte er, er hätte ein Stück der Hölle hinter sich. Dachte er auch ein Jahr später, als er in Hartmannsdorf half, Zehnjährige auf ihre Eignung für die Nationalpolitische Erziehungsanstalt zu prüfen, an Schneckengrün?

Was auf dieser Welt, welcher Roman hätte die epische Breite eines Familienalbums? Im Krieg wurde selten fotografiert, Filme waren knapp. Immerhin wurde Fähnleinführer L. vor seiner Formation marschierend festgehalten, hinter ihm die Fahne, vor ihm die Trommler, die begeisterten Jungzugführer und die begeisterten Jungenschaftsführer und in Sechserreihen das unbegeisterte Fußvolk. Der Chronist nimmt die Lupe: Der da ist zwei Jahre später gefallen, keine andere Erinnerung an ihn gibt es als diese: Ein Junge, glatt, hübsch. Der da: Im Westen. Der da: Den traf er vor kurzem und dachte erschrocken: Ein alter Mann. Ein Familienalbum ist Wahrheit, Last, Druck. Man kann keine Hakenkreuzfahnen von Geburtshäusern holen. Klack – wieder ein Stern mehr auf der Schulterklappe. Klack – das HJ-Schießabzeichen an der Brusttasche. Klack – da sind einige aus seiner Klasse, Jahrgang 1925, schon Mitglieder der NSDAP. Von einem borgte er sich manchmal ein NSDAP-Abzeichen aus und steckte es an, wenn er einen Film sehen wollte, der für Jugendliche unter achtzehn nicht zugelassen war. Das fotografierte niemand.

2

Drei Häuser weiter wohnte der Kommunist Vogelsang mit Frau und Sohn. Ein letztes Mal Dr. Sauer: »Die KPD hatte sich von neuem organisiert. Aber unserer Geheimpolizei gelang es, Nest auf Nest auszunehmen und an Hand der gefundenen Aufzeichnungen die gefährlichsten Elemente des KPD-Geheimdienstes festzunehmen. Auch der aus Mittweida stammende Spitzenfunktionär Vogelsang, ein Beauftragter des Moskauer Zentralkomitees, wurde Mitte August 1933 in Berlin verhaftet. Er arbeitete mit gefälschten Pässen und Namen.«

L. sah ihn oft von der Arbeit kommen, eine zerbeulte Tasche unter dem Arm, aus der die Thermosflasche schaute. Das war schon während des Krieges. Hans Vogelsang war aus der Haft entlassen worden und arbeitete in einer Wattefabrik. Sein Sohn war Gefolgschaftsführer der Mittweidaer Marine-HJ, Mutter Vogelsang kaufte bei Loests ein. Wenn dort von Vogelsang die Rede war, hieß es: Ein Kommunist, aber einer von der anständigen Sorte. Vogelsang verrichtete seine Arbeit und hielt den Mund, etwas anderes blieb ihm nicht übrig. Wäre in Mittweida eine rote Fahne oder eine antifaschistische Parole aufgetaucht: In der nächsten Stunde hätte die Gestapo diesen Mann abgeholt. Hätte er auch nur einen politischen Witz erzählt, es wäre sein letzter gewesen. In den fünfziger Jahren wurde in Romanen und Erzählungen gern diese Szene abgewandelt: Ein verführter Jugendlicher lernt einen älteren Arbeiter kennen, der pfiffelt verstohlen niegehörte Töne, später stellte sich heraus: Es ist die Internationale. Dieser Mann erwirbt das Vertrauen des Jugendlichen, endlich fördert er aus einem Versteck eine zerlesene Schrift: Das kommunistische Manifest. Dem Jugendlichen gehen die Augen auf, gemeinsam schreiten sie in eine hellere Zukunft.

Er grüßte Herrn Vogelsang, wie ein Junge einen erwachsenen Nachbarn grüßt. Grüßte er mit »Heil Hitler!«? Eigentlich grüßte er immer mit »Heil Hitler!« und erhobener

Hand. Wenn er es Herrn Vogelsang gegenüber tat, dann nicht, um zu provozieren. Wahrscheinlich nickte Herr Vogelsang zurück.

In Texten dieser Art fehlt nie die Erörterung, was und wieviel der Autor von KZ-Greueln gewußt hat, es gilt als moralisches Kriterium erster Ordnung. In diese Kindheit spielte von ferne der Begriff »Konzert-Lager« hinein. Dort wurden, so hörte er, Kommunisten umerzogen. Ein »Konzert-Lager« war in Sachsenburg, zehn Kilometer von Mittweida entfernt; es wurde bald aufgelöst. Wenn er um sein zehntes Jahr aufgefordert worden wäre, ein »Konzert-Lager« zu zeichnen, hätte er versucht, eine Blaskapelle darzustellen, im Karree standen Männer und hörten zu, am Rande wären da noch niedrige Häuser oder Zelte gewesen. Die Kapelle spielte gewiß einen Militärmarsch. Oder die Männer sangen ein erzgebirgisches Volkslied, vielleicht das vom Vuglbeerbaam. Dann gingen sie an die Arbeit, denn in diesen Lagern brachte man ja Kommunisten das Arbeiten bei. Herr Vogelsang war dort gewesen, nun war er wieder hier. Er war umerzogen, nun ging er morgens in die Fabrik und kehrte abends heim. »Heil Hitler, Herr Vogelsang!« Mit Frau Vogelsang hat er gelegentlich gesprochen, sie war eine kräftige Frau mit lauter, manchmal fröhlicher Stimme. In seiner Familie hörte er auch das: Wirklich anständige Leute. Als Herr Vogelsang im Lager gesessen hatte: Die arme Frau!

Aber vielleicht grüßte er diesen Mann mit »Guten Tag«? Denn in der Familie, im Haus und in der vertrauten Umgebung galten die alten Formeln. »Guten Morgen, Herr Vogelsang!« Hans Vogelsang hütete sich, die Internationale zu pfiffeln. Ein Problem oder gar ein Vorbild war er für L. nicht. Nach dem Krieg wurde er Bürgermeister von Mittweida, Landrat von Döbeln und Vorsitzender der SED-Parteikontrollkommission im Bezirk Leipzig. In dieser Eigenschaft verpaßte er dem Genossen L. im Herbst 1953 eine Rüge.

Zu wem also schaute er auf, da nicht zum Kommunisten

Vogelsang? »Loest, was haben Sie getan bis heute?« So begann jede zweite Lateinstunde, er saß im Blickfeld seines Rektors und konnte es sich nicht leisten, ungenügend vorbereitet zu sein. Ein großgewachsener, dünner Mann, der sich sehr gerade, geradezu steif hielt, schmaler Kopf mit angebürstetem Haar, Bärtchen, Falten zum Kinn hinab, goldgefaßte Brille: Rektor Lehnert. Sein Vorname? Er ist vergessen, damals spielte er keine Rolle. Dieser Mann hatte in der ersten Lateinstunde angeordnet, das Arbeitsmaterial habe griffbereit an der linken Pultseite zu liegen; er brauchte sich nicht zu wiederholen. In seinen Stunden wurde gearbeitet von der ersten bis zur letzten Minute. »Loest, was haben Sie getan bis heute?« Er hatte Vokabeln gelernt und Grammatik gebüffelt und wieder ein Stück aus Cäsars »Gallischem Krieg« präpariert. Die Sitte, in der Stunde vor den Ferien einigen Ulk zu treiben, hatte für Lehnert keine Gültigkeit; er war Preuße bis zum letzten Klingelzeichen. Als der Krieg begann, schaffte er den Begriff »hitzefrei« ab, denn an der Front gäbe es ihn für den deutschen Soldaten auch nicht. Nie hob er die Stimme, das hatte er nicht nötig. Nie lachte er, wahrscheinlich hat er nicht ein einziges Mal gelächelt. In seinen Stunden schielte niemand zum Nachbarn.

Die Schüler verehrten ihn. An diesem Mann war alles eindeutig, es gab nichts Halbherziges, Verwaschenes. Vorsagen galt in seinen Stunden nicht als läßliches Vergehen, bei dem der Lehrer rügend die Braue hob, Lehnert nannte es Betrug. Einmal, schon im tiefen Krieg, vertrat er den Vertreter des Sportlehrers, zog die Jacke aus und öffnete das Hemd, da sahen seine Schüler eine tiefe Narbe auf einer Brustseite, eine Einbuchtung, in die man hätte eine Faust legen können. Deswegen könne er Übungen am Reck nicht vormachen, sagte Lehnert, eine Verwundung aus dem Ersten Weltkrieg. Dieses Gespräch von wenigen Sätzen empfanden seine Schüler beinahe als Intimität.

Sein Spitzname: Der Rex. Er war Nazi; es geht nicht an, ihm nachträglich eine Mitläuferbescheinigung auszustellen. Er war schon vor 1933 Mitglied der NSDAP gewesen, sicherlich begünstigte das seinen Aufstieg zum Direktor. Er war Politischer Leiter. Einen Winter über dozierte er in einem Kursus, in dem Mittweidas Hitlerjugendführer auf ihre geplante Mitgliedschaft in der NSDAP vorbereitet wurden. Den Marxismus erklärte er so: Er wolle alle Menschen gleichmachen, aber es gäbe verschiedene Begabungen und Temperamente, es gäbe Fleißige und Faule, da müßten also die Fleißigen für die Faulen mitarbeiten, und alles würde im Chaos enden. Den Materialismus definierte er so, und das war kein geistiger Eigenbau, das wurde landauf, landab so gelehrt und entstammte zentralen Schulungsbriefen: Der Materialismus schätzte alles nur nach seinem materiellen Wert ein, das herrlichste Gemälde bedeutete den Materialisten nur den Preis für Leinwand, Farbe und Rahmen. Mittweidas Nazinachwuchs schmunzelte: Wie überlegen war man doch diesem jüdisch-bolschewistischen Blödsinn! Arier waren schlauer, man war Arier, Gott sei Dank.

Lehnert war Nazi. Er war nicht der fette grölende Säufer, den Bücher und Filme mit kleiner Münze darstellen, und nicht der Saalschlachttyp der Kampfzeit. Er war korrekt, gerecht, spartanisch. Für diesen Mann ging eine ganze Schule durchs Feuer. Er war Kathedertäter.

Fast alle Lehrer überlebten den Krieg. L. hatte nie das Bedürfnis, mit einem von ihnen über das zu sprechen, was sie ihm anerzogen hatten; sicherlich wäre er Ausflüchten und Halbheiten begegnet. Mit einem hätte er für sein Leben gern gesprochen, mit dem Rex. Aber Lehnert wurde mit zwei Dutzend anderer Mittweidaer Faschisten interniert, im Herbst 45 mußten sie unter Bewachung ehemaliger polnischer KZ-Häftlinge auf schlesischen Äckern Kartoffeln roden. Die Bedingungen waren so hart, daß Lehnert den ersten Nachkriegswinter nicht überlebte.

Im Sommer 1942, L. war sechzehn, ging die Rede, eine neue Waffen-SS-Division sollte aufgestellt werden, die Division »Hitlerjugend«. Die Werber argumentierten: Ein Dilemma bestünde darin, daß die Ausbildungszeiten zu kurz seien; deshalb würde diese Elite länger trainiert werden, nicht drei oder vier Monate, sondern anderthalb Jahre. Bewährte Führer aus anderen Waffen-SS-Einheiten sollten die Division befehligen, die Mannschaften würden ehemalige HJ-Führer sein, das Beste vom Besten, fanatisch, hart. Diese Division sollte geschliffen werden für den entscheidenden Schlag.

L. und sein Klassenkamerad Joachim Barthel wurden sich schnell einig: Da gehen wir hin! Nicht zur stupiden Infanterie, die Waffen-SS hatte beste Waffen, beste Verpflegung! Wer schon nicht in einen Panzer kriechen wollte, konnte dort auch Panzergrenadier werden oder Panzerabwehr-Kanonier oder Funker. Also auf zum Rex, denn der mußte die Genehmigung geben.

Er saß, als L. und Barthel die Hacken knallten und die Rechte reckten, schief auf dem Stuhl, den Arm seitlich auf der Lehne. Die beiden SS-Willigen sagten ihr Sprüchlein auf und baten ihren Rektor, er möge ihnen die Erlaubnis und vor allem den Notreifevermerk geben, den Abitur-Ersatz. Der Rex schüttelte ihnen keineswegs anerkennend die Hände. Ob ihn des Nachts bisweilen das Grauen packte, wenn ihn die Erkenntnis überfiel, daß er einen Jahrgang nach dem anderen in den Tod entlassen hatte, daß aufgerieben wurde, was bei ihm um Ovid und Tacitus bemüht gewesen war? Da standen nun wieder zwei, er sollte ihnen das Recht auf besonders frühen Heldentod bescheinigen, und da sagte er: Ihr kommt auch nächstes Jahr noch zurecht.

Die Waffen-SS-Division »Hitlerjugend« wurde ohne Barthel und Loest aufgestellt, wurde gründlich ausgebildet und im Juni 1944 gegen einen Brückenkopf der Alliierten in der Normandie in Marsch gesetzt. Elite krachte auf Elite. Diese Division wurde aufgerieben. Der Rex hat L.s Lebenserwartung entscheidend erhöht und sein Hirn freigehalten von zweijährigem SS-Einfluß, der nach dem Krieg schwierig herauszuwaschen gewesen wäre. L. wäre in die Ecke gedrängt worden und hätte sich mit belastenderen Schuldgefühlen herumschlagen müssen. Der Rex hat ihm womöglich das Leben gerettet und mit Sicherheit sein Wesen von Verkrustung bewahrt, hat ihm Sensibilität erhalten in einem Maße, daß später aufgehellt werden konnte, der Rex, der Nazi, der Preuße, doch nach dem Warum konnte er im Frieden nicht befragt werden. Barthel und L. meldeten sich enttäuscht ab. Aber Barthel kam dennoch ums Leben, er geriet als Heeresartillerist in Mähren in die letzten Kanonaden, seitdem fehlt von ihm jede Spur. Seine Mutter stand jahrelang nach dem Krieg jeden Abend am Bahnhof, ihr Junge stieg nicht aus dem Zug. Darüber verlor sie den Verstand und verlosch. L. träumte hundertmal die gleiche Geschichte: Achim war wieder da, war schon lange da und wohnte im alten Haus und hatte sich verwunderlicherweise nicht bei ihm eingefunden. Allmählich wurden diese Träume seltener, Mitte der fünfziger Jahre blieben sie aus.

3

Vom Sommer 1942 an trug er die grünweiße Schnur des Fähnleinführers und Achselklappen und eine silberne Litze um die Mütze wie ein Offizier. Jetzt hörten hundertzwanzig Jungen auf sein Kommando, das heißt, sie hätten hören sollen. Aber zwanzig bis dreißig hörten außerordentlich ungern auf ihn und einige überhaupt nicht. Er probierte den simplen NS-Trick: Ein paar Rauhbeine ernannte er zu Jungenschaftsführern, prompt reagierten sie ihre Energien nicht mehr gegen ihn, sondern gegen ihre ehemaligen Kameraden ab. Etliches, das bisher zum Dienstbetrieb gehört hatte, starb ab: Sommerlager, Wochenendfahrten, dafür fehlte es an Lebensmitteln, an Schuhen. Bezugsscheine für Uniformstücke wurden an die ausgegeben, die sie am dringendsten brauchten, vor allem an die Führer natürlich, und alle aus L.s Klasse trugen den Winter über Hitlerjugendhosen, auch Andrießen, der es im Jungvolk nicht zu Führerehren gebracht hatte und nun unfroh ein rotweißes Schnürchen in der HJ trug. Er konnte sich nicht vorm Dienst drücken, was er liebend gern getan hätte, denn dann hätte er nicht Fußball spielen dürfen beim Mittweidaer Fußballclub 1899, was er mit Leidenschaft und Befähigung betrieb. Sah er sich auf dem Posten des National-Linksaußen als Nachfolger eines Pesser, Urban oder Arlt?

Die Schule spielte eine immer kläglichere Rolle. Längst zweifelte niemand aus dieser Klasse daran, daß nun auch sie für diesen Krieg noch zurechtkämen, und das lange vor dem Abitur. Da lohnte es nicht mehr, sich anzustrengen, und alle Lehrer drückten beide Augen zu, außer dem Rex, der das volle Pensum verlangte: Cäsars gallisches Kriegstagebuch wurde übersetzt in flottes Wehrmachtsberichtsdeutsch, terra hieß Gelände. Ob der Deutschlehrer wirklich meinte (wie er nach dem Krieg feilbot), er erwecke demokratische Gedanken, wenn er die Große Französische Revolution ausführlich behandelte? Aber bei einem Appell in der Aula philosophierte er über den verfluchten Satz, daß es süß sei, für das Vaterland zu sterben.

In diesem dritten Kriegsjahr wurde häufiger gestorben, immer öfter war jemand dabei, den L. kannte, ein Schüler aus einer höheren Klasse, ein ehemaliger Jungvolkführer, bekannt als großartiger Geigenspieler oder Mathematik-As oder Handballgröße oder Schürzenjäger, sie fielen während der Frontbewährung als Fahnenjunkerunteroffiziere oder danach als Leutnants oder erstickten in ihrem zerbombten U-Boot. Verluste im Jahrgang zweiundzwanzig, im Jahrgang dreiundzwanzig, der Jahrgang vierundzwanzig rückte ein. Die Hälfte der Jungen in seiner Klasse gehörte dem Jahrgang fünfundzwanzig an, unter ihnen wurde aus immer aktuellerem Grund diskutiert, zu welcher Waffengattung sie sich melden sollten. L. sehnte sich nicht in die Lüfte und wollte weder in einem Schiffsrumpf noch in einem Panzer eingesperrt sein, aber die brave alte Infanterie, in der schon Großvater und Vater gedient hatten, erschien ihm zu simpel, also meldete er sich zu den Panzergrenadieren. Reserve-Offizierswerber wollte er werden, Offizier für die Dauer des Krieges, dann wollte er Landwirtschaft studieren. Denn ein paarmal hatte er Ferienwochen auf einem Hof in Pommern verlebt, wo Verwandte aus der Linie des Albert L. wohnten, dort hatten es ihm Pferde und Roggenfelder angetan. Auch mit Schmalz gebackene Kuchen, auch geräucherte Gänsebrüste. Es ging die Rede, den dreihundert Jahre lang im Familienbesitz gewesenen, 1928 verschluderten Hof zurückzuerwerben. Das konnte er sich vorstellen: Erbhofbauer in Pommern. Aber erst mußte dieser Krieg gewonnen werden. Daß er ihn überleben würde, stand für ihn fest.

Den Blitzsiegen schloß sich verteilter Schlagabtausch an, dann prasselte es hageldicht; 1943 wurde spürbar, daß die anderen am längeren Hebel saßen. Niederlagen um Stalingrad und im Kaukasus, Halbgott Rommel konnte Nordafrika nicht halten, Amerikaner und Engländer landeten in Italien, Hitlers Busenkumpan Mussolini stürzte ab, die Offensive von Kursk rannte sich fest, Radarstrahlen enttarnten die U-Boote, weit mehr Bomben fielen jetzt auf Deutschland als auf England. L. saß am Radio, sah die Wochenschau, las Zeitung. Er lauschte durch das Pfeifen der Störsender hindurch so gut es ging dem Londoner Rundfunk und angeblichen Soldatensendern, ganz selten drang Radio Moskau durch. Er hörte die Namen deutscher Soldaten, die in Gefangenschaft geraten waren, und die Namen befreiter sowjetischer Orte; Fakten über Fakten schlugen auf ihn ein, die beweisen sollten, daß Hitler den Krieg entfesselt und verloren hatte. Längst nicht alles glaubte er, preßte aber immer wieder sein Ohr an den Lautsprecher, gierig auf verbotene Frucht. Im Sommer 1943 wurden die Rationen arg gekürzt, obwohl Göring versichert hatte, von jetzt an ginge es dank eroberten Raumes nur noch aufwärts. Da war L. endlich selbst betroffen, nun hieb ihm der Krieg auf den Magen. Vom Sommer 1943 an war der Hunger sein immerwährendes Problem für die nächsten fünf oder sechs Jahre. In allen Büchern, die er später schrieb, spielt Essen eine lustvolle Rolle.

Nachts heulten nun auch in Mittweida die Sirenen. Über den Hydrierwerken um Leipzig und Halle flammte der

Horizont rot und gelb. Nach nächtlichem Alarm begann die Schule eine Stunde später. Fast jeden Nachmittag war Dienst: Heimabend, Sport, Geländedienst, Schießen. Diesen Satz eines Offiziers hatte er gelesen: »Wer nicht schießen kann ist draußen ein toter Mann.« Er wollte kein toter Mann sein, also wurde er Jungschütze im Schützenverein Mittweida e.V., dort und mit seinen Pimpfen gab er ungezählte Kleinkaliberschüsse liegend, kniend und stehend ab. Auf dem Geburtstagstisch dieses Sechzehnjährigen lag eine Pistole, Parabellum 9 Millimeter. Vorher war er oft dabeigewesen, wenn Vater seine Waffe aus dem Ersten Weltkrieg gereinigt hatte, er kannte sich aus mit dem komplizierten Gelenkverschluß. »Du bist nun alt genug«, hieß es, »mach keinen Unsinn damit.« Er freute sich über dieses Geschenk, eine Sensation war es nicht. Mit Freunden schoß er in einem Steinbruch nach Blechbüchsen. Er war ein Mann, der eine Waffe besaß, nun war er endgültig bereit zum Krieg.

Deutschland, Deutschland, über alles! Die Fahne hoch! Die Hymnen wurden gesungen nach jedem Appell, nach Beförderungen, zu Beginn des Schuljahrs, an seinem Ende, zu Führers Geburtstag, vermutlich jede Woche. Deutschland, Deutschland, über alles! Die Fahne hoch, die Reihen fest geschlossen! Dabei alberte keiner, flirtete keiner. L. sang die beiden Strophen tausendmal. Ein Drittel Jahrhundert später hört der Chronist manchmal um Mitternacht die Nachrichten des Deutschlandfunks und zuvor die Hymne der Bundesrepublik Deutschland, textlos. Danach Pause, Stille. Das Ohr des Chronisten wartet. Nach einer Pause von anderthalb Sekunden meint sein Ohr, es müßte weitergehen im Stampfrhythmus, wie es tausendmal weiterging mit dem Horst-Wessel-Lied, härter jetzt, kämpferischer, nicht mehr weihevoll: Tam tam tam tam! Die Dauer dieser Pause ist eingeschliffen wie die Fortsetzung. Vernunft und die Strecke eines halben Lebens kommen dagegen nicht an.

Schneckengrün lag zurück, er fuhr nach Hartmannsdorf, aus Minus wurde Plus, er war wieder oben! Jedes Jahr einmal testete die Jungvolkführung des Kreises Rochlitz die

Elf- und Zwölfjährigen, wer von ihnen Fähigkeiten ahnen ließ, in die Führungsspitze aufzusteigen; die Gau- und Kreisleiter der Jahre 1970 und 1980, die Reichskommissare für Krim und Kaukasus, Burgund und Brabant, die Nachfolger für Mutschmann und Dr. Ley, der künftige Reichsjägermeister und der spätere Leiter der deutschen Gerichtsbarkeit im Protektorat Böhmen und Mähren wurden gesucht. Aus Städten und Dörfern des Kreises waren die fünfzig gewecktesten, sportlichsten, klügsten, eifrigsten Jungen in die Jugendherberge von Hartmannsdorf geschickt worden, auf daß aus ihnen zwei, drei ausgesiebt würden, damit sie auf der Nationalpolitischen Erziehungsanstalt den Eliteschliff erführen. L. war Hilfsauswähler, Hilfsschleifer, er ließ singen und springen, notierte 60-Meter-Zeiten und Zielwurfergebnisse, verteilte Noten für Bettenbau und Schuhputz.

Härtetag: Nach dem Frühstück traten die Jungen an, jeder verstaute zwei Doppelstullen im Brotbeutel, der Chefauswähler befahl: Die Stullen durften nur auf Befehl gegessen werden! Mit der Bahn fuhr der Trupp nach Chemnitz und marschierte zum Hallenbad, dort sprangen die Hilfsschleifer ins Wasser und lauerten unter dem Dreimeterbrett, die künftige Elite plumpste herunter, wurde herausgefischt und zur Leiter bugsiert mit Rettungsschwimmergriffen, und L. staunte damals, und den Chronisten kommt Beklemmung an bei der Erinnerung, daß keiner der Jungen auch nur einen Augenblick zauderte, daß keiner heulte und sich sträubte, alle stiegen die Leiter hinauf und liefen auf dem Brett vor und ließen sich fallen, Nichtschwimmer zum Teil, und wurden gerettet und kletterten aus dem Becken, sie hatten die Mutprobe, die viel stärker eine Gehorsamsprobe war, bestanden. Wie viele von ihnen hätten später, wären sie nicht 1945 von sich selber befreit worden, auf Befehl Juden erschossen?

Wieder traten sie an und marschierten aus dem damals noch unzerbombten Chemnitz heraus, jeder der Jungen trug die feuchten Badesachen im Brotbeutel und daneben die Stullen. Nach drei Stunden rasteten sie in einem Wäldchen, ihnen wurde erlaubt, sich ein wenig zu zerstreuen. Listig erinnerte keiner der Verführer an das Eßverbot, die Jungen setzten sich ins Gras oder kletterten über Felsbrocken oder spielten Krieg im Unterholz, und alle, alle hatten Hunger, Mittag war vorbei, es wurde nachmittag, und seit dem Morgen hatte keiner etwas gegessen. Wieder wurde angetreten und weitermarschiert. Vor der Jugendherberge von Hartmannsdorf mußten die Jungen ihre Stullen vorzeigen, und nicht einer hatte auch nur die Wurst heruntergenascht. Der Chefauswähler nickte: Herrliches Menschenmaterial! Für den Rest des Tages war dienstfrei.

Nach dem Ersten Weltkrieg fragte Erich Kästner in einem Gedicht, was geworden wäre, wenn wir den Krieg gewonnen hätten; »zum Glück gewannen wir ihn nicht«, war sein Resümee. Wenn Hitlerdeutschland seinen Krieg gewonnen hätte, wären die meisten der Sieger Wächter geworden zwischen Sizilien und dem Nordkap, hätten immerfort Posten gestanden vor Kasernen und Gefängnissen und Lagern, um die Besiegten in Schach zu halten. Wirkliche Herren wären nur wenige geworden, darunter die Auserwählten von Hartmannsdorf. Zum Glück wurden sie es nicht.

Wieder Alltag. Altpapiersammeln, Schule, Mädchen, Fliegeralarm. In Mittweida hatte sich ein Teil der Berliner Lorenzwerke vor den Bomben verborgen, in rasch errichteten Werkstätten in einem Tal zwischen Stadt und Wald produzierten Berliner Ingenieure mit britischen und kanadischen Gefangenen elektrisches und feinmechanisches Rüstungszubehör. In den Gebäuden eines ehemaligen Erziehungsheims genas frontversehrte Waffen-SS, das Technikum bildete Luftwaffeningenieure aus. Alle Fabriken produzierten für den Krieg oder produzierten nicht; längst hatten sich die Schraubenregale in Alfred Loests Lager geleert. An klaren Abenden hörte L. wieder und wieder verbotene Sender; was er für sich entnahm war Angst vor einem ungeheuren Strafgericht, das nach einer Niederlage auch über ihn hereinbrechen würde. Nach dem Krieg ist weidlich gerätselt worden, ob es klug von den Alliierten war, von Deutschland bedingungslose Kapitulation zu fordern, ob nicht die angedrohten Strafen und die geplante Zerstückelung verzweifelten Widerstand begünstigt haben. Für L. ergab sich aus der Summe der Sendungen, die er hörte, die Gewißheit: Es bleibt uns *ja gar nichts übrig,* als immer weiter zu kämpfen. Nie hatte er das Gefühl: Da ist jemand, der will dich, Erich Loest, befreien.

Widerstand in Mittweida? Konspiration mit Kriegsgefangenen? Flugblätter? Sabotage? Er hat nie etwas davon gemerkt, er hörte auch im nachhinein nichts von Aufdeckungen, Verhaftungen. Vielleicht meldete die Gestapo durch Jahre hindurch: Keine besonderen Vorkommnisse. Gestapochef war, wie es nach dem Krieg hieß, der Bankdirektor, der L.s Sparbuch verwaltete; seine hübsche Tochter geigte im Schulorchester Mozarts »Kleine Nachtmusik«. Der Kommunist Vogelsang wartete auf seine Befreiung, der HJ-Führer L. nicht.

Dieses Kapitel wurde schon einmal gedruckt, 1977 in der DDR-Literaturzeitschrift ›Sinn und Form‹. Vorher hatte es zwei Jahre lang in einem Schubfach des Herausgebers Wilhelm Girnus geschmort. Damals war der gewöhnliche Hitlerjugendalltag noch kein literarisches Thema, Christa Wolfs »Kindheitsmuster« war noch nicht erschienen. Hartnäckig legte ein Lektor das Manuskript immer wieder Girnus auf den Schreibtisch, denn er selbst, wenige Jahre älter als L., stammte aus Hainichen, 15 km von Mittweida entfernt, und an jenem Tag, als L. an der Autobahn dem Führer hatte zujubeln sollen, schrie und winkte er auf der anderen Seite. Schließlich bestellte Girnus den Autor zu sich und hielt ihm einen ausschweifenden Vortrag über die eigenen Umtriebe vor der Nazizeit, er war Vorsitzender des Kommunistischen Hochschulbundes gewesen. Girnus hatte zehn Jahre lang im KZ gesessen, L. wußte es. Am Ende brachte Girnus einige beherzigenswerte Einwände zum Text und die große Verwunderung: Eine Stadt wie Mittweida ohne antifaschistischen Widerstandskampf, das könne er sich gar nicht vorstellen! Der Held der Geschichte, dieses sanfte Fleisch, er verstünde ihn nicht. So ohne jede Auflehnung... L. sagte: So wie ich waren neunzig Prozent. Girnus mochte es nicht glauben. Schließlich willigte L. in nützliche Vorschläge ein und versprach, darüber nachzudenken, ob es in Mittweida nicht doch aktiven Widerstand gegen den Faschismus gegeben hätte. Dabei blieb es. Girnus druckte.

Der Kriegsalltag schleppte sich hin mit zermürbender Arbeit, der Sorge um das tägliche Brot, dem Einteilen der Rationen. Als bedrückend wurden nicht so sehr die Rückzüge an immer noch weit entfernten Fronten empfunden wie die Zerstörung deutscher Städte. Diese Namen klangen wie Abteilungen der Hölle: Köln, Kassel, Dortmund, Aachen. Aus dem zerbombten Hamburg und dem sirenendurchheulten Rheinland kamen Jungen in die Klasse und ins Fähnlein, einer lebte in der Familie, für ein Jahr besaß L. einen jüngeren Bruder. In der Schule waren zwei Klassen aus Krefeld mit ihren Lehrern untergebracht für ein halbes Jahr, danach wurden sie gegen andere Klassen ausgewechselt, und er bekam den Auftrag, sie unbeschadet nach Hause zu bringen in überfüllten Zügen, beim Umsteigen in Leipzig, Kassel und Düsseldorf keinen abhanden kommen zu lassen, und er bewältigte diesen Transport mit Schläue und Findigkeit. Diese Jungen brachte er unversehrt nach Krefeld und übergab sie ihren Müttern, die ihm aus Dankbarkeit Geld zusteckten. Von diesem Geld fuhr er nach Köln und stand vor dem Dom und fuhr weiter nach Bad Godesberg, wo er zum Siebengebirge hinaufschaute, er aß Stammgerichte und sah Ruinen und Bunker und Flak an den Rheinbrücken, mißachtete die Losung, die da befahl, erst zu siegen, dann zu reisen, aber in Düsseldorf hatte er nichts anderes zu tun, als an Schlageters Grab in der Golsheimer Heide den Arm zu recken.

Die Freunde des Jahrgangs 1925 rückten ein. Für den Zurückbleibenden folgten Monate voller Unrast, Nervosität. Während der Chronist schreibt, grassiert unter der Jugend das Schlagwort »sinnlos«. In diesem Sommer und

Herbst 1943 fand L. *alles* sinnlos. Mutterseelenallein trat er sein Fahrrad über sächsische und brandenburgische Straßen nach Pommern zum Bauernhof seiner Verwandten. Drei Tage lang aß er sich satt, fuhr weiter an die Küste nach Dievenow, wurde von Berliner Jungen in einer Laube aufgenommen, schwamm ein einziges Mal und streunte wieder landeinwärts. In Kamin umringten ihn in einer Jugendherberge Berliner Mädchen, die hierher verschickt waren und sich tödlich langweilten. Sie flehten ihn an zu bleiben und versicherten, ihm die halben Rationen abzutreten, und ihre Rädelsführerin, die ohne Zögern daranging, sich ihn unter den Nagel zu reißen, gelobte, sich von ihrem Vater, einem Bäckermeister, Aschkuchen sonder Zahl schicken zu lassen. Wie die Made im Speck hätte er leben können, Hahn mit dreißig Hennlein, aber am nächsten Morgen, noch ehe die Schönen erwacht waren, schnallte er sein Bündel aufs Rad, durchquerte Berlin und sah ausgebrannte Stadtviertel und verzweifelte auf heißer Straße über Jüterbog nach Riesa, von dort mogelte er sich mit der Eisenbahn bis Erlau, die letzte Station vor Mittweida, denn niemand sollte ihn mit dem Zug ankommen sehen, und mit bemühtem Schwung bog er hoch zu Stahlroß wieder in seine Stadt ein. Am nächsten Tag fragte er sich: Was sollte er hier?

Manche seiner Klassenkameraden schrieben die ersten Feldpostbriefe von der Front. Einer wurde auf die schon abgeschnittene Krim eingeflogen, gefangengenommen und starb später in einem Lager, einer verscholl im Mittelabschnitt der Ostfront. Die Klasse war auf acht Jungen und ein Mädchen zusammengeschrumpft. Zensuren wurden unwichtig. Integral und Differential, Anglizismen, die Erdzeitalter, Lessing: Leider hatte er sich von den Irrlehren der Französischen Revolution zeitweise anstecken lassen und ein fehlerhaftes Stück namens »Nathan« geschrieben. Dennoch war er groß.

Noch einmal brach der Kriegsalltag auf: Leipzig brannte, Mittweida schickte einen Omnibus voll Jungen zu Hilfe, Schaufel und Eßbesteck waren mitzubringen. Zwanzig Jungen organisierte L. und führte sie durch Tage und Nächte, sie kampierten in einem Keller in der Nähe des Bayrischen Bahnhofs auf Fenchelstroh, das sie aus einem Waggon bargen oder stahlen, sie halfen, Fensterrahmen zum Glaser zu bringen und schippten Haustüren frei, sie wurden in einer Schule mit Makkaroni versorgt, die sie von Papptellern aßen und die nach Pappe schmeckten, Soldaten saßen neben ihnen, die stumm löffelten und wieder hinausgingen und Keller freiwühlten, aus denen Klopfzeichen drangen. Manchmal fiel ein Satz: Drei Tage verschüttet, sieben Tote, drei Lebende. Er organisierte Verpflegung für seine Truppe: Die Jacke war mit Jagdwürsten vollgestopft, einmal karrte er zehn Eimer Marmelade heran, wie ein Weihnachtsmann verschenkte er süße Gaben in dem Haus, in dem sie wohnten. Zeitweilig besaß er einen halben Zentner Butter, den größten Teil jagte ihm ein Ortsgruppenfunktionär ab. Sie waren gute Kameraden untereinander, und ehe sie sich abends auf Fenchelstroh betteten, schifften sie zischend in die Glut, die nebenan Ruinenreste verzehrte. Auf dem Stroh unterhielt er sein Völkchen mit Geschichten, die er »Schwänke aus seiner Jugend« nannte.

Nach vier Tagen fuhren die meisten nach Hause, ein harter Kern blieb. Mit einem Malerkarren betrieb ihr Anführer ein privates Fuhrunternehmen zwischen dem Hauptbahnhof und dem Bayrischen Bahnhof, denn Straßenbahnen fuhren nicht. Einmal stand eine weinende Frau mit Koffern und zwei kleinen Kindern vor dem Hauptbahnhof, er fragte, wohin sie wollten, lud die Koffer auf und versicherte, nun ginge alles in Ordnung, und als die Frau noch immer weinte, fügte er hinzu, sie könne ruhig damit aufhören, denn er hätte ja alles in die Hand genommen. Gern entsinnt sich der Chronist seiner guten Tat und täte es reineren Herzens, hätte der edle L. die fünf Mark Trinkgeld verschmäht.

Tags darauf war er krank, Erkältung, Fieber, Grippe. Seine Kameraden organisierten einen Arzt, der stieg in den Keller hinunter und untersuchte ihn auf dem Fenchelstroh, verabreichte landläufige Medizin und empfahl schleunigste Heimfahrt. Aber einer fand, es ginge nicht an, aus bestandener Schlacht mit profaner Erkältung heimzukehren, eine Rauchvergiftung wurde konstruiert: L. hätte in einem brennenden Keller heldisch gewerkt, seine Kameraden hätten ihn mutvoll gerettet. Die Mär mit der Rauchvergiftung brachte ihnen im vollgestopften Zug ein Sonderabteil ein. Mutter L. war froh, ihren Jungen wieder daheim zu haben. »Jaja«, sagte sie nebenher, als sie von Heroentum hörte, und steckte ihren Erich mit einer Wärmflasche ins Bett.

Warten auf die Einberufung, nichts machte Freude. Zu seinem Mädchen verhielt er sich so eklig, daß es sich nach einem anderen umsah. Als er nach dem Krieg in seine Stadt zurückkehrte, war es verheiratet und schob den Kinderwagen.

Im März 1944 gab die Postfrau einen Einschreiber ab: Einberufung nach Leipzig zu einem Grenadier-Ersatzbataillon. Also doch Infanterie. In dieser Kaserne hatte schon Großvater Albert gedient. Ehe L. Soldat wurde, verstaute er die grünweiße Schnur, das Braunhemd mit den Schulterklappen, Fahrtenmesser und Koppelschloß in einer Schublade und wies seine Mutter an, nichts davon unter keinen Umständen wegzuschenken. Als im April 1945 Shermanpanzer auf den Feldern vor Mittweida auftauchten, steckte die Mutter das Brennbare in den Ofen und das Nichtbrennbare in die Aschengrube. Die Pistole warf der Vater Teil für Teil in einen Teich.

Hin und wieder sieht der Chronist in einem Museum ein Fahrtenmesser. Blut und Ehre. Die grünweißen Schnuren sind damals wohl alle verbrannt.

III.

Kleiner Krieg

I

L. hatte zwischen 1947 und 1949 an Feierabenden und Sonntagen gelbgraues Papier, Rückseiten von Briefen und nicht genutzte Schulhefte mit Buchstaben bedeckt, hatte zaudernd vor sich, der Schwester, dem Vater und Freunden tapfer laut werden lassen, einen *Roman* schreiben zu wollen, hatte Erlebtes mit Gehörtem gemischt und so gut wie nichts erfunden, vielmehr seine Figuren Wege gehen lassen, die von ihm bekannten Menschen gegangen worden waren, und bei einem Drittel hatte er noch nicht einmal die Namen geändert. Rekruten, Unteroffiziere und Leutnants agierten in diesem Buch unter Namen aus der Wirklichkeit, bestenfalls änderte er Schlosser in Klempner, und es ist schwer begreiflich, daß diese Methode, einen Schlüsselroman zu schreiben und den Schlüssel steckenzulassen, kein Dutzend Beleidigungsklagen eingebracht hat.

Der Name der Hauptperson ist erfunden: Walther Uhlig. Ein Oberschüler ist das mit Eigenschaften, die L. gern nachträglich an sich gesehen hätte: Schlau, zäh, seinen Ausbildern geistig überlegen, ein trefflicher Schütze, gerissen in den Winkelzügen des feldgrauen Alltags, eifrig im Gefechtsdienst, sonst undiszipliniert, mehr Raufbold als Paradestück. Uhlig ist ein schnellerer Hundertmeterläufer, als sein Autor es je war, Uhligs Hauptkonflikt aber ist L.s Dilemma in diesem Ausbildungsjahr, und so gesehen, kann Uhlig für seinen Erfinder stehen.

Er rückte im März 1944 in Leipzig-Gohlis ein. Eine Ausbildungsformation von Reserve-Offiziersbewerbern wurde zusammengestellt, fast alle waren Oberschüler, alle

HJ- oder Jungvolkführer gewesen. Was in diesem fünften Kriegsjahr von der Rüstungswirtschaft produziert wurde, ging an die Front, das Ersatzheer fuhr Reste und Abfall auf Verschleiß. Uniform- und Ausrüstungsstücke waren erbärmlich, die Kasernen heruntergewirtschaftet von immer neuen Schüben, die notdürftig ausgebildet und in Marsch gesetzt worden waren, seit vier Jahren unablässig nach Osten; wer ein weiteres Mal hier auftauchte, tat es auf dem Umweg übers Lazarett.

Nach einer Woche zog eine scheckige Schar zum Hauptbahnhof, in den Abteilen eines Personenzuges fuhren hundert junge Landser von einer Garnison zur anderen. Tornister oder Rucksäcke besaßen sie nicht, so klemmten sie Kartons unter den Arm, mancher hatte sich ein Kommißbrot mit Bindfaden ans Koppel geschnürt. Wie die Zigeuner rückten sie in Weißenfels ein. Vom nächsten Tag an waren sie Rekruten, die um fünf aus den Betten sprangen und abends um zehn todmüde hineinfielen, die nur eine Bewegungsart kannten, den Laufschritt, die das Gebrüll der Ausbilder und das Schrillen ihrer Pfeifen von früh bis spät hörten und die eine Gewißheit aufrechterhielt: In vier Wochen war die Grundausbildung vorbei. Sie waren ganz unten und wollten hinauf; wenn's gutging, konnte jeder von ihnen in anderthalb Jahren Leutnant sein. Jetzt solidarisierten sie sich gegen den Hilfsausbilder, den Gruppenführer, den Leutnant. Wieder war diese Spaltung im Spiel, die L. in seinen Pimpfjahren und im Führerlager Schneckengrün durchlitten hatte, doch abermals begriff er sie nicht als Kehrseite einer Medaille, deren blanke Hälfte sein Ziel war.

L. wurde vereidigt auf den Führer. Jede zweite, dritte Nacht wurde von Fliegeralarm zerhackt. Auf anderen Kasernenhöfen sah er Soldaten in neuen Uniformen und ungefärbten Schuhen, sie wurden formiert für die Front. Wenn er gefragt worden wäre, ob er mit ihnen hätte ausrücken wollen, er hätte keine Sekunde gezögert. Die Front, sogar die Ostfront, erschien ihm als die Freiheit.

Und er wurde krank. Scharlach. Ein Sanka brachte ihn

nach Zeitz ins Lazarett, dort schlief er tagelang fast ohne Pause, da war das Fieber vorbei. Heller Frühling war inzwischen. L. half in der Lazarettgärtnerei und übte sich in der Kunst des Skatspiels. Bomben fielen auf das nahe Hydrierwerk, Brandschwaden schwärzten den Himmel, verletzte Kriegsgefangene starben in der Baracke nebenan. Manchmal sah er einen Pfleger einen Eimer zum Kesselhaus tragen, darin lag ein halbes Soldatenbein, Erfrierungsopfer aus dem Rußlandwinter.

Als er sich endlich in Zeithain meldete, hatten seine Kameraden so mannigfache Tötungsarten erlernt, daß für ihn ein Aufholen unmöglich war. Noch einmal alles von vorn – seine Stimmung sank auf Null. Das aber wußte zu diesem Zeitpunkt keiner: Die Jungen, die mit ihm eingerückt waren, kamen gerade zurecht, um in Königsberg eingekesselt zu werden. Aus ihnen wurde eine Stoßformation gebildet, die Einbrüche abzuriegeln hatte, von ihnen sah kein Viertel die Heimat wieder. Scharlachbazillen zur rechten Zeit haben seine Lebenserwartung wesentlich verlängert.

Einige Tage saß er herum, bis Nachwuchs einrückte. Er hatte den Frischlingen einige Ausbildung voraus, der Zorn der Ausbilder richtete sich auf Langsamere, Ungeschicktere; ein Stückchen hatte er sich nach oben geschoben. Das eigentliche Waffenhandwerk fand er spannend und männlich. Aber die Disziplin. Da erklärte ein Feldwebel im Ballistikunterricht, das Geschoß würde nach dem Verlassen des Laufs eine Weile geradeausfliegen, bis Erdanziehung und Luftwiderstand die Flugbahn krümmten. Da behauptete L., dies stimme nicht, *sofort* wirkten diese Faktoren, schon im ersten Millimeterbruchteil. Der Feldwebel erläuterte seine Auffassung noch einmal, L. blieb hartnäckig, der Feldwebel jagte den Aufsässigen um den Block. Die Unteroffiziere waren rußlanderfahren, mehrfach verwundet, die meisten trugen Nahkampfspange und Eisernes Kreuz, sie sahen in L. einen Schnösel von der Oberschule, der sich über sie lustig machte. Diese Männer, meist Facharbeiter, waren zuverlässig und tüchtig auch, nachdem man sie als Soldaten verkleidet hatte, sie waren das Rückgrat der deutschen Wirtschaft gewesen und bildeten jetzt das Rückgrat der Armee, sie witterten versteckten Hohn eines Burschen, der sich womöglich sagte: In einem halben Jahr bin ich Unteroffizier wie ihr, in anderthalb Jahren Leutnant, und wer steht dann vor wem stramm? In »Jungen die übrigblieben« stellte der Autor Uhligs Haltung als inneren Widerstand eines Aufrechten dar, der sich gegen Ungerechtigkeiten aufbäumte und den die Kommißmaschine zu zerbrechen suchte. Da Antifaschismus nicht im Spiele war, da L. mit dem braunen und feldgrauen System so lange konform ging, wie er nicht auf der Schattenseite fror, muß der Chronist ergänzen, daß die Arroganz eines Burschen eingemischt war, der ein paar physikalische Gesetze begriffen und ein paar Fremdwörter gelernt hatte und sich einen Witz auch dann höchst ungern verkniff, wenn die Wirkung auf ihn zurückfiel. Im Roman:

»Und du? Und du selbst?«

Walther verstand, daß der Vater jetzt nichts von Schießleistungen, von seinem Stand beim Oberfeldwebel, von Märschen und Siruprationen hören wollte. »Ich selbst«, sagte er, zog den Rauch tief ein und ließ ihn aus der Nase hervorquellen. »Ich selbst, ja.« Dann plötzlich schnell, als wäre ein Damm gebrochen und eine schon lange gestaute und gepreßte Flut bräche sich Bahn: »Weißt du, Vater, mir fällt es manchmal schwer. Nicht das Marschieren, der Dienst, das Körperliche oder das bißchen Geistige, das verlangt wird. Sondern einfach das Jawohlsagen, das Gehorchen, das Strammstehen vor irgendeinem blöden Unteroffizier. Wenn du wüßtest, was es für mich bedeutet, so einem bloß die Schuhe putzen zu müssen! Ich putze meine eigenen nicht gern, und dann soll ich sie noch für einen solchen Trottel putzen! Und wenn der sagt: ›Hinlegen‹, dann muß ich mich in den Dreck schmeißen, und wenn der sagt, ›hier riecht's so komisch‹, dann muß ich unter der Gasmaske japsen. Dabei können die Leute kaum ihren Namen schreiben. Das beste Beispiel ist mein Unteroffizier. Dauernd andere Weiber, dumm wie ein Hund! Und der hat das Recht, mich zehnmal vor der ganzen Abteilung schreien zu lassen: ›Ich bin das größte Rindvieh der 5. Kompanie!‹ Du kannst dir vorstellen, wie mich das rasend macht! Es gibt auch Leute, Vater, bei denen es mir nichts ausmacht, ihre Befehle auszuführen. Wir haben einen Oberfeldwebel, bei dem habe ich nie das Gefühl, mich zu erniedrigen. Dem würde ich vielleicht sogar mal freiwillig die Schuhe putzen. Aber die anderen...«

Das ist Uhligs Problem, bei L. war es nicht anders. Ein Unteroffizier, der »amare« konjugieren könnte, ein Feldwebel mit abiturreifem Ballistikwissen, ein Psychologieprofessor als Leutnant, dazu noch eine saubere Kaserne, schmucke Uniform, reichliches Essen – Naziherz, was willst du mehr?

Er eckte an, brachte seinen Leutnant zur Weißglut, sollte an die Front verbannt werden und wurde dann doch nur innerhalb Zeithains strafversetzt. Er war so auf Knallerei versessen, daß er Munition und Sprengmittel klaute; die Kompanie stand Kopf, als der U.v.D. eine niedliche 2-cm-Flakgranate unter seinem Kopfkissen und fünf Kilo Sprengmittel im Spind fand. Das brachte Strafdienst und dennoch heimliche Sympathie ein. Und siehe da, als die ersten sechs von sechsunddreißig Gefreite wurden, war er dabei. Einer seiner Kameraden hieß Rudolf Agsten. Stimmgewaltig schrie er bei Feierstunden vor dem angetretenen Bataillon zeitgemäße Verse, seine Spezialität war »Deutschland, erwache!« Viel später wurde er Generalsekretär der LDPD und Mitglied der DDR-Volkskammer.

Am Schwarzen Brett las L. von der Invasion in der Normandie. Einmal wurde die 24. Grenadierdivision im Mittelabschnitt der Ostfront lobend erwähnt; da gingen die Ausbilder mit zugesperrten Gesichtern umher, denn sie wußten: Nun lebte die Hälfte ihrer Kameraden nicht mehr. Das Attentat des 20. Juli, ein heißer Sommer, ein trockener

Herbst, schließlich Weihnachten – kein General kam auf die Idee, nun sei genug geübt worden, und wo fast nichts mehr Friedensware wäre, bräuchte es auch keine friedensmäßige Ausbildung.

Zeithains Offiziersnachwuchs kannte nur einen Feind, den im Osten. Die Übungsanlage für den Häuserkampf hieß »Russendorf« und war gebaut mit Ziehbrunnen und eingegrabenen T-34-Kuppeln am Rand. Der Winter, auf den sich Zeithains Soldaten vorbereiteten, war der russische Winter, die Beutewaffen, mit denen sie hantierten, stammten aus Beständen der Sowjetarmee. Wer als »Feind« eingeteilt wurde, zog die Jacke verkehrt herum an und schrie: »Urräh!« Bei der Zielansprache hieß es: »Daumensprung links von Hausecke kriechender Iwan.« Ein sowjetischer Film über Scharfschützenausbildung lehrte Zeithains Jungkrieger das Fürchten. Kein Wort fiel, mit dem versucht worden wäre, den künftigen Gegner lächerlich zu machen. Der hatte seine Zähne längst gezeigt.

Die Fronten rückten näher, an Sonntagen belehrte L. nun schon Volkssturmmänner über die Panzerfaust. Im Februar noch hob er mit den Fremdarbeitern eines Dorfes ostwärts von Zeithain ein paar hundert Meter Schützengräben aus, denn die Sowjetarmee war bis zur Oder durchgebrochen. Vom frühen Morgen bis zum späten Abend treckten Flüchtlinge über die Chaussee; nach Tagen schaute er schon nicht mehr hin. Glaubte er, eine Armee, die von der Wolga bis zur Oder vorgestoßen war, könnte an seinem Graben gestoppt werden?

Am ersten März wurden er und zwei Dutzend seiner Kameraden nach Plauen versetzt. Jetzt war er Gruppenführer von zehn Jungen, von denen einige noch nicht sechzehn waren. Sie stammten vom linken Rheinufer, waren in Pommern beim Arbeitsdienst gewesen und zurückgespült worden. Sie waren schwächlich, immer müde; bei den Waffen der Großdeutschen Wehrmacht wurden Kindergrößen nicht geführt. Diese Jungen bekamen keine Post, bei ihnen zu Hause war schon der Ami.

Es war ein bildschöner März. Jeden Montag wurde Plauen gebombt, Flugzeuggeschwader paradierten über einen blanken Himmel und klinkten schulmäßig aus, dabei wurden sie von keinem Geschütz und keinem Jäger behelligt. Nach dem Angriff zogen Soldaten in die Stadt und versuchten zu retten und zu bergen. In die Kaserne floß weder Strom noch Wasser, die Klos wurden abgeschlossen, und einige hundert Landser entleerten sich in Latrinen jenseits des Zauns. Die Rationen wurden abermals gekürzt, nie mehr wurde jemand satt. Ein Gerüchtgespenst ging um: Plauens Soldaten sollten im Fußmarsch die Ostfront bei Görlitz erreichen, denn Transportmittel für ein paar hundert Soldaten gab es nicht mehr.

Da tauchte eines Tages ein Heldenwerber auf, ein Hauptmann mit dem Deutschen Kreuz in Gold und der Goldenen Nahkampfspange, und hielt eine Rede, die in der These gipfelte, noch seien die wundervoll kriegsentscheidenden Waffen nicht ganz fertig, eine winzige Spanne müsse der Feind noch hingehalten werden, diese Galgenfrist müßten die Jungen erkämpfen, die Unerbittlichen, Besten, Härtesten. Werwolf! Hagen von Tronje, Schlageter, Horst Wessel! Eine Woche, einen Monat noch, wir werden weitermarschieren, werden siegen, weil wir den Führer haben.

Da meldete L. sich, unter anderem weil er den Fußmarsch, Hungermarsch nach Görlitz fürchtete und weil er wußte, daß es keine Lebenschance für ihn gab, wenn gerade an seinem Abschnitt der russische Sturm losbrach. Noch einmal würde er ausgebildet werden und schließlich im Rücken des Feindes kämpfen, verschworen mit wenigen, die schlau und zäh waren wie er, auf deren Findigkeit es ankam, die die Initiative auf ihrer Seite hatten, hervorragend trainiert, bewaffnet und ernährt waren. Von Einmanntorpedofahrern hatte er gehört und von Kamikazefliegern, Old Shatterhand und Tarzan lockten, jetzt war die Stunde da, in der er sich bewähren konnte wie die Helden eines Lettow-Vorbeck, wie Graf Luckner, Max Schmeling, wie jener Pionier Klinke, der die Schanzen von Düppel gesprengt hatte. Der Heldenwerber fragte: Wer stammte aus dem Elsaß, aus Oberschlesien, der Zips, dem Banat? Wer sprach polnisch, flämisch, eine baltische Sprache? Die meisten waren Sachsen und Egerländer, da suchte er die heraus, die ihm am sportlichsten erschienen.

Für die Ausgewählten war der Dienstalltag vorbei. Sie wurden neu gekleidet, einen Tag lang liefen sie eitel in hellbraunen Schuhen umher, dann schmierten sie sie schwarz. Montags grollten wieder die Bomber. Der Wehrmachtsbericht meldete schwerste Kämpfe um Danzig, in Pommern, Kurland und an der mährisch-schlesischen Grenze. Berlin brannte. Eine Zuteilungsperiode wurde von vier auf fünf Wochen gedehnt. Auf das Feld vor der Kaserne sank ein Flugblatt, in ihm stand, die Hungerrationen von 1918 wären höher gewesen als die vom März 1945. In einigen Tagen also war er Werwolf. In Gedanken öffnete er seinen Spind, der konnte die Konserven kaum fassen.

2

Für sein Leben gern war er Moralist. Bei abendlichen Wegen mit einem Freund hatte er es als Höhepunkt an Offenheit und Klarheit empfunden, wenn er aussprach, was er von diesem Freund hielt, und hörte, was er selbst galt. Seine größte Angst war, er könne für feig gehalten werden. Immerzu wünschte er, jemandem das Leben zu retten; sein Alptraum: Ein Kind war von Flammen eingeschlossen, er wußte, daß er selbst kaum eine Chance besaß, aber er mußte es herausholen, um sich nicht ins Gesicht spucken zu müssen. Dabei kam er um. Das Begräbnis hatte er sich bildstark ausgemalt. Der Grabstein: Granit. Nichts auf ihm als sein Name.

Sie waren sechzehn zukünftige Werwölfe und hockten an den Wänden eines Waggons, der nach Süden rollte. Das Gegengleis war mit Zügen voller Kriegsmaterial und Flüchtlingen verstopft; sie standen ohne Lokomotiven. Es war ein heller Frühlingstag mit einem unendlichen Himmel und klarer ruhiger Luft. Meist blickten die sechzehn nach Osten, denn dorthin mußten und wollten sie, von dort drängte die Front auf sie zu. Am Horizont vermuteten sie Wolken, merkten, daß es ein Gebirge war, und einer mutmaßte, das wären die Kleinen Karpaten. Da sprach keiner mehr.

Malacky, der Zug hielt, auf einmal war Stille um sie, sie lauschten nach Osten und in den Himmel hinauf; die Stille blieb, die Gefahr schien weit. Der Gefreite, der die Marschpapiere trug, war selbst nicht überzeugt, daß er durch sie Befehlsgewalt besaß. Jemand fand eine Verpflegungsstelle, wo man am Packen war und Knäckebrot und Leberwurstbüchsen wegschenkte. Ihr Marschbefehl wies sie an, bis Zohor hinunterzufahren und im Winkel nach Jablonove hinauf, aber die slowakischen und deutschen Eisenbahner schüttelten die Köpfe: Dorthin fuhren keine Züge mehr. L. sagte: Wir marschieren los, weit kann's nicht sein. Da unkte jemand, dort, wohin sie sollten, wäre bestimmt schon der Iwan, dann klügelte einer, unter solchen Umständen könne man an Ausbildung nicht denken, aber sie sollten ja auf dem Truppenübungsplatz Türkenberg ausgebildet werden, und der zuerst einwarf, sie kehrten am besten nach Plauen zurück, hieß Knauthahn.

Debatte: Wir haben den Befehl, aber es hat doch keinen Zweck, warum habt ihr euch freiwillig gemeldet, verdammt unklare Lage, da könnt ihr mal zeigen, was in euch steckt, es geht doch nicht nach dir, nach dir schon lange nicht! L. fühlte Wut in sich aufsteigen, und den Ausschlag gab der Gedanke, Feigheit könnte Knauthahn und einige andere zu ihren Ansichten treiben. Große Schnauze in Plauen, aufgesprungen und die Hacken geknallt und die Brust gereckt, jawohl, ich will im Rücken des Feindes kämpfen, jawohl, will sprengen, schießen, würgen! Zwei waren in Prag, zwei in Brünn aus dunklen Gründen verlorengegangen, nun saßen die übrigen auf Baumstämmen am Bahnhof von Malacky, und Knauthahn argumentierte, sie hätten einen Marschbefehl für alle zusammen und müßten folglich zusammenbleiben, dann fügte er noch etwas von Mehrheit und Abstimmung hinzu. Und L., der nicht gelernt hatte, etwas zur rechten Zeit zu beenden, abzubiegen, der dies auch in den nächsten dreißig Jahren zu seinem Schaden nicht lernen wollte und konnte, erklärte, er würde notfalls allein zum Türkenberg gehen, und dann sprach er es doch aus: »Du bist feig.«

Natürlich hatte Knauthahn mit diesem Argument gerechnet. Er errötete, weil er nach dem Brauch seines Alters und seiner Erziehung hätte zuschlagen müssen, aber das war hier unmöglich, und so maulte er, sie hätten ja nicht einmal Waffen, aber L. konterte lässig, die würden sie schon irgendwo finden. Er hätte jetzt gern gewußt, ob er wirklich allein auf diese Berge zu marschieren mußte, er sehnte sich fast danach, wenn er auch wahrscheinlich vor Wut geheult hätte, aber jetzt gab es kein Zurück mehr. Drei Jahre später erfand er bei einer seiner häufigen Darstellungen die Variante, er hätte gerufen: »Ich gehe zum Türkenberg, und wenn aus jeder Pfütze ein Russe züngelt«, aber so blumig drückte er sich nicht aus, er war bleich und schwitzte vor Aufregung und Zorn, doch das legte sich, als einer vorschlug, jeder solle sagen, wohin er wolle, vor oder zurück, Türkenberg oder Plauen. Immerhin schlugen sich vier auf L.s Seite; Fritz Gietzel, von dem hatte er es nicht anders erwartet, Steinbach, zwei andere, auf deren Namen sich der Chronist nicht zu besinnen vermag, und diese beiden verdienten vor allem, daß er ihre Namen wüßte. Einer stammte aus Heidenau bei Dresden, der andere aus dem Thüringer Wald, einer war blond und großnäsig und immer mit der Klappe vorneweg, der andere dunkel und bedächtig, er merkte erst nach einer Weile, wenn man ihn aufzog, nie nahm er etwas übel. Elf fuhren zurück in Richtung Plauen, neun kamen dort an, zwei fielen im Fichtelgebirge im Kampf gegen die Amerikaner. Knauthahn war nach dem Krieg Gewerkschaftssekretär, und auf Leipzigs Straßen trafen sich L. und Knauthahn 1950 und hieben sich auf die Schultern: Mensch, wie bist du durchgekommen, Junge? Und 1973 trafen sie sich noch einmal in Berlin und erkannten sich zu ihrer gewaltigen Verwunderung und erzählten sich, daß ihre Kinder nun schon verheiratet wären, und Knauthahn war durch einen Herzinfarkt aus der Bahn geworfen. Aber in Malacky, am 2. April 1945, da sagten sie Feigling und Idiot zueinander und hatten beide recht, wobei Knauthahn von kluger Feigheit war und L. von heldischer Idiotie, und dann marschierten fünf Tapferkeitssüchtige eine schlechte Straße entlang nach Osten, sahen Frühlingsgras an den Seiten, Kühe und pflügende Bauern, glaubten kriegsverdächtige Laute zu hören: Grollen über den Bergen wie Gewitter, aber dort standen keine Wolken, und so begriffen sie: Zum erstenmal in ihrem Leben hörten sie die Front. Da waren Dutzende Millionen Menschen schon tot, da waren Fronten über Hunderte Millionen hinweggerollt, da lebten immer noch fünf Kerle in Europa, die die Front nie gehört hatten und meinten, sie müßten dorthin.

Hatten diese fünf nichts gelernt in Geschichte und Geographie, besaßen sie nicht einen Funken gesunden Menschenverstand? Dachten sie, eine Armee, die von der Wolga bis hierher vorgedrungen war, könnte an der March aufgehalten werden? Meinten sie, Armeen, die in der Normandie aus dem Meer gestiegen waren, wären zu stoppen an Werra und Fulda? Diese fünf klammerten sich an dumpfe Hoffnungen, weil sie sich nicht vorstellen konnten, was sein würde, wenn Hitlerdeutschland den Krieg verlor. Sie fürchteten noch nicht einmal Gefangenschaft, Elend, Hunger, Austreibung, für sie war die sieglose Zukunft absolute Schwärze, sie würden nicht sein, nichts würde sein. Deshalb mußte ein Wunder durch Wunderwaffen geschehen; sie siegten, weil sie den Führer hatten. Manchmal hatte L. schaudernd gedacht: Dann alles noch mal von vorn, noch mal Frankreichfeldzug und Marsch zum Ural. Bis die neuen Waffen heulten, mußte der Feind hingehalten werden, in den Kleinen Karpaten und überall, und als Schwein galt ihm, wer sich jetzt drückte.

Die Berge stiegen sanft an mit Buchen und Eichen, die

Straße führte in einem Bachtal aufwärts, in eine Senke waren Kasernenblöcke eingeschachtelt, vor ihnen stand ein Hauptmann und sagte: »Da könnt ihr uns ja gleich helfen, den Türkenberg zu verteidigen.« Nichts von Lehrgang; Wirrwarr überall, in wüsten Kammern rüsteten sich die fünf aus mit Tarnjacken und ungarischen Gewehren, denen sie gründlich mißtrauten. Sie fanden Berge von Konserven mit jungen Erbsen und fast nichts Eßbares sonst, und jemand teilte sie ein, während der Nacht den Durchgang in einer Minensperre zu bewachen und die hindurchzuschleusen, die noch von Osten kämen. Sie standen zwischen Landsern, die die Fußlappen abwickelten, unter ihnen brannte rohes Fleisch, sie hörten von Rückzug über zwanzig, dreißig Kilometer jeden Tag, und einem wurden die Schultern geklopft, weil er einen Panzer abgeschossen hatte; er war grau im Gesicht und zu Tode erschöpft.

Kalt war die Nacht an der Minensperre und stockdunkel, niemand kam. Am nächsten Morgen erfuhren sie, die Nahkampfschule würde nach Schönsee in der Oberpfalz verlegt, aber vorher müsse hinhaltender Widerstand geleistet werden bis zu einer Auffangstellung an der March. Jeder bekam einen Marschbefehl nach Schönsee und ein Fahrrad. L. schnallte eine Panzerfaust ans Rad und einen Beutel mit Erbsenbüchsen auf den Gepäckträger, so kurvte er nach Jablonove hinunter.

An diesem Tag fiel kein Schuß. Am Abend faßte ein Feldwebel ein Dutzend Soldaten zusammen, die auf einen Hügel vorgeschoben werden sollten; der Feldwebel fragte, wer das Maschinengewehr nehmen wollte. Nun war L. während der Ausbildungszeit ein versierter MG-Schütze gewesen, ein Fuchs in der Bedienung dieser Waffe, hatte sie monatelang durch Zeithains Sand geschleppt und die Pappkameraden das Fürchten gelehrt. Was natürlicher, daß er sich meldete – aber da packte ihn böse Ahnung, ziehendes Gefühl in der Brust, wie er es noch nie gespürt hatte, *melde dich nicht, nicht melden, jetzt bloß nicht melden.* Druck im Schädel und im Kehlkopf, der Feldwebel fragte noch einmal.

L. dachte: Gietzel und Steinbach und die beiden anderen warten jetzt, daß du dich meldest, wer denn sonst als das MG-As, Sekunden verstrichen, da sagte der Blonde aus Heidenau: »Da nehme ich's eben«, und der Dunkle aus dem Thüringer Wald meldete sich als Schütze zwei.

Im Morgengrauen wurden Steinbach und L. von einem Leutnant auf einen Hügel geschickt, dort wäre ein Panzerdeckungsloch. Die beiden streckten die Gewehre vor, ließen die Blicke schweifen, setzten Fuß vor Fuß, tappten in die Leere, fürchteten Schüsse jeden Augenblick, erreichten die Kuppe und ließen sich in das Loch fallen. Ein vortreffliches Loch in vortrefflichem festem Boden, die ausgeworfene Erde war sorgsam verteilt, hier hatten Überlebenskünstler gearbeitet. Kein Mensch, kein Laut, kein Krieg. Wieder dieser hohe, helle Himmel wie zwei Tage vorher, und L. überlegte, ob er wohl am vergangenen Abend feig gewesen war, nicht mehr der Held von Malacky, nicht mehr wie Luther, der nach Worms hatte gehen wollen, müssen, auch wenn die Stadt voller Teufel gewesen wäre. Das hatten sie gelernt: Zuerst den feindlichen MG-Schützen niederkämpfen, den gefährlichsten Mann der Gruppe. Das hatten sie nicht gelernt: Der Gegner rottete zuerst den eigenen MG-Schützen aus. Aber es war logisch.

Einen halben Tag lang sahen sie zu, wie auf den jenseitigen Hügeln der Feind aufmarschierte. Auf der eigenen Seite waren die schwersten Waffen das leichte Maschinengewehr und die Panzerfaust, drüben waren es Granatwerfer und Panzerabwehrkanone. Keine Artillerie gab es in diesem Gefecht, keine Panzer, keine Flugzeuge, die stürmten gegen Bratislava und in der Mährischen Senke, wurden hinter der Oder zum Endkampf um Berlin gehortet, hier war Nebenkriegsschauplatz, Scharmützel, hier marschierte eine Partei auf wie im Siebenjährigen Krieg, protzte die Granatwerfer ab und zog von Hand die Geschütze in Stellung, das geschah mit vielem Hin und Her vor den Augen von Steinbach und L. Schützenreihen stiegen vom jenseitigen Hang herab. Das Kräfteverhältnis war fünfhundert zu zwei, trotzdem schossen Steinbach und L., bis die Angreifer im Grund verschwanden, sie sahen sie näher am Fuß ihres Hanges, schossen, trafen nicht, stritten, wer zuerst zurückspringen sollte, spring du, ich schieße, schließlich zickzackten sie gleichzeitig über den Hügelkamm, hörten Projektile pfeifen, hasteten auf das Dorf zu und sahen den Leutnant, der sie hinaufgeschickt hatte, verzweifelt winken und hörten ihn schreien, wo sie denn blieben. Über dem Dorf wolkten Rauchbäume der Granatwerfereinschläge, die Dorfstraße entlang flohen Landser – MG-Feuer, Gewehrfeuer, ein Oberfeldwebel schoß Panzerfäuste im Bogen ab über Gehöftdächer hinweg. Steinbach und L. hätten sich fünfzig Meter gegen den Strom stemmen müssen, um zu ihren Rädern zu kommen, aber das wagten sie nicht, wurden aus dem Dorf geschwemmt, sahen die Wiesen gesprenkelt mit Fliehenden, waren nicht mehr Werwölfe, die in den Rücken des Feindes drängten, sondern stoben zurück und besannen sich erleichtert auf den Marschbefehl nach Schönsee in der Oberpfalz, keuchten einander zu, daß alles gutgehen würde, wenn nur keine Panzer kämen. Vier Männer schleppten ihren verwundeten Kameraden auf einer Zeltplane, der schrie, sie sollten ihn erschießen; an ihnen rannten sie vorbei. L. sah Gietzel auf einem Fahrrad, rief ihn an, und das erste, was Gietzel hervorstieß, war, daß die MG-Schützen noch vor dem Angriff durch Scharfschützen getötet worden waren, Kopfschüsse. Da wird L. nicht daran gedacht haben, daß die beiden noch am Leben sein könnten, wenn er am Bahnhof von Malacky kein sturer Held gewesen wäre, dieser Gedanke kam später, wenn auch nicht viel später, und lange schlug er sich mit ihm herum, und auch der Chronist ist nicht fertig damit, wenn er auch nicht mehr oft daran denkt, meist nur am vierten April, oder wenn er mit der Eisenbahn durch Malacky fährt. Das muß man, will man zum Balkan hinunter.

Am Bahndamm stand der Hauptmann, der sie am Türkenberg empfangen hatte. Er reckte die Pistole und schrie, hier sei die neue Widerstandslinie; jeden würde er niederknallen, der nicht stehenbliebe. Rechts und links von ihm klirrte die Flucht über den Schotter; er schoß nicht. Hier waren die Wiesen sumpfig, einen Kilometer vor sich sah L. den Wald. Die meisten fielen in Schritt, Gietzel schob sein Rad, er und Steinbach und L. schöpften Hoffnung daraus, daß sie zu dritt waren; sie glaubten, sie könnten sich aufeinander verlassen nach diesem Tag. Die Welle der Fliehenden versickerte im Wald, der Bahndamm war nur noch ein blasser Strich. Die drei blieben hinter der ersten Gebüschinsel liegen. Vor ihnen auf der Wiese warf ein Offizier sein Fahrrad weg und rannte in Sprüngen weiter. Das Feuer nahm zu, am Bahndamm war schon ein Maschinengewehr in Stellung gebracht worden. Plötzlich, ohne Erklärung, sprang Steinbach auf, rannte in schulmäßigem Zickzack zurück, verschwand im Wald und ward nicht mehr gesehen. Ein böses Wort schrie L. ihm nach: Feiges Schwein! Aber schon überlegte er, wie er selbst nach hinten kommen könnte, ganz weit nach hinten, doch er besaß kein Rad, und draußen auf der Wiese lag eins. Steinbach – den sah L. wieder drei Jahre nach dem Krieg, da spielte Steinbach Fußball bei Dresden-Friedrichstadt, dem Torso des ruhmreichen Dresdner Sportclubs, und mühte sich, nicht abzufallen neben Schön, Pohl, Lehmann und Kreische senior im Sportpark von Leipzig-Leutsch gegen Chemie, und Steinbach war dabei, als Horch Zwickau die Dresdner zusammentrat in diesem letzten Spiel von Dresden-Friedrichstadt, diesem Skandalspiel, das den Anstoß gab, daß Schön viel später Bundestrainer wurde und nicht Trainer der DDR-Nationalmannschaft. Aber daran war natürlich kein Gedanke auf der sumpfigen Wiese von Malacky; auf das Fahrrad rannte L. zu, während Projektile zirpten, auf das Fahrrad, das ihn über die March bringen sollte und durch Österreich und Böhmen nach Bayern, fort von der Front, schon gar nicht in des Feindes Rücken. Er riß das Rad hoch und schwang sich in den Sattel, hörte das Pfeifen um seinen Kopf, trat, sprang ab, schob, rannte, hörte immerfort das Pfeifen, warf sich nicht hin, hätte hundertmal getroffen werden können, wurde nicht getroffen, erreichte die Gebüschinsel, und nun waren sie zu zweit, Gietzel und L., besaßen jeder einen Marschbefehl nach Bayern und jeder ein Fahrrad. Durch stillen Wald fuhren sie, die Toten von Jablonove lagen hinter ihnen, Erregung klang ab, und da fiel ihnen ein: Man mußte ja nicht direkt Schönsee ansteuern, man konnte einen Umweg machen, und einer sagte: »Paar Tage zu Hause, Mensch«, und der andere überlegte schon, wie man radeln mußte, um nach Dux zu kommen oder nach Mittweida. Bei der Rast zogen sie ihre Marschbefehle aus der Tasche, Zettel mit einem Stempel und den Worten, daß der Gefreite Gietzel, der Gefreite Loest auf dem Weg nach Schönsee wären, nichts weiter, vor allem nicht, woher sie kämen. »Mensch«, sagte einer, »wir verschieben unseren Herkunftsort nach Norden, erst Mähren, Schlesien, dann die Lausitz.«

Nach Norden traten sie, erreichten gegen Abend Malacky und klopften an Türen, hinter denen niemand antwortete, gingen in ein leeres Haus, Ställe standen offen, ein Schwein grunzte im Hof, Hühner pickten. Sie hätten gern ein Huhn geschlachtet, wußten aber nicht, wie man das machte. So kochten sie Kartoffeln, wuschen sich, aßen. Sie kamen nicht von dem schlechten Gewissen los, in ein fremdes Haus gedrungen zu sein; es wäre ihnen peinlich gewesen, wären die Bewohner zurückgekommen.

Ihre Räder und Gewehre stellten sie neben die Betten, schoben einen Schrank vor die Tür und schliefen auf nackten Matratzen. L. wäre vor Mittag nicht munter geworden, Gietzel rüttelte ihn mitten in der Nacht. Sie horchten hinaus, Panzer dröhnten vorbei, Schritte klapperten, nicht allzu fern tackte ein Maschinengewehr. Da schoben sie hastig ihre Räder auf die Straße und reihten sich ein in die Flucht. Brand warf roten Schein zwischen die Häuser. Pferdewagen, Soldaten, Sturmgeschütze – ohne ein Wort und ohne Befehl hastete aus Malacky hinaus, was laufen, fahren konnte. Zwischen ihnen schoben sie ihre Räder, lauschten auf das Maschinengewehrfeuer in ihrem Rücken, in ihrer Flanke. Im Freien merkten sie, daß die Nacht nicht völlig dunkel war, stiegen auf und fanden aus dem Pulk hinaus, fuhren über eine leere Straße, durch ein Dorf. Am Straßenrand ballte sich eine Truppe, schwarze Schatten dicht beieinander, schweigend, ein Zug, noch ein Zug, eine Kompanie. Als Gietzel und L. vorbei waren, flüsterten sie von Rad zu Rad, ob das wohl Rotarmisten gewesen wären, für möglich hielten sie es. Später bauschte L. diese Szene auf: Er hätte leise russische Worte gehört, Flüche, man habe sie offenbar selbst für Russen gehalten. Aber damals zweifelte er, argwöhnte nur, und dann geschah nichts mehr bis zur Marchbrücke vor Dürnkrut, dort wachte ein freundlicher Posten unter einer Zeltplane, der ihnen bereitwillig den Weg wies. Nach Wien hinunter? Nach Böhmen hinüber? Gute Fahrt wünschte er mit heller Stimme, freute sich, daß er wieder zweien den Weg in die Heimat zeigen konnte.

Unvergleichliche Fahrt. Seit einem Jahr war ihr Tag zerhackt gewesen durch eine Kette von Befehlen, jetzt konnten sie rasten, treten, absteigen, schieben, wie sie wollten. Wegweiser: Iglau, Prag. Eine Burg prunkte auf einem Bergkegel, sie hätten sie besichtigt, wenn es nicht zu strapaziös gewesen wäre, die Räder hinaufzuschieben, und zu leichtsinnig, sie unten stehenzulassen. Sie klopften an Bauernhäuser, baten um Brot und bekamen Wurst, Kuchen, Milch, auch von Tschechen. Auf der Ladefläche eines Lastwagens sparten sie die Mühe, die Steigungen vor Iglau hinaufzuschieben, dort schliefen sie in einem Wehrmachtsheim, und als sie am Morgen auf die Straße traten, regnete es in Strömen. Da zeigten sie in der Bahnhofskommandantur ihre Marschbefehle und erzählten ihre Geschichte: Aus der Gegend von Olmütz kämen sie und müßten schnell zumindest nach Prag. Ihre Fahrräder, Tarnjacken, vielleicht die Forsche ihrer Jugend überrumpelten die Unteroffiziere, Feldwebel. Vielleicht glaubten diese Männer mit den Sturmabzeichen und Eisernen Kreuzen, diese abgebrühten Hasen, die alles kannten und alles wußten, vielleicht glaubten sie diese Story, denn es sind die Neunzehnjährigen überall, die sich als Fallschirmjäger, Ledernacken, Kamikazeflieger, Einmanntorpedofahrer melden; Winkelried und der Gardeschütze Matrosow waren neunzehn, falls deren Geschichten nicht ausgedacht sind von cleveren Frontberichterstattern. Und weil man mit Neunzehnjährigen fast alles machen kann und die Feldwebel und Unteroffiziere das wußten – denn auch sie waren neunzehn gewesen und hatten gegen Engeland fahren wollen und Frankreich niedergeworfen, bis sie in Rußland steinalt geworden waren, und wer von ihnen vierundzwanzig war, gehörte zu einer anderen Generation und wußte, daß in zwei Wochen der Krieg zu Ende war, der argwöhnte, daß es dann haarig zugehen könnte inmitten der Tschechen, der verspürte nicht den Ehrgeiz, jemanden aufs Kreuz zu legen – so ließen sie die beiden Kampfgierigen in den Zug steigen, der überfüllt war wie alle Züge in der eng gewordenen Festung Europa und dessen Passagiere unablässig davon sprachen, was sie mit Tiefliegern erlebt oder über sie gehört hatten.

Prag war voller Leben und Trubel und voller deutscher Soldaten. Wer hatte in einem Wehrmachtsheim dünnes Bier vor sich und einen Teller mit Brot und saurer Gurke und sogar Wurst? Es waren die beiden Gefreiten, die in Prag abhanden gekommen waren, zwei der Freiwilligen von Plauen, der todesmutigen Rangerkandidaten, die beizeiten den Zug verpaßt hatten, nun friedlich frühstückten, sich interessiert anhörten, was in Malacky und Jablonove geschehen war, und die Frechheit besaßen zu sagen: »Schade, daß wir nicht dabei waren!« Ihre Story war nicht ganz klar: Sie bekämen Lebensmittelmarken und Sold von einer Wehrmachtsstelle in Prag, noch sollte entschieden werden, wohin sie geschickt würden, und es wäre für sie hochinteressant, authentisch zu erfahren, daß der Türkenberg im Eimer war, also müßten sie zurück nach Plauen, und die Zeit bis dahin verbrachten sie in Wehrmachtskinos, Wehrmachtsheimen und Gaststätten. »Bleibt mit hier«, rieten sie, »Prag ist prima.« Aber Gietzel dachte: Ein knapper Tag bis Dux. Und L. dachte: Ein überlanger Tag bis Mittweida. Immerhin waren sie so klug, ihre Marschbefehle nach Schönsee vorzuzeigen und zu behaupten, sie führen stracks dorthin. Der Abschied war frostig.

Am Abend hockten sie in einem klapprigen Zug, der bis Kralup fuhr. Auf Zugbänken schliefen sie und stiegen auf die Räder, sobald es hell wurde. Es begann der Tag der größten sportlichen Leistung, die L. je vollbrachte. Eine wunderbar warme Sonne stieg auf über der Landstraße nach Komotau, über Äckern und Saaten und den Wäldern der Hopfenstangen. Am hohen Vormittag bog Gietzel ab, Dux entgegen, sie schüttelten sich die Hände und versprachen, sich in einer Woche zwölf Uhr mittags im Hauptbahnhof in Eger wiederzutreffen. Sie wünschten sich gute Tage.

Mittags stieg er in Komotau vom Rad und schob es auf den Kamm des Erzgebirges hinauf. Einmal marschierten ihm Männer in Parteiuniform entgegen, Spaten und Hacken geschultert, sie hatten Panzersperren gebaut. Da fühlte er sich beklommen: Man rechnete also damit, der Feind könnte bis ins Erzgebirge vordringen? War es dann nicht gleichgültig, ob er von Ost oder West kam? Kein schlechtes Gewissen packte ihn, daß er sich Urlaub nahm, er hatte ein Argument: Jedem Soldaten, der an die Front geschickt wurde, stand Abstellungsurlaub von vierzehn Tagen zu. Niemand konnte ihm jetzt diesen Urlaub bewilligen, folglich nahm er ihn sich selbst.

Vier Stunden lang schob er sein Rad, es wurde Nachmittag darüber. Keilberg und Fichtelberg sah er zur Linken und blickte zurück in die Weite des Egertals. Wind strich hier oben, bald mußte er die sächsische Grenze erreichen. Zwei Polizisten lungerten an der Straße, fragten, woher er komme, wohin er wolle, grämliche ältere Männer, offenbar gesonnen, ihr Scherflein zum Endsieg beizutragen, indem sie einen Deserteur schnappten. Eine neue Geschichte erfand er: Im Egertal wäre der Verkehr zusammengebrochen, denn bei Falkenau hätten die Amerikaner am Mittag eine Brücke zerbombt. Er schlage deshalb einen Bogen über das Gebirge, um von Chemnitz aus mit dem Zug weiterzufahren. Da forderten die Polizisten ihn in ihr Dienstlokal, und als sie sich in der Polizeiwache von Sebastiansberg gegenübersaßen, probierte einer von ihnen einen läppischen Trick: »Sie sind am dritten März fünfundzwanzig geboren?« – L. fühlte sich obenauf: »Am vierundzwanzigsten Februar sechsundzwanzig.« Er beantwortete Fragen nach seiner bisherigen Einheit, dem Tag seiner Einberufung. Aber da hakten sich die Polizisten fest: Er stamme aus Mittweida, seine Eltern lebten dort? Und dorthin wolle er? Sein Wunsch sei logisch, verständlich. Aber er ging ihnen nicht auf den Leim, sondern beharrte auf seiner Geschichte: Nach Chemnitz wolle er, es führe kein anderer Weg nach Bayern. Aus dem Isergebirge komme er, er sei Werwolf und wolle in seinen neuen Einsatzraum. Eine halbe Stunde lang hin und her, Mittweida oder nicht, dann gaben die Polizisten klein bei: »Wir können Ihnen nichts beweisen.« Er bekam sein Soldbuch zurück und stieg aufs Rad, kreuzte die sächsische Grenze, kaute Speck und trank Wasser aus einem Bach. Er jagte nach Marienberg hinunter, beneidete Gietzel: Der saß längst zu Hause; fürchtete, die Polizisten von Sebastiansberg könnten ihre Kollegen in Mittweida benachrichtigen: Paßt auf, ob ein gewisser Loest kommt! Er trat in die Pedale, das Kinn auf den Lenker herunter, Heimfahrt, Friedensfahrt. Leer lagen die Straßen an diesem Abend, kein Auto traf er und keine Streife. Auf der Höhe von Dreiwerden hielt er an. Ohne Verdunklung in dieser Kriegsnacht hätte er jetzt die Lichter seiner Heimatstadt gesehen.

In dieser Nacht flogen britische Bomber über Mitteldeutschland und weckten Sirenen auch die Bewohner Mittweidas. Manche gingen in die Keller, manche traten vor die Häuser, horchten, schauten, andere blieben in den Betten. Alfred Loest stellte sich vors Haus, begrüßte Schatten, die aus den Nebenhäusern traten. Schein am nordwestlichen Horizont: Espenhain, Böhlen, Leuna, dort fielen Bomben wie in vielen Nächten. Da schob jemand ein Fahrrad neben ihn und sagte: »Guten Abend, Herr Loest.« Keine Verwunderung, kein Erkennen, Alfred L. erwiderte den Gruß, hörte das Entwarnungszeichen und wandte sich seinem Haus zu.

Er konnte die Tür nicht schließen, das Vorderrad eines Fahrrades klemmte dazwischen.

Zwei Stunden lang saßen sie am Tisch, Vater, Mutter, Schwester und der heimgekehrte Sohn. Umarmungen, Muttertränen. Hastiger Bericht, hastiges Essen, dann versteckte der Vater Fahrrad, Karabiner und Handgranaten. Erst mal ausschlafen, morgen in Ruhe beraten – ihn hatte niemand gesehen? An die Polizisten von Sebastiansberg dachte der Gefreite L., wog die Gefahr und achtete sie gering gegenüber dem Glück, zu Hause zu sein. Er beruhigte sich: Die Polizisten hatten seinen Namen und die Adresse seiner Eltern nicht notiert und würden den Diensteifer nicht auf die Spitze treiben. Dies hoffte er so stark, daß es ihn vor tödlicher Gefahr blind machte; in diesen Tagen wurden Soldaten wegen geringerer Vergehen gehenkt.

Am Morgen erwachte er: seine Dachkammer, seine Bücher, das Schlagen der Kirchenuhr, kein U.v.D. pfiff. Danach hatte er sich ein Jahr lang wie nach nichts anderem gesehnt. Später stand er in der Eisenwarenhandlung seines Vaters; die Regale waren in sechs Kriegsjahren kahl geworden. Er bummelte durch die Stadt; sie hatte sich so verändert, daß sie nicht im entferntesten hielt, was sie in der Erinnerung versprochen hatte, als er durch Zeithains Sand gerobbt war. Zu Hause aßen Vater, Mutter und Schwester dünner gewordene Suppe von gewohnten Tellern. In die Schule waren Flüchtlinge gepfercht worden, das Jungvolk hatte seinen Dienst infolge Fehlens von Führern, Räumen und Schuhen eingestellt. Einmal ging er ins Kino, da heulten nach zehn Minuten die Sirenen. Der Wehrmachtsbericht: Amerikaner und Briten stießen in Thüringen und Norddeutschland vor. Hannover fiel. Einmal traf er ein Mädchen, mit dem er die Tanzstunde besucht hatte; das Mädchen fragte ihn, ob der Krieg noch gewonnen würde, und er antwortete verzweifelt, er müsse ganz einfach gewonnen werden. Sie waren zusammen Schlittschuh gelaufen und hatten sich auf vielen Wegen geküßt. Keine Erinnerung daran. Ihre Hände hingen herab. Das Mädchen fragte ihn, ob er bliebe, aber er sagte, er müsse wieder fort. Es wäre ihm gleichgültig gewesen, hätte es in dieser Minute sein müssen.

Am fünften Morgen wurde er von seinem Vater geweckt: Die Amerikaner standen vor Leipzig. Hastiger Familienrat: bleiben, untertauchen? Aber er war in der Stadt gesehen worden. Gefahr durch Amerikaner, durch Feldgendarmerie, welche war größer? Rat des Vaters: Am sichersten bist du in deiner Einheit. Von der Art dieser Einheit hatte E. L. wohlweislich nichts erzählt. Wieder setzte er sich aufs Rad und fuhr übers Gebirge, diesmal in die andere Richtung. In der Nähe von Chemnitz sah er zu, wie Tiefflieger die Straße leer fegten. Er lag im Graben und dachte: Hannover gefallen, die Amerikaner vor Leipzig, noch werden die neuen Waffen nicht eingesetzt – sind sie immer noch nicht fertig? Jetzt noch einmal die Entscheidung von Malacky –, wäre er wieder zum Türkenberg gegangen? Er schlief in einer Scheune, stieß am Morgen in den böhmischen Kessel hinab und traf Gietzel in der elterlichen Küche inmitten spielender kleiner Geschwister an. Auch hier Debatte, ein wichtiges Moment darin: Sie hatten sich beide freiwillig gemeldet zum Werwolf, waren zusammen zum Türkenberg gezogen, jetzt riefen sie sich das gegenseitig ins Bewußtsein. Sie hatten beileibe nicht aus dem Krieg aussteigen wollen, hatten sich nur Urlaub gegönnt, der ihnen zustand. Vor sich selbst konnte jeder allenfalls vergessen, wie er in Plauen gelobt hatte, Einzelkämpfer zu werden, Durchhalter bis fünf Minuten nach zwölf. Hier stand nun einer, der dabeigewesen war, keiner wollte als erster sagen: Müssen wir so schnell nach Schönsee? Denk an die beiden in Prag!

Wieder Abschied. Am Bahnhof warteten Gietzel und L. auf einen Zug nach Westen. Dünnen Kaffee schenkten BdM-Mädchen aus, dann lief der Zug ein, ein Katastrophenzug, vollgepfropft mit Menschen und Koffern und Angst, in ihn hinein zwängten die beiden Durchhalter sich und ihre Räder. Aus allen Fenstern suchten Augen den Himmel ab, langsam rollte der Zug durch Komotau, Klösterle, Karlsbad. Dahinter bremste der Zug ruckend und kreischend, Dampf quoll aus der Lokomotive, über die Trittbretter ergoß sich der Strom der Flüchtenden, die hin- und hergerissen wurden zwischen zwei Ängsten: von Tieffliegern getötet zu werden oder ihren Platz bei der Rückkehr besetzt zu finden. Ein Flugzeug strich über den Zug hinweg, eine der letzten Maschinen von Görings Luftwaffe, eine erbärmliche Krähe, und die Menschen in den Feldern ringsum fluchten auf den Idioten da oben, der ausgerechnet einen Zug in diesen Tagen der Tieffliegerpanik ansteuern mußte. Sie rannten zum Zug zurück, aber der fuhr nicht weiter, denn der Lokomotivführer hatte sich beim Sprung von der Maschine den Fuß verstaucht, vielleicht gebrochen. Nach einem Arzt wurde geschrien, und als L. und Gietzel merkten, daß es hier nicht vorwärts ging, hoben sie ihre Räder herunter und traten weiter nach Westen.

Die nächste Nacht verbrachten sie in einem Schuppen auf einem Bahngelände. Soldaten saßen in der Schuppenmitte um ein sparsam und kunstvoll unterhaltenes Feuer; die Gespräche der Landser waren nüchtern und weise. Vom sowjetischen Granatwerferorkan an der Danziger Bucht war die Rede, von Märschen und Schlachten und Toten und Niederlagen, und L. und Gietzel hätten sich lieber die Zunge abgebissen als verraten, daß sie sich mutwillig als Werwölfe gemeldet hatten. Diese Männer wunderten sich nur über eines noch: daß sie lebten. Die Flucht durch Frankreich zurück hatte einer mitgemacht, ein anderer verfluchte die Balkanberge, durch die er von Griechenland heraufgehastet war, Berge von Athen bis Graz. Und wieder sagte der, der zu Anfang gesprochen hatte: Nichts konnte furchtbarer gewesen sein als das Granatwerferfeuer an der Danziger Bucht. Da beneidete L. diese Männer um ihre Erfahrungen, er hätte Jahre geopfert, wenn er sie hätte nacherleben können. Zehn Jahre später erinnerte er sich noch an die Stimmung dieser Nacht: Er setzte die Romangestalt des Harry Hahn ans Feuer alter Waffen-SS-Männer, als sie in die slowakischen Berge zogen, und das Dorf in der Nähe nannte er Jablonove wie das Dorf, durch das er um sein Leben gerannt war.

Einmal noch wurden sie von einem Zug mitgenommen; der verkroch sich im Morgengrauen in einem Tunnel. Das war schon in Bayern. Dann radelten sie durch friedliche Dörfer und friedliche Städtchen, in denen die Bewohner fiebrig-eifrig Wehrmachtslager räumten. Sie trafen einen Mann, der auf einem Handwagen einen Riesenkarton Streichhölzer heimwärts zerrte, und baten ihn um eine Schachtel, aber der Mann lehnte ab: Er würde wegen einer einzigen Schachtel nicht die Verpackung aufreißen. In der Toilette eines Bahnhofs schlug L. neben einem Ritterkreuzträger der Waffen-SS sein Wasser ab, ihn hätte er um ein Haar gefragt, ob es noch Zweck habe, zu kämpfen.

Sie erreichten Schönsee eines Abends. So blieben schließlich zwei von den zwanzig Freiwilligen von Plauen, die nun doch Werwölfe wurden, sich mit Tarnkombinationen und Maschinenpistolen ausrüsteten und mithalfen, Kartons mit Fleischkonserven, Heidelbeerkonserven, Knäckebrot und Zigaretten auf Pferdewagen zu laden und in den Wald zu karren. Allmählich überblickten sie die Formation: Vierzig Mann wurden befehligt von einem Oberst, ihm unterstanden drei Majore, etliche Hauptleute, Oberleutnants, Leutnants, Feldwebel, Unteroffiziere und schließlich diese beiden Gefreiten. Man sagte ihnen: Auf diesem Berg dort sitzt unser Funktrupp, hält Verbindung mit dem OKH, über diesen Kamm läuft die böhmische Grenze. Die Soldbücher wurden eingesammelt; auf einem Zettel, den L. dafür erhielt, stand nichts als *Der Gefreite Loest ist direkt dem OKH unterstellt*. Er begriff, daß es nun unmöglich sein würde, sich von der Truppe zu entfernen. Aber das wollte er ja nicht, wollte auf dem Weg weitergehen, den er in Plauen eingeschlagen hatte, denn der Satz war tief in ihn eingedrungen, daß es deutsch sei, eine Sache um ihrer selbst willen zu tun.

Wald über Hügeln und Tälern, im Wald schliefen sie und hoben Gruben aus, in denen sie Waffen und Munition, Lebensmittel und Schuhe, Zigaretten und Wolldecken versenkten. Die Vorräte, so wurde ihnen gesagt, waren auf ein halbes Jahr berechnet, und es würde erschossen, wer sich daran vergriff. Aber das nahmen sie nicht ernst: Eine Zwanzigliter-Milchkanne voller Kümmelschnaps vergruben sie nicht, sondern stellten sie ins Gebüsch, hin und wieder wallfahrteten sie dorthin und füllten ihre Feldflaschen, kümmelten bedächtig, und in heiterster Laune waren sie, als ihnen ein Oberleutnant mitteilte, der Sturmangriff der Sowjetarmee auf Berlin habe begonnen.

Nach Tagen harter Arbeit versammelte der Oberst seine Wölfe um sich und gab das Ziel bekannt: Diversionstätigkeit im Rücken des Feindes. »Wir werden kämpfen, bis die Amerikaner merken, daß wir nicht unterzukriegen sind, und sich mit uns gegen die Sowjets verbünden.« Er verlangte Lautlosigkeit; nichts durfte im Wald liegengelassen werden, keine Knäckebrotpackung, nicht einmal ein Streichholz. Er spitzte die Lippen zu einem Pfiff; so, sagte er, pfeife die Kohlmeise, das sei künftig ihr Erkennungszeichen. »Beweisen Sie, daß Sie Karl May nicht umsonst gelesen haben.«

Eines Nachmittags kamen die Amerikaner. Sie fingen drei Werwölfe, die auf einer Lichtung in der Sonne gesessen hatten. L. lag im Unterholz, sah Gamaschenschuhe ein paar Meter vor sich auf dem Weg, hielt die Maschinenpistole im Anschlag. Sein Herz klopfte, aber er tat nichts, das ohne Sinn gewesen wäre, und als die Amerikaner weitergezogen waren, als es wieder still geworden war im Wald, war er mit sich zufrieden: Sie waren von der Front überrollt, er war Werwolf, es gab kein Zurück.

Morgens in der Dämmerung krochen sie aus ihren Löchern, die über eine Schonung verteilt waren, und sammelten sich am Loch eines Majors zur Befehlsausgabe. Sie pfiffen wie die Kohlmeisen und wagten nie ein lautes Wort, erhielten Verpflegung und Befehle und schlüpften in ihre Löcher zurück. L. und Gietzel hatten diese Aufgabe: nachts zwischen elf und eins an einer alten Mühle auf die Kuriere einer anderen Werwolfeinheit zu warten. An dieser Mühle rauschte ein Bach über ein Wehr, das verlassene Gebäude bildete eine Kulisse wie in einem Gruselfilm. Neun Uhr abends klemmten sie die Maschinenpistolen unter den Arm, schlichen durch den Wald, voller Angst erst, später mit wachsendem Mut, den sie gegenseitig anheizten: Die Amerikaner waren zu feig, sich nachts in den Wald zu trauen. Aber wenn sich die beiden Wölfe der Mühle näherten, sank ihr Mut, der Mond schien gegen kalkweißes Gemäuer; polterte es nicht irgendwo? Sie hockten sich dicht nebeneinander, legten die Maschinenpistolen über die Knie, lauschten. Bleierne Müdigkeit überfiel sie, wurde größer als die Furcht, sie nickten ein, schraken hoch, froren. Zehn Jahre später schrieb L. die Erzählung »Hitlers Befehl«. Als er einen gespenstischen Schauplatz für eine grausige Begebenheit brauchte, verlegte er diese Mühle aus dem Böhmerwald in die Ardennen, ließ an ihr František Homola und seine Rangerkameraden in die Falle der Faschisten tappen. Voller Martern waren diese Nächte; im Morgengrauen schlichen die beiden Wölfe zurück und meldeten ihrem Major, niemand wäre gekommen. Nie kam jemand.

Bis zu jenem Nachmittag: Da krochen drei Männer in ihr Dickicht, blaß und abgehetzt, Angst stand in ihren Augen. Ihre Werwolfgruppe war von Amerikanern mit Hunden aufgespürt worden, eine Übermacht hatte sie aus ihren Löchern getrieben. Sie waren durchgebrochen, entkommen. Drei von dreißig.

Manchmal teilte der Major bei der morgendlichen Befehlsausgabe ein Splitterchen von dem mit, was in der Welt vor sich ging. Hamburg und München fielen, aber noch tobte die Schlacht um Berlin, dort kämpfte der Führer. Von neuen Waffen war nicht mehr die Rede, nur davon, daß Amerikaner und Briten in den Krieg gegen die Russen einschwenken könnten. Das Beispiel des Preußenkönigs wurde bemüht, der scheinbar am Ende gewesen war, aber dann starb seine schlimmste Feindin, und das Blatt wendete sich. War nicht Roosevelt kürzlich gestorben?

Eines Tages mühten sich Gietzel und L., ihr Loch auszubauen. Einer brach Erde los und schippte sie in einen Rucksack, der andere verteilte sie im Unterholz. Als L. gegen Mittag aus dem Loch kroch, flüsterte Gietzel, es würde geschossen, in einer bestimmten Richtung, dort lag der Oberst. Sie steckten das Notwendigste in die Brotbeutel: Schokakola, Ölsardinen, Knäckebrot, MP-Magazine. Die Schießerei kam auf sie zu, Handgranaten barsten, dann war Stille, in sie hinein brüllte eine Stimme: »Werwölfe! Ergebt euch! Wer in zehn Minuten nicht herauskommt, wird erschossen!«

Da war L. kein Moralist mehr, da glaubte er nicht, er müsse kämpfend untergehen, wie das Gesetz es befahl. Angst packte nach ihm, Lebensangst, Todesangst, da rissen er und Gietzel ihre Tarnkombinationen herunter, damit sie schneller laufen könnten, krochen von dieser Stimme weg, die rief: »Alle herauskommen! Schreiner herauskommen! Loest herauskommen!« Sie krochen, fürchteten: Unten am Weg mußten Amerikaner lauern, mußten sie eingeschlossen haben. An diesen Weg schlichen sie heran, hielten die Maschinenpistolen vor, waren gefaßt, jeden Augenblick beschossen zu werden. Den Weg sahen sie, zwängten sich durch die letzten Fichten, sprangen gleichzeitig hinüber, bekamen kein Feuer, fielen ins Unterholz, hörten Schüsse weit hinten und noch immer diese Stimme, die Namen aufrief wie beim Jüngsten Gericht. Ohne Rücksicht auf Ästeprasseln rannten sie, stießen auf einen anderen Weg, hörten Rufe, Schritte, hoben die Waffen und sahen: Da trieb ein Bauer eine Kuh. Hundert Meter hinter ihnen war noch Krieg, hier wurde eine Kuh zum Verkauf getrieben oder zum Tausch oder zum Bullen. Sie flohen weiter, die Maschinenpistolen in angstschweißigen Händen und in der Brusttasche einen Zettel, auf dem stand, sie wären direkt dem OKH unterstellt. Sie keuchten auf den Berg hinauf, auf dem die Funker sitzen sollten. Dort, so war ihnen gesagt worden, wäre der Sammelpunkt, sollten sie versprengt werden.

In dieser Nacht sank die Temperatur unter den Gefrierpunkt; es fiel ein wenig eisvermischter Schnee. Sie wagten sich nicht in die schützenden Täler, weil sie fürchteten, sie könnten so einen ihrer Kameraden verfehlen. Sie froren bis ins Mark hinein und ersehnten in jeder Minute das Ende dieser höllischen Nacht. Als es hell wurde, strich ein Aufklärungsflugzeug über die Wipfel, sie hatten den Eindruck, über ihnen bliebe es fast stehen.

An diesem Tage aßen sie, was sie in ihren Brotbeuteln gerettet hatten; davon wurden sie nicht satt. Immerfort kreisten ihre Gedanken um das Thema, wer der Mann gewesen war, der sie aufgefordert hatte, sich zu ergeben, und woher er ihre Namen kannte. Als es Abend wurde, packte sie Verzweiflung: Noch solch eine Nacht würden sie nicht überstehen. Zwei Wege schienen möglich: versuchen, in einem Dorf unterzukriechen oder sich ins Lager zurückzuschleichen, zu vertrauen, daß die Amerikaner abgezogen waren, ihr Loch nicht gefunden oder nicht alles mitgenommen hatten. Sie entschieden sich für das Dorf.

In der Dämmerung schlichen sie über harte Schollen heran. Einen Mann hinter einem Schuppen fragten sie nach Amerikanern. Es wären Panzer durchgefahren, jetzt wären keine mehr hier. Konnten sie die Nacht über bei ihm bleiben? Der Mann schüttelte den Kopf, das riskierte er nicht. Aber drei Häuser weiter wohnte der Ortsgruppenleiter der Volkswohlfahrt, dort sollten sie klopfen.

Entsetzen trugen sie in dieses Haus. »Laßt die Waffen draußen!« rief der Mann, »bloß nicht die Waffen ins Haus!« Er flehte sie an, wieder zu gehen, ihn nicht ins Unglück zu stürzen, ihn und seine Familie. Dann packte ihn Mitleid: Aufwärmen sollten sich die Jungen rasch und etwas essen, dann um Christi willen verschwinden. Die Frau sagte: »Ich hab gerade gebuttert.« Sie sah Jungen vor sich, dachte an ihre Jungen draußen im Krieg, hoffte, eine andere Mutter würde sich ihrer annehmen, wie sie sich dieser Jungen annahm. Sie zog den Kaffeetopf aus der Ofenröhre, schnitt Brot ab und strich Butter auf, und die beiden aßen, aßen, fühlten noch nicht einmal den Beginn einer Sättigung. Die Frau hatte vier Jungen geboren, einer war gefallen, einer in England in Gefangenschaft, zwei waren irgendwo. Die Frau schnitt noch immer Brot ab, strich Butter auf, Gietzel sackte über dem Tisch zusammen. Da kapitulierte der Mann: »Ich verstecke eure Waffen. Bleibt auf der Ofenbank. Ehe es hell wird, wecke ich euch.«

»Hoffentlich«, sagte L., »fällt in dieser Nacht kein Schnee, damit unsere Spuren Sie nicht verraten.« Er dachte: Hoffentlich fällt Schnee.

Es schneite in dieser Nacht. Es war noch nicht hell, da führte der Mann sie auf den Boden und bedeckte sie mit Heu. Den ganzen Tag über schliefen sie einen Erschöpfungsschlaf, nur einmal weckte der Mann sie, brachte ihnen Knödel und Fleisch und berichtete, was er im Radio gehört hatte: Hitler war im Kampf um Berlin gefallen. Das galt den beiden als furchtbare Nachricht, nun war alles aus. Der Führer war unsterblich gewesen, nun war er tot. L. malte sich ein Blut- und Brandgemälde: Der Führer feuerte mit einem Maschinengewehr aus einem Fenster der Reichskanzlei, fiel durch Kopfschuß. Die Welt, wie L. sie gesehen hatte, stürzte zusammen. Der Führer war tot, er selbst lebte – nie hatte er geglaubt oder gar sich vorgestellt, dies könne geschehen. Unter Heu lag er, satt, gesund, fror nicht. Regungslos lag er, als müsse nun alles auf der Welt erstarren. Erst war es so still, als läge er wirklich im Grab, als wäre die ganze Welt ein Grab. Dann hörte er Schritte auf dem Hof, eine Frau rief einer anderen Frau etwas zu, er glaubte, sie müsse rufen, daß der Führer tot wäre und daß sie nun auch alle sterben würden. Aber von Eiern war die Rede, eine Tür klappte zu, eine Milchkanne schlug an. Er bewegte die Zehen, sie ließen sich bewegen. Er mußte austreten, das drang allmählich in sein Hirn. Er mußte enorme Energien aufwenden, Heu von sich zu schieben, sich in einen Winkel zu schleppen und die Hose aufzuknöpfen. Sein Wasser lief an einem Balken hinunter, also lebte er. Im Hof wurde ein Pferd angespannt, das ging nicht ohne Ärger ab. Er knöpfte die Hose wieder zu und kroch ins Heu. Ihm dämmerte, daß er nun ganz auf sich gestellt war.

Im Abenddunkel verließen die Werwölfe das Haus. In der Nacht beobachteten sie im Osten Mündungsfeuer und zählten die Sekunden, bis der Schall an ihr Ohr drang: Weiter als fünfzehn Kilometer war die Front nicht entfernt. Sie schlichen zurück ins Tal und überquerten den Weg, auf dem der Bauer die Kuh getrieben hatte, lauschten, hörten nichts. Eifrig flüsterten sie sich zu: Die Amerikaner mußten abgezogen sein. Trotzdem nahm ihre Erregung zu, je näher sie dem Dickicht kamen, in dem ihr Loch lag. Sie pfiffen wie die Kohlmeisen, niemand antwortete, sie krochen Meter für Meter weiter, jeden Augenblick bereit, Feuer zu erwidern. Ihre Tarnanzüge lagen noch so, wie sie sie hingeworfen hatten, daneben Rucksäcke, Decken und Fleischbüchsen. Noch vor Morgengrauen brachen sie einen Vorratsbunker auf und schleppten Büchsen, Knäckebrot und Heidelbeergläser seitab. Einen Tag lang aßen sie so viel, wie sie vermochten; umsichtig packten sie ihre Rucksäcke, leid tat es ihnen um die Zentner an Lebensmitteln, die hier verdarben.

Wieder stiegen sie den Plösser Berg hinauf, spürten den Höhenwind. Sie fanden einen Weg, der abwärts nach Osten führte; die Luft wurde linder, je weiter sie ins Tal kamen. Als es dämmerte, krochen sie in ein Dickicht, zogen Zweige über sich, ängstigten sich: Hunde konnten sie aufspüren. Aber sie waren zu erschöpft, als daß einer gewacht hätte. Manchmal schoß Artillerie, das Mündungsfeuer war noch immer zehn oder fünfzehn Kilometer entfernt. Sie redeten über den Führer, der nun schon lange tot war, der kein Gott gewesen war und sie im Stich gelassen hatte. Sie nannten ihn auch nicht mehr den Führer, sie nannten ihn Hitler, und die kühle Respektlosigkeit paßte zu ihrer Lage. Sie waren also keineswegs tot, sie wollten nach Hause, am liebsten in den Mutterleib zurück. Ein paar Tage noch würde sich nun der Krieg hinschleppen, diese Tage mußten sie überleben. L. stellte sich vor, wenn ihn die Amerikaner fingen, brächten sie ihn nach Italien, und er müßte im Hafen von Brindisi in glühender Hitze Kohlesäcke von Bord eines schwarzen Schiffes schleppen. Also nach Hause! Mit der gleichen Hartnäckigkeit hatte er vor Wochen zum Türkenberg gewollt. Das war tausend Jahre her.

In der nächsten Nacht zogen sie durch ein Dorf, in dem ein Amerikaner in einer offenen Haustür lehnte; schwaches Licht leuchtete in seinem Rücken. Er redete sie an, sie gingen schweigend weiter. In einem anderen Dorf hatten Amerikaner einen Gutshof hell erleuchtet, es klang, als ob sie darin Fahrzeuge reparierten. Hundert Meter davor verließen L. und Gietzel die Straße, hundert Meter dahinter kehrten sie darauf zurück. Immer wieder berieten sie, in welchem Fall sie schießen und in welchem sie sich ergeben sollten. Das Wasser, in dessen Tal sie blieben, hieß Radbusa, und der Ort, über dem sie eines Morgens ins Dickicht schlüpften, vermutlich Hostau, das heutige Hostoun. Gegen Mittag krochen sie an den Waldrand vor und blickten in eine Mulde, drüben stiegen bewaldete Kuppen auf – sie waren aus dem schrofferen Teil des Gebirges heraus. Unten rollten Lastwagen, weit weg landete eines dieser kleinen Flugzeuge, die am Tag über die Wälder strichen. Den Nachmittag über schauten sie zu, wie die Amerikaner Panzer und Geschütze auffuhren, wie dort, wo die Straße im Wald verschwand, Granaten einschlugen und Rauchpilze aufstiegen. Schützenpanzer rollten vor, Infanteristen stürmten; allmählich trat Ruhe ein, die Sperre war durchbrochen. Das alles sahen sie wie von einer Theaterempore aus. Da hofften sie, die Amerikaner würden nicht allzu weit vordringen, ehe die Dunkelheit sank.

An diesem Abend konnten sie es nicht erwarten, aus ihrem Gebüsch zu kommen. Schon während des Sonnenuntergangs verschnürten sie ihre Rucksäcke, wobei sie alberten, Kameramänner einer Propagandakompanie müßten diese Szene drehen: Werwölfe machten sich auf zu heldischem Nachtwerk.

Sie mühten sich nicht einmal, die Höhe zu umgehen, auf der am Nachmittag das Gefecht gezuckt hatte, zwischen beiseite gezerrten Stämmen marschierten sie hindurch. Im nächsten Dorf klang Trubel aus einem Gasthof. Sie schlugen einen Bogen, marschierten, marschierten. Sie dachten, sie müßten irgendwann auf amerikanische Vorposten und später auf die der Deutschen stoßen, wenn sie auch nicht annahmen, es würde etwas geben, das einer geschlossenen Front ähnlich sah. Am Ortsschild von Bischofteinitz vorbei klirrten sie in die schlafende Stadt hinein, sahen weiße Tücher an allen Häusern, es war Sonntag, der 6. Mai 1945. Auf dem Marktplatz sahen sie im ersten dünnen Dämmern Shermanpanzer, Lastautos, Jeeps, keinen Posten dabei. So groß ihr Schreck war, L. griff doch in einen Jeep hinein und riß eine Packtasche heraus, sie rannten los, wollten hinaus aus der Stadt, irgendwo mußte Wald sein, und den mußten sie erreichen, ehe es tagte. Unfaßbar: Die Amerikaner hatten ihre Fahrzeuge auf den Platz gestellt ohne eine Wache daneben und schliefen in den Häusern. Durch eine Siedlung von Einfamilienhäusern hasteten sie, hörten Signale aus einer Trillerpfeife, gleich darauf traten Männer mit runden Helmen aus den Gärten, vor ihnen, neben ihnen, einer streckte ihnen das Gewehr entgegen, tappte angstvoll zurück, und L. ließ Maschinenpistole und Packtasche fallen und hob die Hände und rief diesem Mann zu, er möge nicht schießen, das rief er in seiner Aufregung deutsch, obwohl er in der Schule so viel Englisch gelernt hatte, daß er den einfachen Gedanken in fremder Sprache hätte ausdrücken können.

Dann standen sie mit erhobenen Händen, GIs nahmen ihnen Handgranaten vom Koppel, MP-Magazine aus dem Rucksack und Uhren vom Handgelenk. Das taten sie ohne Hast und Haß. L. war gefangen, seiner Tötungsmaschinerie ledig und aller Pflichten, die mit ihr verbunden gewesen waren. Er mußte eine rasche Angst überwinden, aber eine Stunde später schon schwappte Freude über, am Leben zu sein und zu bleiben, da fühlte er sich kindisch fröhlich und hätte sogar mit den GIs gealbert, in deren Formation er marschierte, aber die sahen dazu nicht den geringsten Grund. Einer setzte ihm ein MG-Dreibein auf den Rucksack, da radebrechte er, dies sei gegen die Bestimmungen des Red Cross, und ein GI trat ihm ein wenig gegen die Wade. Er lebte, nun würde er hundert Jahre alt werden. Am

Straßenrand lag ein toter deutscher Soldat, das Gesicht im Dreck, das war keineswegs er selber, er stapfte vorbei auf gesunden Beinen, Rucksack und Dreibein auf dem gesunden Rücken. Wenn ihm ein GI einen Stoß gab, daß er fast gestürzt wäre, wenn ein anderer befahl: »Sneller! Sneller!«, was bedeutete das schon. Bei einer Rast hätte hin und wieder ein GI gern seine Uhr gehabt, die schon ein anderer hatte. »No, Sir«, sagte er, »sorry.« Er dachte neben vielem anderen, und auch das war ein Lebensgedanke: Vielleicht lernst du jetzt richtig englisch.

3

Hinter Stacheldraht lagen sie Mann an Mann, manche besaßen eine Decke, eine Zeltplane, andere einen Sack, einen Mantel, manche nichts. Sie verpflegten sich aus Rucksäcken und Brotbeuteln, die Läuse hatten es nahe von einem zum anderen. Am Tag prunkte die Sonne dieses ungeheuren Frühlings, nachts war es bitterkalt. Tag für Tag wurden neue Lastwagenladungen durchs Tor gedrückt, die Ankommenden hockten sich in die Gänge, die letzten fanden nicht mehr Platz, sich hinzulegen. Der Sieger fegte zusammen, was Uniform trug, Soldaten und Volksstürmer, Rot-Kreuz-Schwestern und Hitlerjungen, Wlassow-Verräter und NS-Ortsgruppenleiter, und sonderte erbittert aus: Fallschirmjäger und Waffen-SS.

Er saß auf seinem Rucksack; wenn die Sonne stieg, zog er das Hemd aus. Aus einem Lautsprecher schallten Anweisungen, es sollten Fünfzigergruppen gebildet werden. Feldwebel machten sich an die Arbeit, gewesene Führer schwangen sich zu neuen Führern auf. Er hatte in den ersten Stunden der Gefangenschaft den gefährlichen Zettel, auf dem stand, er sei direkt dem Oberkommando des Heeres unterstellt, zerschnipselt, nun saß er da ohne die Möglichkeit, zu beweisen, wer er war. Als Graf Heribert v. Möllenbrock hätte er ein neues Leben beginnen können oder als Kurt Schulze, hätte sich fünf Jahre älter machen können und bezöge so fünf Jahre vorfristig höhnisch grinsend die Altersrente; aber wie soll ein Neunzehnjähriger auf diese Idee kommen. Er erwog durchaus einen Namenswechsel, denn wie leicht konnten die Amerikaner durch alle bayrischen Camps die Kunde schicken: Fahndet nach dem Werwolf E. L.! Wie, so überlegte er natürlich auch, waren die denn an die Namen gekommen? Diese Möglichkeit bestand: Ein Hauptmann hatte Schnaps ausgegeben und die Empfänger auf einer Namensliste abgehakt, sein Deckungsloch war zuerst aufgespürt und die Schnapsliste gefunden worden. Loest herauskommen! Gietzel herauskommen! Dieser Ruf konnte sich wiederholen.

Aber zunächst einmal wurden Fallschirmjäger und SS-Männer, Wlassowskis und Krankenschwestern, Verwundete und Kranke ans Tor gefordert, die Offiziere bekamen ihr eigenes Geviert, die Sonne jubelte, und die Läuse heckten. Wasser tropfte für Tausende aus einem einzigen Hahn. Tee wurde ausgegeben und nach vier Tagen die erste Suppe. L. kaute mit seinen Nachbarn Gerüchte durch, was mit ihnen geschehen sollte, Lager in Texas oder Straßenbau in Belgien? Aus dem Lautsprecher tröpfelten Nachrichten: Göring war gefangen, in Böhmen und Kurland hatten die letzten Deutschen kapituliert. Suppe-Empfang für die Gruppen 342 bis 350, Tee-Ausgabe für die Gruppen 167 bis 178. Nürnberger trafen Landsleute siebzehn Uhr an der Baracke zwo.

Sie waren beschissen worden, so hörte er es rechts und links, waren schwer angeschissen worden, von wegen neue Waffen, gleich nach Stalingrad hätte Hitler aufgeben sollen. Sie alle fühlten sich als Opfer von Hitler, Göring, Goebbels ab Stalingrad, die Zeit davor ließen sie im dunkel. Ihre Taten ließen sie im Vergessen und ihren Anteil am Krieg, sie zogen nicht einmal diesen Krieg in Zweifel, sie hatten Schuldige gefunden und fühlten sich als die armen Schweine, die nun im Dreck lagen. Die Amis mit ihrer Übermacht, für die war es ja kein Kunststück gewesen. Und der Iwan, hundert

T 34 gegen einen Tigerpanzer. Nun mußten sie die Scheiße ausbaden. Ihnen sollte keiner wieder kommen. Friedfertig fühlten sie sich von einem Tag auf den anderen, Lämmer, nun sollte der Ami sie mal schnell nach Hause zu ihren Frauen und an ihre Arbeit lassen, aufzubauen gab es ja wahrlich genug. Die Feldwebel und Unteroffiziere redeten mild daher, kümmerten sich: Immer wieder versuchen, den Darm zu leeren! Und wenn es noch so weh tat, und wenn bloß ein paar Bröckchen kämen; wer sich da gehen ließ, bekam nach einer Woche den Brand. Gerecht verteilten sie die Suppe und das Scheibchen Büchsenfleisch – sie hätten es als unfair empfunden, hätte man sie an verflossene Schikane erinnert.

Mann an Mann lagen sie, allmählich verdichteten sich die Gerüchte: Wer aus der amerikanischen Zone stammte, wurde bald heimgeschickt, bei den anderen dauerte es etwas länger. Nun floß schon täglich Tee und alle zwei Tage Suppe. Wenn es dunkelte, wenn alle Geräusche erstarben, spielte ein lieber musikalischer Deutscher auf der Trompete: »Guten Abend, gute Nacht!«

Da lagen sie nun, die Panzerschützen mit einst stolzen Abschüssen, Partisanenjäger aus bosnischen Bergen, Dörferverbrenner aus der Ukraine, treffsichere MG-Schützen des Frankreichfeldzugs, Verminer von allerlei Rückzugsstraßen, »Guten Abend, gute Nacht, mit Rosen bedacht«. Da dachten sie sehnsüchtig an ihre Kinder daheim, requiriertüchtige Feldköche aus dänischen Radarstellungen, lämmerfleischschätzende Zahlmeister aus der griechischen Etappe, Brückensprenger, Panzerfäustler, Träger des Deutschen Kreuzes in Gold und diverser Nahkampfspangen, mit denen sich brüsten durfte, der das Weiße in Augen des feindlichen Polen, Franzosen, Briten, Serben, Griechen, Russen, Amerikaners gesehen hatte, »mit Näglein besteckt«, da lagen sie in ihren Tarnjacken und Feldblusen, Leningradbeschießer und Krimschildträger, »von Englein bewacht, sie zeigen im Traum dir Christkindleins Baum«, Feldgendarmen auf allen Straßen und Bahnhöfen, Durchhalteartikler der Propagandakompanien, Fahrradschwadroneure der ersten Vormärsche, Coventrybombardierer, Sonderführer für den Großviehabtrieb aus Bjelorußland, »schlupf unter die Deck«, Stukaflieger, Ortskommandanten und Judenregistrierer aus Lettland, sie alle hatten Begriffe wie Schienenwolf, Werwolf, Wolfsschanze, Verbrannte Erde, Brückenkopf, Kopfschuß, Flammenwerfer, Kettenkrad und Panzerschreck total vergessen, nun ruhten sie hier und lauschten deutschen Tönen, »morgen früh, wenn Gott will«, waffenlos waren sie, leider verlaust, was hielt man sie denn hier noch fest, wo daheim die traute Frau und die lieben Kinder nun schon so lange sehnsüchtig warteten, »wirst du wihihider geweckt.«

Stefan Heym läßt in seinem Roman »Kreuzfahrer von heute« eine Amerikanerin sagen: »Ich hab ja keine große Ahnung, wie diese Deutschen als Eroberer waren, aber in ihre Rolle als Besiegte passen sie sich großartig ein.« Wenigstens: L. hatte keine Kerbe im Kolben.

Nach zwei Wochen, als er durch die Entlassungsmaschinerie geschleust wurde, nannte er doch seinen Namen. Zuerst mußte er den linken Arm heben, auf daß keine Blutgruppen-Bezeichnung darunterstünde, das hätte ihn als Waffen-SS-Mann entlarvt, vielleicht als Überlebenden der Division »Hitlerjugend« – fühlte er sich wenigstens demütig durch einschlägige Erinnerung? Vor einem Offizier nannte er Namen und Geburtsort, denn nach Mittweida wollte er ja unters elterliche Dach und nicht als Graf Möllenbrock oder Kurt Schulze ein ungefähres Leben beginnen; die Gefahr bayernweiter Werwolf-Fahndung erachtete er in dieser Stunde der Heimatsehnsucht gering. Sein Soldbuch wäre ihm in der Minute der Gefangennahme weggenommen worden, behauptete er, einer gewissen Kampfgruppe Köhler, hinhaltend tätig im Fichtelgebirge, hätte er angehört und wäre schlichter Gefreiter der Wehrmacht gewesen, nichts sonst. Mittweida? Da horchte der Offizier auf, der erst mit Fangfragen vertrackte SS-Zugehörigkeit hatte aufspüren wollen, Mittweida, was gäbe es da wohl? Das Technikum!, und die Miene des Amerikaners hellte sich auf. Vielleicht hatte dieser Mann selbst dort studiert, vielleicht ein Verwandter, denn Emigrant mußte er wohl sein; jedenfalls war er wie ausgewechselt. Wenn L. nicht auf dem Technikum gewesen wäre, wo dann? Der Offizier ließ sich schildern, was L. gelernt hatte – Englisch auch? Ein Entlassungsformular schob er über den Tisch, und der Heimkehrer in spe las und übersetzte: I hereby certify to the best of my knowledge and belief the particulars given above are true. Seinen geschwärzten rechten Daumen rollte er übers Papier, der Schreiber am Fenster grinste über das putzige Englisch, das dieser German boy da sprach. Der Überprüfungsoffizier schrieb den Namen Loest in eine Liste. Dahinter waren zwei Spalten, über denen stand »SS« und »okay«. L. war okay.

Am nächsten Morgen traten die Entlassungskandidaten am Tor an. Jeder zweite erhielt eine Büchse Fleisch aus Wehrmachtsbeständen, L. war ein zweiter. Hundert Zigaretten hatte er für eine Lederjacke hingegeben, die trug er im Rucksack neben der Büchse und weiteren hundert Zigaretten aus der Werwolfreserve, ein Tauschobjekt ersten Ranges. Die Strecke Weiden/Oberpfalz bis Mittweida schätzte er ab; wenn er jeden Tag vierzig Kilometer marschierte, war er dann in einer Woche daheim?

IV.

Wechsel auf offener Szene

1

Dieser Sommer 1945. Er war sonnig und freundlich, ohne zu trocken zu sein. In diesem Sommer, in dem ehemalige KZ-Häftlinge sich an Nahrung gewöhnten oder an einer Überdosis von zwanzig Gramm Fett starben, in dem deutsche Kriegsgefangene und Internierte in Lagern umkamen aus Gründen der Rache oder des Mangels, in dem Flüchtlinge in Scheunen und Schobern vegetierten, in diesem Sommer, in dem gestorben wurde, weil einfachste Medikamente fehlten, in dem zum Skelett abmagerte, wer auf die Kartenration angewiesen war, lebte er satt, behaust, unbehelligt und nützlich. Er hatte einen ausgefüllten Arbeitstag mit geregelten Pausen und Mahlzeiten, lernte Pferde zu putzen und anzuschirren, sie zu lenken vor Egge und Häufelpflug, streute Dünger und hackte Rüben. Eine Scheinstellung war gebreitet gewesen, die alliierte Bomber von Böhlen und Espenhain hatte ablenken sollen, einmal war die nordische List gelungen, ein hochbrisanter Teppich hatte die Hydrierwerke verschont und Weizen und Gerste tiefgepflügt. An die zweihundert Trichter galt es aufzufüllen. Bombenblindgänger lagen dutzendweis an den Wegrändern, von Feuerwerkern entschärft. Nun legte er eine Kette um zünderlose Hüllen, spannte ein Pferd davor, schleppte sie zu den Trichtern und rollte sie auf ihren Grund hinunter. Er wußte, daß nichts passieren konnte, dennoch lief ihm ein Schauer über den Rücken, wenn Bombenstahl gegen Stein klirrte. Fünfzehn Jahre später hielten Bagger, Kohleflöze freilegend, die Stahlkadaver in ihren Bechern, jedesmal sprangen die Baggerführer panisch aus den Kabinen, denn es war ja nicht zu erkennen, ob diese Bomben entschärft waren oder nicht. Noch einmal rückten Feuerwerker an – all das sah der anweisende Inspektor nicht voraus, und der damalige Scholar schon gar nicht.

Sonniger Frieden, der Himmel feindfrei, Lerchen stiegen wie im Bilderbuch, die Nebelfässer neben den Pflaumenbäumen blieben Schrott. Im Februar hatte der Gefreite L. noch durch Saaten nahe Zeithain einen Schützengraben gezogen, jetzt stand auf den Fluren Kahnsdorf das Korn hoch. In den letzten Märztagen hatte er Werwolf werden wollen, in den ersten Junitagen hieß er Scholar auf einem Gut. Dazwischen lagen zehn Wochen. Brächte man den Chronisten dieser Tage zu Schafhirten Feuerlands oder Ölbohrern Kuweits und verkündete: Jetzt lebst du hier, nun arbeitest du hier, hierher gehörst du – der Unterschied könnte nicht umwerfender sein. Bei anderen haben Schießen und Stacheldraht, Heimkehr und Sicheinfinden zehn Lebensjahre verschlungen, bei ihm zehn Wochen. Nun vertilgte er staunenswerte Mengen von Brot, Sirup, Kartoffeln und Gemüse, schmeckte Wurst auf der Frühstücksstulle und Quark zu Mittag und Speckfett des Abends; sonntags steckte ein Huhn im Topf. Nach vier Wochen lobte die gute Tante sich: Ich glaub, nun bist du ausgefüttert.

Die gute Tante. Als L. am letzten Maitag aus amerikanischer Kriegsgefangenschaft heimkehrte, tagte ein hastiger Familienrat: Die sowjetische Ortskommandantur hatte angeordnet, am übernächsten Morgen sollten sich alle ehemaligen Wehrmachtsangehörigen auf dem Markt einfinden. Registrierung oder Abmarsch nach Sibirien? Da war fürsorglich entschieden worden, daß L. sich schleunigst in amerikanisch besetztes Gebiet zurückzuziehen habe, dort galt sein Entlassungspapier, eine Kusine der Mutter war mit einem Rittergutsinspektor nahe Leipzig verheiratet, und hatte L. sich nicht schon immer für Landwirtschaft interessiert? An einem wunderschönen Morgen, früh um fünf, radelte er mit seinem Vater über menschenleere Dorfstraßen der Mulde zu. Oberhalb von Rochlitz, bei Sörnzig, kannten sie eine Hängebrücke weitab von jedem Verkehr. Ihre Rechnung ging auf: Die Ostseite war leer, Erich verabschiedete sich vom Vater und schob sein Rad hinüber. In einem Wirtsgarten saßen drei Amerikaner, sie winkten ihn heran. Hier galt sein Entlassungspapier, sein Certificate of Discharge, ausgefertigt durch T. W. Caldecott, Maj. Inf., ergänzt durch ein Medical Certificate, bescheinigend, daß sein Inhaber, Schüler, unverheiratet und kinderlos, frei von ansteckenden Krankheiten sei. Unterschrift: G. R. Andre, Lt. Col., M. C. Okay, sagten die Posten. L. war im Westen.

Die Kusine der Mutter nannte er Tante; ohne Federlesens rückte die Familie zusammen: Da war einer aus der Sippe, man half. Am nächsten Tag fuhr L. im Morgentau mit zum Futterschneiden. Das Arbeitsamt Borna stellte einen Military Government Workers Registrations Pass aus, in dem vermerkt war, sein Besitzer sei seit dem 1. 6. 1945 beim Rittergut Kahnsdorf als landwirtschaftlicher Scholar beschäftigt. Willkommen im Frieden.

Landarbeit ist wesentlich Transportarbeit. Der gutseigene Lanz-Bulldog wurde öfter repariert, als daß er einsatzbereit gewesen wäre; Inspektor, Traktorist und Dorfschmied klopften und schweißten verzweifelt, ihn am Tuckern zu halten. Die Pferde reichten aus; vier schöne mittelschwere Braune eines schlesischen Bauern, dessen Treck hier sein Ende gefunden hatte, verstärkten den Bestand. Aber gesunde, starkarmige Männer – und so marschierte der Scholar während der Getreideernte täglich zehn Stunden lang neben dem Erntewagen her und gabelte, gabelte. In der ersten Woche konnte er abends die Arme nicht mehr rühren, in der dritten warf er auch in der letzten Stunde noch die letzte Garbe mit Schwung zu dem schichtenden Mädchen hinauf. Während der Kartoffelernte hievte er mit einem Fleischerssohn des Orts anderthalb Zentner schwere Körbe. Der Acker unter ihnen war weich, sie stiefelten neben dem Wagen her und hoben, kippten, ließen fallen, hoben wieder. Nach dem Abendbrot fiel der Scholar, eigentlich ein Landarbeiter, Knochenarbeiter, todmüde ins Bett. Manchmal saß er vorher ein halbes Stündchen vor dem Haus. Es war still im Dorf, Licht brannte sichtbarlich hinter heilen Fenstern, keine Sirene würde ihn wecken. Er war davongekommen, die Mutter, der Vater, die Schwester lebten. Er hatte kein Bein verloren und steckte nicht in Armenien oder Texas hinter Stacheldraht. Hundert Wunder waren geschehen. Nun mußte er sortieren, welche seiner Kenntnisse, Erfahrungen und Gefühle auf den Schutt gehörten; niemand war nahe, auf den zu hören er bereit gewesen wäre. Darunter litt er keineswegs.

Aber noch hatte ja der Sommer gerade erst begonnen. In vier Wochen, so hatte er mit dem Vater ausgemacht, treffen wir uns wieder an diesem Steg oberhalb von Rochlitz, am Sonntag früh um zehn. An diesem letzten Sonntag des Juni radelte er also zur Mulde und begegnete Menschengewimmel an beiden Seiten. Auf dem Steg, seinem östlichen Ufer zu, stand ein Rotarmist, am anderen Ufer der Vater. Manchmal, hieß es, verschwinde der Posten für ein halbes Stündchen, dann könne man hinüberschlüpfen, manchmal ließe er den einen oder anderen durch, im Prinzip aber wäre hier die Grenze zwischen Ost und West. Der wenig später sogenannte Eiserne Vorhang. Nachts, so war zu hören, hatte mancher versucht, durch den Fluß zu waten, dann hatten die Posten geschossen, es hatte Tote gegeben.

L. winkte seinem Vater zu, der winkte zurück. Der Posten wurde abgelöst, ein Achtzehnjähriger übernahm das Amt des Hemisphärenwächters. Ob mit ihm zu reden war? Auf der Westseite flatterte ein neues Thema auf: Was standen sie hier herum? In wenigen Tagen, am 1. Juli, rückten die Sowjets ohnehin vor und besetzten Westsachsen und Thüringen, im Radio hatte es jemand mit eigenen Ohren gehört. Auf dem westlichen Ufer wachte ja schon kein Ami mehr, bitte! Die drei Tage hielt man es auch noch aus, dann ging es heim nach Dresden, Meißen, Görlitz. Durfte man bis Schlesien?

Aber schließlich kam doch Kommunikation zustande, der Posten erlaubte, daß der Vater ein Paket übergab, hastige

Worte wurden gesprochen: Ja, bin gesund, alles geht glatt, bei euch auch? Da scheuchte der Posten Vater und Sohn wieder auseinander. Poschli, poschli! Otsjuda! Am Abend berichtete L. von seinem Abenteuer. Also was nun, kamen die Russen?

Sie kamen. Nach Kahnsdorf allerdings nicht. Jemand erzählte, oben an der Straße hätte er drei Pferdewagen mit Russen gesehen. Die Zeit des Flüchtens war vorbei, wer ein Dach über dem Kopf hatte, blieb darunter; L. besaß keine Tante weiter westlich, die mit einem Rittergutsinspektor verheiratet gewesen wäre. Nach Tagen hieß es, in Borna gäbe es eine Kommandantur. Befehl Nr. 1: Die Uhren wurden auf Moskauer Zeit gestellt, zur bisherigen deutschen Sommerzeit also um eine weitere Stunde vorgerückt. Das konnte man den Menschen beibringen, dem Vieh nicht, also galt auf dem Gut weiterhin die Sonnenzeit. Befehl Nr. 2: Verboten war, faschistische Uniformen oder deren Teile zu tragen. Er besaß zur Arbeit nichts als feldgraue Hose und Mütze und eine Fliegerjacke. Befehl Nr. 3: alle ehemaligen Wehrmachtsangehörigen hatten sich in Borna registrieren zu lassen. Da stellte er sich taub, es blieb ohne Folgen. Er war im Osten.

Nach zwei Wochen brummte ein Motorrad auf den Hof, der Fahrer trug Lederjacke, Lederkappe und rote Armbinde und sprach Deutsch mit hartem Akzent, die schlesischen Flüchtlinge kreisten ihn als Polendeutschen ein. Er käme im Auftrag der Kommandantur und befehle, alle Ablieferung habe weiterzugehen wie bisher. Das war sowieso klar, die Gemeindeverwaltung funktionierte, die Milch wurde abgeholt, also was? Die Debatte lief sich fest, da rückte der Lederbejackte heraus: Er brauchte Eier und Hühner für den Kommandanten. Der Inspektor machte klar, dies wäre ein Gut und kein Bauernhof, sie alle wären Landarbeiter, jeder besäße seine zwei Hühner, weiter nichts. Vorsichtshalber gab die Inspektorsfrau dem Mann fünf Eier. Er verschwand und kam nie wieder. Es muß überall diese Gerissenen, Harten gegeben haben, die auf eigene Faust einsackten oder sich bei den Kommandanturen als Vermittler anbiederten; natürlich priesen sie sich dort als glühende Antifaschisten. Es gab nicht nur Aktivisten, es gab auch Gauner der ersten Stunde.

Die Gerste reifte, zum zweitenmal wurden die Wiesen gemäht. Der Scholar war in einen hergebrachten Rhythmus eingespannt, dem zu gehorchen galt. Ob Nazis, Amerikaner, Sowjets – das Vieh brauchte Futter, Regen durchnäßte, Sonne trocknete, ein Pferd mußte beschlagen werden, eine Kuh kalbte. Geregelte Mahlzeiten, zehn Stunden Schlaf: nichts heilt schneller vom Kriege. Ein Problem für die meisten Männer des Hofes: Woher bekamen sie zu rauchen? Die Hamsterer, die sich aus Leipzig herauswagten, hatten vor allem eine Chance, wenn sie Tabak boten. Die stillen Beziehungen innerhalb des Hofes und des Dorfes funktionierten: Vom Kuhstall liefen Fäden zum Inspektor und zum Hofmeister, in der Tiefe eines Gewölbes surrte ein geheimer Separator, die selbsterzeugte Butter schmeckte wäßrig, aber Butter war's. Der Schmied, der Fleischer, der Bäcker – man half sich. Der Neuling auf dem Hof ahnte mehr, als daß er sah. Ein huschendes Lächeln – keiner brauchte alles zu wissen.

Der Radioapparat hatte abgegeben werden müssen, eine Zeitung kam nicht ins Haus. Der Chronist entsinnt sich nicht, wie der Scholar davon erfuhr, daß auf Japan zwei Atombomben geworfen wurden, daß Japan kapitulierte und in Potsdam die Konferenz der Sieger stattfand. Aber der Chronist weiß noch, daß das Tanzverbot aufgehoben wurde. Der Dorfneuling ging »auf den Saal« und stand herum, er tanzte mit den Mädchen, mit denen er sonst arbeitete, und wunderte sich, daß er alles, aber auch alles verlernt hatte, was ihm in der Tanzstunde beigebracht worden war. Fünfzehn Monate Kommiß hatten ihn hölzern gemacht, ungesprächig, hatten ihm seinen Witz genommen und alle Leichtigkeit. Die Mädchen waren in der Überzahl. Sie holten ihn von der Tür weg an ihre Tische, dort hockte er und mußte sich zu jedem Satz zwingen. Ach nein, ein

Dorfcasanova war er nicht. Am wohlsten fühlte er sich, wenn er mit einem Pferd auf dem Feld allein war und Kartoffeln anhäufelte. Am Horizont rauchten und dampften die Brikettfabriken und Kraftwerke, nach und nach behielt er ihre Namen. Einmal flüsterte ein Mädchen, es wüßte genau, daß er Untersturmführer der Waffen-SS gewesen wäre, ausgezeichnet mit dem EK I; das bestritt er mit Recht. Laß nur, sagte das Mädchen, ich weiß es genau, aber hab keine Angst, ich werde dich nicht verpfeifen.

Er las Goethes »Faust«, dazu brauchte er ein halbes Jahr. Auf der Oberschule war er nicht mehr dazu gekommen, jetzt meinte er, sollte er es nachholen. Er blätterte in den wenigen landwirtschaftlichen Büchern, die es in diesem Hause gab, und beschäftigte sich mit Fruchtfolge und Saatpflege und den Lagerungsmöglichkeiten von Dung und Jauche. Er half, ein Dach umzudecken, drehte die Kartoffelsortiermaschine, trug Säcke mit Schrot auf den Boden und wendete Luzerne. Briefe kamen von Mittweida, Briefe gingen hin. Denken, Nachdenken, Umdenken gar wurde nicht von ihm gefordert. Er war betrogen worden, das hörte er allenthalben, und gewiß hörte er es gern. Hitler war vom geliebten Führer zum Popanz geworden. Geblieben war Vakuum, Stille. Im Hof nebenan wurde ein Schwein gestohlen. Gerede, Gerüchte: Die KZ, und was man mit den Juden gemacht hatte. Die Frauen auf dem Felde zählten her, wer aus dem Dorf gefallen war; der hatte aus der Gefangenschaft geschrieben, der nicht. Buchenwald – im KZ wären Leute umgekommen, hörte er, an der Front auch. Und mehr als im KZ! Schlimmer als in Stalingrad konnte es in Buchenwald auch nicht gewesen sein! Ein Dorf richtete sich aufs moralische Überleben ein. Wer einen Sohn an der Front verloren hatte, und das waren viele, pflasterte mit seinem Leid alles Versäumen zu. Eigene Schuld konnte in Massenschuld untergehen, jeder konnte sich an einen anlehnen, der genauso geflaggt, gespendet, Siege gefeiert und Fremdarbeiter ausgebeutet hatte. Jetzt wurden alle Hände gebraucht außer denen, an denen Mörderblut sichtbar klebte. Solche Hände gab es in Kahnsdorf nicht. Jetzt mußte man Kartoffeln düngen. Auf einen Kartenabschnitt gäbe es pro Person ein Paar Strümpfe.

War er noch Nazi? Er wurde nicht danach gefragt. Eine Kruste bildete sich: Schuld bin nicht ich, und wenn schon, das bißchen. Als Fähnleinführer hier und da strafexerzieren lassen, das bißchen. Die anderen hatten gesiegt, kein Wunder bei der Überlegenheit. Und was der deutsche Soldat geleistet hatte, Dönitz hatte das klar gesagt. Also ich hab keinen umgebracht, wir haben alle bloß unsere Pflicht... Jetzt wurde Brot gebraucht. Was denn, wir arbeiten von früh bis spät, was denn.

Die Politik schlug einen Bogen um Kahnsdorf, Kunde von ihr drang gefiltert auf diesen Hof. In Borna und Neukieritzsch gäbe es nun Parteien – der Scholar konnte nur den Kopf schütteln; Politik hatte einen Krieg entfacht und entsetzliches Unglück über die Welt gebracht, schließlich war man selber das Opfer von Politik, nun gab es wieder Leute, die Politik machten! Er hielt sich für hundertjährig weise: Politik kam für ihn nie wieder in Frage. Als Junge hatte er Bauer werden wollen, jetzt entwickelte er diese Absicht weiter: Er würde die Zeit nutzen und sich praktische Kenntnisse aneignen, und, sobald die Universitäten ihre Pforten öffneten, Landwirtschaft studieren. Inspektor wollte er einst sein, Gutsverwalter. Roggenschläge stellte er sich vor, er prüfte das Korn und entschied: Morgen früh geht's los! Er tat seinen Teil, daß friedliche Menschen zu essen hatten, was brauchte es da Politik.

Doch sie nahm in nächster Nähe konkrete Formen an: Von Bodenreform wurde gemunkelt, alle Domänen und Rittergüter sollten aufgeteilt, die Höfe aktiver Nazis enteignet werden. Traf das auch auf das Gut Kahnsdorf zu? Es war 130 Hektar groß, lag also über der Aufteilungsgrenze von 100 Hektar. Die Eigentümer, zwei ältliche adlige Schwestern, wohnten im »Schloß« auf engerem Raum, denn Flüchtlinge hatten die meisten Zimmer okkupiert. Einmal hatte das Gut der Familie Körner gehört, die mit Schiller befreundet gewesen war, der Genius hatte seine Schritte über die Schwelle des Herrenhauses gelenkt. Mit der Wirtschaftsführung hatten die Schwestern nichts zu tun, die oblag dem Inspektor, der gelegentlich seine Bücher ins Herrenhaus trug und um Unterschriften bat. Die Schwestern wurden von allen gegrüßt und grüßten zurück – auf andere Beziehungen zur Umwelt entsinnt sich der Chronist nicht.

Und nun? Bodenreform? Im Gasthof fand eine Versammlung statt; der Scholar horchte und spähte, um dem Inspektor zu berichten. Ein Vertreter der SPD aus Borna referierte über historische Ungerechtigkeit und aktuelle Gründe, dabei beging er einen gravierenden Fehler: Er rauchte an die zehn »aktive« Zigaretten. Am nächsten Tag wurde mehr über diese Dreistigkeit geredet als über das Referat.

Niemand auf diesem Gut trat für die Bodenreform ein. Inspektor und Hofmeister hielten zu den Besitzern, die Flüchtlinge waren nicht an Land in Sachsen interessiert, wollten nach Schlesien zurück und hofften, das wäre noch vor dem Winter möglich. Den Frauen taten die Besitzerinnen leid. Ein Gespannführer vertrat die Ansicht, es wäre besser, das Gut gemeinschaftlich als eine Art Kolchose zu bewirtschaften – sollte man Scheunen und Ställe auseinanderreißen? Der Scholar fürchtete um seine Lehrstelle. Eine Flugschrift wurde herumgereicht: Auf Rittergütern in Mecklenburg wäre die Schwarze Reichswehr untergeschlüpft, die Besitzer hätten die Nazis finanziell unterstützt, die Söhne wären in der SA oder Ritterkreuzträger gewesen, die Herrinnen hätten polnische Verschleppte drangsaliert – na, winkten Kahnsdorfs Landarbeiter ab, sollen sie da oben aufsiedeln, aber unsere beiden Hühnchen im Schloß, die haben doch niemandem was getan. Wer zehntausend Hektar besitzt, dem sollen sie sie wegnehmen, aber unsere lappigen hundertdreißig?

»Im Laufe unseres Lebens kommen wir mehrmals auf uns selbst zurück«, sagt der Schriftsteller Martin Kessel. Im Zurückkommen auf den Scholar L. schlug der Chronist ein Dritteljahrhundert später in Zeitungen nach, wie denn diese

Zeit sich dort spiegelt. So fand er in der ›Sächsischen Volkszeitung‹, dem Organ der KPD, von Mitte August 1945 an Anklagen gegen Großgrundbesitzer, beginnend mit »Enthüllungen über Schloß Hohenwendel« im Erzgebirge, gehörend dem SA-Gruppenführer und Generalmajor Wagner. »Junkerland in Bauernhand!« rief Wilhelm Pieck in Kyritz, Mecklenburg. »Neues politisches Leben in Borna« meldete die ›Sächsische Volkszeitung‹ im September: »Anschließend sprach Genosse Dose, Bürgermeister von Bad Lausick, der auch aus dem KZ gekommen ist. Er rechnete scharf mit den Nazis und Kriegstreibern ab. Er sprach von den Ursachen des Krieges, wie er vorbereitet wurde, und über den Krieg selbst und die Niederlage Deutschlands. Mancher mußte an diesem Abend eine bittere Pille schlucken und wird mit einem beschämenden Gefühl nach Hause gegangen sein. Nach diesem aufschlußreichen Referat sprach noch ein Genosse von der SPD und forderte zur Einigkeit der Arbeiterklasse auf, um so den ›Spaltpilzen‹ jede Möglichkeit zu nehmen, noch einmal einen neuen Krieg heraufzubeschwören. Nur weiter so, Genossen!«

Und was geisterte denn da hartnäckig durch die Zeitung? *Umpflanzmethoden* von Roggen wurden gepriesen: Man solle den Roggen säen wie bisher und nach einer Weile umpflanzen wie die Asiaten den Reis, dreifache Ernte wäre der verblüffende Lohn! Im »Neuen Schützenhaus« in Borna trafen sich Industrie- und Landarbeiter zu einer Konferenz, die die Bodenreform forderte: »Stadt und Land – Hand in Hand!« Kurz blieb die Frist der Agitation, am 11. September 1945 beschloß die Verwaltung des Landes Sachsen die Bodenreform. Dann ging es Schlag auf Schlag, Kommissionen wurden gebildet, Richtlinien festgelegt: Was wird mit dem Wald? was mit Teichen, Maschinen? Schon hingen Girlanden an Gutshäusern, Besitzurkunden wurden feierlich überreicht und Saboteure aufgespürt. Aufteilung in Dölzig, in Lindenthal – nichts fand der Chronist über die künftigen Herren befreiter Scholle in Kahnsdorf.

Hier wurde bis zum letzten Augenblick abgewartet, dann

hieß es: Schluß der Debatte, die Aufsiedlung ist befohlen, also los. Vom nächsten Tag an waren die Beziehungen aller zueinander zerstört: In Kürze würde jeder auf sich gestellt sein, wer jetzt nicht aufpaßte, bekam das schmalste Kuchenstück, das mit den wenigsten Rosinen und Mandeln. Also die Ellbogen rausgestreckt! Feldstücke – wie weit vom Dorf weg? Was würde mit dem wenigen Wiesenland? Nicht für jeden war ein Pferd da – was also? Da waren die vier Gäule des Umsiedlers, verkaufen wollte er sie nicht, sondern mit ihnen in die Heimat zurücktrecken, aber was sollte er auf fünf Hektar mit vier Pferden? Und die bislang gutseigenen Kühe, Kälber, die wenigen Schweine, Eggen, Pflüge, Heu, Stroh, Stallraum, die Rüben in den Mieten, ja gar die Saat im Boden? Wenn einer dieses Feldstück nahm, erntete er nächstes Jahr nur Roggen. Wie sollte er dann seine Kuh satt kriegen? Da waren zwei alleinstehende Frauen, die eine Witwe nahe siebzig, die andere um die vierzig, gutartig und schlichtesten Geistes – sollten sie Neubäuerinnen werden? Nie kam jemand auf die Idee, den Scholar mit fünf Hektar Land an Kahnsdorfs Boden zu binden.

Neblig war dieser Dezember, kein Schnee fiel. Die künftigen Neubauern erledigten die Verlosung der Feldstücke an einem Sonntagvormittag, jemand von der Gemeindeverwaltung und der Kreiskommission für Bodenreform war dabei, Protokolle wurden unterschrieben, alles hatte seine Ordnung und verlief ohne Emotion. Kein Chor sang, keine Blaskapelle spielte, niemand kam auf die Idee, Girlanden zu spannen. Es war gänzlich anders, als es Maler später in ihren Auftragswerken malten oder Dichter bedichteten. Der Scholar hatte gerade Stalldienst.

Wie er nach Kahnsdorf gekommen war, so verließ er es: mit dem Rad. Er wog etliche Kilo mehr, auf dem Gepäckträger transportierte er ein Huhn, Mehl, Wurst und Zucker, in der Brieftasche das Zeugnis seines Lehrherrn, daß er immer ehrlich, anständig und fleißig gewesen wäre und sich in alle Zweige der Landwirtschaft gut eingearbeitet habe. Das letztere war Schmeichelei. Er war noch nicht zwanzig und glaubte, fast alles erlebt zu haben, was ein Mann erleben konnte.

Ihn legte keiner wieder aufs Kreuz, ihn nicht!

2

Mittweida. Seine Stadt empfing ihn still, scheinbar auf etwas wartend; er begriff sie nicht. Mit keiner Faser merkte er, daß ein Teil der Stadt brodelte, der andere, den er 1936 nicht erfühlt hatte, als er ins Jungvolk eingetreten war, und nicht im Kriege: der antifaschistische, proletarische. Stichworte: Kampflose Besetzung durch amerikanische Truppen, die drei Kilometer ostwärts der Stadt stehengeblieben waren, Rückzug der Amerikaner über die Mulde fünfzehn Kilometer westwärts und Wiederbesetzung durch ein buntscheckiges Faschistenhäuflein – inzwischen hatten flinke Einheimische alle Wehrmachtsmagazine und manche Fabriklager geplündert; clevere Mittweidaer kleideten sich noch jahrelang in dunkelblaues Marinetuch und rauchten »Mobendorfer Tabak«, rucksack- und handwagenweise aus dem Außenlager einer Dresdner Zigarettenfabrik im Dorfe Mobendorf heimgebracht. Diese Stadt hatte für wenige Tage einen bislang parteilosen Rechtsanwalt als Bürgermeister gehabt, der sich, damit dem Gehenktwerden entgehend, mit den Amerikanern zurückgezogen hatte, dann war die Sowjetarmee still und pferdebespannt eingerückt. Einige der aktivsten Nazis, Rektor Lehnert darunter, waren interniert worden. Antifaschisten hatten längst die Arbeit aufgenommen, um das Überleben und hier und da auch schon das neue Leben zu organisieren.

Am 1. August 1945 hatte die ›Sächsische Volkszeitung‹ über Mittweida berichtet. Der Reporter, vom ausgeglühten Chemnitz kommend, fand dies: »Mittweida ist für die heutigen Verhältnisse ein kleines Paradies. Die Stadt völlig unzerstört. Vollkommen normales Leben. In den Läden alles, was auf den Karten oder Bezugsscheinen steht. In Lokalen neben wohlschmeckenden Kartengerichten auch einige nahrhafte markenfreie Speisen.« Mittweida und 24 umliegende Dörfer hätten 16 000 Flüchtlinge aufnehmen müssen, das entspräche einem Drittel der bisherigen Bevölkerung. Bürgermeister Vogelsang, sein Stellvertreter Dr. Huth, ein Zwölferrat und die »gründlich gesäuberte Stadtverwaltung« kurbelten an: 5 Zentner Briketts hätten pro Haushalt ausgegeben werden können, fünf Stunden täglich würden die Haushalte mit Gas versorgt. Die Hälfte aller Betriebe arbeitete wieder, wenn auch manche nur dreißig Stunden in der Woche, mehr ließen Energie und Rohstoffe nicht zu. Dies schrieb der Reporter nicht: In diesem Paradies erhielt die »sonstige Bevölkerung« pro Kopf und Tag 200 g Brot, 10 g Grütze, 300 g Kartoffeln und 15 g Zucker. Der Volksmund nannte ihre Karte »Friedhofskarte«; sie war es. Fleisch, Fett, Eier, Käse, Fisch, Milch – auch das kleine Paradies Mittweida hatte sie für seine Hausfrauen, Invaliden und Alten nicht übrig.

Seine Stadt, für ihn blieb sie rätselhaft. Das Rathaus war zur Kommandantur geworden, die Fassade bedeckt mit rotem Tuch und Stalinbild. Durch diese Straßen hatte er vor zwei Jahren noch die grünweiße Schnur getragen, jetzt nickten ihm ehemalige Pimpfe zu, gewesene Jungenschaftsführer drückten ihm die Hand. Wieder da also, du bleibst? Vor zwei Jahren hatte er in den Jahrgängen um sich beinahe jeden gekannt; etliche waren tot, vermißt, dieser und jener hatte aus Kanada oder Kasachstan geschrieben. Andere waren hinzugekommen: Flüchtlinge. Was willst du anfangen? Ein halbes Jahr nach Kriegsende war verstrichen, in dem er wenig geredet, fast nichts gelesen und kaum und nur ungern über Dorfgrenzen hinausgeblickt hatte. Seinetwegen hätte es weitergehen können mit Dungfahren und Pferdebeschlagen, die Jungen aus dem Dorf und die Mädchen redeten mit ihm wie mit ihresgleichen. Von den Frauen, mit denen er in der Scheune oder auf dem Futterboden arbeitete, hatte er gehört, zu welchem Mädchen er paßte und zu welchem nicht. Heiratspläne hatten die Frauen geschmiedet, gutartig und dann wieder von Zoten strotzend; in keiner

Kasernenstube war so geschweinigelt worden wie von den Gutsarbeiterinnen von Kahnsdorf. Das war ja nun mal was, wenn ein Kerl und ein Mädchen rote Köpfe bekamen! Die Sau rauslassen, nannten sie das. Gekreisch, glitzernde Augen, zahnlückiges Feixen. Die ältesten waren die schlimmsten gewesen.

Nun war er wieder in Mittweida. Einige seiner Freunde waren heimgekehrt, auch Teddy Schulze, auch Andrießen. Händedrücken, karges Lächeln. Peinlich war es schon, gerade hier weiterzuleben: Dienstgrade und Dienstränge, Fahnen und Uniformen, der Gruß mit dem gestreckten Arm, Heimabend – suspekte Begriffe, aber sie waren an die besten Freunde gebunden. »War schon alles Scheiße« – nicht einmal das konnte einer hinwerfen, den der andere so genau kannte wie jeder sich selbst. Ein Klassenkamerad, guter Freund über Jahre, ehemals Mittweidas höchster und vitalster Jungvolkführer, saß querschnittgelähmt im Rollstuhl vor der Haustür. Der ehemalige Studienrat für Englisch, gewesener PG, trug als Anstreicher weißbekittelt Farbtöpfe durch die Straßen. Der Kommunist Hans Vogelsang war Bürgermeister. L. betrat seine Stadt, was die Politik betrifft, durch die Hintertür.

Aber der Jugend war verziehen worden. Wer nach 1920 geboren worden war, dem hatten die Alliierten pauschal vergeben. Er konnte unbeschadet über die Straßen gehen, auf denen vor vierundzwanzig Monaten seine Kommandos gehallt hatten. Nicht einmal schlechtes Gewissen wurde von ihm verlangt, er war verführt worden; nun war er eingeladen, am Aufbau mitzutun. Du solltest nicht getötet haben – niemand hob mahnend die Hand. Ein Volk durfte weiterleben, seine Besiger, seine Befreier nun auch, und die Tonangebenden unter den Eigenen steckten neu ab, was Recht und Verbrechen bedeutete, dabei sparten sie alles deutsche Töten an den Fronten aus und wiesen es in einen leeren Raum. Dort steht es heute noch, unbeachtet, nicht benannt, ein Volk schuf sich flink und noch nicht einmal dankbar im Nichtbegreifen einen weißen Fleck auf seiner Seelenkarte.

Durch hundert Bücher zieht sich Grübeln und Quälen: Was hast du von den KZ gewußt? Immer wieder: Erschießen von Geiseln, Juden? Ein Buch mit größter Verbreitung, an dem das eine wie das andere abzulesen ist: »Die Abenteuer des Werner Holt« von Dieter Noll. Schauerliche Verbrechen an Gefangenen durch die SS wirken tief auf den Helden ein, aber sein eigenes Kämpfen an der Front bleibt auffällig unscharf, er schießt – tötet auch er? Zum Problem wird es weder für den Helden noch für den Leser. Ein Volk mußte zum Weiterleben gedrängt werden, man konnte seinen überlebenden Männern nicht auch noch die im Kampf getöteten Polen, Franzosen, Norweger, Briten, Amerikaner, Russen und immer wieder Russen auf die Seele legen. Einen Gefangenen verprügelt, das konnte Zuchthaus einbringen. Als MG-Schütze einen Angriff niedergemäht, als Pak-Kommandant zwanzig Panzer mitsamt ihren Besatzungen abgeschossen – danach wurde nicht gefragt. Mit hundert totgesprengten, totgebrannten, totgewalzten Soldaten der Sieger konnte man Neulehrer oder Bürgermeister oder KPD-Mitglied werden. Der Chronist kennt kein Buch, in dem ein ehemaliger deutscher Soldat mit sich ins Gericht ginge, weil seine Granaten belgische, serbische oder armenische Soldaten zerfetzt hätten. Wie hätte L. sich da im Dezember 1945 quälen sollen, weil ihm zwei seiner Kameraden zum Türkenberg gefolgt und dort geblieben waren? Er hatte ein wenig herumgeknallt, allerhöchstwahrscheinlich hatte er niemanden getroffen; er fand keine Kerbe im Kolben.

Die erste Friedensweihnacht wurde fleißig und suggestiv so benannt. Eine Familie war beisammen, niemand hatte auch nur eine Fingerkuppe verloren. Das Haus stand, Flüchtlinge bewohnten alle Kammern. Aber die Mutter war bitter krank, der Magen streikte seit Jahren, immer wieder ging das Wort Operation um. Selbst wenn aus der väterlichen Handlung noch ein Topf oder ein Paket Nägel aufs Land getragen werden konnten, war es verzweifelt schwierig, Weizenmehl, Milch und Eier zu ergattern. Hatte die Familie einen Christbaum aufgestellt, steckten Kerzen darauf? Keine Erinnerung ist geblieben. Am zweiten Feiertag spazierte er mit seinen Freunden nach Schönborn zum Tanz, da sah er ein Mädchen, das Profil hatte es ihm von der ersten Sekunde an angetan. (Später rief Georg Maurer, der Verehrer alles Klassischen: »Annelies, wo hast du bloß diese griechische Nase her?«) Er verbeugte sich, das Tanzen ging mühsam, das Gedränge war groß. Unvergessen sind das quergestreifte Kleid mit Kragenbögen am Hals und ein geflochtener Haarkranz über der Stirn; niemals war er wieder modern. Oder entsinnt er sich dieses Bildes so deutlich, weil ein Foto im Album klebt, Annelies in diesem Kleid und mit dieser Frisur?

Er radelte über Land auf der Suche nach einer Lehrstelle. Die Bauernhöfe glichen Burgen, verriegelt, Hunde tobten hinter allen Planken. Die Bauersfrauen, die Bauern erscheinen in der Erinnerung wie gereizte Doggen, die sofort bellten: Ham selber nischt! Runter vom Hof! Wenn er sein Ansinnen anbringen konnte, folgte das nächste Gebrüll: Wir könn' keinen unnützen Fresser brauchen! Zu Hanne, dem gewesenen Dienstmädchen, radelte er, die hatte in eine kleine Wirtschaft eingeheiratet, ihr Mann war im Krieg geblieben. Sie konnte keine Lehrstelle bieten, aber einen Liter Milch und drei Eier. Kleine Mahlzeiten für die Mutter.

Da wurde er zum Arbeitsamt bestellt und dienstverpflichtet von einer Viertelstunde zur anderen, nicht zur Wismut, da blieb ihm ja das Schlimmste erspart, aber ins Leuna-Werk. Drei Wochen lang leerte er Kohle-Waggons unter üblen Bedingungen, er war schlecht genährt und miserabel untergebracht; zwei Jahre später ließ er seinen Helden Uhlig in »Jungen, die übrigblieben« dies erleben: »Uhlig drehte so lange an den Rädern, bis er glaubte, die Bauchmuskeln zerrissen ihm. Da war der Bunker mit Kohle gefüllt, und Protze schickte die Männer in den Verschlag. Sie legten sich auf die Bänke. Uhlig aß seine Schnitten und schlief ein.

Es gibt nichts Härteres, als aus tiefstem, von Hunger und Erschöpfung diktiertem Schlaf gerissen zu werden. Protze hatte eine brutale, aber äußerst wirkungsvolle Methode.

Wenn die Schläfer nicht auf seinen Anruf reagierten, riß er sie von den Bänken und stellte sie senkrecht. Erwachten sie dabei nicht, dann taten sie es, wenn sie zusammensackten und auf den Betonboden schlugen.

Uhlig ließ kaltes Wasser in sich hineinlaufen und taumelte hinaus. Die klare Nachtluft erfrischte ihn. Halb zwei sei es, sagte einer. Uhlig hatte geglaubt, es könne schon gegen vier sein. Er hatte nicht mehr die Kraft zum Fluchen.

Er arbeitete wieder an den Rädern der Talbotwagen, geriet bald in Schweiß, begann schließlich zu frieren und rettete sich noch einmal für eine halbe Stunde in den Abort. Als er zurückkam, war der Zug fast geleert. Er schlug ein paarmal mit dem Hammer gegen die Wand der letzten Waggons und konnte mit den Männern in den Verschlag gehen. Er schlief eine halbe Stunde über einen Tisch gehängt, mußte wieder hinaus. Als es zwanzig nach fünf war, ließ Protze abrücken.

Es war schon Tag, als Uhlig den Steilhang zum Lager Wilhelmshöhe emporstieg. Er war fast fünfzehn Stunden unterwegs gewesen.«

Wenn der Chronist dies nach mehr als dreißig Jahren liest, vermißt er viele Farben: Die Kontraste der Nachtschwärze und der glosenden Koksfeuer, das Grauen des zerbombten Werkes, den Dreck, den Druck, in den Rhythmus von zwölf Stunden Arbeit und vierundzwanzig Stunden übriger Zeit gepreßt zu sein, den mürbemachenden Wechsel zwischen Tagschicht und Nachtschicht, und dafür in der Woche vierzig Mark. Diese Wahrheit gehört ins Bild der Nachkriegsjahre: Ohne Dienstverpflichtung, ohne Zwangsarbeit also wäre weder in Bergwerken noch in der Schwerindustrie geschweige bei der Wismut ein Rad in Gang gekommen. Nicht irgendein Enthusiasmus trieb zur Knochenarbeit, sondern der Befehl. Die Alternative war einfach: Wer die befohlene Arbeit nicht aufnahm, bekam keine Lebensmittelkarte. Wer keine Karte besaß, war in einer Woche tot.

Aber er trickste sich heraus: Seine Rippen wies er einem Arzt vor und behauptete, er kippe während der Arbeit immerfort um, da schickte ihn der Arzt mitleidig heim. Das Speckpölsterchen von Kahnsdorf war in vier Wochen aufgebraucht. Die Episode von Leuna sollte eine Folge haben: In der Biographie schleppt sie sich fort und fort, noch im »Lexikon deutschsprachiger Schriftsteller« steht dreißig Jahre später zu lesen: »Nach dem Krieg Arbeit in der Landwirtschaft und im Leunawerk.« Diese drei Wochen wurden in DDR-Lexika vermerkt, nicht aber sieben Zuchthausjahre von Bautzen.

Wieder Mittweida. Die Stille von Kahnsdorf war vorbei, unter seinen Freunden wurden politische Ansichten ausgetragen, Andrießen war schon Mitglied der SPD. Kapitalismus, Kommunismus, Friedenskampf, Krieg-Krise-Krieg – L. fehlte sogar das Vokabular. Schwerfällig saß er dabei, wenn sich andere ereiferten: Imperialismus, Churchill, Stalin, Klassenkampf. Keiner verteidigte die Nazi-Ideologie, ohne Zögern wurde zuerst der Rassenwahn über Bord geworfen. Also nun Demokratie, Wahlen würden kommen. SPD und KPD waren drauf und dran, sich zu vereinigen. Jazz. Haste was zu roochn?

Beim Tanz traf er das Mädchen mit dem Haarkranz und dem klassischen Profil wieder. Annelies würde nun bald sechzehn werden. Ihr Vater war Lagerverwalter, gelernter Spinner, die Mutter nähte Hausschuhe für den enormen Bedarf, dort half Annelies mit. Sie tanzten Swing und Tango. Teddy Schulze war inzwischen der Leader einer Band, die sich »Swing-Gruppe« nannte, er hämmerte den »Tiger-Rag«. Manchmal brachte Erich Annelies nach Hause. Jahre später klagte sie noch, sie hätte unendliche Geduld aufbringen müssen, sich seine Kriegserinnerungen anzuhören. Aber das war natürlich nicht alles.

Eigentlich war die Welt doch ganz schön.

Arbeiten, aber was? Manche seiner Freunde wurden Maurerumschüler, um später Architektur zu studieren, jetzt richteten sie Bauernhöfe auf, die im Scharmützel zwischen Amerikanern und SS zerschossen worden waren. Neulehrer? Er konnte das Abitur nachholen, denn, das drang nun an sein Ohr, der Reifevermerk der Nazis wurde nicht anerkannt. Also trug er sein letztes Zeugnis zur Oberschule, der neue Rektor besah es, schlecht war es nicht. Vier Wochen lang mühte er sich nun, sich so weit zu disziplinieren, daß er fünfundvierzig Minuten lang dem Unterricht folgen konnte. Nachmittags wollte ihm Andrießen in Mathematik nachhelfen, aber nach einer Viertelstunde glitten ihre Gedanken fort; sie spielten »erst mal« Schach.

Alle ehemaligen Studienräte waren PGs gewesen, folglich mußte die neue Schule ohne sie auskommen. Die Reste dreier Jahrgänge bildeten die Abiturklasse, an die dreißig rüde Burschen, die Soldaten oder Flakhelfer oder Arbeitsdienstmänner gewesen waren, die Tote gesehen und verscharrt hatten, die kleine wilde Nazis gewesen waren und nun im Handumdrehen den ersten antifaschistisch-demokratischen Abiturjahrgang darzustellen hatten. Sie hielten es für witzig, während der Pause den Raum mit gemeinstem Tabak vollzuqualmen, wenn danach eine Zweiundzwanzigjährige Englischunterricht zu halten hatte: Mal sehen, was die sagt! Als sie erfuhren, eine ähnlichaltrige Biologielehrerin träte an, setzten sie sich mit dem Rücken zur Tür, und als sie eintrat, maulte einer über die Schulter: Heute wird nicht gekehrt! L. mühte sich wieder auf die Schulbank und frischte seine Kenntnisse auf in Deutsch, Physikalischer Erdkunde – Ländergrenzen waren tabu –, Biologie, Chemie, Physik, Mathematik, Latein und Englisch. Geschichte war in den Schrank gesperrt und sollte Stück für Stück, sorgsam gewendet und gebürstet und gestopft, zu gegebener Zeit hervorgeholt werden. Von der Russischprüfung wurde er in Anbetracht der Kürze der Zeit suspendiert. Jede Woche einmal referierte ein KP- oder SP-Funktionär über ein politisches Thema, da lauerten die Herren künftigen Abiturienten, wie sie ihn aufs Kreuz legen konnten. Einmal wagte sich SPD-Mann Karl Graf, einer der ehrenwertesten Männer der Stadt, zu dieser schiefen Konstruktion vor: Die Demontagen seien nützlich, weil dadurch Maschinen, der alte Feind der Handarbeit, getilgt würden, damit wäre die Gefahr neuerlicher Arbeitslosigkeit beseitigt. Die Debatte endete im Tumult, bis weit in die Pause hinein wurde der Referent bedrängt. Immerhin half L. ihm in den Mantel.

Das Abitur wurde in einer Fabrikhalle abgelegt. Am Abend vorher tanzten die Prüflinge noch einmal zu »Das hab ich in New York gesehen, um Mitternacht am Broadway«. Der nächste Tag begann mit Feierreden des Bürgermeisters und des Rektors: Die neue Zeit wurde beschworen; dieses Abitur, das erste im antifaschistisch-demokratischen Frieden, hießen sie einen Meilenstein.

Dann der Aufsatz mit dem Thema: »Herr, schick uns Hunger dann und wann, Sattsein macht stumpf und träge!« Eine Weisheit des Poeten Gustav Falke, 1853–1916. Das war L. nun doch zu bunt, seinen eigenen Hunger empfand er durchaus nicht aufmunternd, das Dann und Wann seines Darbens erschien ihm überreichlich, und so polemisierte er nicht nur gegen diesen Wunsch aus einer satten Zeit, sondern auch gegen jene, die ihn 1946 als Abiturthema anzuordnen sich erdreisteten. Er schrieb sich seinen Zorn von der Leber, am Nachmittag kamen ihn freilich Bedenken an, ob wohl die Prüfer im günstigsten Fall urteilen würden, er habe das Thema verfehlt. Aber so schlimm kam's nicht, sie werteten seinen Ausbruch als befriedigend.

Niemand fiel durch. Noch einmal wurden Reden gehalten und Hände gedrückt. Es war der 27. März 1946. L. faltete sein Abitur mit der Gesamtnote »Befriedigend« zusammen, nie hat er es je gebraucht.

V.

An der Pressefront

1

»Hast doch immer gute Aufsätze geschrieben!« lockte Andrießen. Abends trafen sie sich vor dem »Schwanenschlößchen«, Mittweidas ehemalige Oberschüler, die nun Maurerumschüler waren oder Neulehrer, nebulöse Studienpläne aufstellten, untereinander »aktive« Zigaretten für fünf Mark handelten, von enormen Schwarzmarkttriumphen faselten und farbarme Limo tranken. Immer diese Themen: Der und der war aus sowjetischer, französischer Gefangenschaft zurückgekehrt, dieses Mädchen, jenes Mädchen, Jazz, wohin ging wer am Sonnabend zum Tanz? Wer kannte noch nicht wessen schmale Kriegsstory? Er saß herum. Studium der Landwirtschaft im Herbst in Leipzig oder Rostock? Die Aussichten waren miserabel. Wieder Knecht, oder ging er auf den Bau? Vorläufig rodete er Stubben, damit die Familie den Winter überstünde. Wenn das Wetter schön war, radelte er an die Zschopau und briet in der Sonne, Annelies neben sich. Dieser Sommer war ein schlimmer Hitzesommer, die Bäume gilbten am Hang, die Weiden verdorrten, klein blieben die Kartoffeln. Noch einmal wurde er dienstverpflichtet und half, ein altersschwaches Kraftwerkchen an der Zschopau zu demontieren; sowjetische Soldaten führten die Aufsicht. Zehn Nächte arbeitete er mit Schraubenschlüssel und Winde, dafür kassierte er drei halbe Schwerarbeiterkarten und zehn druckfrische Markscheine, Alliiertengeld. In Kisten rollten die Turbinen nach Osten. Wieder Quatschen über einen Anzugstoff, eine Flasche Schnaps, einen Zentner Weizen. Wenn einer zehn Paar Strümpfe im Vogtland besorgte und in Belgien gegen Rohkaffee...

An einem Juliabend verkündete Andrießen umwerfende Neuigkeit. In Rochlitz hatte er vergeblich an die Tür der Kreisredaktion der ›Leipziger Volkszeitung‹ geklopft. In einem Nebenzimmer erfuhr er, der Kreisredakteur liege im Krankenhaus. Andrießen wurde zu einem der paritätischen 1. Sekretäre weitergeleitet (einer stammte aus der KPD, einer aus der SPD, so war das nach der Vereinigung), dort sagte er sein Sprüchlein auf, er wolle Journalist werden und an dieser Redaktion mitarbeiten, vor allem aber lernen, lernen und nochmals lernen. Staub gewischt habe er in Chemnitz auf einem Abendlehrgang, geleitet von ›Volksstimme‹-Chefredakteur Horst Sindermann – fand sich Arbeit für ihn in Rochlitz? Einer der Sekretäre sagte: »Machst am besten gleich Kreisredakteur.«

Andrießen wurde Kreisredakteur von einer Stunde zur anderen, nun sagte er: »Mensch, ich schaff' das doch nicht alleine!« Am nächsten Tag fuhr auch L. nach Rochlitz.

Die Kreisredaktion war ein Zimmer mit zwei Tischen, zwei Stühlen, einer Schreibmaschine und einer Umsiedlerin, die nicht tippen konnte. Sie machte einer anderen Platz und die einer dritten, bis eine vierte die Arbeit in täglich drei Stunden schmiß. Der Neuling stümperte sogleich über Tanzkapellen (»Ein Baßgeiger in Hosenträgern wirkt wenig flott«), Schulprobleme (»Nach Entwicklungsmöglichkeiten befragt, verriet der Schulleiter...«), Umsiedlertransport aus Schlesien (»Mit der Aufnahme und Verpflegung in Mittweida sind sie sehr zufrieden«), Naßpreßsteinerzeugung, Vom Blitz erschlagen, Clausnitzer Bauern vorbildlich! Am 26. Juli 1946 erblickte seine erste Meldung das Licht der journalistischen Welt, er las sie hundertmal und klemmte sie in eine Mappe, in der sie sein Leben lang zu besichtigen sein wird, geleimt auf die Rückseite eines glanzpapiernen Aufrufs aus sechsundvierziger Frühlingstagen; Otto Buchwitz rief den sächsischen Sozialdemokraten zu: »Wenn wir Abschied nehmen von unserer großen Vergangenheit, so wissen wir, daß unsere 80jährige Parteitradition das eherne Fundament ist, auf dem sich alle Sozialisten zusammenfin-

den, deren unerschütterliche Treue nicht einer Parteibezeichnung, sondern der unvergänglichen Idee des Sozialismus gehört.« Der Neuling war überwältigt von dieser Zauberei: Er faßte einen Gedanken, und zwei Tage später lasen Tausende in fünf Städten und fünfzig Dörfern: »Den schönsten und saubersten Vortrag erzielte das Quartett, von dem wir uns noch manchen derartigen Abend erhoffen, bei dem Adagio Es-Dur von Franz Schubert. Reicher Beifall dankte den Künstlern für den erlesenen Kunstgenuß.« Unter seinen Artikeln stand als Zeichen: Lo. Zehntausende lasen: Lo. Einem Wunder war er begegnet, dem, sich gedruckt zu sehen. Hatte er wirklich vor Tagen noch gehofft, Landwirt zu werden? Immer wieder: Lo.
Er begann als freier Mitarbeiter mit einem Honoraranspruch von 40 Pfennigen pro Zeile, seine Abrechnung für Juli/August wies dreizehn Beiträge zwischen 4 und 59 Zeilen aus und brachte 82,20 Mark. Er, der nie die feinsinnigen Unterschiede zwischen Meldung und Kommentar, Lokalspitze und Glosse studiert hatte, schrieb das eine wie das andere mit der Dreistigkeit des Unerfahrenen, nur beraten von Andrießen, dem Sindermann-Schüler an einem Dutzend Abenden. Diese beiden Gefühlsjournalisten füllten mit ihren Beiträgen bald die Hälfte der Lokalseite. 41 Lo-Beiträge vermeldete die Abrechnung des September, 348 Mark heimste der quicke Jungschreiber ein für: Felddieb gefaßt; Täublinge und Reizker; Wohnraumprobleme (»Hält dieser Kantor das für menschlich?«); Der Tag des Kindes (»Der bei Festumzug, Gesang und Spiel entstandene Hunger wurde durch ein kräftiges Mittagessen wirkungsvoll bekämpft«); Schieberlager ausgehoben, Heimkehrer. Die Fledermaus (»einer der entzückendsten Filme, die wir je sahen«); Fußball in Mittweida.
Die Hauptseiten meldeten Weltgeschehen: In Nürnberg hielten die Verteidiger der Hauptkriegsverbrecher ihre Plädoyers, die Ankläger beantragten Höchststrafen. Am Bikini-Atoll barst eine Atombombe. Die SED warnte vor Umtrieben in den Westzonen, die auf eine Spaltung Deutschlands

abzielten, hauptsächlich aber galt ihr Kampf der CDU und LDP in der eigenen Reichweite, denn Wahlen mit getrennten Listen standen vor der Tür. Grotewohl versicherte, demnächst würden 120 000 Kriegsgefangene aus der Sowjetunion entlassen, Leipzigs Stadtrat für Handel und Versorgung, ein CDU-Mann, geriet ins Feuer, weil er wochenlang kein Stück Seife ausgeben konnte, Schieberlager am Brühl wurden entdeckt; die untersten Versorgungsgruppen erhielten ab 1. August täglich 50 g Brot und monatlich 150 g Nährmittel mehr. Gerhart Hauptmann auf Hiddensee beigesetzt. LDP- und CDU-Mitglieder erklärten ihren Übertritt zur SED.

Die Lokalseite blieb die Kehrseite, die Lehrseite für die beiden wildwachsenden Journalisten. Andrießen fuhr zu Anleitungen nach Leipzig, brachte Tips mit, wenig Kritik, nach und nach Lob. Die SED-Sekretäre bestellten die Zeitungsyoungster zu sich und forderten Hilfe für ihre Probleme. Die Aufgabe Nummer eins dieses Herbstes war die Unterbringung von Umsiedlern aus Schlesien. Längst waren die ehemaligen Rittergüter und Fabrikantenvillen, die Oberstuben der Bauern, die Guten Stuben der Bürger vollgestopft, es fehlte an Möbeln, Schuhen, Kleidung, Nahrung und Arbeitsplätzen. *Eine* Industrie florierte: In Massen rollte Baumwolle aus der Sowjetunion an, die Textilfabriken gierten nach Frauen für drei Schichten, mit Hochdruck wurde gesponnen und gewebt, das brachte Lohn, höhere Lebensmittelkarten, Lehrstellen. Das brachte auch Baumwolle hinten herum, Pullover wurden gestrickt, denen jeder die Herkunft ansah. Aber darüber war auf der Kreisseite kein Wörtchen zu lesen, denn diese Zeit kannte wie jede ihre Tabus. Die Spinnereien standen unter sowjetischer Obhut, vor ihren Toren hörten Publikationspflicht und -recht des Journalisten auf. Wer auf der Kreisseite Rochlitz dem damaligen Leben nachforscht, wird auch davon nichts finden: In sämtlichen metallverarbeitenden Betrieben, von denen viele inzwischen volkseigen waren, wurde selbst das demontiert, was nagelfest war, denn in ihnen war für den Krieg produziert worden; jede Maschine von einigem Wert ging nach Osten. In Versammlungen und in Leitartikeln wurde über die Pflicht zur Wiedergutmachung argumentiert, nicht auf der Kreisseite am konkreten Fall. Das Wort Demontage existierte für C. A. und Lo. nicht. So lernten sie am ersten Tag, daß die Geduld von Zeitungspapier ihre Grenzen hat. Und dadurch ihr Dokumentationswert: Ein junger Historiker, der etwa 1980, gestützt auf Zeitungslektüre, die Geschichte der Zeit nach 1945 schriebe, erführe Entscheidendes nicht.

Mittweida zählte vor dem Krieg knapp 20 000 Einwohner. Wie viele Männer kamen an der Front um, wie viele steckten 1946 noch in Gefangenschaft? Auf 26 000 Einwohner schwoll die Einwohnerzahl an, bis sie durch den Sog des Westens unter 20 000 absank. Diese Bevölkerungsbewegung, die größte in der Geschichte der Stadt, wäre stellvertretend für andere Städte eine Studie wert.

Vom 1. November 1946 an hieß L. Volontär. Die ›LVZ‹, eine Parteizeitung, stellte ihn ein, in Leipzig nahm man an, er sei Genosse. Die Genossen der Kreisleitung Rochlitz hielten für gegeben, daß er Parteimitglied wäre, denn wie sonst hätten ihn die Leipziger Genossen angestellt? Das ging damals ohne Federlesens vor sich, Leute wurden gebraucht, her mit den Leuten! Da begriff einer in Wochen, worauf es bei einer Kreisseite ankam, also schrieb er! Er war Jungvolkführer gewesen, das war bekannt (über seine Werwolf-Eskapade hielt er wohlweislich den Mund), verziehen war es obendrein, und das nicht nur offiziell: Nie hörte er von denen, mit denen er arbeitete, ein Wörtchen des Vorwurfs.

Mit dem Bus fuhr er täglich nach Rochlitz, falls der Bus nicht ausfiel wegen Treibstoffmangels oder Reifenschadens, dann blieb das Fahrrad. Ein Einkochglas mit Weizengrütze trug er bei sich, abgezählte Scheiben Brot, richtig satt wurde er nie. Die Jahre 1946 bis 1948 waren die des schwersten Hungers seines Lebens und für fast alle um ihn. Manchmal geriet er an den Rand der Erschöpfung, manchmal darüber hinaus. Seine Mutter litt an Magen- und Zwölffingerdarmgeschwüren seit Jahren. Vor dem Krieg oder im Krieg war keiner mit Operationen so schnell bei der Hand wie heute, und in einer kleinen Stadt schon gar nicht. Dies war vieler Überzeugung: Nach einer Operation war man bestenfalls noch ein halber Mensch. Bis zum letzten Augenblick wurde der Eingriff hinausgeschoben; total entkräftet war Clara L., als sie sich endlich dazu entschloß. »Billrodt II« nennt der Mediziner eine Operation, bei der die durch Geschwüre und Narben verschlissenen Teile herausgeschnitten werden. »Billrodt II« ist heute eine Routine-Operation, für Clara L. kam sie zu spät. Das Herz versagte, sie wachte aus der Narkose nicht wieder auf.

An diesem Tag fuhr kein Bus von Rochlitz zurück, L. versuchte es mit dem Zug über Waldheim. In Geringswalde streikte die Lokomotive. Es war ein warmer, windstiller Spätsommer, die Sonne schien bläßlich. Fünfzehn Kilometer lief er zwischen Stoppeln und Kartoffelfeldern, zu Hause drückte ihn sein Vater auf einen Stuhl und sagte: »Deine Mutter ist gestorben.« Das war am 20. September 1946, Clara Loest war noch nicht 47 Jahre alt geworden. Am nächsten Tag fuhr er wieder nach Rochlitz. Er brachte es nicht fertig, seinem Freund zu sagen, daß seine Mutter tot war, hundertmal setzte er an und tat es nicht aus Furcht, die Tränen brächen aus ihm heraus.

Der Krieg war vorbei, nicht das Sterben. Der nächste Winter war bitterkalt; es herrschte Mangel an allem. Sein Zahnfleisch schwoll, der Arzt zuckte die Schultern: Vitamin-C-Mangel. Ein Freund brachte drei Äpfel, ein anderer zwei Möhren. Der Arzt gab ihm Kalkspritzen, Vitamin-C-Spritzen besaß er nicht. L. schleppte sich über den Markt, ein Schulfreund sagte: Mensch, wie siehst du aus! L. murmelte mit schmerzenden Kiefern. Der Freund fragte: Warum sagst du mir nichts davon? Ich hab doch C-Spritzen! Eine Woche später war L. wieder auf den Beinen.

Sein Großvater starb, Kinder starben, alte Leute. In einem Park hatten Enten ein Wasserloch offengehalten, ein Junge lief L. nach und schrie: Ein alter Mann war eben unter das Eis gekrochen. Sie rannten hin und kamen zu spät. Wer alt und allein war, wer die letzte Kartoffel gegessen, das letzte Scheit verbrannt hatte, legte sich ins Bett und starb. An fast jedem Abend erlosch das Licht, Stromsperre. Manchmal hockten C. A. und Lo. in der Rochlitzer Redaktion ohne eine Brotkrume, kein Bus fuhr mehr, kein Zug. Einmal verheizten sie alle Archivexemplare. Manchmal marschierten sie die 15 Kilometer von Rochlitz nach Mittweida, so am Silvesternachmittag 1946, die gemeinsam verfaßte Glosse darüber liest sich heute lustiger, als die Situation damals war. Dreißig Jahre später berichtete der Chronist bei Lesungen auf die stereotype Frage: »Wie sind Sie Schriftsteller geworden?« studentischen Zuhörern von dieser Zeit unter zwei Aspekten. Heute müssen Sie, so sagte er, durch so viele Engpässe, ehe Sie Redakteur sind: Das Nadelöhr bei Übergang auf die Erweiterte Oberschule, der Streß um ein glanzvolles Abitur, das Gerangel um den Traumstudienplatz, Studium, Praktikum – Andrießen wurde Redakteur von einem Tag auf den anderen. Aber, Jugendfreunde, keiner von euch kann ermessen, wie es ist, monatelang nicht ein einziges Mal satt zu werden! Und seine Tochter raunzte er an, als sie das Studium hinschmeißen wollte: Das einzige, was du gelernt hast, ist, wie man den Kühlschrank aufmacht!

Und doch: Sonnabends und sonntags wurde getanzt, barbarisch schlechter Schnaps wurde geschoben, die Flasche von 150 Mark an aufwärts. Zwei Jahre später schrieb er in seinem ersten Roman:

»Uhlig kannte das Mädchen. Es war ein kleines, sehr gut gebautes Ding mit einem Puppengesicht. Man stritt sich allgemein darüber, ob es eine Hure sei. Aber es war wohl keine. Es war nicht bekannt, daß das Mädel jemals geschlechtskrank gewesen war. Und alle Huren waren in gewissen Abständen geschlechtskrank. Das Mädel war besoffen. Es war ohnmächtig vor Betrunkenheit. Da hat die Sau hingekotzt, dachte Uhlig. Jetzt liegt sie hier und weiß nicht, was mit ihr los ist. Wer weiß, wo sie mit dem Hintern liegt, dachte Uhlig, wahrscheinlich in dem Gekotzten.«

So ist's zu lesen in der Ausgabe von 1950. Vier Jahre später erschien eine zweite Auflage, der Autor hatte beim Überarbeiten diese Stelle und Dutzende ähnliche gestrichen. Denn derlei, so hatte er unterdessen gelernt, sei *naturalistisch,* und er wollte doch so gern ein Sozialistischer Realist sein.

Und sie lasen. Und debattierten. Sie lasen die Gefängnisbriefe der Rosa Luxemburg und Bebels »Die Frau und der Sozialismus«, sie lasen ›Neues Deutschland‹ und ›Tägliche Rundschau‹ und in ihr genüßlich die artistischen Theaterkritiken des Wolfgang Harich. Sie entdeckten für sich die zwanziger Jahre und warfen sich die Stichworte zu: Tucholsky, ›Weltbühne‹, Kerr. Geistige Landschaften taten sich auf, unüberschaubar, strukturlos, Namen wie Oasen in ihnen: Fallada, Becher. Windstöße: Borchert, Hemingway. Der wichtigste Gesprächspartner war für ihn ein Mann, der aus britischer Gefangenschaft zurückkehrte, acht Jahre älter war und damit einer anderen Generation angehörte: Heinz Seydel. Er hatte Buchhändler gelernt, war in der Normandie übergelaufen, hatte an Kriegsgefangenensendungen der BBC mitgearbeitet, sein Bücherschrank bot Schätze: Arnold Zweig, Thomas Mann, Faulkner. Seydel hatte Zeitschriften abonniert, ›Der Ruf‹ aus München darunter, er schrieb Artikel für ›Sonntag‹ und ›Weltbühne‹, auch eine Artikelserie »Wie lebt man in Europa« für die ›LVZ‹. In der Wohnung seiner Eltern baute er ein Archiv auf, korrespondierte, zu seinen Füßen saßen Andrießen und L. Seine ersten Geschichten trug L. zu Seydel, zag auf Urteil hoffend, er wurde bestätigt oder als zu leicht befunden. In der Kette seiner Lehrmeister steht Seydel an erster Stelle, er zog dann fort nach Berlin, war Redakteur, Cheflektor des ›Eulenspiegel‹-Verlages und brachte ein erstaunliches Buch heraus, »Welch Wort in die Kälte gerufen«. Über diese Anthologie mit dem Untertitel »Die Judenverfolgung des Dritten Reiches im deutschen Gedicht« schrieb Stephan Hermlin:

»Unüblich diese Anthologie, unüblich auch das Vorwort des Herausgebers, der es gar nicht Vorwort, sondern Reflexion betitelt, ein paar Seiten, die gleich hervorgehoben werden sollten, weil sie gescheit sind, wohlunterrichtet, wesentlich, und weil man auf ihnen nicht sentimentale Gemeinplätze findet und kein Werben um Mitleid, sondern die Erschütterung ihres Verfassers; die Leser sollten also diese Reflexion nicht überblättern. – Der Autor sei bedankt.« Von Seydel lernte L., daß man das ch in Tucholsky nicht ausspricht wie in Milch, sondern wie in Rache.

Andrießen war des Chefredakteurs große Hoffnung. Wochenlang war C. A. jetzt in Leipzig, erlernte den Umbruch, schrieb Leitartikel und Theaterkritiken, in Rochlitz schaltete und waltete Lo. Er verdichtete das Netz der Korrespondenten, indem er Dorfschulleiter bat, sie möchten ihm Meldungen schicken über Ernteerfolge, Katastrophen, Friedenstaten, Hundertjährige und Kälber mit zwei Köpfen. Er schrieb und ließ schreiben; in seinem Hinterkopf keimte anderes. Auf die Landwirtschaft kam er nie wieder zurück.

In diesem Winter trat er in die SED ein. Er war Journalist einer Parteizeitung und arbeitete im Hause einer Kreisleitung, alle um ihn waren Genossen und nahmen ohnehin an, er sei Genosse, und behandelten ihn so. Es ging um den Frieden, den Frieden, alles andere war zweitrangig. Der Imperialismus hatte die Welt in zwei Kriege gestürzt, der dritte drohte, nun mußten alle Gegner des Faschismus und des Imperialismus zusammenstehen. Am energischsten im Friedenskampf, im Aufbaukampf war die SED. Täglich begegnete er Menschen, die Antifaschisten waren ihr Leben lang und ihn ohne Vorbehalt aufnahmen, integre Frauen und Männer. Viele kamen aus der SPD, nicht so viele aus der KPD, manche aus Splittergruppen. Die jüngeren waren Kinder von organisierten Arbeitern. Sein Vater war Eisenwarenhändler, er selbst war Jungvolkführer und Reserveoffiziersbewerber gewesen – jetzt bist du für uns, sagten sie, arbeitest mit uns, was sollen die alten Geschichten. Die Aufnahme in die SED dauerte eine Viertelstunde und war absolut unfeierlich, sie war ein selbstverständlicher Schritt nach anderen und vor anderen, sie kostete keine Überwindung und war ein formeller Akt. Sein Ausschluß elf Jahre später war organisatorisch und seelisch tausendmal aufwendiger.

Diese Partei: Sozialistische Einheitspartei Deutschlands. Die letzten beiden Wörter waren aktuell: Diese Partei war entstanden aus der Einigung von KPD und SPD und drängte auf Wirkungsmöglichkeit in und für Deutschland. Das erste Wort wurde zeitweilig weniger betont, von Sozialisierung gar wurde öffentlich nicht geredet; jetzt erst einmal gelte es, die Wunden des Krieges zu heilen. Hier und da wurde örtlich sozialisiert: Der Rat der Stadt Geising verwandelte Zinnerzgruben in einen städtischen Betrieb, die Motorradwerker von Zschopau bildeten ihre Fabrik zu einer Genossenschaft um – das wurde schleunigst rückgängig gemacht. Bloß keine spontanen Aktionen! Er hatte, als er seine Mitgliedskarte bekam, kaum etwas von den Werken marxistischer Klassiker gelesen; wenige Broschüren tropften in eine Wüste von Unbildung. Er hatte eingesehen, daß der Faschismus die Welt in ein Blutmeer gestürzt hatte, und wollte friedlich aufbauen, das genügte. Unterschrift, Handschlag. Sei willkommen, Genosse!

War er Karrierist? Eines ist gewiß: Nicht mehr lange hin, und er wäre verwundert gefragt worden: Du bist kein Genosse? Aber warum denn nicht? Wenn er dann nein gesagt hätte, wäre seine Laufbahn an dieser Zeitung beendet gewesen. Das wußte er, aber es bedrängte ihn nicht. Zeitungsschreiben machte Spaß, aber als einzig Mögliches erschien es ihm nicht. Ein Aspekt ist dieser: Er hätte sich geschämt, den freundlichen, von ihrer Sache begeisterten Menschen, die gelitten hatten, als er zu den Bedrückern gehört hatte, ins Gesicht zu sagen: Ich will nicht euer Genosse sein! Eine Begründung dafür – welche denn nur? Gewiß so: Er wäre nicht zu diesem Zeitpunkt in die SED eingetreten, wenn er nicht in eine ihrer Redaktionen hineingeschlittert wäre. Auf den Äckern Kahnsdorfs hatte er geschworen: Nie wieder Politik! Ein Jahr hatte ihn zum zweitenmal umgekrempelt. Jetzt sagte er: Politik, die richtige! Mit diesem Schritt bewies er, daß er kein Nazi mehr war, daß nun auch für ihn der Weg frei lag für friedliches Wachsen. Einer, der einer Karriere wegen seine Gesinnung verleugnete, war er nicht. Aber genausowenig war er sich der Tragweite dessen, was er da tat, bewußt. Februar 1945: Wir werden siegen, weil wir den Führer haben! Februar 1946: Nie wieder Politik! Februar 1947: Brüder, in eins nun die Hände! Verwirrend genug.

Dreißig Jahre später, in der Zeit dieses Rückblickes, wurde der Chronist bei Lesungen gefragt: »Wie sind Sie Schriftsteller geworden?« Es gab Versuche auf der Rochlitzer Kreisseite, über Faktenmeldungen hinauszuzielen. Noch berichtete er über Goldene Hochzeit und Verkehrsunfall, Pferdezucht und Geschlechtskrankheiten, Frühjahrsbestellung und Modenschau. Gelegentlich finden sich Feuilletons, Lokalspitzen genannt, manche kitschig, aber hin und wieder schimmert Fähigkeit durch, eine Stimmung zu fixieren. Seydel las Borchert vor: »Der Kaffee ist undefinierbar.« Die Geschichte verfolgte ihn bis in den Schlaf. Tage später schrieb er seine erste Story: Eine alte Frau zog ihren Handwagen in den Wald, sie fand in einem Windbruch so viel Holz wie lange nicht, türmte Äste über ihrem Wagen und zurrte sie fest. Überglücklich zog sie heimwärts: eine Winterwoche lang würde sie es warm haben. Auf einer abschüssigen Strecke überrollte der Wagen die Frau, sie starb in einer Stunde großen Glücks.

Andrießen sagte: Sentimentaler Mist. Seydel sagte: Schick sie an den ›Sonntag‹! Zehn Tage später stieß L. dort auf seine Geschichte.

Was, wäre sie abgelehnt worden? Er hätte nach einiger Zeit einen zweiten und dritten Anlauf genommen, sicherlich. Aber jetzt wartete er keinen Tag, sondern schrieb, schrieb Geschichten, las an amerikanischen und englischen Erzählungen, was ihm unter die Finger kam, Saroyan, Thurber, Steinbeck, Hemingway, tippte ab und schickte nach

Nord und Süd und West, und siehe da, auch andere druckten, die ›Volksstimme‹ in Magdeburg, der ›Start‹ in Berlin, sogar ›Der Ruf‹ in München.

Da meldete sich Vergangenheit: Klingeln an der Tür, ein ehemaliger Jungenschaftsführer stand vor ihm. Jochen hatte zwei Jahre in Mühlberg hinter Stacheldraht gesessen, weil er in den letzten Kriegswochen bei einer Werbeveranstaltung für den Werwolf seinen Namen auf die Anwesenheitsliste gesetzt hatte. Internierungslager, Baracken, Hunger, ehemalige Nazistudienräte hatten ein Fortbildungsprogramm aufgezogen, von politischer Umerziehung war nicht die Rede gewesen. Für Jochen war sein Fähnleinführer das Bindeglied mit allen Führern darüber und dem Führer aller Führer gewesen, das nächste, greifbarste Vorbild. Nun kam er aus dem Lager zurück, vielleicht hatte er gedacht: Wenn du rauskommst, gehst du zu Erich, irgendwie wird es weitergehen wie vorher, nicht im Äußeren natürlich. Wir bleiben die, die wir waren. Er erzählte von Mühlberg, L. sagte: Ich bin jetzt Redakteur. Seine Vergangenheit stand vor ihm und mit einemmal auch seine Verantwortung: Dieser da wäre für ihn durchs Feuer gegangen, für Jochen war er zweimal wöchentlich der wirksamste Verführer gewesen; kein Studienrat, kein Rosenberg, kein Rommel, Prien, Galland hatte so direkt auf ein Jungenherz eingewirkt wie der Träger der grünweißen Schnur. Zu ihm kam Jochen, um bestätigt zu erhalten, daß die bitteren zwei Jahre einen Sinn gehabt hatten, einen Halt mußte es doch geben, eine Anknüpfung. L. bedachte seine eigenen drei Wochen Gefangenschaft – lächerlich. Er war Werwolf gewesen, Jochen hatte wohl für ihn gebüßt. Jetzt sagte Jochen ernüchtert: »Also bist du auch in der SED?« Da stümperte L. in ein Kurzreferat hinein, wie das alles gekommen war, aus welchen Beweggründen heraus und zu welchem Ziel hin, und daß sich jeder lösen müßte von dem, was falsch gewesen, und Jochen würde nach einiger Zeit gewiß auch... Der Heimkehrer verabschiedete sich bald, er kam nie wieder. Die beiden Nahkampfwilligen, die L. zum Türkenberg gefolgt waren und dort den Tod gefunden hatten, die dreißig oder vierzig seiner hundertzwanzig Pimpfe und Führer des Fähnleins 6/214, die freudig bis leidenschaftlich seinen Befehlen gefolgt waren – L. hatte doch Kerben im Kolben.

In der Rochlitzer Redaktion war alles eingespielt, obwohl C. A. nach Leipzig zog zum Studium der Journalistik und zur Nebenarbeit an der Hauptredaktion. Nicht mehr gar so engagiert berichtete Lo über Felddiebstähle, Theaterball und Butterschieberprozeß. In jeder freien Minute sann er über Geschichten nach. Nun hieß er Kreisredakteur und schrieb jede Woche privat eine Kurzgeschichte, keine länger als drei Seiten. Vom Krieg war darin die Rede, von der Gefangenschaft, dem Hunger, der Liebe, er schritt seinen schmalen Erlebnisbereich ab, wollte nichts ausdrücken, das darüber hinausging, und hätte es nicht gekonnt. Nach Rochlitz fuhr er jeden Morgen, es war immer dasselbe. Um ihn schwelte der schwarze Markt, er war nicht zu moralisch für ihn, aber nicht pfiffig genug.

Nach dreißig, vierzig Kurzgeschichten, von denen zehn oder zwölf gedruckt wurden, begann er im Winter 1947 zu 1948 mit einem Roman. Sein eigenes Kriegserleben wollte er aufbereiten, was sonst? Zu dieser Zeit hatte er noch mit keinem gesprochen, der mit dem Büchermachen zu tun hatte; Fabel, Konflikt, Held waren ihm nebelhaft. Zu einer Kette verbundener Kurzgeschichten geriet sein Schreiben, breit malte er Details, strich sie unsicher zusammen. Er, der auch später als Schreibprofi nur ungern eine Zeile umkommen ließ, montierte erprobte Storys in seinen Roman ein. Freunden gab er sein Produkt zu lesen, keiner besaß die Fähigkeit zu nützlichem Rat.

Und wieder Geschichten. Von allen Mitteln, die sich ein Schriftsteller aneignen kann oder die er mitbringt, besaß er Blick für Detail und Ohr für getreuen Dialog. Sicherlich wagte er sich zu früh an Romane, zumindest nötigten ihn seine Verleger nicht, an ihnen zu feilen. Aber die Geschichten, die er mit 21 und 22 schrieb:

»Sie rannte plötzlich los, den Wiesenabhang hinunter und

durch die Sträucher. Renn du nur, dachte er. Ich lauf dir schon lange nicht nach. Er pfiff und rief und ging dann doch über die Wiese, als sie nicht zurückkam.

Er fand sie vor einem Grab hocken, das unten am Hang lag. Sie rupfte Gras vom Hügel und riß vorsichtig eine Distel aus. ›Wenn ich mich nicht um das Grab kümmerte‹, sagte sie. Ein vertrockneter Kranz hing um das Kreuz. Er nahm ihn ab und zog die toten Blumen aus dem Drahtreifen.

›Ich weiß nicht mehr, wer von den dreien es ist, der hier liegt‹, sagte sie. ›Ich glaube aber, es ist der, der bei uns wohnte. Es kann aber auch einer von denen gewesen sein, die drüben bei Schreuers gewohnt haben. Es waren Jungs vom Arbeitsdienst, sechzehnjährige und siebzehnjährige. Sie stammten aus einer Stadt. Sie kamen immer herüber zu uns zum Essen, die von Schreuers. Eines Morgens mußten sie dann fort. Das war ein paar Tage, bevor die Panzer kamen.‹ Sie sprach langsam und stockend. ›In der nächsten Nacht kamen die drei wieder zurück. Sie waren desertiert. Hier oben am Wald versteckten sie sich.‹

›Hier kann man sich doch gar nicht verstecken.‹

›Am dritten Abend knallte es hier oben. Wir hatten schon Angst, daß die Panzer durchgebrochen seien. Ich weiß noch wie heute, wir hatten für die drei Milchsuppe gekocht, den großen Aluminiumtopf voll. Die ganze Nacht blieb Vater auf, aber es kam niemand.‹

Das Mädchen rupfte noch immer an dem Gras, obwohl es schon ganz kurz war. ›Er hing dort drüben an der Waldecke‹, sagte sie nach einer Weile, ›dicht über dem Boden. Die Kiefer hat der Bauer gleich danach umgehackt. Aus Aberglauben.‹

Das Mädchen stand auf und legte den Strauß schräg vor das Kreuz. ›Bring den Reifen mit‹, sagte sie. Sie gingen den Hang wieder hinan, dicht zusammen und ganz langsam. ›Es wird wohl der gewesen sein, der bei uns gewohnt hat‹, begann sie wieder, ›aber ich weiß es nicht genau. Vater sagt, er habe ganz entstellt ausgesehen – danach. Horst hieß er, aber das ist wohl ein bißchen wenig.‹

Sie waren wieder dort angekommen, wo das Mädchen die Mohnblumen gepflückt hatte. Sie gingen in einiger Entfernung voneinander, da der Weg schlecht war, und sie sprachen nicht.

›Ich weiß nur noch eins von ihm‹, sagte das Mädchen nach einer Weile unvermittelt und lächelte kaum merklich. ›Ich weiß nur noch‹, sagte sie, ›daß er so schrecklich viel Milchsuppe essen konnte.‹«

2

Am 1. April 1948 holte der ›LVZ‹-Chefredakteur auch seinen zweiten Rochlitzer Mann nach Leipzig. Der fuhr hin im Aufzug dieser Jahre: Kurze Lederjacke, die er im Gefangenenlager einem ehemaligen Panzerfahrer gegen hundert Zigaretten abgetauscht hatte, Marinehose, geplündert in Mittweida. Er war zum besten Eindruck entschlossen, den erfahrenen Redakteuren näherte er sich voller Respekt. Er wurde einer der drei Provinzredakteure; der Leiter dieser winzigen Abteilung begrüßte ihn: »Schön, daß du uns helfen willst.« L. fand, daß noch nie ein warmherzigerer Satz zu ihm gesagt worden wäre, und nahm sich vor, sollte er einmal einen jungen Mitarbeiter begrüßen, ihn nachzusprechen: »Schön, daß du uns helfen willst.« Aber nie wurde er jemandes Chef.

Jetzt arbeitete er auf der nächsten Stufe der redaktionellen Hierarchie, redigierte Berichte und Meldungen, die von den Kreisredaktionen eintrafen, bereitete sie für den Satz vor und stand beim Umbruch neben dem Metteur. Er roch Druckerschwärze, hörte die Setzmaschinen rasseln. Erst jetzt fühlte er sich als Zeitungsmann.

In den Hintergebäuden der ehemaligen ›Leipziger Neuesten Nachrichten‹ waren Redaktion und Druckerei zusammengepfercht. Bomben hatten das Frontgebäude zerschlagen. Durch Trümmer, über einen holprigen Hof und eine steile Treppe gelangten die Redakteure an ihre Schreibtische; Pappwände zerschachtelten einen Saal, ein energisches Wort drang drei Zimmer weit. Die Redaktion bestand aus dem Chef und seinem Stellvertreter, der für Außenpolitik zuständig war, je einem Redakteur für Wirtschaft, Sport, Kultur und Lokales, drei Provinzredakteuren und zwei Volontären, dazu einem Halbdutzend Stenotypistinnen; sie machten die führende Zeitung der Messestadt, von der ihre Abonnenten nur jede zweite Nummer im Briefkasten fanden; die andere sollten sie sich beim Nachbar eintauschen, denn Papier war knapp wie alles. Der Tagesrhythmus begann mit morgendlicher Redaktionsbesprechung, danach tilgten die Provinzredakteure die ärgsten Stilblüten, kneteten Überschriften, fluchten auf die Halbalphabeten in der Provinz, klebten, pfuschten selber und wußten das und besänftigten sich damit, daß einer, der in der Redaktionsmühle steckte, nicht jede Meldung über Schweinemast zur Thomas-Mannschen Perle stilisieren konnte. Das alles taten sie rasch, um die Setzmaschinen zu füttern, und begannen vor Mittag mit dem Umbruch. Die anderen Redakteure schoben Material nach, ein Fleckchen blieb frei für letzte Meldungen. Das fand L. spannend.

Diese Redaktion war, was die politische Herkunft ihrer Mitarbeiter betraf, keineswegs bilderbuchreif zusammengesetzt. Der Chef, gelernter Journalist, war NS-Parteimitglied gewesen und als Hauptmann in sowjetische Gefangenschaft geraten, über das Nationalkomitee Freies Deutschland kam er zur KPD und in diese Funktion. Sein Team: zwei ehemalige SPD-Journalisten, ein KAP-Mann, Angehöriger einer kommunistischen Splittergruppe also, einer hatte einen Zickzackweg von der SPD über KZ-Haft zur NSDAP zurückgelegt und war nach großer Selbstkritik und kleiner Fragebogenfälschung wieder Genosse – er wurde die Angst sein Leben lang nicht los –, und schließlich ehemalige Hitlerjungen, Oberschüler. Sie hielt der Chefredakteur forsch im Griff, er schaute aus nach Talenten, warb einer überparteilichen Zeitung den Wirtschaftsfachmann ab und scherte sich nicht darum, nun einen ehemaligen PG und Oberleutnant in seinem Team zu haben. Drei junge Leute hatte er zum Journalistik-Studium geschickt, darunter Andrießen, darunter Günther Hennig, den späteren Leiter des Dietz-Verlages, sie halfen in der Redaktion aus und verdienten sich Zeilengeld hinzu zu ihrem Stipendium von ganzen dreißig Mark. Einer, nur einer war Arbeiterjunge, doch sein Vater kam aus der verfemten Kommunistischen Parteiopposition. Von Frauen hinter einem Redakteurschreibtisch war nur theoretisch die Rede.

In Leipzig gab es eine kleine Mittweidaer Kolonie, Studenten zumeist. Sie trafen sich oft und diskutierten sich die Köpfe heiß. In diesem Alter vollzieht sich der wesentliche Umbruch in der Persönlichkeit, im Suchen nach der eigenen Lebensform. Ihr Wendepunkt traf mit dem tiefsten geschichtlichen Eingriff zusammen, der denkbar war, zwei Erdbebenwellen kreuzten sich und führten zu Wirkungen, die radikaler waren als in anderen Altersstufen und bei Gleichaltrigen zu anderer Zeit.'

Inzwischen gab es die Alternative: Kapitalismus oder Sozialismus, Westzone oder Ostzone. Er und seine Freunde lasen Stalins »Fragen des Leninismus« und stritten sich über Klassenlage, Klassenbewußtsein und Klasseninstinkt, über den Aufbau der Schwerindustrie und das Kulakentum, über Brandler und Thalheimer, und ob denn auch die KPD vor 1933 Fehler begangen hatte und welche, was es auf sich habe mit Basis und Überbau und dem vierten Grundzug der Dialektik. Nationale Frage, Arbeiterklasse und Intelligenz – ungestüm ging alles einher. Nicht Wirtschaftsprobleme dominierten, zumal sich ja sozialistische Strukturen erst auszubilden begannen, um Demokratie oder Diktatur ging es vielmehr, um die Demokratie Englands und Amerikas und der Weimarer Republik oder um die Diktatur des Proletariats, und L. verteidigte diese Diktatur, denn sie würde nur eine Übergangsperiode darstellen bis zur gerechtesten Demokratie, die denkbar war, jede Form der Unterdrückung durch den Staat hörte auf, denn der Staat war ein Übel, letztlich auch der sozialistische. Befragt, wann es soweit wäre, hätte er geantwortet: Na, so in zehn Jahren. Kriege waren dann undenkbar, denn sie entstanden aus dem Zyklus Krise – Krieg – Aufschwung – Krise. Alles war gesetzmäßig: Ausbeutung, Imperialismus, Absatzkrise, Planwirtschaft, Fluch des Kapitals, jeder nach seinen Leistungen! Von einem ideologischen Kampf wurden diese Jungen in den anderen umgesetzt, umgehetzt. Ihnen war keine Zeit vergönnt, zu sichten, zu bedenken, zu tilgen, was sich in ihnen aus der braunen Zeit verhakt hatte. Jeder der Weltkriegssieger riß, kaum war die Asche kalt, nach grober Sichtung auf seine Seite, was gegen die andere verwendbar schien. Was geschehen war seit 1933 wurde auf die ökonomischen Herrschaftsverhältnisse in Deutschland vor 1933 zurückgeführt, sogar beschränkt. Der Antisemitismus? Schlimm, aber zweitrangig. Mangelnde demokratische Traditionen – nicht entscheidend. Keine Zeit für ihn, die Wirkungen zwischen Gehorchen und Befehlen sorgsam und argwöhnisch zu durchdenken. Er wäre so gern ein ganz anderer geworden, fürchtete, es wäre nicht damit getan, daß die grünweiße Schnur verbrannt war. Nach einem alles durchdringenden Wandel suchte er und war betroffen, daß sich alte Bausteine noch immer fügen ließen. Statt dessen wurde er in Scheingefechte verwickelt: In der Redaktion hörte er, die Zeitung müsse »in der Sprache der Arbeiter« geschrieben werden. Das hieß nicht nur: Verständlich, klar, einfach. Das verlangte etwas Umfassenderes, aber was? Um ihn herum überstand manches im Denk- und Sprachstil und wurzelte heimlich wieder ein und wucherte und trieb Blüten, und wer dagegen anschrieb, Viktor Klemperer etwa mit seinem beklemmenden »LTI«, blieb ein einsamer Rufer. Es hätte L. notgetan, still zu leben hinter moralischen Klostermauern, sich zu besinnen, jedes Wort und jeden Beweggrund zu wägen. Aber er stand im politischen Tagesgeschäft schon wieder ganz vorne.

So stritten seine Freunde und er, tranken, wenn sie etwas zu trinken hatten, und gingen wieder an ihr Tagewerk. Sie alle lernten und arbeiteten angestrengt, die Studenten leidlich gesichert durch Schwerarbeiterkarten, deren Buttermarken sie im Notfall zu Geld machen konnten. Der reichste war Lo mit einem Monatsgehalt von fünfhundert Mark und Einkünften aus seinem Kurzgeschichtenhandel.

Denn die Tätigkeit als Provinzredakteur, begriffen in vier Wochen, galt ihm nicht als publizistischer Gipfel. Nach dem Posten des Kulturredakteurs schielte er, aber der war stabil besetzt mit einem Erfahrenen. Dem brachte er seine Geschichten, gelegentlich wurde eine genommen, er bat ihn, eine Theaterkritik schreiben zu dürfen. »Tartuffe« mit Aribert Wäscher, ein Berliner Gastspiel, sah ihn zum erstenmal auf dem Rezensentenstuhl. Sein Kulturredakteur sagte ihm: »Ein guter Theaterkritiker bist du frühestens mit vierzig.« Das wäre in achtzehn Jahren gewesen, im tiefen Kommunismus.

Manchmal am Wochenende kam Annelies, sie besuchten die Oper oder tanzten, manchmal fuhr er nach Hause und brachte seiner Schwester die schmutzige Wäsche mit. Ein Freund, der Beziehungen hatte, lud ihn jeden Dienstag zum Erbseneintopf, das bleibt ihm unvergessen; heute ist er ein schwerreicher Manager im Ruhrgebiet. Hin und wieder besorgte die Wirtin ein Brot für achtzig Mark, ein Kollege aus der Setzerei ein Pfund Harzer Käse für dreißig. Kam er nachmittags nach Hause, war er fix und fertig. Er schlief zwei Stunden, aß sein Ratiönchen, nahm sich sein Romanmanuskript vor und zwang sich allabendlich drei Seiten ab. Zwischendurch schrieb er seine Geschichten, »Der Speck war vorzüglich«, »Nacht über dem See«, »Abschied um eins«, »In den Minuten dazwischen«.

Da baute der Chefredakteur seine Redaktion um, und Lo fand sich trotz seines warnenden Hinweises, er verstünde unbeschadet halbjähriger Feldarbeit nicht genügend von der Materie, auf dem Posten des Landwirtschaftsredakteurs wieder. Mit halbem Herzen redigierte er nun ADN-Material über Fortschritte in der Lehmbauweise oder Meldungen aus den Kreisen über verstärkten Zwischenfruchtanbau. Er lebte auf, wenn er zum Schreiben kam: Gartenbauausstellung in

Markkleeberg, Kulturarbeit in den Maschinenausleihstationen. Aber meist saß er in seinem Pappkäfterchen mit Schere und Leimtopf. Fett meldete er auf der ersten Seite die Ankunft von 500 Traktoren und 1000 LKWs aus der Sowjetunion.

Eines Tages war es dann doch soweit: Er wurde zweiter Mann der Kulturredaktion. Jetzt saß er in der Hauptprobe zu Brechts »Mutter«, der Meister in seiner berühmten Bluse krähte letzte Weisung auf die Bühne hinauf, in einer Ecke schliff Eisler die Musikanten. Volksbühnenfunktionäre waren geladen, sie stauten sich an den Türen, aber B. B., der mit einer öffentlichen Hauptprobe einverstanden gewesen war, erklärte die Aufführung als unfertig. Es gab Krach, Brecht setzte sich durch, die Volksbühnler zogen wütend ab. Da schrieb Lo ein Artikelchen, so könne man mit Werktätigen nicht umgehen, Brecht antwortete, die Lo-Meldung wäre unwahr; er forderte Berichtigung und Entschuldigung. Brechts Protestzettel wurde als Reliquie verwahrt.

Seinem Hunger rang er Abend für Abend zwei oder drei Roman-Seiten ab; sonntags tippte er sie in der Redaktion auf graugelbes Manuskriptpapier. Seinen Helden Uhlig ließ er die letzten Kriegsmonate jenseits der Oder und wieder in Zeithain durchleben, ließ ihn übrigbleiben und nach Hause zurückkehren. Während der Autor sich in der Schilderung der Rekrutenzeit an eigenes Erleben gehalten hatte, ließ er jetzt Phantasie schweifen. Denn beim Worte Werwolf reagierte die Besatzungsmacht rigoros; erst dreißig Jahre später offenbarte L. seine Werwolf-Eskapade in der Geschichte »Kleiner Krieg«, da geschah ihm natürlich nichts mehr.

Uhlig kam davon, versuchte sich als Schieber – das Manuskript schwoll an. Ein Lektor des Verlages Volk und Buch, der nebenher für die ›LVZ‹ arbeitete, fragte eines Tages: »Sind Sie der, der diese Kurzgeschichten schreibt?« Tags darauf trug L. ein Bündel Storys zum Verlag und vor allem zweihundert Romanseiten. Ein paar Wochen später unterschrieb er Verträge über einen Roman und einen Geschichtenband. Redete er in der Redaktion zu laut über seine

Feierabendarbeit, mußte sein Chefredakteur annehmen, L. betriebe das Zeitungsgeschäft nur halben Herzens? L. war taumelig vor Glück.

Währungsreform, Gründung der »Freien Läden«, der Vorstufe der HO, diese und jene Außenministerkonferenz zur Lösung der deutschen Frage, vor allem J. W. Stalins 70. Geburtstag, dieser monatelang vorbereitete Gipfelpunkt des Lobpreisens waren keine Angelegenheiten eines Ressorts, sondern der ganzen Redaktion. Mühselige Arbeit war es für ihn, bei jeder politischen Aktion Stellungnahmen zu sammeln. Nie rang er sich zu kaltschnäuziger Reporterfrechheit durch. Wieder sann er auf Veränderung – sprach er zu ungeniert darüber?

Ein Mitarbeiter des Kulturbundes rief an: Wie wäre es, Sie läsen bei uns aus Ihren Werken? Nee, rief L., uff gar kein Fall, wo ich so sächsisch rede! Schließlich stimmte er zu, daß ein bewährter Sprecher seinen Text läse, er selbst stelle sich danach der Diskussion. Zu dritt saßen sie vor einem Dreidutzendpublikum, zwei Epiker und eine Lyrikerin. War L. aufgeregt, war er stolzgeschwellt bei seiner ersten öffentlichen Vorstellung? Der Chronist erinnert sich weder an den Raum noch an die Stimmung, er weiß nicht mehr, ob das Publikum lobte oder tadelte oder einfach schwieg. Verwahrte er nicht in einer Mappe einen Zeitungsausschnitt, könnte er nicht über sein Debüt berichten.

Die Partei straffte sich. Ein Parteilehrjahr wurde eingeführt, das erste Thema hieß natürlich »Die Geschichte der KPdSU (B), Kurzer Lehrgang«. L. wurde Zirkelleiter bei Setzern und Druckern. Nicht alles wurde kritiklos geschluckt, Stimmen erhoben sich, Trotzki würde schofel behandelt, immerhin hätte er Anteil am Aufbau der Sowjetunion und der Roten Armee. Da gab L. zu bedenken, in der Propaganda würden immer Licht und Schatten tendenziös verteilt – mußte man Zeitungsleuten das erklären? So mit einem geheiligten Buch umzuspringen hielt er für statthaft, für nützlich sogar, er meinte, es mache Köpfe frei zu eigenem Denken. Nachteile hatte er davon nicht.

Über Nacht wurde er Organisationsleiter der Parteigruppe der ›LVZ‹, die Mitgliederkartei steckte jetzt in seinem Schreibtisch. Da – eine Katastrophe! Mitten in der Kampagne gegen den Sozialdemokratismus in den eigenen Reihen geschah diese Panne: »Sozialdemokratische Einheitspartei Deutschlands« setzte ein Setzer, zwei Korrektoren sahen darüber hin, ein Metteur besorgte den Umbruch, ein Redakteur blieb blind gegenüber der schrecklichen Konstruktion, und alle waren Mitglieder der SPD gewesen. Haareraufen in der Redaktion, Anrufe, Selbstkritik, und dann erschienen zwei Genossen der Abteilung K-5 der Volkspolizei, aus der später das Ministerium für Staatssicherheit hervorging, und fragten, ob Sabotage vorläge. Mit Engelszungen redeten Pol.- und Org.-Leiter über die Blindheit beim Korrekturlesen gegenüber tausendmal wiederholten Wortblöcken, die K-5-Leute fragten nach den Lebensläufen der Beteiligten, zogen ab und kamen wieder und fragten wieder. Mit einer Mahnung zu erhöhter Wachsamkeit in einer Mitgliederversammlung endete dieses Debakel. Sechs Jahre später, nach dem XX. Parteitag der KPdSU, schrieb L. eine Geschichte über dieses Ereignis. Gedruckt wurde sie beinahe, aber Hausdurchsucher fanden sie im November 1957 im Schreibtisch...

Nach Feierabend bosselte er weiter am Roman. Damals gab es weit und breit kaum eine Handvoll Lektoren, die ihr Handwerk verstanden; der Mann, der L. beriet, war Fachmann für Lexika und Ballett, hier beschränkte er sich auf Ratschläge über stilistischen Kleinkram. Seinen Uhlig ließ L. in die Niederungen provinzieller Schieberei absacken, nichts ist im Buch zu finden über die Auseinandersetzungen, die für ihn selber Inhalt und Wert dieser Jahre ausmachten. Noch eine Flasche Schnaps, noch eine Sauferei – Uhlig wird nach Leuna verpflichtet, für eine Strecke decken sich L. und Uhlig, Uhlig kehrt nach Mittenberg zurück wie L. nach Mittweida. Kein Buch wird gelesen von diesem gewesenen Oberschüler, niemand tritt in seinem Dunstkreis auf, der den Kopf über dieses triste Niveau hebt. Einige ehemalige

Kameraden aus Zeithain werden durch die halbe Welt gewirbelt: sowjetische Gefangenschaft, Fremdenlegion. Einer wird Neulehrer. Randfiguren. Uhlig tappt durch einen ungeheuren Umbruch, als gäbe es nur das Problem, wo ein paar Zigaretten zu ergattern seien.

Neptun, Dackel und Oswin waren die Spitznamen stadtbekannter Schieber. Einer verschwand nach dem Westen, einer nahm sich das Leben auf die Art, wie sie in Mittweida möglich ist: Er sprang vom Rand eines Steinbruchs. Nie waren die drei L.s Freunde, aber er machte sie zu Freunden Uhligs und drückte ihn auf ihr Niveau. Ihre Spitznamen übernahm er ohne Veränderung, wobei er dachte: Die lesen ja sowieso nicht. Andrießen, der bei folgendem dabei war, schrieb für die ›BZ am Abend‹:

»Können Sie sich vorstellen, daß plötzlich mitten im Park von Mittweida Romangestalten aus dem Busch stürzen, um einem Autor eine Tracht Prügel anzudrohen? Ein junger Leipziger Schriftsteller hatte ein Buch geschrieben, das im wesentlichen seine Erfahrungen und Erlebnisse schildert. Für die dichterische Phantasie blieb nicht viel Platz. Unser junger Mann hatte nun im Eifer des Gefechts den Schlüssel stecken lassen. Die Mittweidaer Buchhändler stellten den Roman ins Schaufenster mit der zugkräftigen Empfehlung: ›Ein Buch des Mittweidaer Heimatdichters.‹ Was tat es, daß sich der Autor über diese Werbung gelb und grün ärgerte? Die Mittweidaer lasen das Buch. Und so erfuhren stadtbekannte kleine Strolche von ihrem zweiten Leben als Roman-Randfiguren. Als der Autor ein paar Tage in Mittweida war, kam es zu einem Handgemenge. Mit Erbitterung wurden die Argumente dieser ›literarischen Diskussion‹ an den Mann gebracht. Nun, die Verstärkungen für den Autor wurden planmäßig herangeführt. Die lebendige und schlagkräftige Literatur siegte auf der ganzen Linie.«

Aber noch war es ja nicht soweit. Im Sommer 1949 lieferte er seinen Text ab. Er wurde angenommen nach minimalen

Korrekturen. Keiner war da, der sagte, so weit, so halb gut, nun wollen wir mal *arbeiten!*

Redakteur war er, Nebenberufsschriftsteller, Parteifunktionär. Zu seinen Obliegenheiten als Org.-Leiter gehörte es, jeden Monat einen Berichtsbogen über Mitgliederbewegung und Versammlungen abzuliefern, er wurde instruiert vom Pol.-Leiter des Stadtbezirkes, einem schon damals stämmigen Mann seines Alters: Jochen Hoffmann. Wenn L. am Monatsersten seinen Berichtsbogen nicht abgeliefert hatte, rief Jochen spätestens zu Mittag an. Auch diese Gründlichkeit war wohl nötig, um einmal als Hans-Joachim Hoffmann zum Kulturminister der DDR zu avancieren.

Die Deutsche Demokratische Republik wurde gegründet. Sicherlich sammelte Lo auch dazu begeistert begrüßende Stellungnahmen: eine Besonderheit, eine innere Bewegung bleibt nicht erinnerlich. Verblaßt dieser Komplex in der Rückschau, weil L. in diesen Wochen mit Privatem überaus beansprucht war? Denn am 5. November 1949 heiratete er, eine Wohnung wurde beschafft dank bester Beziehungen des Lokalredakteurs zum Wohnungsamt: Zweieinhalb Zimmer mit Etagenheizung, Bad und Balkon wurden frei, weil eine Familie nach dem Westen verschwand, das junge Paar zog ein – Sonne über Sonne, das Bäuchlein der Annelies rundete sich, aus dem Verlag kam Kunde: Beide Bücher noch in diesem Jahr! Er wurde vom Hilfsredakteur zum Redakteur hochgestuft – war denn irgendwo noch ein Wunsch offen?

Und jeden Tag Zeitung. Max Schmeling fungierte als Ringrichter in einer Messehalle. Heimkehrertransporte aus der Sowjetunion, einmal trafen an einem Tag drei Züge mit mehr als 5000 ehemaligen Gefangenen in Frankfurt/Oder ein. Martin Andersen Nexö sprach auf einer Landesbäuerinnenkonferenz. »Das Ruhrgebiet bleibt deutsch!« Etliche Artikel versprachen besseres Brot und versicherten, man müsse dafür nicht mehr Marken abgeben als bisher. Ins Kreuzfeuer geriet Dr. Hickmann, CDU-Funktionär in Dresden, als Feind des Friedens. Eine »Eiserne Lunge« wurde gebaut, »die medizinische Welt blickt auf Leipzig«.

Die Partei formierte sich deutlicher nach dem Vorbild der KPdSU als »Partei von neuem Typus«. Genossen der Landesleitung kontrollierten in der ›LVZ‹, musterten Kaderlisten, und da müssen sie bedenklich die Köpfe geschüttelt haben. Daß umgebaut werden mußte war sonnenklar. Wer auf die freiwerdenden Stühle? Der III. Parteitag wurde vorbereitet mit dem Kampf gegen Sozialdemokratismus, Opportunismus, Sektierertum und Nachtrabpolitik. Stählerne Disziplin wurde von jedem Mitglied der Avantgarde des Proletariats gefordert. Und dann diese Redaktion? Die Überprüfer kannten natürlich die zwölf Grundbedingungen J. W. Stalins für die Entwicklung zur Partei neuen Typs, der zehnte Punkt hieß: »Es ist notwendig, daß die Partei die soziale Zusammensetzung ihrer Organisationen systematisch verbessert und sich von zersetzenden opportunistischen Elementen reinigt, wobei das Ziel, die Entwicklung der maximalen Einheitlichkeit, vor Augen zu halten ist.« Diese Redaktion war, so gesehen, ein Unding.

Aber vorerst sollten die dem Kleinbürgertum entlaufenen Redakteure ihren eigenen Nachwuchs gebären: Die Volkskorrespondentenbewegung wurde forciert, in jedem Betrieb, jedem Dorf, jedem Wohngebiet sollten parteiergebene Proletarier zur Feder greifen und über Aufbauerfolge, Produktionstaten und Bewußtseinsänderungen berichten; den Redakteuren blieb die Aufgabe, diesen lebensvollen Strom zu koordinieren, sie waren, sobald sie ihre Nachfolger ausgebildet hatten, überflüssig. Diese »Geburtshelferthese« war nach 1928 in der ›Linkskurve‹, dem Organ proletarischer Schriftsteller, extrem vertreten worden, jetzt machten sie sich seine geistigen Nachfolger zu eigen. Diese Phase war für die Presse etwa das, was sich ein Jahrzehnt später für die Literatur als »Bitterfelder Weg« wiederholen sollte. Der Intellektuelle der Parteipresse bezichtigte sich selbst, kommenden Aufgaben nicht zu genügen. Leitartikel, Sportbericht, die Theaterkritik sollten eines nicht zu fernen Tages von Volkskorrespondenten geschrieben werden. Eine frische Abteilung wurde installiert, ihr Leiter hieß Bruno Apitz:

Mitglied der KPD vor 1933, zwölf Jahre Zuchthaus und KZ. Apitz redete, organisierte, stellte Zirkel zusammen; einen leitete Lo. Er, selbst Neuling als Theaterkritiker, schritt mit einem Dutzend zum Schreiben Geworbener ins Theater und erklärte hinterher, nach welchen Gesichtspunkten eine Kritik aufzubauen sei; es kam nichts dabei heraus. Volkskorrespondentenkongresse tagten in Leipzigs größtem Saal, die Kartei umfaßte Hunderte von Namen, die Lawine schwoll. Einmal knurrte Außenpolitik-Redakteur Paul Lange, als in einer Redaktionsbesprechung selbstkritisiert wurde, die ›LVZ‹ rangiere in der Vk.-Bewegung hinter vergleichbaren Zeitungen: »Wenn's wieder rückwärts geht, sind wir die ersten.«

Bruno Apitz war ein temperamentvoller, kameradschaftlicher Streiter an einer Front, an der es nichts zu siegen gab. Gelegentlich schrieb er »Referate in Versen«, aktuelle Reimereien, die er auf Kundgebungen vortrug. Ein paarmal lud er L. in sein Häuschen und zeigte seine Schnitzereien aus Buchenwald, die später so berühmt wurden. Von einem jüdischen Kind erzählte er, das Häftlinge vor der SS versteckt hatten, und daß er darüber eine Geschichte schreiben wollte. Einige Seiten zeigte er vor, Beinahe-Schriftsteller L. gab selbstbewußt Ratschläge über Aufbau, Stil, sagte: Bruno, eine tolle Story, was hast du da in den Händen! »Nackt unter Wölfen« wurde geschrieben und zum Welterfolg, wie jedermann weiß, aber das ist in ihren Wechselfällen, Geheimnissen und Wundern eine Geschichte für sich.

Horst Sindermann kam von Chemnitz nach Leipzig und wurde hier erster Mann der Partei. Als leidenschaftlicher Journalist kreuzte er bald in der ›LVZ‹ auf, forderte Lebensnähe und Humor im Blatt und riet behutsamer und sachkundiger, als es gemeinhin der Brauch war. Einmal spielte die Redaktion Fußball gegen die Kreisleitung, Sindermann stürmte in roten Schuhen in die Mitte, der ›LVZ‹-Stopper hinkte alsbald vom Platz, L. rückte auf diesen Posten und wurde vehement überlaufen. Sechs Tore schoß der entfesselte spätere Ministerpräsident und Volkskammerpräsident der DDR, mit 6:2 kam die Zeitungsmannschaft unter die Räder, das Duell Sindermann gegen L. kannte schon damals einen eindeutigen Sieger.

Dieser Höhenflug: Zu Weihnachten 1949 lagen zwei Bücher in den Buchhandlungen, schwarz und dünn »Nacht über dem See«, dreihundertundeine Seite stark »Jungen die übrigblieben«. Noch nicht vierundzwanzig war L., war Redakteur mit einem üppigen Gehalt von 750 Mark, war verheiratet und werdender Vater, besaß eine hübsche Wohnung, war Genosse mit einem Weltbild, das er für stimmig hielt: Die persönliche Revolution hatte sich in die gesellschaftliche eingepaßt; ein Prozeß war im Zeitraffer abgelaufen. Die private Welt war heil, hell, die große Welt würde in zehn Jahren heil und hell und kommunistisch sein, die Rezepte lagen auf dem Tisch, die Menschheit mußte sich nur ins Zeug legen. An ihm selbst sollte es nicht fehlen.

Und dann ein Sohn! Natürlich war es das schönste, klügste Kind, das je die Welt erblickt hatte. Friedenssonne, ein Friedenskind. Die Minifamilie lebte meist in der Küche, denn dort standen ihre beiden einzigen Stühle. Am Küchentisch schrieb L., auch bei Kerzenlicht, denn die Stromsperre gehörte zur abendlichen Gewohnheit, in einer 15-Seiten-Geschichte, wie diese Geburt abgelaufen war.

Dieses Frühjahr 1950. Der Zweijahrplan würde vorfristig erfüllt werden, das stand fest, ein Fünfjahrplan sollte folgen. Vom 1. April an erschien die ›LVZ‹ täglich für alle Bezieher, so viel Papier gab es inzwischen. Ein LDP-Stadtangestellter wollte Neubauern in Dölzig vertreiben – »Das Maß ist voll, Herr Mittelbach!« Der sächsische Landwirtschaftsminister Dr. Uhle, LDP, mußte zurücktreten wegen »passiven Verhaltens, das an Sabotage grenzt«. Volkskorrespondenten begrüßten den Film »Bürgermeister Anna«, Überschrift: »Weiter so, DEFA!« In Berlin endete der Prozeß gegen die Gangsterbande um Gladow mit drei Todesurteilen. Der Block der Parteien und Massenorganisationen rief zu einem gemeinsamen Wahlprogramm mit gemeinsamen Kandidaten für den 15. Oktober auf. Schüler der SED-Parteischule diskutierten über »Die Ratten« von Gerhart Hauptmann, die sie im Schauspielhaus kollektiv sahen. Sie erklärten, daß es kulturpolitisch ein Fehler wäre, dieses Stück zu bringen, da es höchst deprimierend wirkte, nicht zu den echten Werten der Weltkultur gehörte und abgesetzt werden sollte. Professor Dr. Hans Mayer widersprach in ›Neues Deutschland‹ unter der Überschrift »›Die Ratten‹ und der blinde Eifer« und wurde in der ›LVZ‹ von Stefan Heymann zurechtgewiesen: »Bei Gerhart Hauptmann fehlt nämlich die entscheidende Figur in der gesellschaftlichen Entwicklung, der klassenbewußte Arbeiter. Der Hinweis von Professor Hans Mayer, daß ›Die Ratten‹ zum Kulturerbe gehören, ist hinfällig.« Das Stück wurde abgesetzt.

Sonderliche Lust verspürte L. dazu nicht, aber der Besuch einer Kreisparteischule war Ritus für einen Redakteur. Die Leitung dort hielt nichts von den Verlockungen einer unheilen Welt, also mußte ins Internat auch der, der zwei Straßen weiter wohnte. Kaserniert verbrachten Genossinnen und Genossen vier Wochen, Ausgang war ihnen am Sonntagnachmittag vergönnt. Bei einem gemeinsamen Kinobesuch wurde hin und zurück marschiert, natürlich mit Kampfliedern auf den Lippen. Dieser Belegung war es nicht vergönnt, kollektiv »Die Ratten« zu diskutieren oder wie sechs Jahre später dem Volkszorn in einer unliebsamen Vorstellung der »Pfeffermühle« parteilichen Ausdruck zu geben. Sie hatten einen ausgefüllten Tag mit Referaten, Seminaren und Selbststudium, hatten erfahrene, geduldige Lehrer und einen präparierten Stoff, der in der Kürze der Zeit nicht darauf zielen konnte, Werke der Klassiker des Marxismus in Zusammenhängen zu begreifen, sondern sich auf Teile beschränken mußte. Wenig verstand L. von der Ökonomie, das sollte sein Lebtag so bleiben. Aber er, der schon immer der Geschichte zugetan gewesen war, fand ein Gerüst für seine Fakten; die Schlachten, deren Jahreszahlen er noch immer wußte, fügten sich in Rahmen, nicht sie entschieden die Geschichte, sondern die Produktionsverhältnisse. Nicht Generale und Kaiser waren wichtig gewesen, sondern die Massen, die alle

Werte schufen, nicht Könige hatten letztlich regiert, sondern Bezüge zwischen Besitz und Bodenertrag, Zinsfuß und industrieller Revolution. Die freie Rede hatte er ja schon in den Heimabenden der Hitlerjugend geübt, so schnitt er leidlich ab, als es ans Prüfen und Einschätzen ging. Wie es der Brauch war, beurteilten sich die Schüler am Ende gegenseitig, nahmen selbstkritisch zu den Auffassungen der anderen Stellung, und es gehörte Erfahrung dazu, das richtige Maß an Bescheidenheit an den Tag zu legen, den anderen für Kritik zu danken, eigene Fehler aufzuspüren und zu geloben, sie beharrlich zu tilgen. Irgendeine Art von Humor wäre das letzte gewesen, das in solch eine Szenerie gepaßt hätte. Gelegentlich hörte man von Weinkrämpfen in dieser seelischen Sauna.

Das Politbüro schlug eine Herabsetzung der Reparationen auf die Hälfte vor, die Sowjetregierung stimmte zu. Auch L., nun wieder in seiner Redaktion, sammelte Dankadressen an den Generalissimus. 399 Waggons mit sowjetischem Getreide trafen in Leipzig ein. Mit vollem Namen zeichnete er eine Theaterkritik über Feuchtwangers »Kalkutta, 4. Mai« im Schauspielhaus, lobte die straffe Regie sowie das kraftvolle Spiel der Mimen und kreidete dem Autor politisch-ideologische Unklarheiten an. L. N. Iwanow sprach in der Kongreßhalle zum Thema: »Zusammenbruch des Marshallplans«. Paul Merker, ein Landwirtschaftsfunktionär, geißelte die Abwürfe von Kartoffelkäfern, auch Colorado-Käfer genannt, durch amerikanische Flugzeuge über dem Gebiet der DDR. Die HO senkte zum fünftenmal die Preise: Das Pfund Schweinefleisch von 19 auf 15 Mark, Rindfleisch von 15 auf 13 Mark, Speck von 22 auf 18 Mark, das Ei von einer Mark auf siebzig Pfennige. Bis zu 15 Jahre Zuchthaus im Dessauer Sabotageprozeß. Nordkoreanische Truppen befreiten Seoul.

Dieses Frühjahr 1950. Reichlich Milch holte Annelies auf die Säuglings- und Mütterkarte, an den Bratkartoffeln war wieder Speck. Wenn Skat gespielt wurde, dann bis früh um vier. So viel schrieb er nicht mehr nebenher wie in seiner

Junggesellenzeit. In zwei, drei Jahren, so erzählte er seinen Freunden, würde er freischaffender Schriftsteller werden. An Themen war kein Mangel. Bald, balde.

Da wurde der Genosse L. zur Kreisleitung bestellt. Auf dem Tisch eines Kaderfunktionärs lag eine Rezension über »Jungen, die übrigblieben« aus der ›Täglichen Rundschau‹. Natürlich kannte L. sie:

»Loests Haltung mag typisch gewesen sein für Hunderttausende Soldaten. Mochte er damals diese erbärmliche Haltung für die ausschließlich mögliche halten, das war mit seiner Jugend einigermaßen zu rechtfertigen. Inzwischen sind aber fünf Jahre vergangen, und heute ist es nicht mehr angebracht, so ›objektiv‹ standpunktlos darüber zu schreiben. Heute muß ein Deutscher wissen, wie falsch und verhängnisvoll seine damals so schwächliche Haltung der nazistischen Wehrmacht gegenüber war. Diese uns gebotene Einsicht müßte bei Loest unzweideutig zum Ausdruck kommen, in der distanzierenden Art, in der sein damaliges Verhalten gewertet wird. Sie fehlt, und damit wird offenbar, wie geistig unverarbeitet der Stoff des Romans geblieben ist. Loest irrt auch, wenn er glaubt, eine gewisse Schnoddrigkeit, mit der manche Züge des Landserlebens verächtlich gemacht sind, ersetze die notwendige moralische Distanzierung dem damaligen Verhalten gegenüber. Kriegserinnerungen müssen heute so geschrieben sein, daß sie dem Frieden dienen und nicht nur einer vielleicht unbewußten Selbstrechtfertigung des Autors. Es ist darum auch Ausdruck einer noch vorhandenen Standpunktlosigkeit des Autors, wenn sein Soldat Uhlig wie ein Korken auf der Oberfläche des Geschehens herumtorkelt.

Das Gesicht des Genossen war ernst. Was da stünde, wäre L. doch wohl in aller Tragweite klar? Dies in der ›Täglichen Rundschau‹, dem Blatt der sowjetischen Genossen! Standpunktlosigkeit, ein deutliches, kompromißloses Urteil. Deshalb sei ein Beschluß gefaßt worden.

Ein Beschluß. Der Genosse begründete: L. stammte aus dem Kleinbürgertum und könne deshalb kein proletarisches Klassenbewußtsein besitzen. Das Klassenbewußtsein aber sei ein untrüglicher Kompaß. Die Partei wolle ihm helfen, sich proletarisches Fühlen zu erwerben, deshalb sei beschlossen worden, daß er ab sofort in der Produktion zu arbeiten habe, auf zwei, drei Jahre, dann werde man sehen. Beschluß, keine Debatte.

Die Verabschiedung in der Redaktion verlief frostig. Gleichaltrige Kollegen mit ähnlicher sozialer Herkunft fragten sich: War die Kritik Grund oder Vorwand, wann und unter welchen Umständen kamen sie selbst an die Reihe? Der blitzartig gefeuerte, wie vom Blitz erschlagene L. sprach beim Verlagsdirektor vor und verwies auf den Einstellungsvertrag, der ihm Kündigungsfrist oder Gehaltsnachzahlung von drei Monaten zusicherte. Dieser Passus, so mußte er hören, hätte in einem derartigen Fall keine Gültigkeit.

Er schlich nach Hause. Er hielt sich für gedemütigt: Solange er gebraucht worden war, hatte seine Herkunft keine Rolle gespielt; auf einmal war er Genosse zweiter Klasse. Sein Denken hatte er in die Zucht genommen, hatte Schlakken in sich gesucht und herauszukratzen sich bemüht, ein neuer Mensch hatte er werden wollen, ein sozialistischer, für das Glück aller streitend. Lieder vom Kampf um den Frieden hatte er gesungen, Hausgemeinschaften gegründet, gegen die Atombombe agitiert, seinem Vater, der seinem rasanten Wandel skeptisch begegnet war, prinzipienfest Debatten geliefert und seinen Schwiegervater, einen alten Gewerkschaftler und SPD-Genossen, flink belehrt. Wenn er etwas, das die Partei forderte, nicht einsah, hatte er vor sich selbst argumentiert: Du bist noch nicht soweit! Der Jazz, den die SED schalt, Kampfmittel des Klassenfeindes zu sein, ließ seine Beine zucken, da kasteite er sich: Bist noch nicht soweit! Dem Manne sollte geholfen werden: Ab in die Produktion! Klang da nicht auch ein hämischer Unterton mit: Was willst du eigentlich bei uns? Er meinte, ihn herauszuhören.

Viel später hoffte er, damals, vielleicht schon beim Parteieintritt, hätten Genossen gesagt: Dein halbes Jahr in der Landwirtschaft und die drei Wochen Leuna, die Welt ist das nicht. Einen handfesten Beruf solltest du erlernt haben, wie wäre denn das für einen künftigen Redakteur: Du probtest als Drucker oder Setzer? Jeder Genosse lernt von der Pike auf, und kein Vorzug währt ewig, denn dir ist wohl klar, daß es ein Privileg ist, den Kopf auszubilden und die Gedanken zu tummeln, während die anderen die Dreckarbeit machen? Und, Genosse, du siehst doch ein, daß diese unsere Weise zutiefst moralisch ist?

Aber so in Bahro-Manier sprach keiner. Wenn er gesprochen gehabt hätte, wäre ihm zu entgegnen gewesen, daß nichts nachzuholen war: Was Hänschen mit sechs und zwölf an Erfahrungen des Hirns und des Herzens gewonnen gehabt hätte, war für Hans mit dreiundzwanzig aufzusaugen unmöglich. Zu alten Erfahrungen wären neue gekommen, aber »proletarisches Bewußtsein« ließ sich im Retortenverfahren nicht erzeugen. Einmal ein Kleinbürger, immer ein Kleinbürger?

So fühlte L. sich ungerecht behandelt. Wenigstens sagte keiner: Überläufer werden eine Weile gebraucht, an einem bestimmten Punkt aber überflüssig oder gar zum Risiko; reg dich nicht auf, Junge, nichts Besonderes ist dir passiert. Beleidigt schlich er nach Hause, wendete gekränkt die Argumente, mit denen dieser Wechsel begründet worden war, und sah sie nicht ein. Annelies hörte sich seinen Bericht an. »Es ist ungerecht, was sie mit dir machen«, sagte sie, »und du tust mir leid.« Daß es nun finanziell schmal zugehen sollte, beeindruckte sie wenig, ihre Eltern waren mit ganz anderen Nöten zu Rande gekommen. Als er mit seinem Lamento fertig war, schloß sie proletarisch-beherzt: »Wenn's nicht schlimmer kommt, geht's ja noch!«

VI.

Jeden Tag fünf Seiten

I

Listvoll unterlief er Wunsch und Wille seiner Partei. An dem Tag, an dem er bei der SAG Bleichert proletarisch in die Hände spucken sollte, meldete er sich bei der Parteileitung und wunderte sich nicht, daß dort niemand von seiner künftigen Verwendung wußte; die Genossen versprachen, sich zu erkundigen. Nach zwei Wochen endlich zeigten sie sich informiert. Da bat er, als Dreher geschult zu werden, aber die Genossen schüttelten die Köpfe: Drehmaschinen gab es nicht genug, und die Chance, sich daran auszubilden, war gering; es schien nicht ökonomisch, Kapazitäten auf jemanden zu verwenden, der dann doch bald seines Weges ziehen wollte. An der Blechschere konnten sie ihn brauchen, da wären im Monat an die 160 Mark zu verdienen. Aber, fragte er zurück, wie sollte er leben, da er 70 Mark Miete zahlen mußte, mit Frau und kleinem Kind? Da wollten sich die Genossen noch einmal bei der Kreisleitung erkundigen.

Er war *freier* Schriftsteller geworden wider Willen. Eine Zeitschrift der Volkssolidarität nahm ihm hin und wieder eine Reportage ab, für den Funk schrieb er etwas, das »Hörbild« genannt wurde: Bücher wurden in einer Mischung aus Kritik, Inhaltsangabe und dramatischer Aufbereitung vorgestellt, so montierte er eine Einstundensendung über Stefan Heyms »Kreuzfahrer von heute«. Honorar tröpfelte. Vor allem schrieb er Geschichten, die er zu einem Band zusammenzustellen gedachte. Ein Soll von fünf Seiten täglich hatte er sich gestellt. Eine Story: Jungen erlebten in einer mitteldeutschen Stadt das Kriegsende. Das war wieder Mittweida mit seiner Oberschule und dem Schwanenteichpark. Flirt, Debatten über den Krieg, ein alter Arbeiter lehrt Jungen und Mädchen politisches Klippwissen. Eine Christa tritt auf, einer Jugendliebe nachgebildet und mit dem wirklichen Namen. Noch brachte L. allerlei an erlebter Wirklichkeit ein, aber das Gerüst war zu einem Ende hin konstruiert, wie es der sozialistische Realismus gebot. Seine Geschichte wiederholte in bläßlicher Weise »Jungen die übrigblieben«, aber das Hineinfinden in eine saubere Welt war programmiert. Eine Brücke sollte gesprengt werden, doch klardenkende Volksstürmer überwältigten den Posten der SS. Diesmal sollte dem Autor niemand vorwerfen, er ließe seine Helden im Zwielicht, also handelten sie, wie es gut gewesen wäre, so wäre am Kriegsende allüberall gehandelt worden. Ende gut, fast alles gut: »Er legte den Arm um sie und bog sie zu sich herüber. Sie küßten sich zum erstenmal, seit sie wieder beisammen waren. Vorher war der Kampf in ihnen noch zu lebendig gewesen, und unten hatten die Toten gelegen.« Und auch: »Als sie aufstanden, stieß Gerhard an den Karabiner, der neben ihnen gelehnt hatte. Der Karabiner fiel zu Boden. Dann gingen Christa und Gerhard in die Felder hinein, die schwarz waren und dufteten und aus denen sich der Frühling erhob.« Friedensglockenklang.

Fünf Zigaretten täglich rationierte er für sich. In der Wohngruppe seiner Partei wurde er mit offenen Armen aufgenommen: Endlich ein junger Genosse, der reden konnte! Aus der ›LVZ‹ hörte er: Dort wurde einer seiner Kollegen mit kleinbürgerlicher Herkunft nach dem anderen gefeuert, einige wurden bei diesem Aufwasch als Karrieristen entlarvt und flogen auch gleich aus der Partei. Die Agilsten aus dem Heer der Volkskorrespondenten besetzten die freien Stühle. Da fand L., daß mit ihm noch glimpflich umgegangen worden wäre, er duckte sich und hoffte, niemand käme ihm auf die freiberuflichen Schliche. Aber man hatte ihn wohl schlicht vergessen. Im Herbst sprach er beim Kulturbund vor, der Dachorganisation für die Schriftsteller. Kreissekretär dort war inzwischen Bruno Apitz, der ihn freudig empfing: Wie geht's dir, Junge? Die Sektion der

Schreibenden im Bund nahm ihn auf, im Verlag wurde anerkennend registriert, daß der junge Mann fleißig war; das erste Manuskriptbündel trug er hin und erntete Zuspruch und geringfügige Kritik. Er schrieb seine erste größere Geschichte, die in der Nachkriegs-Gegenwart spielte: Milieu einer Zeitungsredaktion, ein junger Metteur muckt gegen einen alten Redakteur auf. Jetzt war es schon fast selbstverständlich für L., sauber Gut und Böse zu verteilen, die Konflikte waren Lehrkonflikte, zu Nützlichem hin geschürzt. Den Hinausschmiß aus der ›LVZ‹ hatte er keineswegs verwunden und rächte sich mit Seitenhiebchen; tief schlug er gegen einen alten Redakteur, der ihn gar nicht hatte leiden können. Und schließlich, behende nun sich im Aktuellen tummelnd, nahm er sich den Ost-West-Konflikt vor. Arbeitslosigkeit im Ruhrgebiet, aber da werden Hilfsarbeiter gesucht, und was bauen sie? Ein Munitionslager für die Engländer! »Kollegen, ich habe keine Lust, hier weiterzuarbeiten. Ich will nicht eines Tages mit der Munition totgeschossen werden, für die ich hier die Baracken baue. Ich höre auf, und wer mit mir einer Meinung ist, der hört auch auf.« Prostitution, Abtreibung, Remilitarisierung. Der Geschichtenheld wechselt in die Ostzone, denn dort walten Frieden und Aufbau, wenn's auch schwerfällt.

Nach und nach lernte er Leipziger Kollegen kennen, so Georg Maurer, Wieland Herzfelde, Hildegard Maria Rauchfuß. Genossen waren nicht viele darunter, und meist war es still, nachdem ein Genosse gesprochen hatte. Der Marxismus sei allmächtig, weil er wahr sei, las L. von Hauswänden. Das Wort allmächtig drang in ihn ein in aller seiner heiligsprechenden Schwere. Wenn er erst ein richtiger Marxist wäre, würde die Allmacht des Geistes auch in ihn einfluten und ihn befähigen, Allmächtiges zu tun. Vorläufig gründete er mit Genossen und parteilosen Friedensfreunden Hausgemeinschaften der Nationalen Front. Der Kampf um den Frieden war das zentrale Thema. Alle mußten begreifen, daß die Sowjetunion und die DDR für den Frieden waren, die USA und die Bundesrepublik aber für den Krieg. Aufklärungslokale der Nationalen Front wurden installiert, dort sollte sich jeder, der noch Unklarheiten verspürte, belehren und bekehren lassen, zumindest konnte er sich schlaues Material holen, Hefte, Plakate.

Er las die Broschüren dieser Zeit, die Kurze Lebensbeschreibung des J. W. Stalin: »Es ist schwer, sich die Gestalt eines Giganten vorzustellen, wie Stalin es ist. In den letzten Jahren, seit dem Zeitpunkt, da wir ohne Lenin arbeiten, kennen wir keine einzige Schwenkung in unserer Arbeit, kein einziges größeres Beginnen, keine Losung, keine Neuorientierung in unserer Politik, deren Urheber nicht Genosse Stalin, sondern irgendein anderer gewesen wäre.« Und: »Stalin ist der würdige Fortsetzer des Werkes Lenins, oder wie man in unserer Partei zu sagen pflegt: Stalin ist der Lenin von heute.« Er las Shdanows Rede auf dem I. Unionskongreß der Schriftsteller von 1934: »Die bürgerliche Literatur befindet sich heute in einem solchen Zustand, daß sie keine großen Werke mehr schaffen kann.« Shdanow in der schärfsten Kritik gegen Achmatowa, Soschtschenko und Schostakowitsch: »Das ZK war gezwungen, einzuschreiten und die Angelegenheit entschlossen in Ordnung zu bringen. Es hatte kein Recht, gegen Leute Milde walten zu lassen, die ihre Pflicht gegenüber dem Volk, gegenüber der Erziehung der Jugend vergessen.«

Besser konnte L. gar nicht wohnen als in diesen zweieinhalb Zimmern mit Bad und Balkon, mit einer Etagenheizung, die auch Braunkohlendreck noch in Wärme verwandelte, und in drei Minuten war er zwischen Gärten. Des Abends auf dem Sofa verschlang er Romane – von Franzosen und Deutschen, Russen und Amerikanern, er spürte ihrem Fabelbau nach: Wann und wie wurden Hauptpersonen eingeführt, Schauplatzwechsel, welche Sätze wurden der direkten Rede gewürdigt, welche in die indirekte abgeschoben? Döblin und Kellermann, Balzac und Feuchtwanger, Seghers sowie Thomas und Heinrich Mann, er versuchte herauszufinden, welche Wellen sich mit dem eigenen Kräuseln vertrugen, und da hatte es einen Dos Passos gegeben, und Aragon, Plievier. Hemingway bewies, was den Dialog anbetraf, seine Suggestivkraft, Fallada drängte vor mit der Kunst des Fabelbaus – was riß stärker mit als der zweite Band von »Wolf unter Wölfen«? Da ragten sie vor ihm, die Gipfel, und ihn schwindelte, wenn er sich vorstellte, irgendwann etwas zu schaffen, das ihnen gleichkäme: »Kleiner Mann – was nun?«, »Der Schnee auf dem Kilimandscharo«, »Farewell to Arms«.

Einmal las er unter Schriftstellern vor. Wenn sich der Chronist dieser Szene erinnert, so versteht er sich in einem Kellerlokal und sieht Glatzköpfe um sich, Bäuche auch, obwohl Bäuche damals rar waren. Er las eine Geschichte vor und schwitzte dabei und kam weder mit seinem Sächsisch noch mit dem Luftholen zu Rande. Am Ende Stille, dann vermutete einer, hinter dem so schrecklich Gelesenen stecke einiges, und er wolle es selber versuchen. Danach gab es nicht nur Kritik, aber auf dem gemeinsamen Nachhauseweg tastete Georg Maurer dann doch vor: Der Stil, lieber junger Kollege, Sie sollten feilen, weniger am Dialog, unbedingt an der Autorensprache. Und L. erwiderte, im Erkunden der Epik gehe er schrittweise vor, jetzt bemühe er sich um die große Konstruktion, wenn er die begriffen habe, werde er sich den Details zuwenden. Und er schloß mit einem Satz, der den Lyriker wie eine Keule getroffen haben muß: Stil kommt später.

O nein, von der Köstlichkeit der Sprache oder den feinen Empfindungen der Seele her stieß er nicht zur Literatur vor, ihn trieben weder Naturschönheit noch Liebe, es war nicht die Lust, Befehle zu geben, und der Drang, sich Befehlen zu widersetzen; ihn zwang nicht der Vater-Sohn-Konflikt oder Jauchzen über holde Weiblichkeit, und schon gar nicht die Demut vor oder das Zürnen über Gott, sondern der politische Konflikt dieser Tage, reduziert auf seinen Kernkonflikt zwischen Kommunismus und Kapitalismus; in diesen Zusammenprall hinein gedachte er alles Schreiben zu stellen unter Heinrich Manns Losung, Kunst sei Waffe. Jetzt, so meinte er, fiel die Entscheidung über Jahrtausende, jetzt galt es zu siegen. Für alles andere, zum Beispiel für einen gepflegten literarischen Stil, war später noch massenhaft Zeit.

Jeden Tag fünf Seiten, fünf Zigaretten. Nach jeder Stunde das Fenster geöffnet und den Kopf hinausgestreckt und durchgeatmet, weiter. Im Verlag Volk und Buch lasen der Chef und sein Lektor die ersten Geschichten, mäkelten geringfügig an Details, lobten im Ganzen. Im Herbst, vier Monate nach Beginn, lieferte L. ab und schlug als verkaufsträchtigen Titel vor: »Liebesgeschichten«. Der Verlag war einverstanden. Der Autor hatte sich beim Schreiben mit zwei Fassungen begnügt.

Da lud der Kulturbund, Sektion Schriftstellerei, Jungautoren nach Bad Saarow am Scharmützelsee, dieses gewesene Nobel-Bad östlich von Berlin, in dem einst Schmeling und Frau Röck ihre Villen besessen hatten, wo unterdessen Becher segelte – der Kulturbund lud in ein Haus am See zwischen Kiefern und in wundersame landschaftliche Ruhe. Im Bus von Berlin dorthin setzte sich ein dünner sehr junger Mann neben ihn, der einen khakifarbenen Overall aus US-Army-Beständen trug, weshalb Becher ihn »Grashüpfer« nannte, der sofort Ami-Zigaretten anbot und Günter Kunert hieß; sie teilten dann für sieben Wochen das Zimmer. In dieser Zeitspanne wurde zum erstenmal in der DDR versucht, die Kunst des Schreibens zu lehren, zwei Frauen und siebenundzwanzig Männer waren geladen, die allesamt Talentproben geliefert hatten, Gedichte, Geschichten, Essays, dieser und jener einen Roman. So mancher aus den Schreibstartlöchern von Bad Saarow brachte es seither zu Namen, Preisen und Vermögen: Benno Voelkner, Heiner Müller, Armin Müller, Harry Thürk, Horst Bienek, Günter Deike. Ein Foto existiert mit allen, da stehen sie in ausgebeulten Hosen, in Pullovern, schrecklich mager sind sie, und der Chronist fragt sich bei diesem und jenem Gesicht vergeblich nach Namen, Werdegang und irgendeiner Erinnerung sonst.

Sieben Wochen lang fanden sie sich zu Vortrag, Seminar und Diskussion, hatten ihre Mahlzeiten und Pausen, Spaziergänge und Trinkereien, krachten und versöhnten sich, hatten ihren radikalen, lauten Flügel und diesen und jenen Abweichler. Sie hörten über Fucik, Gorki und Heine; Becher beschwor Hölderlin. Einer wies handschriftliche Zeilen von Thomas Mann, der für eine Geburtstagsgratulation knapp gedankt hatte, vor wie eine Reliquie. Walther Victor lehrte sie die Kniffe der Reportage, der Naturwissenschaftler Rompe widmete ihnen seine Zeit, der Verlagsdirektor Max Schröder, der Verleger und spätere Minister und Botschafter Klaus Gysi, der Schriftsteller und Spanienkämpfer Bodo Uhse. Mehrmals agitierte Kuba. Victor Klemperer, der Romanist, sprach, der das »LTI« schrieb, das Buch über die Sprache des gewöhnlichen Faschismus. Funktionäre referierten über die Spaltungspolitik in den Westzonen und die Einheit der deutschen Kultur, und ein Schüler aus Hessen, Gotthold Gloger, steuerte über den Kampf dortiger FDJ- und KPD-Gruppen gegen Remilitarisierung und Spaltung seine Erfahrungen bei. Ein wenig Philosophie-Verschnitt wurde geboten – die Grundzüge der Dialektik, die Lehre von Basis und Überbau und der Gegensatz von Materialismus und Idealismus waren beliebte Themen dieser Zeit. Es saßen auf den Stühlen der Lernenden der ehemalige kommunistische Basisfunktionär aus Westpreußen neben dem gewesenen U-Boot-Offizier, der Berliner Halbjude, dessen Nerven zitternd bloßlagen für ungleich mehr Empfindungen und Ängste als beim gleichaltrigen vormaligen sudetendeutschen Fallschirmjäger, der Fünfzig- neben dem Zwanzigjährigen, der Verehrer von Walt Whitman neben dem, der ihn zwar nicht kannte, aber als dekadent ablehnte. Verbissen wurde gegen den Formalismus als den Hauptfeind gewettert, obschon niemand so recht wußte, was das war. Kunert und L. spazierten am See, jeder pries seine Meister, und Kunert sagte: Laß uns erst wieder in Berlin sein, da fahren wir rüber und sehen uns den größten Film an, den es je gab! In einem der kleinen Kinos an der Grenze sah Kunert zum fünften- und L. zum erstenmal: »Der dritte Mann«. Eine Schallplatte kaufte L. mit der berühmten Zithermelodie zu schandbarem Wechselkurs und trug sie heim, und dort drehte sie sich dann ungezählte Male im Tempo 78, und L. bot immer wieder haarklein die Fabel seinen Freunden, und da Annelies sie ein dutzendmal hörte, war ihr, als sie Jahre später den Film wirklich sah, als kennte sie ihn tatsächlich.

Kunert lud ihn in den Wochen darauf zu sich und fuhr mit ihm kreuz und quer durch Berlin – brachte ihn das dazu, sich an einem Berlin-Roman zu versuchen? Fußball sah L. mit Andrießen im Olympiastadion, Tennis-Borussia gegen den HSV oder den VfB Stuttgart. Für den ›Frischen Wind‹ schrieb er Glossen und Geschichtchen. Der Zug hielt am Anhalter Bahnhof, ein Stück Westberlin mußte L. queren an Buden entlang, in denen geboten wurde, was ein Zonenbewohner gern nach Hause trug, Kaffee und Fahrradreifen, Zigaretten und Dorschleber, Bücklinge und Margarine. Männer in abgetragenen knöchellangen Mänteln murmelten: »Ost, West, Gold, Silber, Ost, West.«

Diese Stadt! In ihr prallten die Hemisphären zusammen, in ihr würde sich wie an keinem anderen Platz der Wettkampf zwischen Altem und Neuem entscheiden. Ein Roman, der hier spielte, der diese Kämpfe einbezog und die Zielrichtung angab: Natürlich würde der Sozialismus siegen, der Kapitalismus faulend zusammenbrechen. Etwas hielt ganz Berlin in Atem und zeigte, wo das Verbrechen seinen Platz hatte und wo das Saubere und Gerechte: Der Fall des Oberschülers Werner Gladow, der zum Al Capone von Berlin werden wollte, geraubt und gemordet hatte, in einem Feuergefecht mit der Volkspolizei überwältigt worden war und unter dem Fallbeil von Frankfurt an der Oder starb.

Es war eine Zeit dickleibiger, umfassender Romane. Ehrenburg und Anna Seghers machten es vor: Um die ganze Welt lief die Handlung, durch alle Klassen. Denn diese Autoren waren ja überzeugt zu wissen, was die Welt im Innersten zusammenhielt und sie bewegte, Fausts Frage war für sie durch Marx, Engels, Lenin und Stalin hinreichend beantwortet worden, die Gesetze, nach denen das Leben der Gesellschaft ablief, schienen klar zu sein wie die in Chemie und Physik. Hier in Berlin würden sich diese Gesetze als schlüssig erweisen wie überall, meinte L., nur liefen die Prozesse kompakter und schneller ab – warum hatte sich kein Berliner Schriftsteller am Stoff ihrer Stadt versucht? Ein junger Kollege aus Leipzig gedachte es ihnen vorzumachen.

War er in Berlin, wohnte er bei Kunerts. Das Zimmer war vollgeraucht; wenn die Zigaretten auszugehen drohten, fuhr Adolfi, der Vater, schnell mal rüber nach Gesundbrunnen. Von seinem Plan, dem Gladow-Roman, erzählte L., Kunert rief im Archiv der ›Berliner Zeitung‹ an und ließ Artikel heraussuchen. Kaffee, Zigaretten, Kaffee, Zigaretten. Niemanden hatte L. kennengelernt, der so besessen wie Kunert über Graphik redete wie über Lyrik und Filme. Kunert schleppte aus Antiquariaten an und verschenkte und bekam geschenkt, und in die Rowohlt-Ausgabe von 1935 von »Kleiner Mann – was nun?« schrieb er hinein: »Meinem lieben Erich Loest – immer Dein Hans Fallada.« Seinen eigenen ersten Band »Wegschilder und Mauerinschriften« legte er dazu:

> Als der Mensch
> unter den Trümmern
> seines
> bombardierten Hauses
> hervorgezogen wurde,
> schüttelte er sich
> und sagte:
> Nie wieder.
>
> Jedenfalls nicht gleich.

Mit der S-Bahn fuhren sie rüber nach Gesundbrunnen und gingen ins Kino. Danach aßen sie Krabbenmayonnaise in einer »Nordsee«-Filiale. Gar so viel Zeit hatte Kunert nicht mehr, eine neue Freundin war im Spiel, Marianne, seine spätere Frau, der er alle Bücher widmete. Dieser Dichter ist bestaunenswert. Kunert war damals skeptisch wie heute, ironisch; von Herzen gelacht hat er wohl nie. Keiner kennt ein Jubelgedicht von ihm. Er war schon damals ungleich älter als seine Jahre, er trug Trauer mit sich, die aus dem Verlust seiner Jugend rührte, aus dem Beklagen von Verwandten und Freunden, die in Auschwitz umgebracht worden waren. Sein Schreiben kennt keinen Knick, er kam besser mit sich zurecht als die Kulturpolitiker mit ihm. Ansprüche an ihn wandelten sich, er blieb. Die Umwege, die beispielsweise die Vita von Stephan Hermlin, Christa Wolf, Franz Fühmann und Reiner Kunze so schwer durch- und überschaubar machen, blieben ihm erspart. Der Autor dieses Buches sitzt selbst im Glashaus.

2

Also ein Berlin-Roman. Auf diese Methode verfiel er und fand sie vorzüglich: Er abonnierte die ›Berliner Zeitung‹ und bettete seine Handlung in den exakten Zeitablauf ein. Lebensnähe versprach er sich davon und Authentizität. Darauf legte er seine erfundene Handlung. Locker stellte er Personage nebeneinander, wie er sie zu gebrauchen gedachte, auch ein zehnmonatiger Junge fehlte nicht, gleichaltrig seinem Thomas.

»›Guten Morgen, meine lieben Hörerinnen und Hörer! Es ist heute Donnerstag, der 25. Januar 1951. Mit dem Gongschlag ist es sechs Uhr. Noch drei Sekunden...‹
25. Januar 1951. Zwei Rundfunkstationen wünschen der Stadt Berlin einen guten Morgen und einen guten Tag. Zwei Sprecher sitzen hinter ihren Mikrofonen und vermitteln, sorgfältig artikulierend und geräuschlos Manuskriptseiten wendend, die ersten Morgennachrichten

An diesem Tag begann, nach Vorbedenken, Notieren, die Arbeit. Auch das vermerkte der Autor: In der Werner-Seelenbinder-Halle trainieren polnische und deutsche Eishockeyspieler, Schwerlastzüge schleppen Briketts, an der S-Bahn-Strecke nach Königswusterhausen wird, natürlich »fieberhaft«, gearbeitet, denn am 1. Mai sollen wieder Züge fahren. West-Berlin meldet 13 464 Kurzarbeiter, 1 669 mehr als vor zwei Wochen. Die Wechselstuben handeln eine Westmark mit 5,60 beziehungsweise 5,80 DM Ost. Brot wird von Ost nach West, Margarine von West nach Ost getragen.

Der Autor wunderte sich: So schwer fiel es ihm nicht, in die Handlung hineinzufinden. Eine Zentralfigur brauchte er, der sich Spielraum zu Wandlung bot, entsprechend niedrig mußte sie angesetzt sein, um durch Wirren und Mühen aufsteigen zu können. So schuf er den Kellner Bernd Ahlsen, beschäftigt bei einem Kneipier im Osten nahe der Sektorengrenze. Leidenschaftlich gern geht Bernd Ahlsen in Westberlin ins Kino, Gangsterfilme und Groschenhefte haben es ihm angetan. Den Vortrag eines Krimischreiberlings besucht er und wird herb enttäuscht; dort begegnet er einem gleichaltrigen resoluten Jungen namens Egon Kamm, aus dem ein Verbrecher vom Zuschnitt eines Gladow werden wird und soll. In der Kneipe, in der Bernd Bier an die Tische trägt, schält Margot Bornemann Kartoffeln, ein Arbeitermädchen, FDJlerin, ihr Bruder ist bei der Volkspolizei und möchte Kriminalpolizist werden – so liegen die Fädchen für den Teppich bereit, die ersten Knötchen werden geschürzt. Kurze Szenen schrieb L., kaum eine länger als drei Seiten, wie im Film montierte er sie, und manchmal zählte er mittendrin noch auf, was zur selben Zeit die anderen Figuren trieben. Ein Westberliner Bäckermeister, dessen Kunden ihr Brot im Osten kaufen, nun gleich noch Pennkuven, Westberliner Kriminalkommissar – auf Seite fünfzig hat L. schon an die zwanzig Personen wie ein flink schöpfender Gott zu papierenem Leben erweckt. Buntmetall wird gestohlen, am besten leben die Schieber. Ein Bruder ist auf den Hund gekommen, der andere kämpft für den Frieden in der FDJ. Egon Kamm denkt darüber nach, wie er ein paar Zentner Kohlen klauen könnte, aber das ist nicht das große

Ding, warum nur lernt keiner aus den Memoiren des Al Capone, wie man ein Gangster wird? L. schrieb, wunderte sich, wie es ihm von der Hand ging.

Er fuhr nach Berlin, um Aufträge zu holen bei ›Eulenspiegel‹-Redakteuren, um Manuskript zu bringen. Andrießen arbeitete jetzt bei der ›Weltbühne‹, auch dort bestand Bedarf an Reportage und Kritik. Klein waren die Honorare, aber immer langte es für Miete und Brot und Margarine und manchmal auch für eine Flasche Korn. Am billigsten wurde einer blau von Porter. Öfter ließ er sich jetzt im Kreise der Leipziger Schriftsteller blicken, eines Tages fragte ihn ein Kulturbundfunktionär, ob er Mitglied der Bezirksleitung werden möchte. Gut, sagte er, nur bin ich gar nicht im Kulturbund. Heiterkeit. Der Rausschmiß aus der ›LVZ‹ vor einem Dreivierteljahr war ausgestanden.

Zeugnis wurde abgelegt aus diesen Tagen, der Schriftsteller Fritz Rudolf Fries, zehn Jahre jünger als L., spürte eigener Entwicklung während seiner Jahre in Leipzig nach: »Der Mann an der Kreuzung oder 1950 ein Jahr mit viel Literatur«, zeichnete er 1975 auf.

»Der Roman handelt von einer Verbrecherbande, soviel hat der Schriftsteller an diesem Vormittag mitgeteilt, vor der Klasse, am Lehrerpult stehend, denn er ist eingeladen worden, uns von seinem Beruf zu erzählen. Der Klassenlehrer sitzt unterm Fenster an der Heizung, abgedrängt. Gestern hat er uns von Hrotsvitha von Gandersheim erzählt, der schreibenden Nonne und ersten großen deutschen Schriftstellerin. Heute muß er zuhören, und er kann die Sätze des Schriftstellers nicht korrigieren oder seine Verben mit Synonymen multiplizieren, weil der Gast ein Schriftsteller ist und Dr. Paatz erklärt hat, zum schriftstellerischen Stil gehören auch Verstöße gegen die Schulregeln, die ungeahndet bleiben, wenn es ein produktiver Schriftsteller ist. Die Klassiker waren produktive Schriftsteller gewesen, und vorbildlich nur deshalb, weil sie etwas eingeführt hatten, sprachlich, das es vorher nicht gab und was nun die Regel wird, bis ein besserer kommt. Es sieht nicht aus, als ob Dr. Paatz diesen Autor für einen besseren hält. Aber er achtet die Regeln der Gastfreundschaft.

Der Schriftsteller hinterm Pult steht so, daß er zeigt, er ist kein Lehrer. Er steckt die Hand in die Tasche, er tritt neben das Pult, eine Hand wie spielerisch auf Kreide und Schwamm. Er wird unsicher, als wir nicht mit einem Korb voll Fragen aufwarten, und auch der Lehrer stellt Fragen, die mehr an das Schaffen berühmter Kollegen erinnern als Kenntnis der Werke dieses Mannes verraten. Die Mädchen in der Klasse haben sich für den Auftritt des Schriftstellers vorbereitet, sie haben ihre schönsten Blusen und Kleider angezogen, sie sitzen artig auf ihren Plätzen, mit Augenaufschlag. Sie haben die Liebesgeschichten des Schriftstellers gelesen, und nun sind sie enttäuscht, daß er nicht aussieht wie Clark Gable oder zumindest wie sein eigener Held. Der Schriftsteller sieht aus wie der jugendliche Trainer einer Fußballmannschaft, und die Mädchen orientieren sich langsam um. Aber da ist der Schriftsteller schon weg von seinen Liebesgeschichten und bei der jugendlichen Verbrecherbande, und die Aufmerksamkeit steigt auf unserer Bankreihe. Er erzählt von Plänen zu einem Roman, einem Buch nach Tatsachen. Wir kennen die Fakten aus der Zeitung. Al Capone von Berlin endlich zur Strecke gebracht. Der Bandenführer im Roman und in der Zeitung ist ein Produkt der Zeit und des westlichen Berlin, er hat zu viele Kriminalromane gelesen, am Anfang auch die Schmöker eines gewissen Eddy Light alias Eduard Lichtmann, ein Asphaltliterat, den der Schriftsteller zu Beginn des Romans ausführlich beschreibt und mit ihm die Machenschaften der Verführung durch Schundliteratur als Teil der psychologischen Kriegsführung. Der Bandenführer hat die Oberschule besucht, sein Spitzname ist Doktor.

Wer oder was hat uns davor bewahrt, diesen Weg des Verbrechens zu gehen? Der Schriftsteller stellt diese Frage beiläufig, sie wird im Roman beantwortet. Wir alle kennen den schwarzen Markt, unsere Eltern haben Zigaretten und

Kaffee verschoben, wir haben dabei geholfen. Wir erwarten ein Buch, das uns angeht. Der Bandenführer hat übrigens die Angewohnheit, eine an keine merkbare Melodie gebundene Reihe von Tönen vor sich hin zu pfeifen, und da stoßen mein Nachbar und ich uns an. Wir konstatierten wortlos, der Autor hat keine Ahnung, was sein Held da pfeift und was wir sofort als Themen von Parker und Gillespie wiedererkennen, Ornithologie oder Night in Tunesia.«

Weiter am Roman: Bernd Ahlsen ist auf der Suche nach einer besseren Welt. In der Tischlerwerkstatt seines Vaters baut er sich einen Schachtisch und besucht einen Schachklub. Egon Kamm wagt seinen ersten Raubüberfall: Einem Uhrenhändler wirft er am hellichten Tag Pfeffer in die Augen und verschwindet mit zusammengeraffter Beute. Margot Bornemann lernt in einem feinmechanischen Betrieb, oh, die Weichen sind gestellt! Nun wird es Zeit, einen Ami-Besatzer einzuführen; Clark Haydock, der Mann ohne Kinn, pflegt Erdnüsse mit zwei Fingern der linken Hand abzuschälen »und in einem unheimlich spitzen Winkel in den Mund zu werfen«. Egon Kamm baut seine Bande aus und heuert einen Berufsverbrecher an. Neue Leute! Auch die Westberliner Verwaltung muß ja ihre Rolle spielen, ein korrupter SPD-Mann, Tempo! Und wieder Westberliner Friedenskämpfer, und fröhliches Familienleben der Ostberliner Arbeiterfamilie Bornemann, uff, fast zweihundert Seiten sind geschafft!

Da wurde der Verlag »Volk und Buch« wegrationalisiert. Kein Problem für Sie, hieß es dort, der Mitteldeutsche Verlag wird Sie betreuen. Eines Tages tauchte Heinz Sachs auf, der Verleger aus Halle, ein paar Jahre älter nur, unbekümmert, entschlußfreudig. Aus einer KPD-Familie stammte er, bei seinen Eltern hatte Thälmann übernachtet. Er kannte »Jungen die übrigblieben« und »Liebesgeschichten«; mit einigen Änderungen, sagte er, würde er sie gern wieder auflegen. Und, Genosse, woran schreibst du jetzt? Sofort war er Feuer und Flamme: Also einer, der nicht um den heißen Brei ging, sondern Politik anpackte ohne Scheu, das war nach seinem Geschmack! Der beste Lektor nahm sich vor, was L. geschrieben hatte, und ein paar Tage später rief er an: »Ich setze mich für einen Vertrag und für Vorschuß in jeder Höhe ein.« Da schluckte L., nahm seinen ganzen Mut, alle Frechheit zusammen und sagte: Ich könnte tausend Mark brauchen. Kein Problem! Eine Schallmauer war durchbrochen, in den nächsten sechs Jahren hatte er so viel Geld, wie er brauchte.

Dieser Titel wird wohl nun in die Debatte gekommen sein: »Die Westmark fällt weiter«. Denn das tat sie Schrittchen für Schrittchen. Und da der Sozialismus auf der Siegstraße und der Kapitalismus am Verfaulen war, würde, in drei Jahren vielleicht, die Westmark der Ostmark gleich sein, und dann stieg die Ostmark gesetzmäßig auf – darüber waren Sachs und L. einer Meinung, also drauf und dran, provozieren sollte dieser Titel Leser und Kollegen! Nun wurde dargetan, warum die Amis die Schundliteratur beförderten: Die Jugend sollte ans Schießen und Töten gewöhnt werden, um eines Tages reif zur Remilitarisierung zu sein.

3

Seine Situation wäre mit einem späteren Chruschtschow-Wort zu benennen: Ihm wehte der Wind nicht ins Gesicht. Ihm blies er in die Segel. Seine Partei schickte sich an, Mitglieder und Kandidaten zu überprüfen. In seiner Wohngruppe bereitete er sich und andere darauf vor, verbreitete Klarheit über Sinn und Nutzen. Bisher hatte die SED beinahe jeden aufgenommen, der wollte, nun wurde Inventur gemacht. Parteifeinde und laue Brüder sollten aufgespürt, die Partei durch Läuterung in eine schwungvollere Etappe geführt werden. Den Fragenkatalog, auf den er würde antworten müssen, kannte er: Kampf um den Frieden, die Politik der Nationalen Front und die Einheit Deutschlands, die Freundschaft zur Sowjetunion und die führende Rolle der KPdSU (B) in der internationalen Arbeiterbewegung und im Weltfriedenslager, die Oder-Neiße-Friedensgrenze, das Bündnis mit den werktätigen Bauern, Parteibewußtsein und Parteidisziplin, das diffizile Problem der gerechten und ungerechten Kriege, das Treiben der amerikanischen und das Erstarken der deutschen Imperialisten. Als er an einem Hitzeabend übermüdeten Prüfern gegenübersaß, hakten sie sich an einem Scheinproblem fest: Wie stünde er zu seiner HJ-Vergangenheit? Die habe er überwunden, versicherte er, die faschistische Ideologie sei falsch und verbrecherisch gewesen – da mußte er hören, die Faschisten hätten überhaupt keine Ideologie gehabt, sondern ein Sammelsurium halbgewalkter Scheinideen. Doch, widersprach er, es war schon eine Ideologie, die Nazis nannten sie Weltanschauung, aber sie war eben fürchterlich falsch. Die Überprüfer beharrten – da fand L. es beizeiten geboten, nachzugeben, einen Denkfehler einzugestehen; dessen waren die Genossen zufrieden. Wozu verpflichtete sich der Genosse L.? Der Chronist fragt sich vergeblich. Wenn er heute die Broschüre Hermann Materns über die Überprüfung liest, so erscheint sie ihm offenherzig, Mängel nicht vertuschend, Überspitzungen beim Namen nennend; am Ende wurde keineswegs behauptet, nun sei alles gut. Vieles war besser, gewiß, aber zu tun gab es noch genug. Eines sollte Hebel sein: Kritik und Selbstkritik in der Partei; vor allem gelte es, die Kritik von unten nach oben zu entwickeln.

War es seine glücklichste Zeit? Die ausgeglichenste, konfliktloseste? Er verdiente genug, lebte liebevoll mit seiner Frau, war glücklich über jede Lebensregung seines Sohnes. Andere kannten Not mit der Wohnung, er nicht. Was die SED wollte, wollte auch er, ihre Gegner waren die seinen. Die Aufbaupläne wurden erfüllt, und jeder, fand er, hatte etwas davon. Er wurde Zirkelleiter in der FDJ. »Tapfer lacht die junge Garde« sangen seine blauhemdigen Freunde, ehe er sie über Dialektik und Klassenkampf belehrte.

Während der Chronist diesen Abschnitt entwirft, liegt ein Exemplar von »Die Westmark fällt weiter« neben der

Schreibmaschine. Es bereitet kein Vergnügen, zu lesen, was L. damals erdachte. Der Spurensicherer könnte sich ironisch erheben, aber es wäre ungerecht und ahistorisch sowieso. Wie er die Geschichte nicht belehren kann, so sollte er auch nicht am E. L. von damals herumerziehen und quengeln und deuten, nur eines bleibt: So genau wie möglich hinabhorchen, hinunterspüren. Der Chronist kann Zwischentöne vermissen in der Schreibart, Differenziertheit; aber liegt in diesen Begriffen nicht schon Hoffnung auf die Möglichkeit des Dazwischen? Und L. sah nun einmal keinen dritten Weg. Glück und Qual des Schreibenden: Schwarz auf weiß liegt da, was L. vor dreißig Jahren zu wissen glaubte. Andere haben's so gesehen besser und schlechter.

Oh, es blieb nicht bei den ersten tausend Mark aus Halle. Sachs ließ seinen Autor nicht darben. Auch mal Streichen, Abtippen, der Papierberg wuchs. Beim Lesen dreißig Jahre später ist es mühselig, die Personen auseinanderzuhalten, und immer schnellen neue auf.

Im Sommer 1951 fuhr L. mit seiner Familie auf zwei Wochen nach Mittweida und ließ sich bräunen an vertrauten Ufern. Diesen Freund traf er an, einen anderen nicht mehr: Das Tröpfeln nach dem Westen hatte eingesetzt. Wen Schwierigkeiten mit dem Fragebogen, dem Kaderleiter, der Wohnung, dem Studienplatz oder der eigenen Frau plackten, sah ein Ventil. Der letzte Ausweg: die Fremdenlegion. Wer drüben einen Platz gefunden hatte, zog andere nach; der spätere Strom begann mit seinen Bächen. In Versuchung dieser Art kam L. nie.

Viel Zeit zum Urlauben blieb ihm nicht. Im August sollten Weltfestspiele in Berlin sein, aus allen Lautsprechern schallte es: »Blaue Fahnen nach Berlin!« Kuba dichtete: »Die Freie Deutsche Jugend stürmt Berlin!«, was, westlicher Erregung zufolge, dies sei wörtlich gemeint, in »Die Freie Deutsche Jugend grüßt Berlin!« gemildert wurde. Der Hit dieser Wochen: »Im August, im August blühn die Rosen.« Im August, im Berlin der Weltfestspiele sollte der Roman kulminieren. Jetzt war Juni, die ›Berliner Zeitung‹ meldete:

4325 Westberliner beteiligten sich in den letzten 24 Stunden an der Volksbefragung gegen die Remilitarisierung und für den Abschluß eines Friedensvertrags. Im Roman: Jeden Abend ist Margot mit ihrem Chor unterwegs und schmettert Friedenslieder, das paßt ihrem Freund Berndt keineswegs, das nun wieder erbost sie: Wie, soll sie im Kampf um den Frieden nachlassen aus egoistischen Gründen? »Brotdumping des Ostens!« lärmt der RIAS, die Stummpolizei schickt Krümeldetektive an die Sektorengrenzen und läßt östliche Laibe arretieren. Die Wechselstuben tauschen eine Westmark zu 4,40 beziehungsweise 4,60 Ost. Na bitte!

Natürlich war er dabei im August in Berlin. Mit Annelies wohnte er bei Kunerts, sie streiften zwischen Friedrichshain und Alex und Unter den Linden, standen vor Freilichtbühnen. Überall war Flirten und Trubel und Singen, Afrikaner und Koreaner schrieben ihre Namen auf die Tücher der Mädchen aus Sachsen und Mecklenburg. Auch nach Westberlin fuhren Kunert und Loests schnell mal und gingen ins Kino und kauften Zigaretten; hier und da begegneten sie Blauhemden, es hieß, der Senat verschenke Bananen. Sie waren nicht dabei, als die Freie Deutsche Jugend, die Junghäuer der Wismut vorneweg, dann doch den Sturm auf Westberlin probte, als die Stummpolizei knüppelte. Sie fanden keinen Einlaß ins Walter-Ulbricht-Stadion bei der Parade der Jugend der Welt, über die Fühmann schrieb:

»Die Albaner eröffnen den Reigen; Volk der Bergadler, zwischen den Aasgeiern Titos und den griechischen Henkern, Volk, das seine ersten Eisenbahnen als Ader des Lebens durch die gewaltigen Berge schlägt. Die Jugend Algeriens, Vorposten des schwarzen Kontinents, schwarz im Haß, schwarz im Samt der Nacht, die von Feuern erhellt ist. Pausbäckiges, flachsblondes Dänemark, braunschimmerndes Ekuador. Ein Wein, der berauscht, ohne trunken zu machen. Ein Rausch seliger, klarer Nüchternheit. Ein Brand ohne Rauch und Asche.«

Das war es wieder: Die Jugend der Welt ging das letzte Gefecht lachend an, wer würde ihr widerstehen können! L. spähte, sog ein, behielt, was er für sein Denken und Hoffen und für den Roman brauchte. Marchwitza, der alte Arbeiterbarde, sah es so:

»Wetteifert, Kinder, tanzt, singt, zeigt einander eure Künste. Treibt die Mörder in Verzweiflung, Scham kennen sie ja nicht; singe und tanze, Jugend, daß den Adenauern und McCloys die Galle platzt vor Wut. Lache, Jugend, lache und singe ihre Kanonen und Tanks rostig, verstopfe ihre Todesmäuler mit deinem Millionenlachen. Donnert ›Freundschaft‹ gegen die Jugend- und Kulturschänder, daß ihnen die Knarren aus den Klauen fallen.«

Und schnell wieder nach Hause! Die Personage ist reichlich und kann hin- und hergeschoben werden wie's beliebt. Stil kommt später.

Für einige Zeit gerät der Gangster Kamm in den Hintergrund. Margot, das positive Heldchen, singt und agitiert, wo es geht und steht, die Wechselstubenbesitzer hetzen gegen die Einigung Berlins, denn die machte sie brotlos. Kommissar Pennkuven erhofft die Vereinigung der beiden Berliner Polizeien, denn dann fiele es leichter, alle Verbrecher hinter Riegel zu bringen.

Da versammelt Egon Kamm seine Banditen, acht sind's inzwischen, zur Grundsatzbesprechung. Nun schiebt auch Edinger, Bernds Kneipenwirt, mit Buntmetall – ach, der Chronist gerät immer eiliger ins Blättern.

Juli 1951. Der demokratische Sektor von Berlin ist ein großer Bauplatz. Die Sporthalle in der Stalinallee geht ihrer Vollendung entgegen, ebenso das Stadion an der Cantianstraße; im Friedrichshain wird fieberhaft an einem großen, modernen Schwimmbad gebaut, und viele Hände senken am Bahnhof Friedrichstraße kleine Bäumchen in den Grund, um eine ehemals von Trümmern besäte Fläche mit Grün zu überkleiden. Am Alexanderplatz wird aufgeräumt, ebenso an der Jägerstraße und Unter den Linden. Im Großen wie im Kleinen bereitet sich Berlin darauf vor, Gäste zu empfangen, denn der Tag ist nicht mehr fern...«

Nun war er völlig ins Zeitungsdeutsch abgerutscht, unser Romancier, und schmockte wie weiland auf der Kreisseite Rochlitz. »Viele Hände senken«, und nicht einmal bei den »kleinen Bäumchen« meldete sich in der Deutschstunde geschärftes Sprachgewissen.

L. schickte das Manuskript nach Berlin, Kunert las, leise und höflich waren seine Bedenken, er trieb einen Freund auf, der den Berliner Dialekt reparierte, und trug Teile hin zu einem Redakteur – von der ›Berliner Illustrierten‹? Der lehnte den Vorabdruck ab mit sorgsamen Begründungen an einem Abend in Kunerts Wohnung – nein, an jeglicher Ermahnung, es gediegener zu tun, hat es nicht gefehlt. Spurensicherung ist einfach in diesem Fall, denn Spuren sind ja auf 580 Seiten gedruckt in 65 000 Exemplaren der deutschen Ausgabe; Spurensicherung fällt schwer, denn wer lüftet gern die Decke über der eigenen Kolportage? Sieben Jahre später wurde auch dieser Titel des Staatsfeindes L. aus den Bibliotheken entfernt, andere Exemplare sind zerlesen, zerbröckelt. Die Bücher von heute sind das Altpapier von morgen.

Jubelnd und jauchzend gehen die Weltfestspiele über die Berliner Roman-Bühne. Vorher noch wird Egon Kamm nach einem Feuergefecht dingfest gemacht; ihn überwindet Karl Bornemann, Margots Bruder. Margot sprintet in einer Staffel und erringt einen achtbaren dritten Platz. Mit Bernd liegt sie abends im Gras:

»Stell dir mal vor«, sagt er, »Kellner auf einem Schiff zu sein. Wir bauen jetzt im Fünfjahrplan doch Schiffe, nicht? Erst sind das mal natürlich Frachtdampfer, aber wir werden doch bestimmt eines Tages auch Passagierdampfer bauen. Und dann Kellner auf so einem Schiff! Stell dir vor, mein

Dampfer fährt in die Bucht von Rio ein, abends, wenn die Lichter der Stadt leuchten und der Zuckerhut hinter der Bucht aufragt.«

Die Abschlußbesprechung mit dem Lektor dauerte zwei Stunden, ein paar Dutzend Unstimmigkeiten und Sprachschnitzer wurden getilgt. Ende auch hier: Angenommen. Lektor und Autor stießen an mit Steinhäger. Noch war die Welt hell und heil für den Genossen L., noch dichtete Johannes R. Becher:

> Schwingender, winkender Gang,
> Wie ein Triumph ohne Ende.
> Seht der erhobenen Hände
> Jubel im Völkergesang!
> Name, den jeder kennt,
> Strahlender heute denn je:
> Straße – sein Monument!
> Stolze Stalinallee!

VII.

Und durch die Erde ein Riß

1

Immerzu wurde der Friede beschworen. Aber galt er nicht als gesetzmäßig, der imperialistische Krieg, mußte er nicht wie Naturgewalt aufflammen im angeborenen Zyklus Krieg – Aufbau – Krise – Krieg? Das letzte Gefecht, einmündend in die Weltrevolution, schien unausbleiblich – warum dann Kampf um den Frieden? Gewiß sollte das Gemetzel hinausgeschoben werden, bis das Weltfriedenslager in Saft und Kraft strotzte und der Imperialismus endgültig am Stock ging. Nach diesem dritten Großkrieg schien die Sonne, so jubelte die »Internationale«, die L. mit seinen Genossen sang, ohn Unterlaß.

Wie sollte er arbeiten, da doch die Bombe fallen konnte? Er redete mit Naumann darüber, dessen Professor Krauss hatte gesagt: Wir müssen lernen und forschen und schreiben, als ob der Friede ewig dauerte, auch wenn morgen wir und alle unsere Spuren verbrennen. Das ist unsere Moral, ist dem Menschen gemäß. Das Wort eines Mannes, der die Todeszelle der Nazis überstanden hatte, besaß Gewicht. Brechts Brief an die deutschen Künstler wurde abgedruckt; der Meister forderte Freiheit des Buches, des Theaters, der bildenden Kunst, der Musik und des Films mit einer Einschränkung: Keine Freiheit, den Krieg zu verherrlichen, als unvermeidbar hinzustellen und den Völkerhaß zu fördern. Der Brief schloß mit dem Gleichnis: »Das große Carthago führte drei Kriege. Es war noch mächtig nach dem ersten, noch bewohnbar nach dem zweiten. Es war nicht mehr auffindbar nach dem dritten.«

Die DDR begann das Jahr 1952 mit Schwung: Der Aufbau Berlins wurde proklamiert, Grotewohl und Ulbricht schippten Schutt an der Stalinallee. Alle Kraft für Berlin! Auch L. verpflichtete sich, drei Prozent seines Bruttoeinkommens langfristig zu kreditieren, besonders fortschrittliche Bürger berappten sechs. Die Volkskammer arbeitete ein Wahlgesetz für eine gesamtdeutsche Nationalversammlung aus und schickte Aufruf nach Aufruf zum Rhein. Adenauer forcierte den Schumanplan, der Bundestag nahm ihn gegen die Stimmen der SPD und KPD an. »Verräter Adenauer drängt zum Krieg!« hämmerten Schlagzeilen, und: »Das deutsche Volk braucht keine Panzer, sondern Pflüge!« Fotos stimulierten den Einheitsgedanken: Köln, der Roland von Bremen, das alte deutsche Nürnberg.

Leipzigs Schriftsteller wählten einen neuen Vorstand. Wer sollte den Vorsitz übernehmen? Wieland Herzfelde, einst einer der Dada-Väter und Leiter des Malik-Verlags, jetzt Professor für Literatur, fragte: »Erich, willst du's nicht machen?« L. wunderte sich – er, das jüngste Verbandsmitglied überhaupt? Die anderen nickten. Es war nicht Sitte damals, eine Funktion auszuschlagen, weil man sich ihr nicht gewachsen fühlte, vielmehr war üblich, zu sagen: Natürlich brauche ich eure Unterstützung – wenn ihr mir helfen wollt? Wieder war Nicken im Kreise. Also? Er wurde Bezirksvorsitzender mit sechsundzwanzig.

Dieser Verband! Im Bezirk Leipzig umfaßte er an die dreihundert Seelen, kranke und tote dabei. Von Berlin kam Weisung, die Kartei zu durchforsten, aber es gab ja kaum eine Kartei. Einen Veranstaltungsplan entwarf die Leitung, aus eigenen Werken wurde gelesen und darüber debattiert, zu theoretischen Vorträgen warb L. Referenten, die er für Spezialisten hielt, auch Jochen Hoffmann, der inzwischen FDJ-Kreissekretär geworden war. Sozialfragen waren zu lösen – woher Papier, eine Schreibmaschine gar? Eines der passiven Mitglieder war der Philosoph Ernst Bloch. Es galt kennenzulernen: Walter Gilbricht, in den zwanziger Jahren vielgespielter Dramatiker, Walter Bauer, wichtiger Mann des linken Kabaretts vor den Nazis, Valerian Tornius,

Lenka v. Koerber, Professoren, Doktoren, Germanisten und Sprachwissenschaftler, Kinderbuchschreiberinnen und Hörspielautoren, wer hatte was geschrieben, wer schrieb überhaupt noch, inwieweit war dieser und jener Nazi gewesen, war dennoch brauchbar für die neue Zeit? Antifaschistisch-demokratisch verstand sich der Verband wie sein Staat, sozialistisch längst nicht. Der Genosse L. fühlte sich anfangs gehemmt gegenüber Frauen und Männern, die so viel erfahrener und gebildeter waren als er. Herzfelde hatte eben eine dreihundert Jahre alte Bibel gekauft, ein anderer: »Als ich Wiechert zum erstenmal besuchte.« Ein dritter: »Im Gewandhaus gestern – wie stehen Sie zu Liszt?« Bei Lenka v. Koerber speiste er, während sie von ihrer Freundin Klara Zetkin schwärmte, mit einem Besteck, das Friedrich II. von Preußen, genannt der Große, zu Munde geführt hatte.

Vorsitzender war er, einen Ruck mußte er begreifen, erfühlen. Es war nicht lange her, daß er die grünweiße Schnur abgelegt hatte: acht Jahre. Immerhin, das fand er rechtfertigend: Er war von seinen Kollegen gewollt und nicht von oben eingesetzt worden, es war noch nicht so, daß die SED-Bezirksleitung den Vorstand zusammenstellte und dann nach einem System wählen ließ, das Abweichungen ausschloß. Er konnte sich sagen: Meine Kollegen brauchen mich, Arbeit gilt es für sie zu leisten, da darf ich mich nicht sträuben. Beim Suchen der Spuren im alten Sand erinnert sich Annelies und sagt es dem Chronisten in einer Mischung von Vorwurf und Anerkennung: Wurdest ganz schön selbstbewußt, hast dich verblüffend rasch verändert. Die große Klappe hattest du immer, aber jetzt nahm deine Selbstironie ab. Wenn du aus Berlin kamst: Bredel hat mir gesagt, Becher hat mir gestern – du, das klang anders als vorher!

Also dieser geblähte, konturlose Verband. Treue Mitglieder besuchten jede Versammlung, andere waren seit Jahren nicht gesehen worden. Wollten sie überhaupt noch Mitglied sein? L. schrieb Briefe, von manchen bekam er Antwort, von manchen nicht. Mit seinen Vorstandskollegen brütete er über Listen – wer kam als erster auf die Idee, jemanden, der auch auf den zweiten Brief nicht reagiert hatte, flink zu streichen? Keiner ging hin und fragte etwa, ob da jemand krank oder verzweifelt wäre oder sich beleidigt fühlte aus irgendeinem Grund. Notwendigkeiten, redete er sich ein – es blieb ja gar keine Zeit, jeden einzelnen aufzusuchen, die Verbandsarbeit fraß so schon einen Tag in der Woche und manchmal den zweiten dazu. Der zehnte Strich fiel leichter als der erste. Diese Ansicht hörte er und nahm sie auf, mit ihr ließ sich handwerken: Die anderen sitzen zu Hause und schreiben, wir opfern uns für sie auf.

Jetzt mußte er referieren, diskutieren, argumentieren. Das ging holprig zuerst, dann flüssiger. Frisch erworbene Leichtigkeit brachte Genuß und erzeugte neue Wendigkeit. Einmal, in Dresden, wußte er mitten in einem Diskussionsbeitrag nicht weiter, ließ sich durch Zwischenfragen aus dem Konzept bringen, kam ins Stammeln und flüchtete schwitzend vom Podium.

Er war der einzige Genosse im Leipziger Vorstand. Herzfelde war wie sein Bruder John Hartfield ausgeschlossen wegen Berührung mit Noel Field während der Emigration, der wiederum war beschuldigt, zionistischer Agent des US-Geheimdienstes gewesen zu sein. Herzfelde hatte ein Telegramm ans ZK gerichtet: »Ausgeschlossen? Ausgeschlossen!« Es half ihm nicht. Bei Herzfelde konnte L. sich Rat holen, Herzfelde versicherte ihm, er würde Beschlüsse der Partei befolgen wie eh und je. L. fuhr zu Sitzungen nach Berlin, nun sah er die Berühmten leibhaftig, Anna Seghers und Willi Bredel, Arnold Zweig, Friedrich Wolf, Marchwitza, Renn und Fürnberg. Dort schwieg er bescheiden, aber in seiner Stadt durfte er bescheiden nicht sein, sondern mußte entscheiden. Wem tat er weh? Fast dreißig Jahre später fragte der Chronist herum, aber viele von damals sind nicht mehr am Leben, von anderen kommt keine deutliche Antwort. Wer entsinnt sich denn so genau. Er hatte Macht, und da der Chronist dünnhäutig ist, wenn's um Machtgebrauch und -mißbrauch, ums Befehlen und Kuschen geht, streckt er nach dieser Lebensphase argwöhnisch alle Fühler aus. Es ist denkbar, daß seine Machtepisode in eine für ihn gnädige Zeit fiel: Heftig wurde um Kritik und Selbstkritik gerungen, Kritik von unten wurde präzis gefordert, und Sachsens SED-Landesvorsitzender wurde abgelöst und aus dem ZK ausgeschlossen, weil er nicht begriff, daß ein Leiter die Kritik an sich selbst immer wieder fordern und organisieren mußte. Kritik durfte nicht als Übel gelten, sondern sollte Lebenselement sein, unverzichtbar für die sozialistische Demokratie. Vielleicht hat L. Glück gehabt, es war nicht die Zeit für kleine, böse Herrscher.

Und dennoch. Der Leipziger Vorstand hatte ein Preisausschreiben veranstaltet, ein paar hundert Mark waren vom Etat geblieben, Herzfelde stockte aus seiner Tasche auf – wer schrieb die beste Kurzgeschichte zeitgenössischen Inhalts? Anonym sollten die Arbeiten eingereicht werden mit einer Nummer, diese Nummer sollte auf einem verschlossenen Umschlag mit dem Namen darin stehen; die übliche Methode. Die Juroren – der Vorstand – diskutierten über die Geschichten, legten die Reihenfolge der Preise fest, danach öffneten sie die Umschläge und waren baff: Da hatten sie doch den ersten Preis einer Kollegin zuerkannt, die ansonsten drittklassige Tiergeschichten schrieb, Nazisse gewesen war, kürzlich in einer Diskussion dummes Zeug geredet hatte, die überhaupt keiner so recht leiden konnte – für *die* der erste Preis? Da kamen die Juroren überein, ihre Entscheidung noch einmal zu überdenken, nun fanden sie, auf übertrieben fortschrittliche, ja heuchlerische Töne hereingefallen zu sein, und auch der Vorsitzende L. hielt es für besser im Sinne einer aufbauenden Verbandsarbeit, dieser Kollegin bestenfalls den dritten Preis zu verleihen und eine andere Arbeit vorzuziehen, deren Autor wohlgelitten und verbandsfleißig war. Der Chronist fragt sich: Wäre er aufgestiegen und mäße heute Nationalpreise zu, wie entschiede er dann?

Macht bedeutet Glück, eine triviale Geschichte. In einem Staat wie der DDR, in dem so vieles hinter verschlossenen Türen verhandelt wird und so wenig in der Zeitung steht, bringt es Genuß, mehr zu erfahren als der schlichte Sterbliche. Information ist gesteuert, wird nach unten mit immer feinerem Filter ausgedünnt. Jetzt nahm L. an Verbandssitzungen in Berlin teil und hörte zu, wenn Gustav Just aus dem Zentralkomitee über neue Aufgabenstellungen sprach. Selten fehlte diese Formulierung: Genossen, was ich jetzt sage, ist nicht für die Öffentlichkeit bestimmt! Meist war gar nicht so umwerfend, was dann kam, aber der das hörte, sah sich ins Vertrauen gezogen, auch L. fühlte sich dem Zentrum ein Stück näher. Bahro hat darüber geschrieben, wie Funktionäre sich durch Informationsgnade erhoben fühlen und wie sie leiden, stuft man sie zurück. Einmal schritt L. gar mit dem Vorstand durch die Türen des Zentralkomitees, er wurde gefragt und empfand die Frage als Ehre: Genosse, sind Sie Schußwaffenträger? Natürlich war er es nicht, aber andere hielten es für möglich, und ist nicht Waffenbesitz für einen Zivilisten im Sozialismus ein Statussymbol dicht unter der schwarzen Staatskarosse mit Gardinen hinter den Scheiben? Dann hörte er, was Paul Wandel, Sekretär des ZK, ihnen zu sagen hatte. Über den Kampf der Genossen in Westdeutschland weihte er ein, die Streiks an Rhein und Ruhr forcierten und denen eines gelingen müsse: der Übergang vom ökonomischen zum politischen Streik. In die Wirtschaftslage der DDR gab er Einblicke, auch in Schwierigkeiten. Genossen, uns fehlen dreißigtausend Tonnen Zucker! Genossen, in der Stahlerzeugung stehen wir seit Monaten auf dem Fleck! Genossen, Sabotage in der Saatzucht... L. fühlte sich einbezogen, das ZK vertraute ihm. Das, schloß der führende Genosse, teile ich euch mit, damit ihr mit größerem Weitblick, also besser schreiben könnt als bisher.

Was schreiben nach der »Westmark«? Sie fand zustimmende Kritik, die nächste Auflage sollte rasch folgen. Er war nun so zu etikettieren: junger, erfolgreicher, vielversprechender Autor. Zu seinem 26. Geburtstag, im kalten Februar, erschienen Verleger und Cheflektor mit grusinischem Weinbrand und weißem Flieder. Nicht gleich wieder wollte er einen Brocken stemmen, sondern sich mit Erzählungen begnügen. Er bewies Blick für den Markt, als er sich für Sportgeschichten entschied. In einem Zug tippte er sie herunter; leichtfertig gemacht durch schnellen Erfolg baute er sie nach gängigen Schablonen.

Stand dieser Höhenflug im Verband mit dem Abfall der schriftstellerischen Leistung im Zusammenhang? Andere Faktoren können hineingespielt haben, aber es ist schon denkbar, daß L. sträflich selbstsicher wurde in dem Glauben, daß festes sozialistisches Bewußtsein sich in künstlerischer Leistung niederschlagen *müßte*. Je stabiler ein Genosse war, desto besser schrieb er; wankelmütige brachten eh nichts zustande – das hörte man allenthalben. Strengte er sich deshalb zu wenig an?

Auch das geschieht nach fast dreißig Jahren: Vater, sagen seine Kinder, sei bloß froh, daß du beizeiten wieder rausgeflogen bist, stell dir vor, du wärst heute Vizepräsident des Verbandes oder Direktor des Literaturinstituts oder Schlimmeres, hättest die Brust voller Orden – könntest du denn dann noch *schreiben*? Über diese Gegenwart schreiben? Da läßt der Chronist Kollegen im Geiste an sich vorbeiziehen, die versucht haben, die Kluft zwischen Macht und Geist zu schließen, er sieht den verfluchten Inneren Zensor in sich etabliert, erlebt sie befangen in Parteidisziplin und Staatsräson, wie sie Apothekerwaage und Mikrometerschraube bemühen beim Grübeln, wieviel Kritik am Gegenwärtigen ihr Werk vertrüge. Er hörte davon, wie ein Bezirksvorsitzender in der Biermann-Affäre gegen aufmüpfige Kollegen nach vorn getrieben wurde, und als sich der Kurs abschwächte, rief ihm derselbe Funktionär, der ihn angespornt hatte, öffentlich zu: »So geht das nicht, steck den großen Hammer ein!« Und dieser arme Vorsitzende brüllte nicht zurück: »Du hast mir doch den Hammer erst in die Hand gedrückt!« Wie kann einer, überlegt der Chronist, der sich so krumm macht, über diese seine Zeit schreiben? Der Chronist erlebt, wie sich Funktionärskinder mit ihren Eltern verkrachen, wie sich Eltern von Kindern und Kinder von Eltern distanzieren

– wer von den führenden Genossen Schriftstellern, die den Bruch im eigenen Haus erlitten, wäre willens und fähig, über ihn zu schreiben? Vater, sagte die Tochter des Chronisten einmal gar, sei froh, daß du im Knast warst! Das fand er nun doch ein wenig happig, aber er entwickelte weiter: Wenn ich feig bin, bin ich feig, wenn ich nicht zu meinem Wort stehe, ist das charakterlos. Meine über mich befindenden Kollegen können sich immer hinter einen übergeordneten Beschluß und Auftrag zurückziehen, sie können mich aufs Kreuz legen und doch ihre Moral behalten. Das ist ein hübscher Unterschied. Für einen Schriftsteller ist er lebenswichtig.

Einmal saß der Chronist mit Juri Trifonow, dem Moskauer Erzähler, beim Wodka. Gleichaltrig sind sie, als L. »Das Jahr der Prüfung« schrieb, arbeitete Trifonow an »Studenten«; sie fanden allerlei Gemeinsamkeit und kamen auf eine These, die Max Walter Schulz, ein schreibender Funktionär, zur Zeit des »Bitterfelder Wegs« ersonnen hatte: Ein Schriftsteller müßte *ein Amt haben,* um mit dem Rund- und Durchblick eines Lenkers und Leiters seine Werke zu schaffen. Da entwickelte L., er habe eine Zeitlang angenommen, es müßte sicherlich Schreiber mit Amt, aber es müßte ebenso Schreiber ohne Amt geben, die letzteren schrieben über die Leute ohne Posten, die Kleinen, die Arbeiter ohne Macht und Ehrgeiz zum Aufstieg. Und nun, sagte L., frage er sich, ob diese Ansicht richtig sei. Da tranken sie noch einen Wodka und wiegten die Köpfe, L. dachte an die Führenden unter den Schriftstellern in der DDR, Trifonow dachte an seine Funktionäre daheim. Noch einen Wodka tranken sie, und schließlich verkündeten sie: Ein Schriftsteller *darf* kein Amt haben!

Das war 1976, aber noch stecken wir ja im fernen Jahre 1952, und L. trug seine Aktentasche nach Berlin. Er kam zurück und gab Weisungen weiter, Stipendien gewährte er oder lehnte ab. Mit Kuba, dem Generalsekretär, spann er einen haltbaren Faden. Damals war es so eingerichtet, daß ein Schriftsteller zwei Jahre lang als Generalsekretär tätig war, dann folgte ein anderer. Keiner sollte zu lange von seiner Hauptarbeit entfernt werden – sollte vielleicht auch keiner eine Hausmacht errichten? Das ging an die zehn Jahre so, dann rückte ein Berufsfunktionär auf diesen Posten und hielt ihn länger als fünfzehn Lenze, und wenn er nicht gestorben ist, dann funktioniert er noch heute. Einmal sagte Kuba: Erich, jetzt bist du noch sehr jung, und geschrieben hast du noch nicht genug, aber so in zehn Jahren – ich könnte mir vorstellen, daß du dann mal für zwei Jahre auf diesem Stuhl sitzt. Und L. konnte es sich auch vorstellen.

Nun trat auch Annelies der SED bei, ein logischer Vorgang. Im Demokratischen Frauenbund strebte sie mit für die Aktivierung der Frauen im Gleichberechtigungs- und Friedenskampf. Manchmal gab's dort Kaffee und Kuchen; Tasse und Löffel mußten mitgebracht werden. Kein Verweilen: Fahnen heraus, denn Stalin übergab den Westmächten einen Vorschlag für einen Friedensvertrag mit Deutschland. Eine Chance für die endliche Einheit – heute weiß jeder, daß es die letzte war. Die Westmächte zögerten, Adenauer hielt sich an ihre Weisungen. Voll lief der Propaganda-Apparat, auch L. agitierte in Hausversammlungen. Der Zeitungsleser findet aus diesen Tagen: Stalin-Friedenspreis für Anna Seghers. Ein Großbauer hatte eine Landarbeiterin böse unterbezahlt und war nun angeklagt. »Wadewitz saß da wie aus Stein. Nur ab und zu schossen giftige Blicke aus seinen dichtbewimperten tiefliegenden Augen. Welche Gedanken mochten sich hinter dieser niedrigen Stirn verbergen?« Kalter Krieg im kleinen.

Auch L. und seine Freunde erwogen, wie es ihnen bekäme in einem vereinigten Deutschland, in dem die SED nur noch Oppositionspartei sein könnte. Wie, beispielsweise, kam ein Schriftsteller zurecht, der mit »Die Westmark fällt weiter« gegen bürgerlich-westliche Literatur zu konkurrieren hätte? Nicht sonderlich wohl fühlten sich L. und seine Freunde bei diesem Gedanken. Doch er wurde als kleinbürgerlich zurückgedrängt: Das ganze Deutschland soll es sein!

Da sah mit einem Schlag alles anders aus. Gebührlich lange war auf Antwort des Westens auf Stalins Vorschläge gewartet worden, nun reagierte die SED: Auf der II. Parteikonferenz im Juli 1952 verkündete sie den Aufbau des Sozialismus in der DDR. In einem vielstündigen Referat legte Ulbricht alle Umstände dar: Wie Stalin schon 1930 festgestellt hatte, lebten wir in der Periode der Kriege und Revolutionen, und die widersprüchlichen Entwicklungen in den USA, in England, Frankreich, Japan, Italien und Westdeutschland *müßten* zu innerkapitalistischen Kriegen führen. Westdeutschland sei national versklavt, die arbeitenden Massen würden doppelt durch aus- und inländisches Kapital ausgebeutet, so stünde die Bevölkerung Westdeutschlands vor der Notwendigkeit, den nationalen Befreiungskampf breit zu entfalten. Die KPD müsse sich dabei an die Spitze stellen. In der DDR aber werde der Sozialismus planmäßig aufgebaut. »Delegierte erheben sich von den Plätzen. Minutenlanger Beifall, Zuruf: Das ZK unserer Partei, es lebe hoch!« Drei Punkte stellte Ulbricht ins Zentrum: Brechung des Widerstandes der gestürzten Großkapitalisten und Großagrarier, Aufbau des Sozialismus durch Zusammenschluß aller Werktätigen um die Arbeiterklasse, Schaffung von bewaffneten Streitkräften, die erfüllt sein sollten vom Haß gegen die Imperialisten. Landwirtschaftliche Produktionsgenossenschaften sollten gegründet werden, den Künstlern wurde zugerufen, eifriger von den Meistern der Sowjetunion zu lernen und den Kampf gegen den Formalismus zu verstärken. Kein Warten mehr, vorwärts!

Herrnstadt, Chefredakteur von ›Neues Deutschland‹, geißelte den Verfall des amerikanischen Brückenkopfes Westberlin und zitierte einen Arbeiter vom Wedding: »Die Arbeiter von Westberlin warten förmlich darauf, daß man sie zum Kampf organisiert.« Bei dem Wort Kampf wurde der Kampf mit der Waffe keineswegs ausgeschlossen, unter Umständen galt er sogar als unausbleiblich. Herrnstadt rief von der Konferenztribüne: »Berlin war rot, als der Sozialismus noch in der Zukunft lag. Wie sollte Berlin nicht rot sein, wenn der Sozialismus mitten in seinen Mauern wächst!«

Wie sollte das unseren Mann nicht schwindlig machen:

Nur sieben Jahre war es her, daß der Eleve L. auf den Feldern Kahnsdorfs ein Pferd vor Bombenblindgänger gespannt hatte. Vor acht Jahren war er durch Zeithains Sand gerobbt, Zielansprache: Iwan Daumenbreite links vom Ziehbrunnen. Bechers Nationalhymne, beschwörend, daß nie eine Mutter mehr ihren Sohn beweine, war keine drei Jahre alt. Militaristischen Geist hatte L. aus sich herausreißen wollen, er hatte sich zu eigen gemacht, daß eine Hand verdorren sollte, die wieder eine Waffe erhob. Eben noch hatte ihn Brechts Zeile frösteln lassen: Das große Carthago führte drei Kriege. Jetzt sah er Mädchen im Blauhemd, die Lippen schmal und die Augen trotzig, durch Leipzigs Straßen marschieren, das Luftgewehr an der Schulter.

Die Kasernierte Volkspolizei wurde aufgebaut, die Werber fahndeten nach Genossen in L.s Alter und ein wenig darüber, besonders nach solchen, die in der Wehrmacht Offiziere gewesen waren. Die Fragestellung klang einfach: Bist du für den Frieden, dann komme zu uns! Wenn du nicht Friedenssoldat werden willst – bist du dann nicht, objektiv gesehen, für Imperialismus, Faschismus und Krieg? Da war schwer lavieren, und L. fürchtete sich, vor diese Alternative gestellt zu werden. Der Gedanke an Uniform und Kaserne war ihm ein Greuel, er wußte, daß er ein lustloser, unglücklicher Soldat werden würde. Aber konnte es nicht auch heißen: Wir brauchen Presseoffiziere, Politoffiziere! Er wollte bei Frau und Kind bleiben, weder strammstehen noch kommandieren. Überzeugen wollte er durch Schrift und Wort. Das war wie ein Alpdruck: Wieder über einen Kasernenhof hinwegschreien zu müssen. Eine Rekrutenstube, er riß die Tür auf, brüllte: Da liegt ja noch einer im Bett! Hindernisbahn: Mehr Tempo, wenn ich bitten darf! Er hätte dann gemeint, sein Leben setze an einem fernen Punkt noch einmal ein, einige Jahre Nachdenken und Umdenken wären für die Katze gewesen. Erinnerung an den Hordenschiß von Plauen, den Sand von Zeithain, den Appellplatz von Schnekkengrün. Dieser Kelch ging an ihm vorüber.

Eifrig, fröhlich auch leitete er seinen Verband. Sommers

tat er das in kurzen Hosen. Er hatte einen langen, ausgefüllten Tag und gute Nerven. Nach den Versammlungen saß er mit seinen Freunden bei Bier und Schnaps und Skat. Beim Skat verlor er mehr, als er gewann.

2

Eine gute Zeit für ihn – die beste seines Lebens, wenn die Harmonie aller Aspekte als Kriterium gilt und das subjektive Glück als Hauptfaktor? Jedes Jahr ein Buch: Nach den »Sportgeschichten« wollte er wieder ins Zentrum greifen. Ganz neu, heiß, ohne Beispiel in Deutschland, Errungenschaft des Sozialismus waren die Bildungsstätten für Arbeiter- und Bauernkinder, die zur Intelligenz des neuen Staates aufrücken sollten, Mädchen und Jungen mit dem im Herzen, was L. nun einmal nicht vergönnt war, proletarischem Bewußtsein. Werber streiften durch Betriebe und Dörfer: Willst du studieren, alle Wege stehen offen! Wenig wurde nach Begabung gefragt; die Meinung, sie sei ausschlaggebend, hieß stinkbürgerlich, der Erziehung wurde absolute Bedeutung zugemessen. Wir brauchen sozialistische Richter, Lehrer, Ingenieure, Journalisten! Jahrhundertelanges Bildungsunrecht wird beseitigt, nach der Bodenreform die Bildungsreform: Stürmt die Höhen aller Wissenschaften! Das war der klare Weg für einen jungen Genossen Schriftsteller: Heran an einen Hauptabschnitt des sozialistischen Kampfes! Da fand er seinen Verlag sofort hinter sich, der knüpfte Verbindungen, und im Herbst 1952, zu Beginn des neuen Studienjahres, betrat der Schriftsteller L. die Arbeiter- und Bauernfakultät zu Leipzig, kurz ABF, zum Quellenstudium, dem Direktor stellte er sich vor und wurde den Dozenten vorgestellt, und siehe da, zwei stammten aus Mittweida.

Da saß er nun wieder auf der Schulbank, wenn auch als Hospitant; die ältesten Schüler waren nur wenige Jahre jünger. In ihrem dritten Jahr in diesem Haus lagen sie im

Endspurt, neun Monate blieben bis zum Abitur. Diesen Aspekt gab es nicht: Aussondern, Spreu vom Weizen trennen, das hätte als bürgerlich gegolten. Kollektivgeist wurde groß geschrieben, Ziel war, daß alle das Abitur erreichten, auch die, denen es bitter schwerfiel, einer jungen Frau etwa, die nicht wußte, wohin mit ihrem Kind, oder einem Jungen, dem Russischlernen zur Qual wurde, einem Mädchen, das vor der Abstraktion der Mathematik stand wie vor einem zugenagelten Tor. Ihnen wurde patenschaftlich geholfen, und wehe, wer das eigene Fortkommen über das des Kollektivs stellte. Daß die politische Erziehung ihren Mittelpunkt hatte, verstand sich. Daß alle der Freien Deutschen Jugend angehörten, bedurfte keiner Frage. Ein Viertel war in der SED. Dozenten lehrten, die um die fünfzig waren, bürgerliche, wie sie etikettiert wurden, und junge, die gerade von den Pädagogischen Fakultäten kamen. Die beiden aus Mittweida waren Hitlerjugendführer gewesen und unterschieden sich in ihrem ideologischen Sprung von dem Schriftsteller, der hier seinen Stoff suchte, keineswegs.

Eines der wirklichen Volksbücher über die DDR ist »Die Aula« von Hermann Kant, geschrieben mit der oft beschworenen Heiterkeit des Siegers der Geschichte, ein Aufbruchsbuch, Durchbruchsbuch. Sicherlich hatte auch L. vor, diesen Geist in sein Buch zu legen, aber es war ihm nicht gegeben, das Radikale, Verbissene, das sich hier drängte, als würzigen Spaß an den Rand zu garnieren wie sein späterer Verbandspräsident. Bei Kant werden Konflikte »im Vorwärtsschreiten« überwunden, und hinterher wundert man sich über die Aufregung. Hingegen: L. erlebte eine FDJ-Versammlung, in der ein Jugendfreund unter Beschuß geriet, weil in seinem Zimmer eine Bibel auf dem Bücherbord stand, ein anderer Jugendfreund, der ihn besuchte, hatte sie dort ausgespäht und ritt nun seine Attacke. Sie kam nicht aus dem Handgelenk, war detailliert abgesprochen mit der Leitung und bildete den Hauptpunkt der Versammlung. Über den Betroffenen stürzte sie unerwartet herein, er stammelte, die Bibel gehörte keineswegs ihm, er hätte sie von seiner Wirtin geborgt, um »bloß mal reinzuschauen«. Das war natürlich alles andere als schürfende Selbstkritik, dieser und jener geißelte das Verhalten des Kommilitonen, von dem er solches nicht gedacht hätte. »Objektivistisch« hieß ein Schlagwort dieser Tage, das wurde strapaziert. Scharf waren die Argumente, scharf die Stimmen, bis L. sich einmischte: Ohne Luthers Bibelübersetzung sei deutsche Sprache nicht zu begreifen, und wollte der Jugendfreund nicht Germanistik studieren? Da gehörte die Bibel zum Handwerkszeug. Und man dürfte einem ABF-Studenten im dritten Jahr doch wohl zutrauen, sich von ihrem idealistischen Gehalt nicht einlullen zu lassen! Natürlich sei Religion Opium für das Volk, wie Karl Marx nachgewiesen hätte – er versuchte, dem Angeklagten Brücken zu bauen, engte die Angreifer ein und schlug Breschen dank seiner Zungenfertigkeit und Reputation. Der Chronist hält es für denkbar, daß dieser Junge, wenn sich die Fronten verhärtet, er zurück- und danebengeschlagen hätte und eines zum anderen gekommen wäre, von der Fakultät geflogen wäre. Beispiele könnten genannt werden, und das wäre dann kein Spaß gewesen, über den mit zukunftsgewissem Kantschen Schmunzeln hinwegzugehen wäre oder mit dem fürchterlichen Satz, daß dort, wo gehobelt wird, Späne fallen. Der Bibelausleiher tastete sich über den ihm gebastelten Steg: Für Redewendungen habe er sich interessiert, natürlich nicht für den religiösen Stuß, und außerdem habe er am Vorabend, man möge ihm bitte glauben, das Buch an die Wirtin zurückgegeben. Die Versammlung schloß mit dem Weltjugendlied.

L. überlegte: Konnte der Freund, der das schwarze Buch auf dem Bord sah, nicht sagen: Was hast du denn da, Junge, wie paßt das in unsere Landschaft, he? Da hätte der andere erklären können, und alles wäre gut gewesen. Auf diese Idee kam niemand in jener Versammlung, und keiner sagte: Ist das Ganze nicht verdammt hinterhältig eingefädelt? *Wachsamkeit* war demonstriert worden, keineswegs Denunziation lag vor. Jeder kannte Lenins Satz, Vertrauen sei gut, Kontrolle besser. Da kam L. auf den Gedanken, wie leicht es doch fiele, innerhalb dieser Wertvorstellungen Gemeinheit und Karrieredenken mit überscharfer Gangart zu kaschieren, und er meinte, daß er einen Strolch dieser Art in sein Figurenensemble einfügen müßte.

Wenn das doch kein Klischeesatz wäre, immerfort strapaziert: Jahrhundertelanges Bildungsunrecht wurde beseitigt. Der Satz trifft. Die moralische Berechtigung und praktische Leistung der ABF ist groß. Eine zurückgesetzte Klasse holte nach, holte auf. Wir stürmen die Höhen der Kultur! Die Aussichten galten als unermeßlich, hinter vorgehaltener Hand wurde über Perspektiven geflüstert: Wir bilden ja schon die künftigen Richter, Lehrer, Betriebsleiter, Chefredakteure für Hamburg, Köln und München mit aus, denn die Einheit Deutschlands wird sein, über kurz wird auch Westdeutschland sozialistisch erblühen, das ist gesetzmäßig, denn der Marxismus ist allmächtig, weil er wahr ist.

Er sah, erlebte, machte Notizen, entwarf Szenen. Jede zweite, dritte Woche fuhr er nach Berlin, Verbindung haltend zu Zeitschriften und zu Sitzungen im Verband. Dort erntete er Lob, wenn er kundtat, daß er nach der »Westmark« nun wieder ein Kernproblem anpackte. Doch wer blieb da doch einmal stehen an westlichen Buden zwischen dem Potsdamer Platz und dem Anhalter Bahnhof, das Parteiabzeichen keineswegs mehr am Revers, seine Barschaft überdenkend, dividierend durch 4,40? In wem klopfte Gewissen, daß er nun doch drauf und dran war, friedliches DDR-Geld hinzugeben zum Schwindelkurs gegen Spaltermark, wo doch daraus die Aufrüstung finanziert wurde, wo doch gerade seine Mark in eine Patrone eingewechselt werden konnte, die eines Tages auf ihn abgefeuert werden sollte? Der schwungvolle Genosse war's, der Vorsitzende aus Leipzig. Kleine Dinge erwarb er, die das Leben bunter machten, verbotne süße Frucht, den ›Spiegel‹ des Herrn Augstein, eine Schallplatte, Dorschleberbüchsen und etwas, das Annelies bei Freundinnen glitzern sah, Tüchlein mit dazugehöriger Spirale, breiten Gummigürtel, Nickis natürlich, und da schnellt ein Wort auf: Everglace, war es der erste bügelfreie Stoff der Welt? L. wußte von Parteiverfahren und Ausschlüssen gegen solche, die sich hatten erwischen lassen. So schwankte er abermals kleinbürgerlich und trug ein Scherflein von der Ostmark, die er mit »Die Westmark fällt weiter« verdient hatte, hin zum Klassenfeind.

Am nächsten Tag saß er wieder in seiner ABF-Gruppe. Im Literaturunterricht wurde der »Faust« reichlich behandelt. Faust verkörperte, so hörte er, das aufstrebende Bürgertum, Mephisto den absterbenden Feudalismus. Wenn Goethe dies auch nicht mit all der Klarheit hatte begreifen können wie ein marxistischer ABF-Dozent, so waren seine mehr intuitiven Ansichten doch zu loben. Als das non plus ultra jeglichen literarischen Schaffens, als Perle der sozialistischen Literatur aber wurde den künftigen Lenkern und Leitern der Roman eines Mannes namens Ashajew gepriesen, »Fern von Moskau«.

Dumpfe Erinnerung an dieses Buch: Im äußersten Osten der Sowjetunion wird eine Erdölleitung durch Taiga und Schnee vorangetrieben von Enthusiasten, Sowjetmenschen, mit unglaublichem Elan gehen sie ans Werk, die Heimat und Stalin im Herzen. Ein Schweißer ist der Held, er beherrscht die Kunst, auch über Kopf zu schweißen, wie kein anderer. Hier und da wird einer schwach, aber die anderen reißen ihn mit, Liebe glüht, ein japanischer Spion wird entlarvt, und wie ist doch das Ende, telefoniert da Stalin mit den östlichen Helden, oder hören sie an einem Feiertag im Radio die Rede des weisen Volksführers? Zwar sind sie fern von Moskau, aber Stalin ist immer dabei. Jeder Konflikt wird gelöst, Lohn winkt den Guten, Strafe den Bösen, in simpler Sprache geht's durch Hunderte von Seiten – das galt der Kulturpolitik der DDR als beispielhaft auch für die hiesigen Schriftsteller, und die Literaturdozenten gaben es ihren Studenten als Höhepunkt literarischen Schaffens auf den Weg. Nirgends leuchtete das Typische so typisch wie hier, nirgends der positive Held positiver und heldischer. Erst viel später erfuhr der Chronist, daß Ashajew als Häftling die Kälte Sibiriens erlitten hatte, daß er die mörderische Taiga aus der

Perspektive eines Iwan Denissowitsch kannte. Nicht viele Bücher steckte L. später so ungerührt in den Altpapiersack wie dieses.

Im Lande wurde inzwischen der Sozialismus aufgebaut. Zuerst mußte eine Basis für die Schwerindustrie geschaffen werden, so besagte die Lehre, die Konsumgüterindustrie würde später erblühen. Der Aufbau des Sozialismus verschlang Geld, vielleicht würde man vorübergehend sogar geringfügige Einbußen im Lebensstandard hinnehmen müssen. Preissenkungen wurden seltener und beschränkten sich auf wenige Erzeugnisse, dann wurde zunehmend massiver unter den Studenten eine Debatte entfacht, das Stipendium von 120 Mark sei zu üppig, 80 Mark entsprächen eher dem Stand der Wirtschaftskraft und wohl auch dem ideologischen Anspruch. Strapaziertes Argument: Was brauchte eine Studentin Nylonstrümpfe? Denkt an die Genossen, die als Interbrigadisten in den Schützengräben vor Madrid darbten! Die Entsagung einer Art Kriegskommunismus wurde gepriesen, durch ein Nadelöhr mußte der Sozialismus noch einmal hindurch, aber gleich, gleich dahinter blühte das Paradies kommunistischen Überflusses! Ohne Murren machten sich die ABF-Studenten bereit, sich unters Joch der geplanten Stipendienkürzung zu beugen. Sie büffelten Mathematik und Russisch, trieben Sport, rannten und sprangen und warfen fürs Sportabzeichen, unverdrossen sangen sie: Wir sind die junge Garde des Proletariats! Und: Weil wir jung sind, ist die Welt so schön!

Oft fuhr L. mit Frau und Sohn nach Mittweida. Am Pfarrberg wohnte noch immer sein Vater, der sich mit Erichs Patenttante Lucie zusammengetan hatte, sie war seit langem Witwe und längst zur Familie gehörig. In Chemnitz hatten sie einen Reinigungsbetrieb übernommen und bauten ihn aus, noch einmal fand Alfred L. Spielraum für kaufmännische Tatkraft. Als Unternehmer galt er jetzt, die Frage war, ob er möglicher Bündnispartner der Arbeiterklasse war, Mittelschicht im halbwegs löblichen Sinne, oder schon Ausbeuter. Der Klassenkampf verschärfte sich, das merkte

Alfred L., als er keine Lebensmittelkarten mehr bekam; in der HO könnte er sich ja alles kaufen. Er war auch nicht mehr berechtigt, eine Wochenfahrkarte zu nutzen; den vollen Preis für die tägliche Eisenbahnfahrt nach Chemnitz und zurück zahlte er jetzt. Da war schwer zu argumentieren für den Sohn, der zur Lebensmittelkarte noch ein Intelligenzpaket bezog. Vergeblich versuchten Vater und Sohn, den ideologischen Streit draußen zu lassen, er sickerte doch an den Familientisch. Es ist ein mieses Geschäft, Durchhalteparolen zu verbreiten, wenn andere durchzuhalten haben.

Die Räder der Wirtschaft knirschten. Als die Marmelade teurer wurde und in der Zeitung stand, dies stelle letztlich eine Verbesserung der Lage der Arbeiter dar, legte der Großvater von Annelies, in der SPD seit Bebels Zeiten und nun in der SED, sein Parteibuch hin. Er wurde noch älter als neunzig und feierte später den Eintritt in die Gewerkschaft vor 75 Jahren, aber das Parteibuch nahm er, trotz allerlei Einlenkungsversuchen, nicht wieder an. Viel Feind, viel Ehr – was mußte die SED gerade jetzt das Kriegsbeil gegen kirchliche Jugendorganisationen ausgraben? Wer in der Jungen Gemeinde oder der Jungen Union war, hatte auszutreten oder Oberschule und Universität zu verlassen. Fest wurde die Steuerschraube bei Gastwirten und Fabrikanten angezogen. Mancher wurde enteignet, mancher verschwand im Knast. An den Eisenbahnbrücken zogen Posten auf, Agenten die Zündschnur aus den Händen zu reißen. Der Imperialismus, zum Untergang verurteilt, schlug noch einmal blindwütig um sich, so lehrte der vierte Klassiker, also die Zähne zusammengebissen, auf zum letzten Gefecht! Die Frauen standen Schlange nach Margarine – vorübergehende Wachstumsschwierigkeiten, gerade darin, daß es jetzt ein wenig knapper herging, lag die Garantie für den Überfluß von übermorgen! So zu denken hieß dialektisch denken.

Die beste Zeit seines Lebens? Das war sie schon nicht mehr, das Schimpfen um ihn drang in sein Ohr; ans Herz ging es ihm und an die Nieren. Gar nicht mehr so viel von Kritik und Selbstkritik war die Rede wie noch vor einem

Jahr. Die Partei führt, hieß es vielmehr, was zerbrecht ihr euch die Köpfe der Führung? Damals muß es gewesen sein, daß sich, wenn unten etwas nicht verstanden wurde, was oben ertüftelt worden war, der spöttisch gefärbte Satz einbürgerte: Die Genossen werden sich schon etwas dabei gedacht haben!

3

Und dann starb Stalin. Es war, als ob die Welt stehenbleiben müßte. Alle Hoffnungen waren so auf ihn gelenkt worden, in ihm schien alle Kraft geballt zu sein, alle Entscheidung, alles Leben gar.

Es ist schwer nachfühlbar und schwerer begreiflich zu machen, was im Genossen L. vorging. Er war 27 und nicht mehr 17, politische, ideologische Schründe lagen hinter ihm, aller seelische und gedankliche Fundus war schon einmal gebeutelt worden. Erinnerte er sich der Stunde, als das Werwölfchen unter Heu von einem Bauern erfahren hatte, sein Führer sei im Kampf um Berlin gefallen? Der Schmerz war neu, rein, mit Skepsis nicht vermischt.

Auf einem Treppenabsatz der ABF war eine Stalinbüste postiert, daneben wachten Studentin und Student im Blauhemd, das Luftgewehr geschultert. L. nahm die Mütze ab und verneigte sich im Vorbeigehen. Dozenten drückten ihm stammelnd die Hand – es war, als ob ein liebster, engster Verwandter gestorben wäre, ihrer aller Vater. Am Nachmittag in einer Feier wurde eine Stellungnahme des ZK verlesen, der Direktor sprach, danach ein Student, ihnen versagte die Stimme. Den Jungen standen Tränen in den Augen, die Mädchen weinten. Keine Musik, kein Gesang. Der Unterricht wurde aufrechterhalten, es schien, als forderte jeder Schritt, jedes Wort eine ungeheure Kraft. Tag und Nacht lösten sich die Posten an der Büste ab, jedem im Hause sollte vergönnt sein, hier zu wachen. Die Dichter des Landes griffen zu den Federn, Strittmatter beschrieb, wie eine ehemalige Gutsarbeiterin ihre sorgsam gehütete Kirchbluse zertrennte und die Enkelin bat, die schwarzen Streifen an die rote Fahne vorm Haus zu heften. Minister Becher:

> Es irrt auf den Feldern ein Bangen,
> die Ähren klagen im Wind.
> Wohin ist er von uns gegangen?
> Himmel, wolkenverhangen,
> Fenster, wie tränenblind.
>
> Und wieder ein Schrei, ein schriller,
> Und Sonnenfinsternis,
> Er war unsrer Träume Erfüller.
> Und wieder Stille, noch stiller
> Und durch die Erde ein Riß.

Kuba, Generalsekretär des Verbandes:

> Gesiegt!
> Und alles, alles ist vollbracht.
> Er ruht!
> Die Millionen sind die Seinen.
> Sein Lächeln leuchtet uns auch diese Nacht.
> Er hat uns arme Leute reich gemacht.
> Wir aber weinen.

L. schwieg zu diesem Jahrhundertereignis, keine Geschichte schrieb er, ein Gedicht natürlich schon gar nicht. Im nachhinein ist es wohl damit zu begründen, daß ihm Deklamatorisches fremd war, und hier ging nichts ohne Pose. Sein Schweigen war keine Frage der Überzeugung, sondern des Temperaments.

Allmählich ward ausgetrauert, die Fahnen stiegen wieder auf Vollmast. L. tastete sich weiter in seinen Roman hinein, Inge Teubner hieß seine Heldin, ein liebes, bescheidenes

Mädchen aus dem Erzgebirge. »Es waren inzwischen mehrere Straßenbahnen unten vorbeigefahren. Die dritte Nacht verbrachte sie jetzt in Leipzig, und drei Jahre würde sie hier leben müssen. Sie wußte nicht, wie sie es drei Jahre lang in der Großstadt aushalten sollte, ohne Wald und ohne Talsperre, ohne die Berge, die sie mit dem Fahrrad hinabgesaust war, besonders ohne die Mutter.« Das war wieder ein bißchen Mittweida.

Briefe kamen aus Prag: Rudolf Vapenik, der Brecht und Seghers ins Tschechische übersetzt hatte, machte sich daran, »Die Westmark fällt weiter« zu übertragen. Dutzende Fragen stellte er zu Einzelheiten, dann kam er selbst und brachte eine wunderbare böhmische Vase mit und das wärmende Gefühl, nun sei man ein Autor, dessen Bücher über die Grenze drangen.

Der XX. Parteitag der KPdSU des Jahres 1956 hat seine Vorboten, der erste Blitz zuckte im April 1953. Da las L. in der Zeitung, gegen die Ärzte, denen vorgeworfen worden war, sie hätten Shdanow in den Tod mediziniert, seien unsowjetgemäße Methoden angewendet worden, ihre Geständnisse seien erzwungen und falsch, die Ärzte seien unschuldig und auf freiem Fuß. Das ließ die schaudern, denen alles, was gegen die Prozesse von 1937/38 geschrieben worden war, als schiere Hetze gegolten hatte. Seine Freunde und er starrten sich an: Wie, war vielleicht auch Gorki nicht von Ärzten umgebracht worden? War der Schild der Sowjetunion nicht so blinkend rein? »Sein Lächeln leuchtet uns auch diese Nacht.« Hatte er nicht nur gelächelt? Bei wem hätte L. sich Rat holen können? Nur einer, den er kannte, war weit gekommen und hatte weit geblickt: Wieland Herzfelde, der als Malik-Verleger sowjetische Literatur nach Deutschland gebracht hatte. Herzfelde hütete sich vor jedem Kommentar.

Halfen nur noch Härte, Verbissenheit? Vor fünfhundert Zuschauern wurde in einem Leipziger Fabriksaal gegen eine Gruppe von Fälschern und Schiebern prozessiert: In Konstanz waren Lebensmittelkarten der DDR nachgemacht und über Westberlin eingeschleust worden, ein paar Leute hatten mit ihnen 70 Tonnen Lebensmittel aufgekauft und weiterverhökert. Finanzieller Schaden: Fast eine Million Mark. In der Zeitung stand, der amerikanische Geheimdienst hätte dies angezettelt. ›Neues Deutschland‹: »Auf die verbrecherische Sabotage ist es zurückzuführen, daß an die Bevölkerung, besonders in Leipzig, bei der Belieferung der Lebensmittelkarten oftmals Austauschprodukte verabreicht werden mußten. Die jahrelange Verbreitung gefälschter Lebensmittelkarten ist eine der Ursachen für die in den letzten Jahren aufgetretenen Schwierigkeiten bei der Versorgung der Bevölkerung.« Ein Todesurteil, zweimal fünfzehn, zweimal zwölf und zweimal zehn Jahre Zuchthaus. Auch diese Schlagzeile in ›Neues Deutschland‹: »Die Junge Gemeinde – ein verlängerter Arm der amerikanischen Agenten- und Spionagezentralen.«

Immer neue Risse, und sie verbreiterten sich. Ein Geschäft war eingerichtet worden in der Innenstadt, in dem Intelligenzler mit Sonderausweis einkaufen konnten. Butter war knapp, ein Intelligenzler aber besaß das Recht, jeden Tag ein Stück zu kaufen, Arbeiterfrauen standen unterdessen Schlange nach Margarine. Nur einmal betrat L. dieses Geschäft und kaufte Butter, Ölsardinen und getrocknete Bananen, er erlebte den Wutausbruch einer Nichtprivilegierten. Und durch die Erde ein Riß – Risse klafften in den Betrieben, in denen Speiseräume für Ingenieure mit weißen Tischdecken installiert wurden, vom blanken Holze aß indessen der kleine Mann. Bündnispolitik hieß das, die Partei agitierte gegen Gleichmacherei. Daheim in Mittweida wurde L. immer stiller. Dem Schwiegervater gegenüber, dem alten Genossen aus der SPD, zuckte er die Schultern, dem Großvater von Annelies, der das rote Buch auf den Tisch geknallt hatte, ging er aus dem Weg. Einmal schimpfte sein Vater, dessen Existenz von allen Seiten bedrängt war, wer sich unter diesen Umständen noch als Kommunist bezeichne, wäre verrückt oder ein Verbrecher. Ein paar Wochen lang ließ L. sich nicht mehr daheim sehen.

Und durch das Land ein Riß – wem das Wasser bis an den Hals stand, ging über die Grenze. Großbauern, seit der II. Parteikonferenz als Klassenfeinde eingestuft, verließen ihre Höfe, früh brüllte das Vieh in den Ställen. Kälte legte sich über das Land, jeder spürte sie, auch in die SED drang sie ein und lähmte, erstickte.

Nie griffen die Feinde der DDR so vehement an wie in dieser Zeit. Was hatte sich da nicht alles in Westberlin an Organisationen etabliert, die die DDR zu unterminieren gedachten, Geheimdienste und Halbgeheimdienste, Nachrichtensammler und Nachrichtenausstreuer, mit kleinem Handgeld warben sie und großen Versprechungen. Sie bauten auf Leichtsinn und Abenteuerlust, schürten Kommunistenhaß und hatten nichts dagegen, wenn er aus alten Naziquellen floß. Später im Zuchthaus lernte L. einige Rädelsführer kennen wie ihre Opfer. Junge Burschen waren dabei, die für das Sammeln sowjetischer Autonummern pro Stück fünf Mark bekommen hatten und schließlich für alles zusammen fünf Jahre Zuchthaus. Und ein Agentenboß hatte, als ihn die eigenen Leute wegen Unterschlagung aus einer Westberliner Organisation gefeuert hatten, die Liste seiner thüringischen Nachrichtenlieferanten, solange diese noch warm war, an die DDR verkauft; hundert Verhaftungen waren die Folge, zwei Todesurteile und an die tausend Jahre Knast. Durch das Pfeifen der Störsender drang der RIAS, an den Sektorengrenzen wurden Handzettel verteilt, »Die Tarantel« stach zu, ein giftigsatirisches Blatt. Eiskalter Krieg.

Das Politbüro warf schließlich alles um. Immerhin war es eine Parteikonferenz gewesen, die dem Aufbau des Sozialismus zugejubelt hatte, jetzt beriet und beschloß noch nicht einmal das Zentralkomitee. Das Politbüro stoppte am 9. Juni die bisherige Entwicklung auf der ganzen Linie, zwei Tage später stimmte der Ministerrat zu. »Das Politbüro des ZK der SED ging davon aus, daß seitens der SED und der Regierung der DDR in der Vergangenheit eine Reihe von Fehlern begangen wurden.« Nun sollte der Aufbau der

Schwerindustrie zugunsten der Konsumgüterindustrie verlangsamt werden, jedermann bekam wieder Lebensmittelkarten. Bauern, die nach dem Westen geflohen waren, sollten ihre Höfe zurückerhalten, außerordentliche Maßnahmen der Erfassung wie verschärfte Methoden bei der Steuererhebung wurden ebenso rückgängig gemacht wie die Preiserhöhungen von Marmelade und Kunsthonig. Wer seiner Zugehörigkeit zur Jungen Gemeinde wegen von Schule und Universität geflogen war, durfte zurück und seine Prüfung nachholen. Erleichterung bei Reisen von und nach Westdeutschland, wieder Fahrpreisermäßigung im Berufsverkehr, bessere Möglichkeiten für Handwerker, Gastwirte und Händler. Die Gefängnisse sollten sich öffnen für Bauern, die ihr Soll schlecht erfüllt, und für Unternehmer, die ihre Steuern nicht gezahlt hatten. Kein Wort mehr vom Sozialismus.

Mit Naumann redete er, mit Joachim Wenzel und Wolfgang Böhme vom ›Börsenblatt‹, bei Herzfelde saß er im Garten. Eine NÖP, eine Neue Ökonomische Politik wie in den frühen Jahren der Sowjetunion? Ein wenig schon, tastete Herzfelde, und doch wieder nicht. Taktik? fragten sich L. und seine Freunde, in welchem Maß und auf wie lange?

Zwei Tage später saß er im Kino, ein »Augenzeuge« lief mit dem Schnee von der vergangenen Woche; gegen die imperialistische Unterwanderung der inzwischen rehabilitierten Jungen Gemeinde wurde gewettert – da brach höhnisches Lachen im Zuschauerraum auf, ungeniert, aggressiv. Vor dem Gefängnis gegenüber vom Neuen Rathaus standen immerzu Menschengruppen, die Angehörigen von Untersuchungsgefangenen warteten auf deren Freilassung. L. saß in einer Agitatorenschulung der SED; der Genosse der Kreisleitung besaß wenig Information, die über das, was in der Zeitung stand, hinausgegangen wäre. Also las er vor und appellierte an die Treue zur Parteiführung. Das Wenige, das er ergänzte: Neue Genossenschaften in den Dörfern dürften nicht gebildet werden. Das Wort Sozialismus sollte taktischklug aus der Agitation, aus Losungen und Transparenten getilgt werden, nicht auf einmal wohlweislich, sondern nach und nach, damit es nicht auffiele.

Abends am Radio, unter dem Hohn und Spott des RIAS, fühlte sich L. hundeelend.

VIII.

Dieser Mittwoch im Juni

I

Der 17. Juni 1953 fiel auf einen Mittwoch. Das die Welt bewegende Thema war die nicht aufhaltsam scheinende Hinrichtung des US-amerikanischen Ehepaares Ethel und Julius Rosenberg; es war verurteilt, die Geheimnisse der Wasserstoffbombe an die Sowjetunion verraten zu haben, von der Friedensbewegung wurde es leidenschaftlich als unschuldig propagiert. Der Wetterbericht verhieß für Deutschland anfangs heiteren Himmel, nachmittags zunehmende Bewölkung, auch Gewitter drohend, schwül. Höchsttemperaturen 25 Grad. In seinen Terminkalender hatte das Leipziger Oberhaupt des Schriftstellerverbandes eine Sitzung eingetragen: Generalsekretär Kuba lud alle Bezirksvorsitzenden nach Berlin.

Am Abend vorher klingelte eine Hausbewohnerin aufgeregt an der Wohnungstür: Dreht auf den RIAS, an der Stalinallee wird gestreikt! L. lauschte durch das Pfeifen der Störsender hindurch, schnappte Brocken auf und konnte sich nichts reimen. Was log der Feind zusammen?

Am Morgen auf dem Hauptbahnhof: Drei Männer, offenbar Arbeiter, stritten sich mit Transportpolizisten. Die drei schienen angetrunken und legten Heftigkeit an den Tag, mit der Polizisten zu begegnen nicht üblich war. Grüppchen bildeten sich belauernd – was lag in der Luft? L. stieg in den Zug. An diesem Morgen las er ›Neues Deutschland‹ vom Tage nicht, so zeitig war es am Kiosk nicht zu haben. Hätte er es getan, wäre er keineswegs ahnungslos in Berlin angekommen. »Bedeutsame Tagung des Berliner Parteiaktivs im Friedrichstadt-Palast.« Vor dreitausend eilig herbeigerufenen Genossen hatten Grotewohl und Ulbricht zur Lage Stellung genommen. Grotewohl hatte Voraussetzung, Absicht und Ziel des Neuen Kurses abermals skizziert. Zu überhastet wäre der Aufbau des Sozialismus vorgetrieben worden, Korrektur wäre nötig. »Genosse Grotewohl stellte fest, daß die Vorhut der deutschen Arbeiterklasse durch diese Maßnahmen in Gefahr kam, sich von den Massen zu lösen. Stürmischer minutenlanger Beifall erfüllte den Friedrichstadt-Palast, als Genosse Grotewohl erklärte, daß es die Aufgabe der Partei ist, die Vorhut der deutschen Arbeiterklasse fest mit den breitesten Massen zu vereinigen und die notwendige und unaufschiebbare Wendung in der erforderlichen Ordnung und Disziplin zu vollziehen. ›Der Gegner spricht von Zusammenbruch und Katastrophe.‹ (Brausendes Gelächter) ›Das eine wie das andere ist gleich lächerlich. Partei und Regierung vollziehen eine Wendung, weil sie zur schnellen Hebung des Lebensstandards unserer Bevölkerung in der DDR erforderlich ist, weil sie die notwendige Verständigung unter den Deutschen erleichtert.‹« Weiter unten in diesem Artikel: »Walter Ulbricht stellte fest, daß wir jetzt die Fehler korrigieren und die bisherige Politik der Einschränkung der kapitalistischen Kräfte aufgeben.« Ulbricht forderte das Ende des Administrierens und trat für geduldige Überzeugungsarbeit ein, mit den Massen müsse die Partei gehen und auf ihre Kritik hören. Vorwärts endlich auch zu einer Viermächtekonferenz, die einen Friedensvertrag abschloß und die Einheit Deutschlands wiederherstellte!

In diesem Artikel hätte L. nichts sonderlich Neues erfahren, den zweiten aber hätte er gewiß zweimal gelesen. »Das Politbüro hält es für völlig falsch, die Erhöhung der Arbeitsnormen in den Betrieben der volkseigenen Industrie auf administrativem Wege durchzuführen. Es wird vorgeschlagen, die von den einzelnen Ministerien angeordnete obligatorische Erhöhung der Arbeitsnormen als unrichtig aufzuheben. Der Beschluß der Regierung vom 28. Mai 1953 ist gemeinsam mit den Gewerkschaften zu prüfen.« Den dritten

Artikel hätte L. für geradezu alarmierend gehalten. In einem Bericht über die Geschehnisse des Vornachmittags und Vorabends in Berlin stand zu lesen, eingeschleuste Provokateure hätten Zwischenfälle hervorgerufen. »Das Ziel der Provokationen war, die durch die neuen großzügigen Maßnahmen unserer Regierung angestrebte Verständigung zwischen den Deutschen zu torpedieren. Die Agenten bedienten sich dabei eines Teiles der Bauarbeiter, die sie zu einer Demonstration veranlaßten. Sie nutzten die Tatsache aus, daß unter den Bauarbeitern eine starke Erregung über die unzulängliche administrative Art der Normenfestsetzung herrscht.« Der Zug der Bauarbeiter zum Haus der Ministerien wurde geschildert – er brachte die Initialzündung. Auf der sechsten Seite noch ausführlich: »Am Abend des Dienstag drangen große Gruppen faschistischer Jugendlicher aus Westberlin in den demokratischen Sektor ein und versuchten, vor allem in der Stalinallee Zerstörungen anzurichten.« Hier nun hätte die Volkspolizei eingegriffen. ›Neues Deutschland‹ suchte Öl auf die Wogen zu gießen mit der suggestiven Feststellung, von den Bewohnern des demokratischen Sektors sei die neue Politik von Partei und Regierung verstanden worden. »Das trat besonders in den gestrigen Abendstunden zutage, als die Bevölkerung an der Beruhigung der Provokateure aktiv teilnahm.« Wie wohl hatte die Bevölkerung die Provokateure »beruhigt«? War dieser Satz als Rezept für den folgenden Tag gedacht: Redet den Provokateuren gut zu, erläutert ihnen die Vorzüge des Neuen Kurses, seid nett zu ihnen? Schickte die Regierung deshalb keine Sicherheitskräfte in die Innenstadt und an die Sektorengrenze, weil sie dachte: Unsre brave schon wieder überzeugte Bevölkerung wird's schaffen?

Hinter Jüterbog blickte L. aus dem Fenster: Ein sowjetischer Schützenpanzer und zwei Lastwagen mit Rotarmisten rollten nordwärts. Er sah sie wieder vor dem Flughafen Schönefeld, in Adlershof, in Schöneweide, mit der gleichen Geschwindigkeit wie der Zug strebten sie ins Zentrum. Als L. vom Bahnhof Friedrichstraße zur Ecke Unter den Linden gegangen war, hatten auch die drei Fahrzeuge diesen Punkt erreicht, mit unbewegten Gesichtern saßen die Soldaten, die Mützen ans Kinn geriemt, die Gewehre zwischen den Schenkeln. Die Offiziere standen daneben, reglos. Der Spähposten der Weltmacht war aufgezogen.

Schon trubelte allerlei. Mehr Leute drängten auf den Straßen als sonst um diese Zeit, auch andere, Jugendliche verwegenen Aussehens, Westberliner wohl, in Trüppchen. L. trug sein Parteiabzeichen wie stets und gelangte unangefochten über die Kreuzung. Etwas war im Gange, was? Hundert Meter weiter betrat er das Haus seines Verbandes.

Nicht alle Bezirksvorsitzenden waren eingetroffen, dennoch eröffnete Kuba die Sitzung. Es wurde kaum etwas damit. Von draußen drangen Meldungen herauf, es gäre heftig und bedrohlich, und dann trat Max Zimmering ein, der Dresdner, mit zerrissenem Jackett und blutender Stirn. Sein Auto war in einer Menschenmenge zum Stehen gekommen – er hatte geglaubt, die Demonstration gelte dem Protest gegen das Rosenberg-Urteil. Er war herausgezerrt worden. Runter mit dem Parteiabzeichen! Er hatte sich gewehrt; die anderen waren in der Überzahl gewesen.

Nun schien es wirklich nicht mehr an der Zeit, über Vergabe von Stipendien und Förderung des Nachwuchses zu reden. Kuba telefonierte mit dem ZK und erfuhr, die Losung hieße: Diskutieren, nicht provozieren lassen! Da schickte Kuba seine Mannen zu diesem Zweck hinaus.

Armin Müller, Vorsitzender des Bezirkes Erfurt und Dichter des Weltfestspielliedes »Im August blüh'n die Rosen«, und L. gingen zusammen; die Parteiabzeichen hatten sie in die Tasche gesteckt. Schwächliches Argument dafür: So knüpfte sich eine Debatte leichter! An der Ecke Friedrichstraße/Unter den Linden war inzwischen der Teufel los: Ein Zeitungskiosk stand in Flammen, ein Dutzend junger Burschen, Schlägertypen, beherrschte die Szene. Feuerwehr rückte an, der wurde von den Brandstiftern lauthals klargemacht, dieses Feuer sei ihr Feuer, und sie sollten gefälligst die Schläuche eingerollt lassen. Verkohlte Fetzen von ›Neues

Deutschland‹ und ›Täglicher Rundschau‹ trieben durch die Luft. Überzählig in den Straßen waren Männer in korrekten Anzügen, die einander mit verwunderten bis fassungslosen Augen in sächsischem Tonfall versicherten, man könne ja über allerlei diskutieren, aber so ginge es wirklich nicht! Das waren Genossen aus umliegenden Ämtern, auf die Straße geschickt mit der Weisung, zu diskutieren, sich aber nicht provozieren zu lassen. Hier und da versuchte einer, die Feuerleger in eine aufklärende Debatte zu ziehen, aber die waren inzwischen aus auf Plakate und Losungen, die sie herunterrissen. Gegenargument: Halt die Schnauze! Bist Sachse, was? Die Diskussionswilligen standen zu den Brandstiftern und Plakatabreißern im Verhältnis von zehn zu eins, aber sie blieben hilflos in beschämendem Maß. Das war an diesem Vormittag nur zu ahnen: Da und dort in Westberlin hatten stimm- und zahlungskräftige Geheimdienstler um sich geschart, wer immer auf sie hören wollte, Arbeitslose und Kriminelle, Jugendliche mit dem Drang zum Abenteuer, Russenfeinde und Rowdys, sie hatten jedem, der ihnen folgen wollte, nach der Rückkehr fünfzig Mark auf die Hand versprochen, und dann waren die Trupps über die Grenze gezogen zum freiheitlich motivierten Brennen und Plündern. Später hat sich von Westberliner Seite niemand zu diesen Aktionen bekannt, und dabei gehörten sie doch zu dem wenigen, das an diesem Tage klappte; es hätte miserabel ins Bild vom »Volksaufstand im Osten« gepaßt. Und bei den Plünderern und Brennern, die am Nachmittag gefaßt und später vor Gericht gestellt worden waren, ist schlecht abzuwägen, inwieweit sie Verantwortung abwälzten, um gelinder davonzukommen, zumal sie bald merkten, daß die Richter nichts lieber hörten als Geschichten von diabolischen Auftraggebern, die Geld und Brandflaschen verteilten, möglichst Gangstertypen mit amerikanischem Akzent.

Was tat L.? Mit Armin Müller stand er dort und da, manchmal versicherte er einem, der auch nur dastand, so ginge es nun wirklich nicht. Auf ihren Fahrzeugen saßen wie Statuen die sowjetischen Soldaten, zwanzig Meter vor ihnen loderte der Kiosk. Weit und breit kein Volkspolizist. Da wandelte sich die Szene: Von Osten her schoben sich Menschenmassen die Linden herunter, Männer, Frauen, Arbeiter, Angestellte, Jugendliche. Vom Marx-Engels-Platz, vom Alex her erhielt der Strom immer neue Nahrung, er quoll in vielen Verästelungen, das waren Zehntausende, die da zogen, straßenbreit. Vor ihnen sprangen Gestalten herum, die ihre Anführer sein wollten. Durchs Brandenburger Tor nach Westberlin! schrien sie, aber dorthin wollte keiner, sie wollten zum Haus der Ministerien in der Leipziger Straße, wohin schon am Vortag Bauarbeiter der Stalinallee gezogen waren. Dorthin bogen sie ein. Sprechchöre wurden probiert: HO macht uns k.o.! und: Es hat keinen Zweck, der Spitzbart muß weg! L. hatte in den letzten Jahren immerzu Demonstrationen erlebt, am 1. Mai, gegen die Kriegsstifter, die Atombombe, den Marshallplan. Er hatte geholfen, Demonstrationen zu organisieren, hatte sanften Druck erlebt und ausgeübt. Immer waren es Bekenntnisse für die Sache gewesen, die er zu der seinen gemacht hatte. Nun erhoben sich Zehntausende von Berlinern aus gegenteiligen Gründen. Sie waren der großen Worte überdrüssig, der Überheblichkeit so manchen Funktionärs, der Kluft zwischen unten und oben, der zu langsamen Verbesserung und nun sogar Verschlechterung ihrer Lage. Sehnsucht war eingemischt, eigene Sehnsüchte hinauszuschreien, da explodierte die Trotzhaltung von manchen, die ihre Gesinnung und Meinung nicht hatten zeigen können: Jetzt zeigen wir's euch! Plebejische und demokratische Instinkte fanden Raum; die übermächtige und oft übermütige Katze war in ihr Loch gekrochen, jetzt tanzten die Mäuse. Der Neue Kurs versprach allen Vorteile, nur nicht den Arbeitern, sie sollten mit um zehn Prozent erhöhter Norm den Neuen Kurs erwirtschaften. Länger als ein halbes Jahr hatten Partei- und Gewerkschaftsleitungen mit wechselnden Mitteln und fast ohne Erfolg versucht, die Arbeiter zu einer freiwilligen Erhöhung ihrer Arbeitsnormen um 10 bis 15 oder mehr Prozent zu bewegen, am hartnäckigsten hatten sich die

Bauarbeiter gesträubt. Am 28. Mai war dann eine Erhöhung von 10 Prozent für die gesamte Volkswirtschaft befohlen worden, sie sollte bis zum 30. Juni, dem 60. Geburtstag Ulbrichts, überall eingeführt werden. Der Neue Kurs hatte nichts davon zurückgenommen, vielmehr hatte ein Mitglied des FDGB-Bundesvorstandes, Otto Lehmann, noch am 16. Juni im Gewerkschaftsblatt ›Tribüne‹ erklärt, diese Normenerhöhung sei »in vollem Umfange richtig«. Nun marschierten die Arbeiter. Gewiß hatten ihnen an diesem Morgen so manche Funktionäre ›Neues Deutschland‹ vorgehalten: Seht her, das Politbüro schlägt vor, die obligatorischen Normenerhöhungen aufzugeben, alles wird gut! Doch der Topf kochte schon. Noch ein Scheit darunter von denen, die merkten: Jetzt geht's gegen den Kommunismus, ein Scheit von alten Nazis und von jenen, die unter dem alten Kurs zu leiden gehabt hatten, noch ein Scheit von den Störtrupps aus Westberlin: Da kochte der Topf über. Rauschhaftes Begreifen: Alle Räder stehen still, wenn! Da zeigten sie: Wir sind da! Sie warnten: Rechnet gefälligst mit uns! L. sah sie und begriff erschreckend ihre Zahl, und noch so klügelnde Rechnerei in den nächsten Wochen konnte dieses Bild in ihm nicht löschen. Er sah sie Unter den Linden und in der Friedrichstraße, in der Leipziger Straße und am Marx-Engels-Platz, die Männer trugen abgeschabte Aktentaschen, die Frauen Einkaufsbeutel, so waren sie des Morgens zur Arbeit gegangen, bereit, sich danach in den Geschäften nach ihren Rationen anzustellen. Nun zeigten sie sich in der Wucht ihrer Masse. Ihr Bild vergaß L. nie.

Eine Woge, wer wollte da noch diskutieren? Armin Müller versuchte es, da sagten Arbeiter zu ihm: Zeig deine Hände her! Er tat es, sie konterten: Du bist kein Arbeiter, hau ab! So kehrten Müller und L. niedergeschlagen, geschlagen in ihr Verbandshaus zurück. Ein Gewittergruß prasselte nieder und trieb die Demonstranten in Haustüren und U-Bahn-Schächte, er zerrieb sie so, daß sie nicht wieder zusammenfanden. Wo ist die Rolle der Gewittergüsse am 17. Juni in der Berichterstattung berücksichtigt worden? Sie paßt in keines der beiden Bilder. Wie, Volksaufstand im Osten, und die malträtierten Arbeiter, sich gegen Willkür reckend, das eigene Leben in die Schanze schlagend für Freiheit und die Einheit des Vaterlandes gar, liefen vor dem Regen auseinander? Wie, die Sturmtruppen des Imperialismus, die bezahlten Agenten des Pentagon, die Weltbrandstifter verkrochen sich vor Blitz und Wolkenbruch? Das paßt in kein Propagandabild, und so wurde es gar nicht erst eingezeichnet. Der Chronist hält die geschichtsbildende Rolle der Gewitter des 17. Juni für erheblich.

Helle Aufregung inzwischen im Verbandsbüro! Kuba telefonierte mit dem ZK, unter den kochenden Straßen hindurch blieben die Kabel kühl. Von dort antwortete ihm Abteilungsleiter Just auf die Frage, was zu tun sei, die Losung des Vortages gelte noch immer. Auch das vergaß der Generalsekretär aller DDR-Schriftsteller im Trubel keineswegs: Der Genosse Just hatte Geburtstag, feierlicher Glückwunsch war in ein rotes Mäppchen eingelegt – wer überbrachte die Adresse trotz alledem? Ein Kraftfahrer wurde ausgewählt unter dem Gesichtspunkt, er sähe wie ein Arbeiter aus, könnte also als Demonstrant gelten und durchschlüpfen. Der Tapfere versuchte es, fand aber das Karl-Liebknecht-Haus verriegelt und verrammelt, daß keine Maus hinein- oder herauskonnte, und kehrte unverrichteter Dinge zurück.

Da sagte L. zum Lyriker Deicke: »Bürgerkrieg hin, Bürgerkrieg her, aber zwischendurch muß man mal was essen.«

Zum Klub des Kulturbundes strebten sie durch Seitenstraßen; in ihnen war's friedlich, Frauen standen Schlange nach Blumenkohl. Im Speisesaal des Klubs waren alle Tische besetzt. Der Chronist besinnt sich auf die temperamentvolle Frau des Bodo Uhse und auf Karl Friedrich Kaul, den Juristen, der rief, er habe es schon immer gesagt: Die unmäßig hohen Urteile beispielsweise für Diebstahl an Volkseigentum – unter Umständen ein Jahr Gefängnis für eine Tafel Schokolade – hätten die Leute aufgebracht, das wäre nun die Quittung! Das Kulturvolk begann eifernd die

Lage zu diskutieren bei Steak und Ochsenschwanzsuppe, Wodka und Rotwein: Der Neue Kurs und die Normen, das Tohuwabohu da draußen, und wer trug die Schuld? Und die Sowjets? Und die Amerikaner? Und was tat, wo blieb die Partei? L., einer der jüngsten, gehörte vorerst nicht zu den lautesten.

Als er gesättigt in die Friedrichstraße zurückkehrte, hatte sich die Lage zugespitzt. Im Haus neben dem Verband hatte John Peet, aus England zugewanderter Journalist, die Rote Fahne aus dem Fenster gesteckt. Ein Trupp war hinaufgestürmt, hatte die Wohnungstür aufgebrochen und die Fahne auf die Straße geworfen, dort war sie unter Gejohle verbrannt worden. Zugeschaut – sich nicht provozieren lassend – hatten Armin Müller und Franz Fühmann. Da ordnete Kuba an: Alle Fahnen aus den Fenstern, Posten an die Haustür und aufs Dach, und dann wollen wir mal sehen!

Dieses Haus beherbergt auch eine Bank, Gitter sichern die Fenster im Erdgeschoß, es läßt sich gut verteidigen. Der Hausmeister verteilte, was sich zum Zuschlagen eignete. L. stand mit anderen an der Tür, einen Axtstiel in der Hand, und hoffte, er würde warnen können: Keinen Schritt weiter, sonst schlag ich zu! Einem Menschen über den Schädel hauen – er hatte so etwas, seit der Krieg zu Ende war, für sich nie erwägen müssen. Über ihm wehten rote Fahnen, draußen ballte sich eine krakeelende Menge. L. hatte Bücher über Revolutionen in Rußland und Deutschland gelesen und Filme gesehen, er hatte gesungen: Und höher und höher und höher wir steigen trotz Haß und Hohn! Hier würde nicht mehr über Normen und HO-Preise gestritten werden, nun wurde auch nicht mehr für oder wider die Losung argumentiert: Der Spitzbart muß weg! Die Konterrevolution griff an.

Drohende Gesten von draußen: Macht auf! Wütende Männer rüttelten an der Klinke und sahen sich nach etwas um, mit dem sie die Tür aufbrechen könnten. Ein Mann im Staubmantel schob sich vor und rief, man solle öffnen, er habe Wichtigstes mitzuteilen! L. hatte solche Leute schon am Mittag gesehen, sie hatten Demonstrationszüge nach

Westberlin umleiten wollen aus durchsichtigen Gründen: Das wäre ja etwas gewesen: Tausende Ostberliner zogen vors Schöneberger Rathaus, dann hätte sich schon jemand gefunden, der in ihrem Namen etwas gefordert hätte, den Abzug der Sowjets und Freie Wahlen natürlich und das Ende des Kommunismus. Auf diesen Tag hatten Männer dieses Schlages an ihren Westberliner Schreibtischen gewartet, nun hetzten sie durch Ostberlin und hetzten auf, das war ihre Stunde! Aufmachen, eine wichtige Mitteilung! L. verwies auf seinen Axtstiel. Drohungen: Wir schlagen alles kurz und klein! Antwort: Wir auch. Und wieder prasselte ein Gewitterguß nieder, die Konterrevolution stellte sich unter. Das muß der Zeitpunkt gewesen sein, als Kuba mit Brecht telefonierte und Brecht zu seiner Umgebung höhnte: »Kuba in Erwartung seiner Leser.« Dieses Bonmot wird immer noch genüßlich kolportiert. Es ist ungerecht. Faschisten lasen Kubas Gedichte nicht.

Im Regen kamen die Panzer. Sie rollten von den Linden her die Friedrichstraße hinunter zum Checkpoint Charly und bogen zum Potsdamer Platz. Es waren Dutzende, gewiß donnerten bis zum Abend Hunderte in den Grenzbogen vom Ulbrichtstadion über das Brandenburger Tor, den Potsdamer Platz bis zur Warschauer Brücke hinein, und Kuba und Zimmering, Armin Müller und Loest traten auf die Straße und begrüßten die Panzer mit erhobener Faust. Das geschah nachmittags gegen zwei. Die Fahne auf dem Brandenburger Tor war – von einem Westberliner – heruntergerissen worden, die Schüsse am Alexanderplatz und vor allem auf dem Potsdamer Platz, wo Volkspolizei versucht hatte, einen Kordon vor den eigenen Sektor zu legen, verhallten, die Westberliner Trupps hauten ab und nahmen ihre Toten mit. Der stellvertretende Ministerpräsident Nuschke war aus dem Auto gezerrt und nach Westberlin verschleppt worden – Berlin hatte seinen wildesten Tag seit dem Mai 1945 erlebt. Nun kamen wieder die roten Panzer.

2

Ende aller Wirren, Erschöpfung. Sekretärinnen setzten Teewasser auf. Kuba und seine Mitschreiber begannen das Palaver, das monatelang anhalten sollte: Was war das nun gewesen in den letzten vierundzwanzig Stunden, wo lagen die Ursachen, und wie sollte es weitergehen? Und was brannte jetzt am meisten auf den eben angesengten Nägeln? Natürlich eine Resolution! Unterdessen hatten sich allerlei Schriftsteller im Verbandsbüro angesammelt, ihnen las Kuba einen Text vor, der an das ZK gerichtet war und geißelte, versicherte, versprach. Lauter Phrasen! rief Stefan Heym und schlug vor, eine Kommission sollte einen Text aufsetzen, der der komplizierten Lage gerechter würde und in besserem Deutsch geschrieben wäre. Durch Zuruf wurden Heym, Hermlin und ein dritter, wer?, als Redaktionskomitee benannt, sie gingen in ein Nebenzimmer und kamen mit einem Vorschlag heraus, der die Billigung aller Anwesenden fand, bis Kuba vorbrachte, sein eigener Text sei bereits vom ZK gebilligt – würde das aber auch mit der neuen Variante geschehen? Da erhob sich Murren, die Zeiten wären wohl vorbei, in denen das ZK selbst die an sich gerichteten Resolutionen zu genehmigen hätte, und das Schreibervolk erging sich in aufmüpfigen Reden. So kam es, daß unter den Gremien, die an diesem Tag der SED ihre Treue bekundeten, eines fehlte: der Verband der Schriftsteller.

Kuba war nicht entmutigt: Jetzt müssen wir schreiben, verlangte er, müssen wahrhaftig und schonungslos auf den Tisch packen, wir haben zugeschaut und mitgeholfen, Widersprüche zu verkleistern. Und alle bekannten und beteuerten: Wir müssen und werden die Wahrheit schreiben! Die Wahrheit: Ein Gelübde wurde ausgesprochen, ein Gottesbild aufgerichtet: Die Wahrheit! Die ganze Wahrheit, die Wahrheit auch dann, wenn sie schmerzte, denn was war der Marxismus anderes als Wahrheit!

Noch einmal streifte L. durch die Innenstadt, an allen

Bordkanten parkten Fahrzeuge der Sowjetarmee. Das Standrecht war verhängt, nicht mehr als drei Personen durften zusammenstehen. Ausgangssperre ab 21 Uhr. Es war nun wieder sonnenhell und sommerlich warm. Aber nichts war wie vorher. Wahrheit, Wahrheit, Ehrlichkeit! Das kann wie ein Rausch sein. Schreiben, drängte Kuba, und telefonierte mit Wilhelm Girnus, dem Kulturredakteur von ›Neues Deutschland‹. Aufschreiben, was war, was ihr gesehen habt! Erich, was schreibst du?

In dieser Nacht tippte L.:

»In der Friedrichstraße wohnt ein bekannter Journalist. Er steckte die Rote Fahne aus dem Fenster. Er nahm sie auch nicht herein, als sich eine Menschenmenge vor seinem Haus sammelte, er nahm sie nicht herein, als geschrien und gepfiffen wurde. Da drang eine Handvoll junger Burschen in das Haus ein, stürmte die Wohnung, warf die Fahne herunter, unten ging sie in Flammen auf. Zehn Minuten später hing eine neue Fahne aus dem Fenster.

Waren es die Bauarbeiter von der Stalinallee, die in diese Wohnung einbrachen? Unten wurde gejohlt und gepfiffen. Pfiffen alle hundert, die unten standen? Es pfiff ein knappes Dutzend. Waren das... Zum Teufel noch mal, ich kann nicht so ruhig weiterschreiben mit der immer wiederholten Frage, ob das die Bauarbeiter von der Stalinallee waren. Zum Teufel, natürlich waren sie es nicht. Aber was haben die Hunderte und Tausende gemacht, die all dem zusahen? Und was hat die Partei in dieser Stunde gemacht? Die Genossen haben diskutiert. Sie haben geglaubt, man könne gegen Gewalt, Plünderung und Überfälle mit Argumenten ankommen.«

Über diesen Artikel schrieb er: »Mit Provokateuren wird nicht diskutiert!« Diese Formulierung sollte böse auf ihn zurückschlagen.

Drei Tage blieb er in Berlin, kampierte in Sesseln. Für den 18. Juni war ein Aufflackern erwartet worden, es blieb aus.

Die Straßen lagen voller Glas und Papier, Neugierige umstanden Autowracks und gingen rasch weiter, wenn eine sowjetische Streife nahte. Panzer überall. Der Leitartikel des ›Neuen Deutschland‹ vermerkte: »Es ist beschämend, daß die Arbeiter Berlins die Besudelung ihrer Stadt nicht selber unterbanden.« Der Artikel gestand ein, daß »nennenswerte Teile der Berliner Arbeiterschaft, der Berliner Werktätigen, unzweifelhaft ehrliche und gutwillige Menschen, von einer solchen Mißstimmung erfüllt waren, daß sie nicht bemerkten, wie sie von faschistischen Kräften ausgenutzt wurden. Hier liegen zweifellos schwerwiegende Versäumnisse unserer Partei vor.« Wer von den Führenden mochte sich einen Monat später noch an diese Feststellung erinnern?

Was tun? Sich selbst vormachen, daß man das Haus der Schriftsteller bewache? Aber an jeder Ecke parkte ja ein Panzer. Wieder diskutieren. Tee kochen. Am 19. Juni stand die Mitteilung des Sowjetischen Militärkommandanten in den Zeitungen: Willi Göttling, Bewohner von Westberlin, war zum Tode durch Erschießen verurteilt worden; das Urteil wurde vollstreckt. In den Zeitungen bekundeten Persönlichkeiten ihre Treue zu Staat und Regierung: Fritz Cremer, Paul Dessau, Wolfgang Langhoff, Robert Havemann. Im Schriftstellerverband wucherte die Debatte wie überall, und überall kam sie nicht zur Ruhe und zu keinem Ende: Was war bestimmender gewesen, der Zorn der Arbeiter oder das Schürwerk der Provokateure, in welchem Verhältnis standen sie zueinander, zu welchem Anteil war der 17. Juni interne Demonstration und zu welchem faschistischer Putschversuch? Wenn die Normenerhöhung schneller und für alle sichtbar zurückgenommen worden wäre, hätte es auch dann diese Eruption gegeben, wäre dann dieser Mittwoch im Juni ein gesichtsloser, geschichtsloser Tag? Otto Nuschke, der verschleppte Stellvertreter des Ministerpräsidenten, hatte im RIAS über die Normenerhöhung gesagt: »Das ist der Zünder gewesen für die Erregungswelle.« Überhaupt der RIAS, in welchem Maße, mit welcher Wirkung hatte er angeheizt? So doch wohl: Beginnend am

Abend des 16. Juni mit Meldungen über Tumulte und Streiks in Ostberlin schürte er das Feuer, und einer schüttete Benzin in die Flammen, Scharnowski, der DGB-Vorsitzende Westberlins. Von einer geplanten Demonstration am 17. Juni auf dem Straußberger Platz war die Ankündigung gewesen, und er hatte gerufen: »Tretet darum der Bewegung der Ostberliner Bauarbeiter, BVGer und Eisenbahner bei und sucht Eure Straußberger Plätze überall auf!« Was war das, wenn nicht die Aufforderung zum DDR-weiten Streik?

Jeder kennt die Argumente: Volksaufstand hie, faschistischer Putschversuch da. Jede Seite malte ihr Propagandabild und überpinselte nach Kräften, was nicht hineinpaßte. Jahre dämpfen Emotionen, gewiß, aber sie löschen auch Details. Es ist himmelschreiend geklittert worden über den 17. Juni, aber die kühnsten Bocksprünge brachten die fertig, die ihn zum »Tag der deutschen Einheit« hinbogen. Für keinen, der sich in die Wirren dieses Tages verstrickte, war die Einheit des Vaterlandes das bestimmende Moment, niemand kämpfte für sie. Die Einheit des Vaterlandes wurde in diesen Tagen in *allen* Deklarationen in Ost und West heilig beschworen. Grotewohl und Ulbricht hatten am 16. Juni vor dem Berliner Parteiaktiv wiederholt, der neue, maßvolle Kurs habe unter anderem das Ziel, die beiden deutschen Provisorien nicht zu weit auseinanderklaffen zu lassen, damit die Wiedervereinigung nicht zusätzlich erschwert werde. Adenauer erklärte am 17. Juni vor dem Bundestag: »Eine wirkliche Änderung des Lebens der Deutschen in der Sowjetzone und in Berlin kann nur durch die Wiederherstellung der deutschen Einheit in Freiheit erreicht werden.« Aber weder der von einem Westberliner Geheimdienst in den Tumult geworfene junge Mann, der die Rote Fahne vom Brandenburger Tor riß, noch der Leuna-Arbeiter, der aus Protest gegen Normenschurigelei das Werkzeug aus der Hand legte, noch die Rowdys, die in Brandenburg einen alten Genossen in den Fluß warfen, hatten Gesamtdeutsches im Sinn. Die nachträglichen Konstrukteure des »Tages der deutschen Einheit« können sich auf ihrem Altenteil auf die

Schenkel schlagen: Solch einen Geschichtsstreich soll ihnen erst mal einer nachmachen!

An dem Hitzenachmittag, an dem vor dem Schöneberger Rathaus die Feier für die Toten des Gefechts am Potsdamer Platz stattfand, streifte L. durch Pankow. Die Straßen lagen gespenstisch leer. Hatte der RIAS gefordert, die Fenster zu öffnen und die Radios auf Lautstärke zu stellen? Über die Stadt hinweg hallte dieser Schlußpunkt, den die andere Seite setzte. L.s Sache hatte gesiegt, aber kein Sieger wagte zu jubeln. In Westberlin dröhnten die Glocken, Tausende Radios in Ostberlin verstärkten ihren Hall. Für L. war nichts wie vorher.

In diesen Tagen schlug Kuba in einem Artikel an die Bauarbeiter der Stalinallee den Ton väterlicher Schelte an: »Ihr zogt in schlechter Gesellschaft durch die Stadt. Ihr zogt mit dem Gesindel, das, von den großen Weltbrandstiftern gedungen, schon die Benzinflaschen in der Tasche trug, mittels denen sie morgen eure Baugerüste anzünden würden. Das wolltet ihr nicht. Aber als es geschah, ließt ihr es zu.« Und zum Schluß: »Als wenn man mit der flachen Hand ein wenig Staub vom Jackett putzt, fegte die Sowjetarmee die Stadt rein. Ihr aber dürft wie gute Kinder um neun Uhr abends schlafen gehen. Für euch und den Frieden der Welt wachen die Sowjetarmee und die Kameraden der Deutschen Volkspolizei. Schämt ihr euch auch so, wie ich mich schäme? Da werdet ihr sehr viel und sehr gut mauern und künftig auch sehr klug handeln müssen, ehe euch diese Schmach vergessen wird. Zerstörte Häuser reparieren, das ist leicht. Zerstörtes Vertrauen wieder aufrichten ist sehr, sehr schwer.« Und wieder höhnte Brecht: »Wäre es da nicht doch einfacher, die Regierung löste das Volk auf und wählte ein anderes?«

3

L. fühlte Kraft, sprühte vor Angriffswillen. Jetzt kam es auch auf ihn an, auf jeden Genossen! Entscheidungen waren bisher hinter sieben Bergen und sieben Türen gefallen, DER KREML hatte verfügt oder DAS WEISSE HAUS, wenigstens das Politbüro der SED, jetzt lag, so meinte L., die Politik auf der Straße, wie einst in nebligen Petrograder Tagen die Macht auf der Straße gelegen hatte, bis Lenin sie aufhob. Sie lag da wie ein Brot, das man anschneiden mußte, ehe es trocknete. Offenes Feld auf einmal – wer steckte die Claims ab?

Am 20. Juni fuhr L. nach Leipzig zurück. An diesem Tag starben Ethel und Julius Rosenberg auf dem elektrischen Stuhl von Sing-Sing.

Welch eine Aufregung, Wut, Enttäuschung, welch sich überstürzendes Fragen: Was geschah am 17. Juni in Halle, Zwickau, Erfurt, und immer wieder: Unter den Linden, am Potsdamer Platz, ich hab das mit eigenen Augen gesehen, ich das, in Leipzig wurde das FDJ-Haus gestürmt und der Pavillon der Nationalen Front am Markt, der damals »Platz des Friedens« hieß, niedergebrannt. Ein Toter vor dem Polizeipräsidium, oder drei Tote, fünf? Die Welt schien sauber eingeteilt gewesen zu sein, der RIAS mochte hetzen, natürlich kümmerten hier und da Rückständige, aber auch sie würden bald überzeugt werden, wo die Kräfte des Friedens standen und die des Krieges. Und dann das. Arbeiter hatten sich gegen die Partei gewendet, Feinde hatten sich behende eingemischt und schwache Stellen für ihren Angriff genutzt, aber schwache Stellen waren eben dagewesen. Was hatte es nun viel Sinn, sich moralisch über den Feind zu entrüsten, es lag ja im Wesen eines Feindes, feindlich zu sein. Aber die dünne eigene Haut! Grotewohls Satz vor den Werktätigen des Transformatorenwerks Karl Liebknecht machte die Runde: »Wenn faschistische Elemente die Lunte auf Beton schmeißen, kann nichts passieren, werfen sie die Lunte dagegen auf angesammelten Zündstoff, dann muß natürlich einiges explodieren.« Am gleichen Tag sprach Ulbricht im Großdrehmaschinenbau 7. Oktober: »Die Diskussion zwischen den Arbeitern der DDR und ihrer Regierung sind ein Familienstreit, der die Feinde des Volkes nichts angeht.« Herrnstadt schlug sich in der SAG Siemens Plania, dort erwiderte ihm der Arbeiter Bremse: »Es heißt doch immer, die Partei muß der Motor im Betrieb sein. Ich habe darauf der Parteiorganisation gesagt, sie solle in die Ankerwickelei gehen und sich den Anker neu wickeln lassen.«

Auch das in allen Debatten: Wenn der RIAS nicht vom Nachmittag des 16. Juni an stündlich von den Ereignissen im Ostteil Berlins berichtet hätte, wenn nicht vom bevorstehenden Generalstreik die Rede gewesen wäre und von einem Aufruf, den »Arbeiter aller Industriezweige« angeblich an die Ostberliner gerichtet haben sollten, sich am 17. Juni um 7 Uhr auf dem Straußberger Platz zu versammeln, wäre die Kunde nicht über die DDR hingeflogen. Ohne den RIAS, das war keine Frage, wäre es in Magdeburg und Leipzig, Halle und Görlitz still geblieben. Auch das: Mancherorts waren die Arbeiter nach der Demonstration nach Hause oder in die Betriebe zurückgekehrt, flankiert von Panzern, aber nicht von ihnen beschossen oder getrieben. Die Panzer hätten ebenso demonstriert wie die Arbeiter, formulierte Nuschke. Die Arbeiter hätten das Ihre ausgedrückt gehabt, ihr Warnstreik hätte der Regierung melden sollen: Nicht noch mal so etwas wie die administrative Normenerhöhung, damit ihr klarseht! Keine weiteren Ziele, kein Gedanke an Umsturz. Auch das: Verprügelte, ermordete Funktionäre und Volkspolizisten, demolierte Büros, verbrannte Bücher und Fahnen, gestürmte Gefängnisse, und unter den Befreiten Kriminelle und in Halle die KZ-Bestie Dorn. Das Versagen ganzer Parteileitungen, der Staatssicherheit. Bis die Panzer kamen. Aber niemand zwischen Rostock und Suhl starb unter ihren Ketten oder durch einen Schuß aus einer sowjetischen Kanone.

Wie seine Partei- und Staatsführer agitierte L., er war beteiligt, als in seinem Bezirksverband eine Resolution formuliert und angenommen wurde, die der Regierung Treue gelobte und versprach, bei der Beseitigung begangener Fehler zu helfen. Geißelte diese Resolution den Feind? Gewißlich in einem Eingangssatz, das wichtigste aber schien es Leipzigs Schriftstellern nicht, zu betonen, der Feind sei der Feind. Haben wir oberflächliche, schönfärberische Geschichten und Bücher geschrieben? Haben wir beigetragen, uns selbst Sand in die Augen zu streuen? Und dann, fügte L. für sich ein und hatte seine Vergangenheit als Redakteur der ›Leipziger Volkszeitung‹ vor Augen: die Fehler der Presse!

Für dieses Blatt schrieb er einen Artikel über seine Erfahrungen in Berlin, der wurde verstümmelt abgedruckt. Wütend beschwerte er sich beim Chefredakteur Georg Stibi und erregte sich über einen Leitartikel, in dem eine eklige Kriminelle stellvertretend für die Demonstranten des 17. Juni an den Pranger gestellt wurde. Schief in der Angriffsrichtung nannte er diesen Artikel und kitschig im Stil obendrein. Er konnte es des Morgens kaum erwarten, daß die Postfrau die Zeitungen brachte. Mit der Verwirklichung des Neuen Kurses war es ernst. Täglich wurden Verordnungen und Bestimmungen bekanntgegeben: Rückkehr zu den Normen des 1. April, Erhöhung der Mindestrente von 65,– auf 75,– Mark, der Witwenrente von 55,– auf 65,– Mark. Die Anrechnung der Kuren auf den Urlaub wurde aufgehoben. Ansprüche an die Versicherungen wie vor dem 1. April, verstärkter Wohnungsbau, mehr Reparaturen an Wohnungen, 30 Millionen DM zusätzlich für sanitäre Einrichtungen in Volkseigenen Betrieben, 40 Millionen DM zusätzlich für Feierabendheime und Kindergärten! Was als wichtige, längst fällige Verbesserung empfunden wurde: Die täglichen Stromabschaltungen in den Haushalten sollten aufgehoben werden. Schon waren Erfolgsmeldungen zu lesen: Im Kreis Hagenow kehrten 63 Bauern auf ihre Höfe zurück. Von der Verkündung des Neuen Kurses an bis zum 1. Juli wurden 7753 Häftlinge entlassen. Mehr Arbeitsanzüge aus Burg bei Magdeburg!

Der Benzinpreis fiel von 3,00 Mark auf 1,80 Mark. Auch das: Heinar Kipphardts Stück »Shakespeare dringend gesucht« erlebte in den Kammerspielen des Deutschen Theaters seine Premiere, ein Schwank simpler Bauart und Sprache, der in nichts den späteren Meister des »In Sachen Oppenheimer« und »März« ahnen ließ. Standardfiguren sagten in Standardsituationen das Ihre auf, Schema war durch Gegenschema ersetzt, doch die Tendenz entsprach der Situation des Neuen Kurses: Phrasendrescherei und Sektierertum am Theater einer Kleinstadt wurden von unten *und oben* gleichermaßen in die Zange genommen und lächerlich gemacht von einem jungen ehrlichen Autor und der Abgesandten aus dem Ministerium, zerrieben wurden Karrieristen in der flauen Mitte. Ungewohnte Sätze klangen über die Rampe: »Wir wollen Menschen, die bei ihrer Arbeit das Gesicht den Massen zuwenden und nicht den vorgesetzten Dienststellen.« Oder: »Kriecht nicht wie die Krebse rückwärts, wenn ihr Fehler findet, sondern bekämpft sie offen.« Am Ende finden sich Liebespaare wie im Ohnsorg-Theater. Das Stück wurde nachgespielt landauf, landab, und im Herbst erntete es gar den Nationalpreis. So rezensierte Henryk Keisch: »Kipphardts Stück kommt zur rechten Stunde. Es wird mithelfen, eine erneuerte Atmosphäre zu schaffen, in der die Münder sich auftun und die Herzen sich erschließen, eine Atmosphäre mutiger Kritik und Selbstkritik, vor der nichts Morsches, Hemmendes, Zukunftsfeindliches mehr besteht.«

Was die US-Regierung jetzt ersann, war natürlich als Störmanöver gedacht: Sie bot der DDR-Bevölkerung für 15 Millionen Dollar Lebensmittel an. Die DDR-Propaganda konterte: Die USA sollten sich lieber um die anderthalb Millionen Arbeitslosen in Westdeutschland kümmern. Lebensmitteltransporte aus der Sowjetunion rollten an, dreitausend Waggons in einer Woche, beladen mit Butter, Schmalz, Speiseöl und Fischkonserven, die SU versprach für das Jahr 1953 fast eine Million Tonnen Getreide. Nicht ohne Pfiff schien L. der Beschluß des Ministerrats, wie denn die ausgefallene Arbeitszeit des 17. und gegebenenfalls 18. Juni aufzuholen und zu vergüten sei. Da hieß es: »Alle Arbeiter, die zur Arbeit bereit waren und infolge der verursachten Störung des Betriebes ihre Arbeit nicht ausführen konnten, sowie diejenigen, die wegen Verkehrsschwierigkeiten schuldlos Arbeitszeit einbüßten, erhalten für diese Zeit 90 Prozent des Zeitlohnes. Wo die Feststellung darüber, ob eine Beteiligung an der Arbeitsniederlegung oder ob Arbeitsbereitschaft vorlag, auf Schwierigkeiten stößt, genügt als Nachweis eine entsprechende schriftliche Erklärung des betreffenden Arbeiters oder Angestellten an die Betriebsleitung.« Oh, es wurde nicht schwergemacht, auf den rechten Weg zurückzukehren und zu beteuern, nie auf dem falschen gewesen zu sein. Wer schlug sich da ohne Not nicht seitwärts in die legalen Büsche? Den späteren Ausrechnern, die ermittelten, nur 5 Prozent der Werktätigen der DDR hätten gestreikt, sollte das Handwerk nicht zu schwer gemacht werden.

Kaum war eine Woche nach dem wüsten Tag vergangen, da registrierte L. in den Zeitungen eine Wandlung, die ihm beschönigend erschien, zukleisternd, die Bitternis zuckernd, da packte ihn Ärger, und er tippte einen Artikel, den er unverblümt zu halten gedachte. Er zeigte ihn seinen Freunden, die lärmten: Richtig, jetzt mußt du Klartext reden, prima so! Es hat ihm selten an Freunden gefehlt, die ihn vor Tisch zum Anpacken, Zupacken und Auspacken animierten.

Er trug ihn zum ›Börsenblatt für den Deutschen Buchhandel‹, Chefredakteur Wolfgang Böhme war Feuer und Flamme: Das drucke ich, jawoll! Und am 4. Juli 1953 lasen die ›Börsenblatt‹-Abonnenten:

Elfenbeinturm und Rote Fahne
»Wir dürfen es uns mit den Provokateuren vom 17. Juni nicht zu leicht machen. Auf der einen Seite stand ihre wohlgerüstete Organisation, und ihre Arbeit gipfelte in Brand, Terror und Mord. Auf der anderen Seite standen

die Demonstrationen von Arbeitern, die sich gegen Mißstände auf manchen Gebieten, vor allem in der Normenfrage, zur Wehr setzten. Es wäre den Provokateuren nicht gelungen, Teile der Arbeiterschaft vor ihren Karren zu spannen, wenn nicht von Regierung und Partei, wenn nicht von allen führenden und leitenden Organen innerhalb der Deutschen Demokratischen Republik Fehler von zum Teil ernstem Ausmaß begangen worden wären. Die Zeit, diese Fehler zu untersuchen, ist jetzt gekommen, um so mehr, als diese Fehler nicht etwa mit dem 17. Juni automatisch abgestorben sind, sondern hartnäckig trachten, weiterhin am Leben zu bleiben. Dies trifft auch auf die Fehler der Presse zu. Es ist vermutlich nicht mit mathematischer Sicherheit festzustellen, welche Ministerien, welche Parteiorganisationen, welche Behörden und Institutionen am meisten beigetragen haben, Staat und Partei von den Massen zu entfernen, und es dürfte auch müßig sein, dies zu tun; fest steht: Schuld tragen sie alle, und ein gerüttelt Maß an Schuld kommt auf das Konto unserer Presse.

In unserer Republik gibt es auf allen Gebieten zuwenig Fachleute. Das kann nicht anders sein, denn unser Staat ist jung, und die vorangegangene Zeit des Faschismus hat nicht dazu beigetragen, die Menschen klüger zu machen. Jung und unerfahren sind auch viele Redakteure, Berichterstatter, Zeitungsschreiber. Viele kamen aus anderen Berufen, wurden ungenügend ausgebildet und in einen strudelreichen Strom geworfen, in dem es nun für sie zu schwimmen galt. Sie sind nur schlecht geschwommen.

Unsere Presse glaubte in den zurückliegenden Jahren, sie würde sich in ihrer Berichterstattung und Kommentierung auf die fortgeschrittensten Kräfte konzentrieren, und sie hoffte, dadurch die anderen mitzureißen. Sie machte aber schon in der Präzisierung des Fortgeschrittensten entscheidende Fehler. Sie hielt in der Regel den für am fortschrittlichsten, der allen Maßnahmen der Partei und der Regierung den lautesten Beifall zollte. Ob er auch

von dem überzeugt war, was er sagte, interessierte die Zeitungsleute kaum oder gar nicht. Die Hauptsache für sie war: sie hatten wieder eine ›Stimme‹. Wozu haben wir nicht alles Stimmen gelesen! Die Fahrpreiserhöhung wurde vom Berufsschüler X als ein Beitrag zur Verbesserung des Lebensstandards begrüßt, und einige Wochen später begeisterte sich die Hausfrau Y für die Herabsetzung der Fahrpreise – sie sah darin einen Beitrag zur Verbesserung des Lebensstandards. Jahrelang ging das so, die kritiklosen Jasager hatten das Wort. Aber sind kritiklose Jasager die fortschrittlichsten Menschen? Natürlich sind sie es nicht. Es ist der am wertvollsten für unseren Staat, der sich Gedanken macht, der verbessern will, den Maßnahmen, die er für schädlich hält, mit Schmerz erfüllen. Aber die ehrliche Meinung dieses Mannes war kaum zu lesen. Kritik in der Presse war nicht gefragt.
Doch, Kritik haben wir auch gehabt. Da schrieb der Arbeiter P., daß in der Soundso-Straße die Beleuchtung nicht funktionierte. Da klagte der Bauer F. über die Krähenplage. Da beschwerte sich die Rentnerin M., daß die HO-Verkäuferin in der R.-Straße Geld und Wurst mit ihren Händen im bunten Wechsel berührte. Alle diese Kritik war nützlich. Aber sie betraf Teilgebiete, Einzelfälle. Kritiken an wirklich entscheidenden Maßnahmen haben wir fast nicht gelesen. Und auf die Kritik der Massen – und das ist weit schlimmer – gingen die Redakteure auch in ihren Reportagen und Artikeln nicht ein. Machten sie schon in der Präzisierung des Fortschrittlichen erhebliche Fehler, so vernachlässigten sie den zweiten Punkt ihrer Maxime vollständig. Sie rissen die Zurückgebliebenen nicht mit, sie drückten sie in die Ecke. Wer irgendwelche Maßnahmen nicht verstand, hatte ein schlechtes Bewußtsein und war Mensch zweiter Klasse. ›Auf RIAS-Argumente gehen wir nicht ein‹, war das verderbliche Schlagwort mancher Funktionäre. Die Folge davon war, daß die RIAS-Argumente munter im Volk wucherten. Und die Zeitungen? Sie waren sich viel zu

schade, sich mit ihnen abzugeben. Sie überließen einen ihrer Leser nach dem anderen, weil sie ungenügend informierten und verzerrt kommentierten, sich selbst. Und da keiner einsam sein will – von politischer Einsamkeit ist hier die Rede –, drehte der im Stich gelassene den RIAS an.

Ein weiteres Grundübel unserer Zeitungen war das fast völlige Verschweigen von Mißständen. Beispielsweise war es – vor allem in jüngster Zeit – hin und wieder vorgekommen, daß Partei- oder Gewerkschaftsfunktionäre von den Arbeitern, zu denen sie sprechen wollten, nicht angehört worden waren. Darüber las man nichts in den Zeitungen. Vor allem aber las man nichts über die Gründe, die die Arbeiter zu ihrer ablehnenden Haltung bewogen hatten. Hier wäre es notwendig gewesen, klärend einzugreifen, die Gründe zu untersuchen und beizutragen, sie zu beseitigen. Wir lasen täglich, welche Brigaden ihre Normen erhöht, wir lasen nichts, welche Brigaden die Erhöhung abgelehnt hatten, und vor allem lasen wir nichts über die Motive. Wir lasen nichts über kurze Proteststreiks in einigen Betrieben, mit denen sich die Arbeiter gegenüber Funktionären zur Wehr setzten, die sie in der Normenfrage übers Ohr hauen wollten. Hätte hier die Presse rechtzeitig eingegriffen, wäre es den Provokateuren nicht gelungen, am 17. Juni diese Arbeiter zur Arbeitsniederlegung und zur Demonstration zu bewegen.

Das Negative wurde verschwiegen, das Positive aufgebauscht. Die Proportionen wurden verschoben, und getäuscht wurden nicht etwa unsere Feinde, sondern täuschen ließen sich nur die fortschrittlichen Kräfte innerhalb unserer Republik, täuschen ließen sich nicht zuletzt die Genossen der SED. Kaum eine Zeitung gab es, die nicht auf dem verderblichen Kurs der Selbsttäuschung mitfuhr, und an der Spitze steuerten zweifellos die Bezirkszeitungen der Sozialistischen Einheitspartei. Diese Redakteure machten sich selbst etwas vor, sie hatten sich kilometerweit von den Realitäten entfernt. Sie boten ein

gleich lächerliches wie tief beklagenswertes Bild: sie saßen im Elfenbeinturm und schwangen die Rote Fahne.
Und nach dem 17. Juni?
Diese Zeilen brauchten nicht geschrieben zu werden, wenn auf einmal alles in Butter wäre. Aber alte Gewohnheiten sind nicht von einem Tag auf den anderen auszurotten, und auch das Gewitter des 17. Juni hat nicht alle üblen Zeitungssitten der vergangenen Jahre in die Gosse gespült. Mancher atmete am 18. Juni auf: Was war da plötzlich für ein ehrlicher, klarer Ton! Schnitzler hielt einen prächtigen Rundfunkkommentar, das ›Neue Deutschland‹ schrieb einen sachlichen, in jeder Weise den Tatsachen entsprechenden Leitartikel. Aber schon wenige Tage später ging es mit dem Beschönigen und Vertuschen wieder los. Selbst das ›Neue Deutschland‹ schlich sich von der glatten Straße der Offenheit auf einen holprigen Seitenweg. Im Leitartikel des ›Neuen Deutschland‹ vom 19. Juni stand zu lesen, es sei den Banditen gelungen, ›im demokratischen Sektor von Berlin und in zahlreichen Orten der Republik Teile der Werktätigen, an einigen Orten beträchtliche Teile zur Arbeitsniederlegung und zu Demonstrationen zu bewegen!‹ Zwei Tage später reduzierte das ›Neue Deutschland‹ schon beträchtlich: ›Im sowjetischen Sektor von Berlin wie in einigen Orten der Deutschen Demokratischen Republik gelang es den Provokateuren durch Täuschung und Betrug, einen kleinen Teil der Werktätigen mit sich zu ziehen!‹ Und was das Zentralorgan tat, machten die anderen Zeitungen fleißig mit. Mit voller Kraft kämpften sie gegen die Provokateure, aber von den Fehlern der Regierung und der Partei, die viele Arbeiter für Stunden in das Garn der Agenten getrieben hatten, sprachen sie nur am Rande. Es erschien beinahe so, als ob nur Provokateure auf den Straßen gewesen seien. Die Folge war, daß sich die Arbeiter, die für eine anständige Sache demonstriert hatten, mit den Faschisten in einen Topf geworfen fühlten. Die Proportionen wurden verschoben, und mit all ihren Beschönigun-

gen trugen die Zeitungen in keiner Weise dazu bei, das verlorengegangene Vertrauen weiter Teile der Bevölkerung wiederzugewinnen. Artikel, die das Gleichgewicht der verschiedenen Komponenten einzuhalten versuchten, wurden von manchen Redaktionen eigenmächtig verändert. Kuba erging es so beim ›Neuen Deutschland‹, Jan Koplowitz bei der ›Täglichen Rundschau‹ und dem Schreiber dieser Zeilen bei der ›Leipziger Volkszeitung‹. Ist schon die Methode der unautorisierten Redigierung ein Übel, so ist die Richtung der Veränderung noch viel übler: Die Schuld von Partei und Regierung, unser aller Schuld wurde erheblich verkleinert – und dies liegt am allerwenigsten im Sinne der Regierung und der Partei! Und dann kamen sie wieder, die überschwenglichen Begeisterungserklärungen einzelner. Wie schön wäre es gewesen, eine Zeitung hätte das Bild eines Arbeiters etwa mit folgender Unterschrift gebracht: ›Ich habe mit demonstriert. Ich will mit den Provokateuren nichts zu tun haben; aber ich kann auch nicht verschweigen, daß ich mit vielem, was Partei und Regierung bisher getan haben, nicht einverstanden gewesen bin. Ich bin skeptisch geworden wie viele meiner Kollegen. Regierung und Partei werden sich anstrengen müssen, wenn ich ihnen wieder vertrauen soll.‹ Diese Stellungnahme hätte der Meinung vieler Arbeiter entsprochen; ähnliches aber konnte man nur sehr, sehr vereinzelt lesen.
Die Minister und führenden ZK-Mitglieder, die nach dem 17. Juni in den Betrieben gesprochen haben, waren von einer imponierenden Offenheit. Ministerpräsident Grotewohl scheute sich nicht zu erklären, die Regierung habe ›den Karren in den Dreck gefahren‹. Und da sollen sich einige Zeitungen nicht hinstellen und so tun, als wäre der Karren schon wieder draußen. Von der Offenheit unseres Ministerpräsidenten können sich die Redakteure unserer Zeitungen, voran die der Bezirksorgane der Sozialistischen Einheitspartei, eine dicke Scheibe abschneiden.
Unsere Zeitungen müssen umfassender informieren,

wenn sie mit Interesse gelesen werden wollen. Sie müssen sich bewußt sein, daß ein Leser, der sich nicht genug informiert fühlt, den RIAS einschaltet und damit in Gefahr gerät, den Lügen des Gegners zum Opfer zu fallen. Unsere Zeitungen müssen besser kommentieren, weniger phrasenhaft und völlig ungeschminkt. Sie müssen sich auf den wirklich besten Teil unseres Volkes orientieren, und das ist nicht der, der zu jeder Maßnahme von Partei und Regierung gewaltige Begeisterung heuchelt. Sie dürfen den nicht an die Wand drücken, der nicht jede Maßnahme sofort versteht, und sie dürfen nicht in jedem einen bezahlten Agenten sehen, der mit einer Maßnahme nicht einverstanden ist. Sie müssen aufmerksam auf das lauschen, was die Massen sprechen, denken, wollen, sie müssen gewissenhaft und liebevoll bemüht auf diese Gedanken, Gefühle und Wünsche eingehen und sie behutsam und geschickt in die Richtung lenken, die den Massen den größten Nutzen bringt. Es nützt nichts, im Elfenbeinturm zu sitzen und die Rote Fahne zu schwingen. Man muß zu diesen Massen hingehen und ihnen die Fahne vorantragen.
Die Elfenbeintürme unserer Presse sind durch den 17. Juni ins Wanken geraten. Nun ist es an den Presseleuten selbst und an allen, denen eine wirkungsvolle Presse am Herzen liegt, die schwankenden Mauern schleunigst und bis auf ihre Grundfesten abzutragen!«

Große Aufregung. Helle Zustimmung. Heimliches Schulterklopfen von solchen, die es nicht gern haben, wenn andere bei ihrer Sympathiekundgebung Zeuge sind, aber auch schon ein Dämpfer: Wilhelm Girnus, Kulturredakteur des ›ND‹, verlangte harsch eine Entschuldigung, denn das, was L. im Zusammenhang mit einem Artikel Kubas geschrieben habe, sei nicht wahr. L. wendete sich an Kuba, der zog seine vor einem Halbdutzend Mitarbeitern des Schriftstellerverbandes gelärmten Anschuldigungen gegen das ›ND‹ zurück. Einen herzlichen Brief richtete Kuba an L., in dem er die

Notwendigkeit eingehender Kritik ebenso hervorhob wie warnte, dabei sich selbst den Ast abzusägen und im blinden Eifer den Staat zu gefährden. Dieser Brief schloß: »Ich drücke dir fest die Hand.«

Der Wirbel war erheblich. Heinz Brandt, damals ein Berliner Agitationsfunktionär, schildert in seinem Buch »Ein Traum, der nicht entführbar ist«, was sich in diesem Sommer im Kulturbundbad Ahrenshoop zutrug:

»Zwei Namen waren in aller Munde: Wolfgang Harich und Erich Loest; der Berliner Philosophieprofessor und der angehende Romancier. Die beiden jungen Intellektuellen hatten als erste losgeschlagen, die geistige Auseinandersetzung eröffnet.

Schauspielerinnen, sonst nur an Theaterkritiken, an der Beurteilung ihrer Rolle interessiert, lasen begeistert in ihren windgeschützten Sandburgen die ›Berliner Zeitung‹ vom 14. Juli. Sie ergötzten sich daran, wie Wolfgang Harich unter der trockenen Überschrift ›Es geht um den Realismus‹ (über so etwas hätten sie sonst achtlos hinweggelesen) die durch ihren Holzhammerkurs berüchtigte Staatliche Kunstkommission aufs Korn nahm. Journalisten, Schriftsteller saßen im Strandcafé über das ›Börsenblatt für den Deutschen Buchhandel‹ vom 4. Juli gebeugt und durchpflügten Wort um Wort den Aufsatz von Erich Loest: ›Elfenbeinturm und Rote Fahne‹, der in beispiellos offener Sprache mit der aufgeblasenen, schönfärberischen SED-Presse ins Gericht ging. Kurz darauf erschien in der ›Neuen Deutschen Literatur‹ – als Zusammenfassung gleichsam all dieser hitzigen Diskussionen – Günter Cwojdraks bewegender Appell an die Schriftsteller: ›Schreibt die Wahrheit!‹«

Nie wieder in der Geschichte der DDR gab es eine Phase so voller Schwung und mit dem Glauben, daß dieser Schwung nütze, nach dem XX. Parteitag der KPdSU nicht, nicht nach dem XXII. Im Augustheft 1953 der ›Neuen Deutschen Literatur‹ schrieb Kuba:

»Wir schrieben oft so, wie wir wünschten, daß es in unserer Republik sein sollte, aber wir schrieben nicht immer so, wie es in unserer Republik war. Wir können nicht sagen, daß wir all dies nicht gewußt hätten. Wir waren von diesen Tatsachen bedrückt, wir wußten, daß der Wert unserer Literatur darunter leiden mußte. Wir saßen in den Stuben zusammen und klagten uns gegenseitig unser Leid. Wir verfluchten die Lektorate unserer Verlage, verfluchten das Amt für Literatur, beschwerten uns auch einmal öffentlich auf einer Konferenz und schrieben weiter, wie es von Literaturadministratoren verlangt wurde. In der Furcht vor zeitweiligen persönlichen Nachteilen ließen die einen die Karre laufen, andere schwiegen. Unsicher waren wir – verzagt! Jawohl, wir wurden administriert. Unsere Schuld ist es, daß wir uns administrieren ließen. Wahrhaftig, wir haben uns viel vorzuwerfen.«

Was gäbe es nicht alles zu zitieren aus diesen Wochen des Überschäumens! Brecht dichtete über »Nicht feststellbare Fehler der Kunstkommission«. Cwojdraks Appell schloß: »Wenn wir aus den Ereignissen des 17. Juni nichts lernen, werden wir überhaupt nichts mehr lernen.« Diskussionen wie um ein Zehn-Punkte-Kulturbundprogramm, das die Lehr-, Informations-, Presse- und Meinungsfreiheit forderte, das künstlerische Schaffen von jeder Reglementierung befreit sehen wollte und für Rechtssicherheit eintrat, wurden nicht nur in Ahrenshoop geführt, sie bestimmten auch in Leipzig diese Wochen.

Da quollen Wölkchen auf: Wolfgang Böhme wurde zu Minister Becher bestellt und mußte sich Schelte anhören: »Elfenbeinturm und Rote Fahne« stelle keine helfende, vielmehr eine zersetzende Kritik dar, folge nicht der Hauptzielrichtung des Kampfes der Partei, sondern entstelle, blähe auf, falle gar in den Rücken. Böhme gab klein bei und gelobte Selbstkritik. In die hätte er L. liebend gern einbezogen, aber der blieb starrköpfig und erhärtete seinen Standpunkt sogar um neuerliche Beispiele, stand und konnte nicht anders und wollte nicht anders, und so betrat Böhme die Rückzugsstraße allein. Becher, anfangs zumindest Mitinitiator eines interessanten Kulturbundprogramms, war längst nicht mehr der kühne Reformator wie in den ersten Tagen nach jenem gewittrigen Mittwoch, Böhme war findig genug, die Zeichen der Zeit zu erkennen, und so schrieb er eine Kritik gegen L. und sich selbst: Ausgangspunkt und Zielrichtung des Artikels seien grundfalsch, gegen die Provokateure müsse man kämpfen und nicht gegen die eigenen Genossen Journalisten, denn so wäre es gewesen:

»Um den Neuen Kurs und damit die Verbesserung der Lebenshaltung und die Wiederherstellung der Einheit Deutschlands zu verhindern, inszenierten die Agenten des imperialistischen Lagers die seit langem für den Tag X vorgesehenen faschistischen Provokationen. Dieser Putsch sollte der Beginn des Bürgerkrieges und damit der Anlaß zum militärischen Eingreifen werden, um Deutschland in ein zweites Korea zu verwandeln.

Davon aber steht nichts in dem Artikel. Kein Wort über die verbrecherischen Absichten der feindlichen Agenturen, die diesen Anschlag auf den Frieden und die Deutsche Demokratische Republik vorbereiteten, ja, nicht einmal ein Wort gegen die Provokateure selbst. Und so trug diese Entstellung der Wahrheit dazu bei, den Feinden der Arbeiterklasse und der Deutschen Demokratischen Republik den Rücken zu stärken. Die Zuschriften, die wir auf den Artikel erhielten, bewiesen das.

Anstatt also die Arbeit der demokratischen Presse durch eine Kritik mit konkreten Verbesserungsvorschlägen zu unterstützen, wird hier nicht nur leichtfertig gehandelt, sondern durch eine völlig falsche Einschätzung der Gesamtsituation und einen unangebrachten Ton den Feinden der Arbeiterklasse und der Deutschen Demokratischen Republik das Wort geredet. Die Redaktion verurteilt diesen Artikel einstimmig und hat nach eingehender Überprüfung ihrer Arbeitsmethoden die Voraussetzungen für eine bessere kollektive Arbeit geschaffen. Wir hoffen, durch diese klärenden Worte die Grundlage für eine richtige Erkenntnis der Anforderungen gegeben zu haben, die der Neue Kurs zum Wohle unseres Volkes uns allen auferlegt.«

Sonderlich betroffen fühlte L. sich nicht. Böhme hatte seine Meinung geändert, das konnte vorkommen. Er hatte etwas praktiziert, was L. unter Pressefreiheit verstand und verlangte – deshalb hörten die gegenseitigen Familienbesuche nicht auf. Er war ja nicht der einzige, der da ob seiner Kritik kritisiert wurde. Harich wurde im ›ND‹ gezaust, Strittmatter bekam einen Dämpfer, denn er hatte an das ›ND‹ geschrieben, man müsse erkennen, »wie unrichtig es ist, wenn wir nur von Provokateuren sprechen und die Kritik an uns selber vertagen«. Dem entgegnete die Redaktion des Zentralorgans, am 17. Juni wäre die Regelung der strittigen Arbeitsnormenfrage »längst von der Regierung beschlossen« gewesen. L. erinnerte sich anders. Der Artikel, in dem u. a. Strittmatter gebeutelt wurde, trug die Überschrift »Einigen Knieweichen ins Stammbuch«.

Und wieder geschah Weltpolitik; was bedeutete es dagegen schon, daß Großbauern aus Westdeutschland zurückkehrten und ihre Höfe wieder übernahmen, daß Gastwirte, jüngst der Steuerschraube erlegen, sich an den reprivatisierten Tresen stellten, daß Lehrer und Oberschüler, eben der Zugehörigkeit zur Jungen Gemeinde wegen gefeuert, Lehr- und Lernamt erneut übernahmen: In der Sowjetunion wurde einer der Mächtigsten entmachtet: L. P. Berija. Die Überschrift im ›ND‹ des 11. Juli 1953 verhieß nichts Sensationelles: »Die unerschütterliche Einheit der Partei, der Regierung und des Sowjetvolkes.« Wer sich dennoch an die Lektüre machte, entdeckte, daß Berija den Versuch unternommen habe, das Innenministerium über die Regierung und die Partei zu stellen, er habe in der Landwirtschaft sabotiert und die Völker der Sowjetunion gegeneinandergehetzt, in letzter Zeit habe er gar begonnen, »frech und unverschämt geworden, sein wahres Gesicht zu zeigen: die

Fratze eines tückischen Feindes«. Eine Lawine kam ins Rollen, später wurde Berija erschossen, die Alleinschuld an den Justizverbrechen während der Stalinzeit war ihm aufgebürdet worden, schließlich war er der Herrscher über die gewaltige Maschinerie Gulag und dessen schartiges Rädchen Iwan Denissowitsch gewesen und büßte nun stellvertretend für Untersuchungsführer, Denunzianten, Staatsanwälte, Richter und Lagerkommandanten. Ihm hatte eine Neutralisierung des vereinigten Deutschland zwischen den Machtblöcken vorgeschwebt, Aufgabe des sozialistischen Experiments DDR zugunsten langfristiger Entspannungsregelung – das wußte L. natürlich nicht, und der Chronist kann es nur den Vermutungen anderer nachvermuten. Gewiß ist, daß die Führenden in der DDR jetzt nicht nur das häusliche Problem am Hals hatten; nun böte auch noch wechselhafter Ostwind. Es entspricht nicht sozialistischer Informationsfreude, selbst nach Jahren, beispielsweise in den Memoiren gewesener Politiker, über Internes hinter Politbürotüren zu berichten, aber daß es damals kontrovers zugegangen ist, steht außer Frage; das Ergebnis des 15. Plenums weist es aus.

4

Der Topf hatte lange genug auf dem Ofen gestanden, nun mußte er vom Feuer. Die Debatten an der Basis liefen sich fest, jeder hatte das Seine vermutet, gewendet, an den Erfahrungen anderer gemessen, verworfen und wieder herbeigeholt, nun mußte das ZK sprechen. Fünf Wochen nach dem Gewittertag beriet und entschied das Zentralkomitee, und was L. darüber las, ließ ihn blaß werden. Dieses 15. Plenum setzte einen Schlußpunkt und gab neue Orientierung, es war eine Riesenüberraschung nach vielen Überraschungen, von da an gab es dann lange Zeit nichts Verblüffendes mehr. Politik fand wieder ein Flußbett mit festen Ufern. Das Plenum entwirrte Dinge, stellte sie neben- und hintereinander. Die DDR-Führung bewältigte, so glaubte sie, den 17. Juni ein für allemal.

Erste Feststellung: Der Neue Kurs war verkündet gewesen und begann zu wirken. Da merkten die Imperialisten, daß ihnen die Felle davonschwammen.

Zweite Feststellung: In Korea war der Imperialismus zum Waffenstillstand gezwungen worden, nun suchte er einen neuen Brandherd und entschloß sich, den lange vorbereiteten Tag X in der DDR zu zünden.

»Fast zur selben Zeit unternahmen faschistische Provokateure, die von amerikanischen Offizieren mit Waffen, Benzinflaschen und Instruktionen versehen waren, im demokratischen Sektor von Berlin einen Putschversuch. Gleichzeitig traten die in einigen anderen Städten der DDR seit langem organisierten Agentengruppen in Tätigkeit und organisierten faschistische Unruhen. Sie erhielten durch den amerikanischen Hetzsender RIAS ihre operative Anleitung. Auch die Entlarvung des imperialistischen Agenten Berija weist auf die internationalen Zusammenhänge der großangelegten Provokation hin.« Die Imperialisten, so hieß es weiter, warfen ihre Agenten innerhalb der DDR ins Gefecht, brandleristische Spione, SAP-Gruppen, Trotzkisten, aus der Partei geschlossene Renegaten, illegale ehemalige SPD-Gruppen, die dem Ostbüro hörig waren, und an der Spitze standen hier und da Nazis, so im Bunawerk ein SS-Mann. Das Plenum wies noch einmal auf alte, inzwischen beseitigte Fehler hin, die Verantwortung für so manche harte Maßnahme wurde nach unten delegiert, beispielsweise habe das Ministerium für Allgemeinen Maschinenbau durch eigenmächtige Festsetzung hoher Normen berechtigte Empörung hervorgerufen, in manchen Verwaltungen und Gewerkschaften – Hausnummern wurden nicht genannt – hätten gar eingeschlüpfte Agenten durch sozialen Abbau die Unzufriedenheit hinterhältig geschürt. »Schluß mit der Kopfhängerei!« rief Grotewohl. »Die freimütige Darlegung unserer Fehler hat nun dazu geführt, in den hinter uns liegenden Wochen seit dem 17. Juni eine wahrhafte Büßergemeinde innerhalb der Partei und der staatlichen Verwaltung zu entwickeln. Bis hinunter zu den Pionieren... Das ist falsch, Genossen. Die Partei muß aus dieser Büßerstimmung heraus!« Justizminister Fechner hätte seine Position ausgenutzt, um faschistische Aufrührer vor Strafe zu schützen; das ZK schloß ihn als Feind der Partei und des Staates aus der Partei aus. Ulbricht bezichtigte Herrnstadt, vom 9. Juni an im ›ND‹ Artikel veröffentlicht zu haben, »die eine direkte Unterstützung der Streikenden darstellten«. Da fragte sich L. nun betreten, welche Artikel das gewesen seien, ob und wie denn er sich durch das ›ND‹ habe verleiten lassen, aber eine Konkretisierung für Ulbrichts Vorwurf fand er nicht. Ulbricht rügte auch: Zaissers »Ministerium für Staatssicherheit hat im Kampf gegen die feindlichen Agenturen völlig versagt«. Die logische Folge war, daß Herrnstadt und Zaisser aus dem ZK ausgeschlossen wurden. Und Ulbricht wurde einstimmig zum 1. Sekretär wiedergewählt.

L. rieb sich die Augen. Wer hatte da von Erneuerung der Partei geträumt, von Demokratisierung, von mancherlei Freiheit, die vordem nicht gewesen war, vielleicht von Ulbrichts Ablösung? Unser Kurs war und bleibt richtig, verkündete das Plenum, und die richtigen Männer stünden an den richtigen alten Schaltstationen. Ein sehr junger, sehr unerfahrener, aus dem Kleinbürgertum zugelaufener Genosse hatte gemeint, mit eigenem Kopf Politik machen zu müssen. Das war von schwindligmachendem Reiz gewesen: Einer hatte nicht schwimmen können, auf einmal, ohne Vorübung und Übergang trug ihn das Wasser. Einer breitete die Arme, schon schwebte er. Einer öffnete den Mund, seine Stimme hallte meilenweit, und aus der Ferne fand Echo zurück. Vielleicht, vielleicht wurde sein Zeitungsartikel zur materiellen Gewalt?

Vergebens, vorbei. Politik lief in andere Richtung – nun aber Schluß mit »Elfenbeinturm und Rote Fahne« und ähnlich Knieweichem! Hatte jemand von einer Erneuerung an Haupt und Gliedern geträumt? Das sollte er schleunigst vergessen. Noch einmal Heinz Brandt: »Nachträglich gesehen mag die hoffnungsvolle Ahrenshooper Diskussion um Harich und Loest und das Kulturbundprogramm als sinnlos erscheinen, als illusionär, ja als gespenstisch.«

Nun war Sommer, die Studenten der Arbeiter- und Bauernfakultät schlossen die Türen ihrer Lehrzimmer und Internate. Die Sowjetarmisten, die neben ihren Schützenpanzern an Kreuzungen und Fabriktoren gewacht hatten, zogen sich in die Kasernen zurück. In Dresden und Weißwasser, Görlitz und Halle, Magdeburg und Erfurt fanden beinahe täglich Prozesse gegen Aufrührer statt. Überfall auf Volkspolizisten und Raub der Dienstwaffe, Sturm auf ein DFD-Büro, Brandstiftung standen zur Anklage, FDJ-Karteien waren auf die Straße geworfen und SED-Funktionäre zusammengeschlagen worden. Alte SA-Männer waren angeklagt und jüngst enteignete Gastwirte, der eine besaß Verbindungen zum Bund deutscher Jugend in Westberlin oder zur Kampfgruppe gegen Unmenschlichkeit, andere hatten den RIAS gehört und gefolgert: Jetzt geht's los! Auf den Anklagebänken fehlten Drahtzieher und Kuriere. Nirgendwo war von den Putschisten der Versuch gemacht worden, die Kernpunkte des Nachrichtenwesens, der Energieversorgung, des Verkehrs in die Hand zu bekommen, der Aufstand hatte sich an der Peripherie verläppert. Sah so dilettantisch vom Pentagon, von der Zentrale des Weltimperialismus gesteuerte Konterrevolution aus?

Nun war richtig Sommer. Wilhelm Pieck kehrte von langem Genesungsurlaub aus der Sowjetunion zurück. In Korea begann der Gefangenenaustausch. In Bukarest wurden die IV. Weltfestspiele eröffnet, das FDJ-Ensemble »Stephan Hermlin« sang im Stalinpark. Das Ehepaar L., den Jungen an der Hand, die Tochter im Kinderwagen, spazierte durch Parks und äugte auf Adler und Bär im Zoo. Der Schriftstellerverband begann seine Sommerpause, an jedem Morgen saß L. wieder am Schreibtisch und setzte seinen ABF-Roman fort:

»›Wenn du nur nicht so gemein wärst. Hättest du mir gesagt, daß du mich nicht mehr lieben kannst, hätte es mir weh getan, aber ich hätte dich noch achten können. Aber du hast mich beschwatzen wollen, die ABF zu verlassen, um mich auf diese Weise am einfachsten loszuwerden. Und das ist so gemein!‹

Er stritt alles ab. Dann nahm er seine Tasche und ging zur Tür. ›Man müßte anderen erzählen‹, sagte sie, ›wie gemein du bist, du, der FDJ-Sekretär.‹ Da drehte er sich um, blickte sie an, und in seiner Stimme lag Drohendes, als er sagte: ›Ich würde dir abraten. Eine wie du, die duldet, daß in ihrem Zimmer RIAS-Nachrichten gehört werden...‹«

Der Verband hatte L. eine Studienreise nach Ungarn zugesagt, das war nichts Gewöhnliches wie Jahre später, das war Anfang und Versuch und Auszeichnung. Sein Mitreisender sollte Erwin Strittmatter sein, steil bekanntgeworden durch den Roman »Der Ochsenkutscher«. Nicht wie geplant im Juli, hieß es aus Berlin, finde die Reise statt, denn die ungarischen Genossen vollzögen gerade tiefgreifende politische Umstellung. Anfang August, Mitte August, es verschöbe sich ein bißchen. In L. stieg die Spannung, die Freude, er wurde bestaunt und beneidet, denn Reisen war Luxus, und da fuhr einer auf vier Wochen ins Ausland, und es kostete ihn nicht eine Mark.

Einmal saß ein Verbandsangestellter aus Berlin bei ihm, der machte Andeutungen über Gemunkel und Geraune, es sei nicht alles still um »Elfenbeinturm und Rote Fahne«, Georgi Stibi, Chefredakteur der ›LVZ‹, äußerte sich weiterhin erbost. Vielleicht wäre es doch klüger gewesen, L. hätte sich der Böhmeschen Selbstkritik angeschlossen? Kein Grund dazu, behauptete L.; er fühlte sich schon halb in Ungarn. Aber nagte nicht irgendwo eine kleine, scharfzähnige Angst?

IX.

»Der Fall Loest«

I

Am 25. August 1953 wünschte auf dem Ostbahnhof in Berlin ein Vertreter des Schriftstellerverbandes den Kollegen Strittmatter und L. viel Erfolg beim Besuch im Freundesland. Siehe da, sogar ein Attaché der ungarischen Botschaft tauchte mit Rosen auf und hielt den delegierten Genossen eine protokollgerechte Rede über unablässig enger werdende Freundschaft im sozialistischen Bruderbund.

Noch beim Verstauen der Koffer redeten Strittmatter und L. los: Was, wenn wir nach dem 17. Juni gefragt werden? So einfach machen wir es uns nicht, daß wir beschränken: Faschistischer Putsch und sonst gar nichts! Ein Dutzend Aspekte hat dieser Tag vorher und nachher, oder hundert, oder tausend.

Mit Sträußen wurden sie empfangen und ins erste Haus am Platze gebracht, in ihren Appartements staunten sie über gekacheltes Bad mit riesiger Wanne, über Plüsch und edle Hölzer, k.u.k.-Stil war das, und als sie sich zur ersten Mahlzeit einfanden, war der Tisch mit Blumen bekränzt. Was wünschten die Genossen Gäste zu sehen? Balaton und Pußta, sagten sie, Betriebe, vor allem wollten sie mit Schriftstellern reden. Und, fügte Strittmatter hinzu, ich möchte in den Zirkus, denn da hab ich mal Staub gewischt. Und, ergänzte L., ich möchte zum Fußball; möglichst jedes Wochenende.

Empfang im Verband, Bella Illes präsidierte. Deutsch wurde gesprochen zu Ehren der deutschen Gäste. Zuletzt war Genosse Hermlin hiergewesen – ging es ihm gut? Was schrieb Claudius? Was Brecht? Die letzte Frage konnte

Strittmatter beantworten, denn sein »Katzgraben« wurde am Schiffbauerdamm zur Uraufführung vorbereitet. Da wurden die Gesichter der ungarischen Genossen wohlgefällig: Das ließ sich hören! Über den zweiten Gast schienen sie enttäuscht zu sein. Ein junger Mann, was konnte man von ihm schon erwarten. Also, woran arbeiteten die deutschen Genossen?

In der Botschaft der DDR machten die beiden ihren Pflichtbesuch, sie wurden empfangen von Stefan Heymann, auf den sich L. besann: In einer Debatte um Hauptmanns »Ratten« war von Heymann dieses atemberaubende Urteil gesprochen worden: »Die Ratten« zählten nicht zum kulturellen Erbe, denn in ihnen kam kein klassenbewußter Arbeiter vor. Jetzt klagte er, es sei langweilig auf dem Posten eines Botschafters, sein Spielraum sei gering. Ratschläge oder Anweisungen gar, wie bei Debatten über aktuelle Probleme zu verfahren sei, gab er nicht. Dabei fanden die Veränderungen in Moskau nach Stalins Tod auch hier ihre Entsprechungen, Matyas Rakosi, bislang Ministerpräsident und Generalsekretär der Partei, war des erstgenannten Postens verlustig gegangen unter allerlei Vorsätzen, die Gesetzlichkeit wiederherzustellen und die Wirtschaft aus starren Banden zu befreien; ein gutes Verhältnis zu den bürgerlichen Parteien wurde gesucht, die Beziehung zur Presse, zur Kritik, zu den Gewerkschaften und nicht zuletzt zur katholischen Kirche sollte neu geordnet werden – auch in Ungarn schien eine Phase kommunistischer Unfehlbarkeit vorbei. Die Dinge gerieten in Fluß, wohin floß er? Über die Visite bei Heymann schrieb L. in sein Tagebuch: »Belanglose, vorsichtige Unterhaltung.« Von dem, was hinter den Kulissen sich ereignete, hatte er keinen Schimmer.

Die beiden Delegationsmitglieder kamen vier Wochen lang sehr gut miteinander aus. Nicht die Spur davon, daß sich Strittmatter, vierzehn Jahre älter und renommiert, in den Vordergrund geschoben hätte; schon am ersten Tag entschied er: Die Dankreden hältst du! Und so blieb es das Amt des Jüngeren, nach der Besichtigung von Kinderkrippe und Obstplantage, Dieselmotorenfabrik und Gemäldegalerie, Stahlwerk und Ferienheim den nachhaltigen Eindruck zu rühmen und zu geloben, nach der Heimkehr die wertvolle Erfahrung preisend zu verbreiten. So lange war der Krieg noch nicht vorbei, noch waren nicht alle Brücken wieder über die Donau geschlagen, und so durfte L. hinzufügen, daß er die Grüße eines friedfertigen Deutschlands überbrachte, das nie wieder andere Völker mit Krieg überziehen wollte, und Ungarn schon gar nicht. Händedrücke, Winken.

So edel hatte er nie gelebt. Des Morgens rief er beim Zimmerservice an und bestellte Kaffee, Eier im Glas, Salami, Trauben, Pfirsiche. Gegen neun traf er sich mit Erwin in der Halle, fort ging es zu Besichtigung oder Gespräch. Mittags speiste er Klare Suppe, viel Hühnchen, viel Fogasch, einen zanderähnlichen Fisch aus dem Balaton, Karfiol, also Blumenkohl, des Abends Salami, Schinken in Aspik. Der würdige Herr Kellner empfahl eine Nachspeise, *tiepisch ungarisch, Sie missen* probieren!

Sie absolvierten das übliche Touristenprogramm, römische Ruinen, Margareteninsel, Fischerbastei. In öligen Thermalwässern hockten sie und durchschritten die Nationalgalerie. Da das Stalindenkmal, es stand noch. Die alte U-Bahn, die neue. Tagebuch: »Wir sitzen bei der Pioniereisenbahn in der Sonne und schwänzen das Folklore-Museum.« Aber so leicht kamen sie nicht davon, der Programmpunkt wurde nachgeholt. Besuch im Literaturverlag, L. amüsierte sich über rote Plüschmöbel hier wie im Hotel und überall. Das NEP-Stadion! Honved gegen Szombateli. Zehn Honved-Recken trabten auf den Platz und führten Begrüßung und Platzwahl vor, der elfte trat zwei Minuten später auf, am Spielfeldrand warf er einem Jungen den Bademantel zu: Puskas. Der Schiedsrichter wartete, bis der Größte seinen Platz eingenommen hatte, dann erst pfiff er an. Eine klare Angelegenheit, am Ende stand es 6:0. Bis in die zweite Halbzeit verteilte Puskas die Pässe aus dem Stand, dann drehte er zehn Minuten lang auf und ließ alles rechts und links stehen, jagte durch die Deckung und schoß sein Tor.

Zehn Minuten vor Schluß ließ er sich auswechseln. Ein bißchen wurde gejohlt, auch gelacht, nicht sehr.

Der Philosoph Lukács hatte auf der Wunschliste der beiden Ungarnreisenden ganz oben gestanden, natürlich; er weile im Ausland, hörten sie. Sie lernten bald, daß es scharf zwischen ländlichen und städtischen Schriftstellern zu unterscheiden galt. Die ländlichen trugen Schnauzbart und Stiefel, sprachen keine fremde Sprache und verachteten die urbanen Kollegen von Herzen. Bei einem, Peter Veres, saßen sie im Garten, aßen wunderbare Äpfel und hörten über den Dolmetscher, warum der Sozialismus den Kapitalismus besiegen würde: In der Sowjetunion und den sozialistischen Ländern nährten sich die Menschen von gutem Brot, Obst, Gemüse und kernigem Fleisch, im Westen aber war die Lebensweise verfeinert, die Menschen waren verweichlicht, krank. Noch einen herzhaften Apfel für die deutschen Genossen? Die städtischen Schriftsteller hingegen trugen normale Anzüge, beherrschten mehrere Sprachen und schauten geringschätzig auf die ländlichen Kollegen herab. Sie lasen deren Bücher nicht, wußten aber: Sie waren primitiv, in ihnen fanden sich antisemitische Züge. Die Urbanen waren hochgebildet und kannten die deutsche Literatur von Goethe bis Thomas Mann, sie zitierten Rilke und Hoffmannsthal, viele hatten aus anderen Sprachen ins Ungarische übersetzt, einer gar aus elf, darunter dem Isländischen. Dieser hatte in den zwanziger Jahren in Berlin, der andere in Wien und München gelebt, etliche waren Juden und den Nazis mit knapper Not entronnen. Alle zeigten sich hochpolitisiert und stritten erbittert. Pressefehden hatte es gegeben, Verbandstagungen und ZK-Plenen, Lukács war vom Chef der Kulturpolitik kritisiert worden, Tibor Dery war ins Kreuzfeuer geraten, hatte in einem Punkt Selbstkritik geübt und in anderen nicht – es ging alles undurchsichtig bis zur Verworrenheit zu. »Wer seit 1945 bei uns geschrieben hat hat gelogen« formulierte Dery zu später Stunde, »und wer nicht gelogen hat hat nicht geschrieben.« Da fanden S. und L., daß es nicht nur bei ihnen daheim kompliziert zugehe, und der ungarische Sozialismus wäre wohl auch nicht so einfach zu errichten, wie es sich so manche Schulweisheit vor kurzem noch hatte träumen lassen. Rajk, Außenminister und Spanienkämpfer, war, des Titoismus und damit des faschistischen Verrats am Sozialismus geziehen, zum Tode verurteilt und hingerichtet worden, jetzt, vier Jahre später, verkündete das Politbüro seine Unschuld. Da können wir in der DDR ja noch von Glück reden, sagten S. und L., daß uns solche Prozesse als wohl einzigem volksdemokratischen Staat erspart geblieben sind – warum gerade uns? Aber der 17. Juni – und sie diskutierten, was sie als Ursachen vermuteten und wie dieser Tag verlaufen war, und ihre Zuhörer sagten nachdenklich: In unserer Zeitung stand's nicht so.

Natürlich war diese Reise für S. und L. nicht nur Pflicht, sondern auch Kür. Sie schwammen im trüben Balaton und aßen sich voll mit reifen Pflaumen, denn in diesem Jahr fielen sie zentnerweise, und es gab nicht Hände genug, sie aufzulesen und nach Budapest zu bringen. Im Tagebuch ist festgehalten: »Schriftstellerheim in Sziglizet, alter Esterhazy-Besitz. Herrliches Schloß in noch schönerem Park. Gespräche mit allerlei Schriftstellern, Tischtennis, Sonnenbad. Abends am Radio: Wahlen in Westdeutschland. Die gute Laune ist verschwunden.« Adenauer hatte deutlich gesiegt.

Sie fuhren durch die Pußta, besichtigten ein Staatsgut für Pferdezucht und standen in Debrecen in der Kirche, in der zweimal der ungarische Staat gegründet worden war. L. fotografierte, die Betreuerin bat ihn herzlich, der Einfachheit halber alle Filme zum Entwickeln bringen zu dürfen, was sollte sich der Genosse daheim damit abplagen? Die Filme wurden rasch, rasch entwickelt, und siehe da, alle Fotos, für die ungarische Kollegen sich in Positur gestellt hatten, waren leider mißlungen. Um einen Stadtplan bat L. – aber, hörte er, wozu wollen Sie den bloß, wir sind doch immer bei Ihnen! Es gab keine Stadtpläne in Ungarn; schließlich wollte man imperialistischen Agenten, insonderheit angloamerikanischen Fallschirmjägern das schlimme Handwerk nicht erleichtern.

Sie fuhren zum Stahlwerk südlich von Budapest, das den Namen Stalins trug, und sahen den italienischen Film, von dem jeder sprach, »Rom 11 Uhr«. Wieder Fußball, eine Doppelveranstaltung im NEP-Stadion, zuerst siegte Honved, dann Vörös Lobogo, so erlebte L. an einem Nachmittag all die Spieler, die die berühmtesten der Welt waren, im Wembley-Stadion die Engländer im »Spiel des Jahrhunderts« haushoch besiegten und ein Jahr später nicht Weltmeister wurden. Etwas war heil in Ungarn: der Glaube an die Weltbedeutung des ungarischen Sports. Die übernächste Olympiade würde Budapest ausrichten, daran zweifelte keiner.

Während dieser Reise ließ sich Strittmatter seinen Bart wachsen. Ob es unter dem Eindruck der schnauzbärtigen Bauernschriftsteller Veres und Szabo geschah? Ob Eva, ihm jüngst angetraut, es erbeten hatte? Brecht schickte Telegramme: Wann endlich kam sein Dramatiker zurück? Noch ein Kindergarten wurde besichtigt, in seinem Schlußwort gab L. der Gewißheit Ausdruck, daß einem, der solch eine Jugend besaß, nicht bange zu sein brauchte. Durchs Museum der Geschichte der ungarischen Arbeiterbewegung schritten sie, sahen Fotos vom Geburtshaus Matyas Rakosis, Matyas Rakosi als Kind, das Gebäude der Akademie für Osthandel in Budapest, in dem Rakosi studiert hatte, Rakosi in London, wo er Mitglied der Labourpartei wurde, Rakosi als Soldat im ersten Krieg, Karte des Baikalsees mit rotem Punkt: Im Lager Tschita propagierte Rakosi unter Kriegsgefangenen die Revolution. Rakosi entflieht und kommt nach Petrograd. Rakosi auf dem Gründungskongreß der kommunistischen Partei Ungarns, dritter von links. Einmal fragte L. die Museumsführerin arglos, er hätte von einem gewissen Bela Kun vernommen, würde der nicht in diesem Museum erwähnt? Nein, antwortete die Dame, er sei relativ unbedeutend gewesen. Als sie auf der Straße standen, vermutete L., argwöhnisch gemacht durch Sturz und Rehabilitierung Rajks, gegenüber seinem Gefährten: »Wenn Rakosi als Feind entlarvt werden sollte, hat dann die ungarische Arbeiterbewegung keine Geschichte mehr?« Im Tagebuch: »Abends mit Pal Szabo. Eigenwilliger alter Bauer wie Veres, aber politisch klüger. Offensichtlich können sich auch die Bauernschriftsteller untereinander nicht leiden. Das Gespräch schleppt sich müde hin. Immerhin dieser Ausspruch von Szabo: ›Peter Veres meint, es schade einem Schriftsteller, wenn er so tief und umfassend gebildet sei wie Peter Veres.‹ – 17. Sept., Morgenprogramm verkorkst. Revais Rede gelesen. Es hat hier unter den Schriftstellern starre Gruppen gegeben und gibt es wahrscheinlich noch.« Kein Wort weiter steht in diesen Notizen, nichts anderes und schon gar nichts dazu erzählte L. seinen Freunden, als er zurückkam. Aber drei Jahre später entsann er sich aller Kontroversen und Zänkereien, der geklärten und vor sich hergeschobenen Probleme, des Zorns der Beleidigten und der Hartnäckigkeit der Beleidiger, des Forderns von Selbstkritik bei anderen und der Unfähigkeit, den Balken im eigenen Auge nicht als Splitter zu qualifizieren. Da sagte er: Auch dort liegen Ursachen für das Blut in Budapests Straßen, wir müssen mit Mut und Klugheit verhindern, daß bei uns verwandte Ursachen quellen.

2

Noch einmal Zirkus für Strittmatter und Fußball für L., ein Abend in einem Weinlokal mit Zigeunermusik für beide, Stickereien und Tokayer als Abschiedsgeschenke, dann fuhren sie zum Flugplatz. Als die Maschine in Schönefeld ausrollte, sah L. den Kaderleiter des Verbandes und eine Mitarbeiterin mit Blumen hinter dem Zaun. Als sie alle im Auto saßen, sagte der Kaderleiter: »Erich, du bist letzte Woche in Leipzig aus dem Verband ausgeschlossen worden.«

Es war der 21. September 1953. Aus dem Verband ausgeschlossen? Durch wen? Warum? »Kuba läßt dich grüßen, und du sollst nicht die Nerven verlieren.«

Aus dem Verband ausgeschlossen: Dieser Satz war Faustschlag in die Magengrube, Knüppel ins Genick. Auch aus der Partei? »Nein, dagegen schützt dich das Statut. Bei einem Parteiausschluß müßtest du dabei sein.« Das Verbandsstatut schützte offenbar nicht. Eine Überraschung, die Gedanken stocken lassend wie diese: Als der Vater ins Zimmer trat: Krieg mit der Sowjetunion. Ein Bauer zum Werwolf L.: Der Führer ist tot. Als, später, ein Oberrichter verkündete: Siebeneinhalb Jahre Zuchthaus und Vermögensentzug. Als ein Anstaltsleiter sagte: Sie werden noch diese Woche entlassen. Eine Vertragsleiterin: Dein Buch wird eingestampft.

L. fuhr mit dem nächsten Zug nicht nach Leipzig zu Frau und Kindern, sondern in die Berliner Wohnung des Kaderleiters, dort hörte er Satz für Satz, was dieser wußte und nicht wußte. Leipzigs Schriftsteller hatten getagt, offensichtlich hatte die Bezirksleitung der SED massiven Einfluß auf diese Versammlung ausgeübt, in ihrem Verlauf war es turbulent hergegangen, nicht ohne weiteres waren die Mitglieder bereit gewesen, ihren Vorsitzenden zu schassen, aber dann hatten sie es doch getan. Stimmenthaltungen – wie viele und von wem? In der ›Leipziger Volkszeitung‹ hatte ein Artikel gestanden, der war noch nicht nach Berlin gelangt. Einziger ersichtlicher Grund für diese Kampagne: der Artikel »Elfenbeinturm und Rote Fahne«. Am nächsten Tag, sagte der Kaderleiter, werde eine Vorstandssitzung stattfinden, zu ihr werde der Abteilungsleiter für Kultur der Bezirksleitung Leipzig, Siegfried Wagner, geladen.

Wagner – Loest kannte ihn; bisher hatte es bei der Zusammenarbeit im Verband und dem Kulturbund keine Reibereien zwischen ihnen gegeben. Wagner war einige Jahre älter als L., groß, massig, lautstark. »Nochmals, was immer die da in Leipzig beschließen, wir in Berlin müssen es bestätigen. Und morgen redest du zuerst mit Kuba.«

Kuba sagte sofort: »Wir stehen hinter dir und werden dir helfen, vor allem: Du darfst mit keinem Wort auf die Partei schimpfen, auch nicht, wenn du meinst, sie habe dir unrecht getan. Du wirst erläutern müssen, daß du mit diesem Artikel helfen und klären wolltest. Mit einigen Formulierungen bist du übers Ziel hinausgeschossen, keine Frage. Du mußt jeden Versuch zurückweisen, du hättest der Partei in den Rücken fallen wollen.« L. nickte.

Als er den Konferenzraum betrat, war Wagner schon da, sie schauten aneinander vorbei. Eine Kollegin aus Dresden kam sofort auf L. zu. Sie hatte mit Ruth Kraft telefoniert, die an der Ausschlußversammlung in Leipzig teilgenommen hatte, und gedrängten Bericht bekommen: Vertreter der SED-Bezirksleitung hätten behauptet, es sei *erwiesen,* daß L. ein faschistischer Provokateur sei, unter dieser Beschuldigung seien die Mitglieder Schritt für Schritt zurückgewichen und hätten schließlich in der Mehrheit für den Ausschluß gestimmt. Faschistischer Provokateur – da schlug in L. der Zorn hoch. Abwarten, dämpfte Kuba, laß dich nicht zum Gegenangriff hinreißen, hörst du?

Kuba war damals neununddreißig, Arbeitersohn aus Sachsen, umgetrieben in der Nazizeit in der CSR und in England, zurückgekehrt und von Sekunde an an allen Brennpunkten des kulturellen und politischen Aufbaus, Dichter im Blauhemd, Agitator, glühend wie keiner, Phantast und Praktiker, nie auf materiellen Vorteil bedacht, maßlos im Lieben wie im Hassen – keiner steht so sinnbildlich für diese Zeit. Ein Dampfkessel unter Hochdruck mit ständig zischenden Ventilen – mit den Energien, die in Kuba steckten, müssen gemeinhin an die fünfzig landläufige Lyriker auskommen, von Funktionären ganz zu schweigen.

Diese Sitzung – der Chronist besinnt sich nur auf den Punkt, der L. betraf. Zwischen Anna Seghers und Kuba präsidierte Gustav Just, damals 33 Jahre alt, ein böhmischer Arbeitersohn; im Hallenser Parteiapparat steil aufgestiegen und nun mit dieser Funktion betraut: Abteilungsleiter für Kultur im Zentralkomitee. Kuba informierte über das, was er aus Leipzig erfahren hatte, L. schilderte, aus welchen Beweggründen er den Artikel geschrieben hatte, räumte ein, stellenweise unscharf und mißdeutbar gewesen zu sein, und bot die Überlegung an, womöglich sei der Zeitpunkt für diesen Artikel generell falsch gewesen. Diese seine Erklärung bat er nicht als endgültig zu nehmen, er käme gerade aus Ungarn, wisse nicht, was inzwischen in Leipzig geschehen sei, versichere aber, er habe der Partei und dem Staat nützen wollen, sei zu jeder Klärung bereit und an ihr interessiert, und aus diesem Grunde weise er die Anschuldigung, er sei ein faschistischer Provokateur, entschieden zurück. Als er fertig war, merkte er, daß er Terrain gewonnen hatte.

Wagners Vorstoß war zunächst maßvoll in den Argumenten und im Ton: Man habe nicht auf die Rückkehr L.s aus Ungarn warten können, eine so gravierende Angelegenheit hätte keinen Aufschub geduldet. Er zitierte Passagen aus dem Artikel, auch halbe Sätze, behauptete, L. habe den 17. Juni als »reinigendes Gewitter« bezeichnet und mußte sich belehren lassen, es sei im Artikel vom »Gewitter« die Rede. Als er sich festlief, hob er die Stimme, als er an Mienen und Zwischenrufen merkte, daß seine Position nicht die beste war, verschaffte er sich diesen Abgang: Nicht die Bezirksleitung habe L. als faschistischen Provokateur bezeichnet, sondern die ›Leipziger Volkszeitung‹! Abgesehen davon, daß die ›LVZ‹ das Organ der Bezirksleitung ist, erwies sich diese Behauptung später auch im engeren Sinne als unwahr.

L. wurde gleichermaßen kritisiert und in Schutz genommen. Einen losbrausenden thüringischen Genossen fragt Kuba: »Und was hast *du* geschrieben, gleich nach dem 17. Juni, als keiner so klug war wie heute? Nichts?« Anna Seghers nannte L. halb zärtlich: »Unser Bösewicht.« Just gab dem Leipziger Ankläger den Rat, die Angelegenheit im Beisein L.s in aller Sachlichkeit zu klären. Sein letztes Wort zu Wagner: »Ich hoffe, du hast hier gelernt, wie man unter Genossen ein solches Problem behandelt.« L. hatte die erste Runde gewonnen.

Ein Protokoll dieser Sitzung ist nicht erhalten. Schwach ist das menschliche Gedächtnis: Just besann sich schon 1970 nicht mehr darauf, daß sie überhaupt stattgefunden hatte.

Dafür wußte er etwas anderes: Der damalige Parteisekretär der Leipziger Schriftsteller hatte L. beim ZK angeschwärzt, er würde mit einigen Kollegen Orgien feiern; dem war Just nachgegangen und hatte festgestellt: Es gab nur einen Dreckskerl in der ganzen Sache, den Verleumder. Lächerlich, sagte der Chronist, als sie 1970 in Justs Wohnung saßen, daran hatte ich nun wieder überhaupt nicht mehr gedacht. Aber diese Sitzung im September 1953, davon weißt du wirklich nichts? Als es bei mir um Kopf und Kragen ging, na, sagen wir mal, um Parteibuch und wirtschaftliche Existenz und Verhaftung und Knast? Wenn ich Kuba und dich nicht gehabt hätte: Wäre es nicht denkbar gewesen, ich hätte mich so umstellt gefühlt, daß ich die Flucht nach dem Westen jedem Risiko vorgezogen hätte? Just zuckte die Schultern. Als er und L. sich 1960 in Bautzen infolge eines Regiefehlers der Wärter plötzlich auf dem Zuchthauskorridor begegnet waren, als dem Häftling 4/58 – so hieß Just damals – vor Erschrecken und Staunen der Unterkiefer herunterklappte und die Augen beinahe aus dem Kopf gefallen wären – das wußte Just noch. Aber diese Sitzung? Ausgelöscht. Wen fragen? Kuba ist tot. Wagner ist stellvertretender Kulturminister.

Nach dieser Sitzung fuhr L. endlich heim nach Leipzig. Annelies empfing ihn blaß. Natürlich redeten sie die halbe Nacht, Ungarn war unwichtig. Annelies war mit den Kindern bei ihren Eltern gewesen, sie hatte sich die ›LVZ‹ nachschicken lassen. An einem wunderschönen Morgen, am Geburtstag ihrer Mutter, beim Frühstück im Garten schlug sie sie auf, ihr Blick fiel auf eine Schlagzeile: »Der Fall Loest«. Sie las. Sie, die nie etwas am Herzen gehabt hatte, mußte zum Arzt gebracht werden, der gab Spritzen, empfahl Ruhe und warnte vor jeder Aufregung. Nun las L. selbst. Nach einer im allgemeinen bleibenden Präambel über den 17. Juni und den Kampf gegen seine Urheber hieß es da:

»Es ist notwendig, diesen Kampf mit aller Entschiedenheit weiterzuführen und zu verbreitern, um überall Klarheit über den Charakter und die Hintergründe des 17. Juni zu schaffen, die Agentennester des Feindes restlos zu liquidieren und es ihm unmöglich zu machen, die schnelle und allseitige Verwirklichung des neuen Kurses von Partei und Regierung zu sabotieren. Das gilt nicht nur für die Betriebe im engeren Sinne, sondern auch für die übrigen Institutionen und für die demokratischen Organisationen, in denen zuweilen noch die versöhnlerische Praxis des Ausweichens vor der kämpferischen Auseinandersetzung mit feindlichen Elementen und Auffassungen geübt wird. Unter anderem ist dies z. B. im Deutschen Schriftstellerverband, Bezirk Leipzig, der Fall, dessen Mitglieder bisher noch nicht einmal zu dem offen feindlichen Auftreten von Erich Loest Stellung genommen und keinerlei Schlußfolgerungen daraus gezogen haben. Wie will aber der DSV und wie wollen unsere Schriftsteller ihre hohen und verantwortlichen Aufgaben bei der Verwirklichung des Neuen Kurses erfüllen, wenn sie zulassen, daß in ihren Reihen unverhüllt ›Argumente‹ der amerikanischen Organisatoren der faschistischen Provokation kolportiert werden und durch eine Resolution heimtückisch sogar versucht wird, diese Feindargumente den Schriftstellern und dem Verband schlechthin zu unterschieben? Wie wollen sie das für den Schriftsteller unerläßliche und grundlegende Prinzip strenger Parteilichkeit in ihrem Schaffen zur Geltung bringen, wenn sie nicht einen kompromißlosen ideologischen und organisatorischen Kampf führen gegen die Verteidiger der Provokateure und Agenten, die im amerikanischen Auftrag einen faschistischen Umsturz herbeizuführen versuchten, um unsere Arbeiter- und Bauernmacht zu beseitigen, die Macht der Großkapitalisten und Junker wieder aufzurichten und über Deutschland die Katastrophe eines mörderischen Bruderkrieges und eines dritten Weltkrieges heraufzubeschwören?

Loest hat im Buchhändler-Börsenblatt einen Artikel veröffentlicht, von dem selbst der für die Publikation unmittelbar verantwortliche Chefredakteur nachträglich feststellte, daß er ›nicht einmal ein Wort‹ gegen die Provokateure und auch ›kein Wort über die verbrecherischen Absichten der feindlichen Agenturen‹ enthielt, in dem vielmehr ›den Feinden der Arbeiterklasse und der Deutschen Demokratischen Republik das Wort geredet‹ würde und der somit ›schädlich für die Interessen der Arbeiterklasse und unsere demokratische Staatsmacht‹ war. Dabei wird mit diesem vernichtenden Urteil die Volksfeindlichkeit des Artikels von Loest nicht einmal in vollem Umfang charakterisiert, da der Chefredakteur des Buchhändler-Börsenblattes, Genosse Böhme, sich in seiner ›selbstkritischen‹ Stellungnahme offensichtlich von dem Wunsche leiten ließ, eine ›Rechtfertigung‹ dafür zu finden, daß er diesem und anderen provokatorischen Machwerken Raum in seiner Zeitschrift zur Verfügung gestellt hat. Um so mehr wäre von der Bezirksorganisation des DSV zu erwarten, daß sie sich von den von Loest fabrizierten Artikeln und Resolutionen in einer Weise distanziert, die irgendwelche Mißverständnisse vollkommen ausschließt.

In seinen Artikeln bezog Loest offen die Position der Feinde des Volkes und unseres demokratischen Staates. Das schmutzige Geschäft der faschistischen Provokateure, in das sie auch einen geringen Teil unserer Arbeiter vorübergehend hineinzogen, verwandelt sich unter seinen Fingern in ›eine anständige Sache‹. Die Partei- und die Gewerkschaftsfunktionäre, die in der ehrlichen Absicht, unseren Aufbau zu fördern, bei ihrer aufopferungsvollen Arbeit auch Fehler begingen, werden von Loest in einer Art beschimpft, wie sie für einen Arbeiterfeind und Propagandisten der amerikanischen Agentenlügen typisch ist. Daher findet er auch für die Hörer des amerikanischen RIAS, von dem täglich die faschistischen Agentenlosungen ausgegeben werden, nur Worte der Auszeichnung und des Lobes. Die Werktätigen, die die demokratischen Maßnahmen unserer Regierung begrüßen und unterstützen, denunziert er in RIAS-Manier als ›kritiklose Jasager‹, während er die Gegner dieser Maßnahmen, die Feinde der demokratischen Ordnung, als ›fortschrittlich‹ und als ›den wirklich besten Teil des Volkes‹ deklariert. Indem er für die faschistischen Provokateure Partei nimmt, redet er zugleich haßerfüllt und mit Schaum vor dem Munde von der ›Schuld von Partei und Regierung‹. In vollem Maße trifft auf ihn die Feststellung der 15. Tagung des Zentralkomitees der SED zu:

›Der ganz besondere Haß dieser reaktionären Kreise richtet sich gegen die Sozialistische Einheitspartei Deutschlands als die führende Kraft beim Aufbau der Grundlagen der volksdemokratischen Ordnung.‹

Loest beschränkt seinen Angriff ausdrücklich nicht nur auf einige Maßnahmen der vergangenen Monate, die von Partei und Regierung bereits *vor* dem 17. Juni als fehlerhaft erkannt und deren Korrektur schon durch die Beschlüsse vom 9. und 11. Juni eingeleitet worden war. Von dieser Tatsache spricht Loest überhaupt nicht, da er in diesem Falle nicht an der Feststellung vorbeigekommen wäre, daß der längst vorbereitete ›Tag X‹ ja gerade deshalb beschleunigt inszeniert wurde, um die Durchführung des neuen Kurses zu stören. Vielmehr wendet er sich gegen die ›wirklich entscheidenden Maßnahmen‹, gegen ›viele Maßnahmen der vergangenen Jahre.‹(!). Er greift somit die gesamte Politik von Partei und Regierung an, ihre Generallinie, durch die das werktätige Volk in all diesen Jahren wahrhaft historische Erfolge errungen hat, zum ersten Mal in der deutschen Geschichte ein friedliebender deutscher Staat geschaffen, die Macht der Ausbeuter gebrochen und die Macht der Arbeiter und Bauern errichtet wurde. Wiederum in vollem Maße gilt daher für Loest auch die folgende Feststellung der 15. Tagung des ZK der SED:

›Die freimütige Anerkennung der begangenen Fehler vor den breitesten Massen wurde von den Feinden ausgenutzt, um die Partei zu diskreditieren und lügnerisch zu behaupten, die ganze Politik der Partei sei falsch gewesen. Auch diese Behauptung diente dem Zwecke, die Partei von dem Neuen Kurs abzubringen.‹

Es ist deshalb kein Zufall, daß auch Loest nicht von der Verwirklichung des Neuen Kurses von Partei und Regierung und – natürlich! – nicht vom Kampf gegen die faschistischen

Provokateure spricht, sondern so wie die amerikanischen Agentenzentralen, die KgU, das Ostbüro usw., lediglich von ›Fehlern‹, die Partei und Regierung begangen hätten. Wenn Loest erklärt: ›Die Zeit, diese Fehler zu untersuchen, ist jetzt gekommen‹, und wenn er den Zeitungen vorwirft: ›Mit voller Kraft kämpften sie gegen die Provokateure, aber von den Fehlern der Regierung und der Partei... sprachen sie nur am Rande‹, so ist das die Stimme des Feindes, der am 17. Juni geschlagen wurde und der nun die demokratischen Kräfte von der Verfolgung und völligen Vernichtung seiner Agenturen zurückhalten will.

Loest überschreibt eines seiner volksfeindlichen Machwerke mit: ›Elfenbeinturm und Rote Fahne‹. Aber dieser Loest sitzt nicht einmal in einem Elfenbeinturm, sondern auf einem sinkenden Schiff, und was er schwingt, das ist nicht die Rote Fahne, sondern die Fahne der faschistischen Provokateure.

An der Bezirksorganisation Leipzig des Deutschen Schriftstellerverbandes ist es, daraus die entsprechenden Schlußfolgerungen zu ziehen.«

Der Artikel war nicht gezeichnet, stellte also die Auffassung der Redaktion dar. In der ›LVZ‹ las L. weiterhin, daß in Betrieben Versammlungen stattfanden, auf denen Provokateure entlarvt wurden; Rechnungen vom 17. Juni wurden beglichen. Dieser hatte die Streikparolen des RIAS verbreitet, jener hatte zur Demonstration aufgefordert und als erster die Maschine abgestellt, der war dabeigewesen, als der Pavillon der Nationalen Front am Markt eingeäschert worden war. Der Provokateur wurde den Staatsorganen übergeben. »Wir dachten«, sagte Annelies, »sie würden dich zurückholen. Dieser Artikel und als Delegierter in Ungarn, das paßt doch nicht!«

»Die Resolution, von der die Rede ist«, erinnerte er sich jetzt, »haben wir bei unserer ersten Zusammenkunft nach dem 17. Juni angenommen. Darin bekennen wir uns zur DDR und zur SED und erklären, daß wir den Neuen Kurs unterstützen, und natürlich kritisieren wir, wie denn nicht. Aber das ist doch nicht *meine* Resolution, die haben wir im Vorstand zusammen ausgearbeitet, und die entscheidenden Formulierungen stammen von Herzfelde.«

Am nächsten Morgen steckte er sein größtes Parteiabzeichen an und fuhr ins Stadtzentrum. Eine Weile stand er in einer Buchhandlung herum, Verkäuferinnen starrten ihn an wie ein Gespenst. Durch die Grimmaische Straße und über den Markt demonstrierte er, südlich gebräunt, weithin erkennbar als Genosse. Zwei Tage lang telefonierte er herum und ließ sich erzählen, wie es auf dieser Ausschlußsitzung zugegangen war: Die Bezirksleitung der SED hatte drei Genossen geschickt, die die Behauptung aufgestellt hatten, es sei *erwiesen,* daß L. ein faschistischer Provokateur sei. Der Artikel »Elfenbeinturm und Rote Fahne« sei nur eine seiner Untaten, *Herr Loest* habe weitere begangen, Herr Loest *sei* ein faschistischer Provokateur, und die Mitglieder des Verbandes sollten daraus die einzig mögliche Konsequenz ziehen. Da erhoben sich Stimmen: Das könne man schwerlich glauben, man kenne ihn gründlich; sollte man nicht warten, bis er zurück sei und Rede und Antwort stehen könnte? Sofort hatten die Ankläger diesen Satz parat: Mit faschistischen Provokateuren diskutiert man nicht! Und es *sei erwiesen,* daß er ein Provokateur sei! Die Debatte wurde unerbittlich: Wolle sich etwa jemand vor einen faschistischen Provokateur stellen? Herzfelde fragte einen der Abgesandten: »Sie reden immer von *Herrn* Loest – heißt das, daß er aus der Partei ausgeschlossen worden ist?« Darauf die niederträchtige Antwort: »Wir sagten: *Herr* Loest!«

Nun war kein Halten mehr. Ein Scharfmacher beantragte, auch die jungen Autoren, nach dem Statut nicht stimmberechtigt, sollten bei der Wichtigkeit dieser Frage eingreifen dürfen, danach wurde der Antrag eingebracht, L. aus dem Verband zu werfen. Hände hoben sich, drei enthielten sich der Stimme. Einer lag im Krankenhaus: Georg Maurer. Ein weiteres Verbandsmitglied fehlte wie üblich: Ernst Bloch.

L. wartete, nicht er mußte die nächste Runde eröffnen.

Seine Phantasie reichte aus, sich vorzustellen, daß es bei Verhaftung und Hausdurchsuchung übel vermerkt worden wäre, hätte man in seinen Regalen an die achtzig Bücher braunen Inhalts gefunden, Hitlers »Mein Kampf« und Rosenbergs »Mythos«, Tagebuchbände von Goebbels, Monographien über Dr. Ley und Göring, Kriegsbücher über Immelmann und Boelke und die Fahrt der »Emden«, Erinnerungen von Lettow-Vorbeck und Ludendorff und so fort, er hatte sie nach Kriegsende aus den Verstecken der Verwandtschaft hervorgesucht und magaziniert, um Unterlagen griffbereit zu haben, wenn er einmal über, also gegen die Nazis schriebe. Annelies und er zerfetzten und steckten in den Badeofen die Bildbände des Herrn Hoffmann und Rommels Taktikbuch über den Infanteriekampf, »Sperrfort Rocca Alta« von Louis Trenker und Romane von Beumelburg und Dwinger; der Schornstein rauchte in diesen schönen Septembertagen, so viel Badewasser konnte keiner brauchen. Zwei Bücher überstanden zufällig den Flammentod, eines hieß »Deutschlands Kolonialweg«; das andere schilderte den Kampf der Araber gegen die Engländer im 1. Weltkrieg, L.s Hitlerjugend-Bannführer hatte es ihm mit Widmung nach dem Einsatz im zerbombten Leipzig geschenkt. Diesmal blieben die Durchsucher aus, aber sie kamen doch noch im November 1957, diese beiden Bücher nahmen sie verspätet mit, und auch der bläßliche Rest steuerte zur Verurteilung sein Scherflein bei. Über den Daumen gepeilt: pro Stück einen Monat.

L. versuchte zu arbeiten, es mißlang. Unablässig redete er mit Annelies und seinen Freunden den Fall nach allen Seiten durch. Er hörte: Einige von denen, die die Hand gegen ihn erhoben hatten, begannen sich zu schämen. Nach fünf Tagen klingelte das Telefon, eine Genossin fragte behutsam, ob der Genosse L. zur Bezirksleitung kommen möge, es gäbe ja einiges zu besprechen. Jahrelang ärgerte er sich, daß er da nicht gebrüllt hat: »Mit faschistischen Provokateuren diskutiert man nicht!« Es wäre gegen Kubas Linie gewesen. Er sagte: Ja, ich komme.

Ein Dutzend Besprechungen und Sitzungen folgte, in der Bezirksleitung wurde debattiert, in der Parteigruppe des Verbandes und im Verband selbst, dort sagte Kuba: »Es gibt überhaupt keinen Fall Loest. Es gibt einen Artikel mit Fehlern, weiter nichts.« Die Bezirksleitung war auf dem Rückzug, und alle, vor allem Kuba, achteten darauf, daß sie ihr Gesicht behielt. Aber ihre Niederlage war eindeutig, und die Genossen aus der Karl-Liebknecht-Straße vergaßen sie nicht.

In mancher dieser Sitzungen sagte L. kein Wort. Nach zwei Stunden, als es beispielsweise um die Lappalie ging, ob er sich da und dort überheblich verhalten hatte, stand er auf: Er müsse nach Hause, seine Frau sei krank. Besorgte Stimmen, alle wünschten Besserung. Eine Maschine, zu Hochtouren gepeitscht, war auf Leerlauf geschaltet und verschliß ihre Energien. Jeder wußte, daß sie noch ein paar Umdrehungen machen würde. Georg Maurer, dem Krankenhaus entronnen, stellte sich demonstrativ an L.s Seite. Der Leiter des Mitteldeutschen Verlages kam aus Halle herüber und sprach für seinen Autor. In einer dieser mühseligen Versammlungen saß nun doch Ernst Bloch, schweigend, Pfeife paffend, die Stirn in Falten.

Ein Sieg – ein Pyrrhussieg? Einmal ließ Kuba unter vier Augen durchblicken, unter welchen Umständen er die Wende erboxt hatte: Mit Paul Fröhlich, Leipzigs SED-Bezirkssekretär, hatte er sich im ZK in der Wolle gehabt – stimmte es, wie auf anderen Kanälen heruntersickerte, die beiden hätten sich gepackt und durchgeschüttelt und angebrüllt? Kuba wäre es zuzutrauen. Zu L. sagte er, Aversionen würden zurückbleiben, die sich später entladen könnten. »Ich habe mit Grotewohl gesprochen, er meint, du zögst am besten aus Leipzig fort.« L. zuckte die Schultern. Dann gebrauchte er diesen irrwitzigen Satz: »Mit Fröhlich und Wagner werde ich schon fertig.«

Kuba sah er nur noch selten. In einer scharfen Debatte nach dem XX. Parteitag der KPdSU, auf einem Fest junger Künstler in Karl-Marx-Stadt, wo Bieler, Kalau und Streubel kecke Töne anschlugen und von Kuba attackiert wurden, standen sie auf verschiedenen Seiten. 1957 wurde Kuba Chefdramaturg des Theaters in Rostock, er schrieb ein Massenstück über Klaus Störtebeker, das unerträgliche Versdrama »terra incognita« und starb 1967 in den Sielen, so wie er gelebt hatte, inmitten einer politischen Revue zum 50. Jahrestag der Oktoberrevolution in Frankfurt am Main, im Hexenkessel zwischen Maoisten und NPD-Faschisten, auf offener Bühne streitend, an Herzversagen.

Nun war Herbst. Jeden Tag meldete die ›LVZ‹ unter der Rubrik »So wird der Neue Kurs verwirklicht« Produktionstaten zugunsten unmittelbarer Bevölkerungsbedürfnisse: VEB Leipziger Feinkost hielt für den Winter 150 000 Konserven auf Lager. Ein Privatbetrieb steigerte die Herstellung von Rasierklingen. 3000 Paar warme Kinderschuhe zusätzlich! Der 140. Jahrestag der Völkerschlacht bei Leipzig wurde zum nationalen Ereignis stilisiert, aus ihm sollte Kraft für die Erringung der Einheit Deutschlands gewonnen werden. Professor Engelberg: »Deutsch-russische Waffenbrüderschaft siegte bei Leipzig.« Jochen Hoffmann empfahl FDJ-Heimabende unter den Themen: »Das war Lützows wilde verwegene Jagd« und »Das Volk steht auf, der Sturm bricht los!«. Am 7. Oktober meldete die ›LVZ‹ unter der Überschrift »Texashemd verbrannt« von einer Pionierleiterkonferenz, zu der ein Jugendlicher in einem Texashemd erschien. »In denselben Hemden sind die Provokateure des 17. Juni herumgelaufen und verbrannten den Pavillon der Nationalen Front! Nach kurzer, aber heftiger Diskussion zog der Jugendliche das Hemd aus. Es wurde verbrannt, und wir sangen das Lied: ›Wir sind die junge Garde des Proletariats!‹«

Debatte fünfundzwanzig Jahre später: Was waren Texashemden? Es waren einfarbige oder fröhlich-bunte Hemden mit kurzem Ärmel, importiert aus dem Westen. Man trug sie über der Hose. Sie waren Hemisphärensymbol wie Elvis Presleys Entenschwanzfrisur, Ringelsocken und Kreppsohlen. Wer alles zusammen trug, konnte von der Oberschule fliegen. Wieviel tausend junge Leute hat die DDR durch Texashemden und den Kampf gegen sie eingebüßt?

Im Verband fand eine abschließende Versammlung statt, Wagner rang sich zu dem Zugeständnis durch: »Wir haben scharf formuliert, vielleicht zu scharf.« Kuba sagte, nun sei diese Phase abgeschlossen, der Verband möge wieder an die Arbeit gehen. Vom Ausschluß L.s wurde nie wieder geredet. Formal half man sich so: Diesen Beschluß mußte der Vorstand in Berlin bestätigen, aber da er dort nicht vorgelegt worden war, konnte man so tun, als habe es ihn nie gegeben.

Der Verband war angeschlagen. Bis zum Sommer 1953 hatten sich Leipzigs Schriftsteller an jedem Mittwoch getroffen, nach diesem Schock fanden sie noch Kraft für eine Versammlung monatlich. L. verzichtete auf den Vorsitz mit der Begründung, sein Schwung wäre verbraucht, was der Wahrheit entsprach. In den nächsten Monaten ließ er sich selten blicken. Vertrauen war zerstört, manche hatten die Hand gegen ihn gehoben, von denen er gemeint hatte, sie seien integre, nicht einzuschüchternde Persönlichkeiten. Das hatten sie auch von sich geglaubt; ihre Gewissenswunden vernarbten am leichtesten, wenn sie L. nicht begegnen mußten.

Rätseln und Fragen war geblieben: Warum hatten Wagner, Stibi und im Hintergrund Fröhlich diesen Schlag geführt? Es konnte doch nicht sein, daß sie wahrhaftig geglaubt hatten, L. wäre Faschist. In seinem Selbstverständnis als Chefredakteur konnte sich Stibi getroffen gefühlt haben, wann war denn schon mal so heftig kritisiert worden, jedenfalls von unten nach oben? Waren diese Männer schon so an Macht gewöhnt, daß ihr Blut schäumte, wenn sie kritisiert wurden? Brauchten sie einen »Fall«, um ihre Wachsamkeit zu beweisen? Ein Schriftsteller vermochte sich nicht in das Innere von Menschen einzufühlen, mit denen er über Wochen hinweg gestritten, die er in wechselnden Verhaltensweisen kennengelernt hatte. Er sah so viel Taktik, Berechnung, Trick, Verstellung, dahinter blieben dunkle Räume. Beging er den schlichten Fehler, die falsche Elle anzulegen? Du hast einen kleinbürgerlichen Standpunkt: Das hörte er von seinen Anklägern aus der Bezirksleitung und auch von seinem Verleger. Was war das? War es das Unvermögen, das eigene Denken in vorgegebenen Richtungen zu programmieren einschließlich der Fähigkeit, diese Richtung programmgemäß zu ändern? Vielleicht, mutmaßte er, war es wirklich so.

Irgendwann, sagte er sich, mußt du aufhören, dich im Kreise zu drehen. In der Seminargruppe der ABF, die er am genauesten kannte, war eine Arbeit über das Lanzettfischchen geschrieben worden, er brauchte kuriose Weiterung nicht zu erfinden, als er schrieb:

»Haferkorn hatte im Unterricht den Lanzettfisch behandelt, und nun schrieben siebenundzwanzig Jungen und Mädchen, was sie über dieses Tier wußten. Sie berichteten über jenes lanzettförmige, äußerst einfach gebaute Wirbeltier von fünf oder sechs Zentimeter Länge, das im sandigen Meeresboden fast gänzlich eingegraben liegt, seltener schlängelnd umherschwimmt. Sie wiesen darauf hin, daß dieses Tierchen ohne Schädel, eigentliches Gehirn, paarige Flossen und eigentliches Herz als Wirbeltier angesprochen werden muß und der Entwicklungsgeschichte in vieler Hinsicht wichtigen Aufschluß gibt.

Auch Jochen Grieselang legte bald den Federhalter aus der Hand. Er las seine Arbeit noch einmal durch, verbesserte eine Kleinigkeit, und dabei fiel ihm ein, oft gehört zu haben, man sollte die einzelnen Unterrichtsfächer nicht losgelöst von anderen Arten der Wissenschaft betrachten, sondern sich immer bemühen, Querverbindungen zu ziehen. Plötzlich erschien ihm alles ganz einfach: Da war ja eine Entwicklung vorgezeigt, wie sie schöner nicht zu denken war! Da ergriff Jochen Grieselang wieder den Federhalter und begann emsig zu schreiben. ›Wissenschaft ist nicht Selbstzweck‹, verkündete er, ›sondern Anleitung zum Handeln, und wenn wir den Lanzettfisch betrachten, so nur in seinen großen Zusammenhängen. Hier also tritt das Rückgrat zum erstenmal auf. Es entwickelt sich weiter und weiter, und seine höchste Vollkommenheit erreicht es beim Menschen. Was wäre der Mensch ohne das Rückgrat! Nur durch das Rückgrat kann er aufrecht gehen, womit er sich über die Tiere erhebt, und das Rückgrat wird zum Garant für seine großen Leistungen. Zumal auch das Rückenmark darin ist. Groß sind die Leistungen, die der Mensch vollbracht hat, und auch das Rückgrat entwickelt sich bei ihm immer weiter, wenn es auch sehr langsam geht. Die größten Leistungen aber, die die Menschheit vollbringt, werden in der großen Sowjetunion geleistet, in der die Ausbeutung des Menschen durch den Menschen abgeschafft ist.‹ Die Großbauten des Kommunismus, die Leistungen des Abwehrkrieges gegen den Hitlerfaschismus, die Befreiung der Kultur und der Wissenschaft aus der Herrschaft des Kapitals, die Durchbrechung des Atombombenmonopols, die Hilfe für das deutsche Volk in ihrer vielfältigen Gestalt, alles dies und noch einiges mehr zählte Jochen auf, und als die Pausenglocke seiner Arbeit ein Ende setzte, hatte er zwei Seiten über den Lanzettfisch geschrieben, eine halbe Seite über das Rückgrat im allgemeinen und dann beim Menschen im besonderen und nicht weniger als vier Seiten über die Sowjetunion.«

Es hätte nicht der literarischen Auffassung der Zeit entsprochen, hätte der Autor diese Szene für sich wirken lassen, und so ließ er sein Figurenensemble weidlich Stellung nehmen, unter Dozenten und Studenten wird die Sache »ausdiskutiert«, am Ende zieht jeder Lehren, auch Jochen Grieselang: »Er begriff erschreckend, daß alles, was er bisher getrieben hatte, im Kern faul gewesen war.« Und: »So ging er aus dieser Unterredung heraus, unfähig, sich wieder auf den morschen Thron der Überheblichkeit schwingen zu können. Aber es war auch ein Same in ihn gelegt worden, den er, wenn er nur wollte und energisch genug war, zur Blüte entwickeln konnte.« Ein Problem war erledigt, eine Figur geläutert, der Autor konnte abhaken. Pronberg setzt sich nach Westberlin ab, nachdem er entlarvt worden ist, die Abiturprüfungen der A 5 beginnen...

Noch blieb das Parteiverfahren. L. bekannte sich zu fehlerhaften Überspitzungen im bewußten Artikel und führte die schwankende Haltung auf seine kleinbürgerliche Herkunft zurück. Im übrigen versicherte er die Partei seiner Treue. Das Verfahren wurde geleitet von Hans Vogelsang, nun Vorsitzender der Parteikontrollkommission im Bezirk Leipzig. »Bist du der Loest aus Mittweida? Was macht denn dein Vater?« L. sprach selbstkritisch über seinen Artikel, wurde belehrt und zurechtgewiesen und wußte, in zwei Stunden würde alles vorbei sein. Die Genossen boten Zorn und Entrüstung, hielten Staunen bereit und am Ende lindernde Großmut. L. fragte, ob denn nun die ›LVZ‹ die inzwischen widerlegte Behauptung, er sei ein faschistischer Provokateur, zurücknehmen würde. Er solle, wurde ihm da geraten, nur fleißig in Betrieben Lesungen halten, da würden die Werktätigen schon merken, daß er ein vertrauenswürdiger Genosse sei; eine Zurücknahme des Artikels »Der Fall Loest« erübrige sich damit völlig. Am Ende erteilten ihm die Genossen eine mittlere Strafe, genannt Rüge.

Es war alles vorbei, und nichts war vorbei. Kaderakten gehören zur Sorte der langlebigen Literatur.

Also wieder an die Arbeit. Ans Lernen auch: Literaturprofessor Hans Mayer hielt im Hörsaal 40 der Universität seine Sondervorlesungen, zu denen strömte, wer auch nur einigermaßen auf sich hielt. Germanisten und Philosophen, Mediziner und Chemiker drängten sich, um zu erleben, wie Fenster aufgestoßen wurden: Kafka, Brecht, Musil, Hofmannsthal, Rilke. Georg Maurer und L. und ihre Frauen mußten früh kommen, um Plätze zu ergattern, so fand L. noch Zeit, vor dem Auftritt des Meisters die ›Fußballwoche‹ zu studieren. Im Saal saß auch die Studentin Christa Wolf.

Dieses Jahr hatte ihn umgestülpt. Hätte er nach 1945 mehr Zeit gefunden, mit seinem Naziballast fertig zu werden, wäre ihm nicht zu schnell und pauschal vergeben worden, hätte er nicht zu flink Preisgabe zu einem wenn auch völlig anderen Ziel hin angestrebt, wäre ihm ein zweites Aufwachen erspart geblieben. Jetzt, sagte er sich heftig und entschlossen, wirst du nie mehr blind glauben, alles wirst du prüfen und Menschen und Dinge wenden. Du wirst dein Gewissen als etwas betrachten, wofür du verantwortlich bist, du kannst es niemandem zur beliebigen Verwendung überlassen, auch keiner Partei. Ein Satz war verbiestert zitiert worden, eine Betonformel: Lieber hundertmal mit der Partei irren, als sich einmal gegen sie stellen; er wurde Lenin zugeschrieben. Louis Fürnbergs Lied war gesungen worden: »Die Partei, die Partei, die hat immer recht.« Einen Widerspruch, der Unzähligen zu schaffen machte und macht, der berufliche und politische Entwicklungen zerstörte und Charaktere brach, der den Charakterfesten am stärksten und den Denkfaulen und Gewissenlosen am wenigsten zum Problem und manchem zum Lebensproblem wurde, den kein Ideologe zu Ende dachte, den Widerspruch nämlich zwischen Gewissen und Parteidisziplin, wollte er für seine Person entscheiden. Er riß sich aus der Unschuld, die mit dem Gewissen die Verantwortung von sich schiebt, und wollte das dafür prompt gelieferte Ruhekissen nicht mehr. Den Widerspruch, aus dem alle Entwicklung wächst, wollte er auch in sich, und mit der Mitverantwortung akzeptierte er die Mitschuld.

Er schrieb, las, erfreute sich des reichlicher gedeckten Tisches. Zum erstenmal fuhr er mit Frau und Sohn an die See und verlebte vier Wochen im Kulturbund Ahrenshoop, wo er das frisch importierte Volleyballspiel verbreitete, wo Minister Becher die ersten Nudisten in die Badeanzüge zurücktrieb, wo er hart pokerte, wo sie ein ungeheures Feuer am nachtschwarzen Strand entfachten und Würste brieten – es ließ sich atmen.

Neue Auflagen der »Westmark«, Übersetzungen in Prag und Moskau – L. fühlte sich reich. Eine größere Wohnung war nötig, er besaß ein Tauschobjekt. Als er mit Annelies durch ein Warenhaus spazierte, sahen sie ein technisches Wunderwerk, das zehn 78er Schallplatten nacheinander abspielen konnte. Der Arm schwenkte ein, spielte ab, schwenkte aus, klack, eine Platte fiel, wieder geisterte die Nadel der Rille zu. Sie kauften die Maschinerie für 700 Mark, sie war die Attraktion ihrer Gastabende. »Das Lied der Mutter Courage«, gesungen von der Weigel, klack, Armstrong, Benny de Weille, klack, der neueste Boogie. Die Nadeln stammten aus Westberlin.

Eines Tages wünschte ihn ein knochiger, schwarzhaariger Genosse zu sprechen, er hätte Fragen, einen Artikel in der ›Weltbühne‹ betreffend, für die er schrieb: Gerhard Zwerenz. Rasch war beantwortet, dann redeten die zwei stundenlang quer durch Schriftstellerei und Politik. Sie wußten zu ihrem Glück nicht, daß für jeden gerade der nächste Lebensabschnitt begonnen hatte.

X.
Ein Institut wird gegründet

I

Lange wurde debattiert: In Moskau gab es das, in Volksdemokratien nicht, ein Institut, an dem Begabte das Handwerkszeug der Schriftstellerei erlernen sollten. Auch die DDR wäre sicherlich ohne dieses Haus geblieben, wäre nicht Alfred Kurella sehr spät, 1955 erst, aus der Emigration heimgekehrt.

Ein seltsamer Mann, mächtig in manchen Jahren, stumm in anderen, vergessen, sogar verbannt. Als der Erste Weltkrieg begann, war er neunzehn, vielseitig gebildeter rheinischer Arztsohn, Wandervogel. Er tauchte aus dem Trommelfeuer als ein anderer auf: Sofort war er Mitglied der KPD, Mitbegründer der Kommunistischen Jugendinternationale; als deren Delegierter mogelte er sich 1919 nach Moskau durch, wo er Lenin begegnete; das wurde ihm zum unauslöschlichen Erlebnis. Seine Schüler wußten es als erstes und raunten es weiter: Dieser Mann hatte mit Lenin gesprochen. Ihn umgab rotes Charisma.

Er war groß und hager. Er stotterte; wenn er in Feuer geriet, merkte das niemand mehr. Wo hatte er nicht überall gelebt: In Frankreich in den zwanziger Jahren, dann wieder in Moskau, schnell erlernte er die russische Sprache und – das muß heute überraschen, aber »Internationalismus« machte es möglich – übernahm 1927 ein offizielles Regierungsamt: Er wurde Leiter der Abteilung Bildende Kunst in der Hauptverwaltung Kunst des Volkskommissariats für Bildungswesen der Russischen Föderation. »Damals«, so schreibt eine russische Biographin, »stand das Problem auf der Tagesordnung, die Intelligenz der Bourgeoisie ideologisch zu entreißen und in den Dienst der Revolution zu stellen.« Jung gewohnt, alt getan! An der Gründung eines neuen Künstlerverbandes mit Namen »Oktober« war er maßgeblich beteiligt. Als die Faschisten mächtig wurden, kreuzte er in Westeuropa auf; sein Reportageabend »Mussolini ohne Maske« galt 1931 als Ereignis. Dem bis dahin namenlosen Bulgaren, der sich in Leipzig vor dem Reichsgericht freigekämpft hatte, Dimitroff, diente Kurella später in Moskau als Sekretär. Stellvertretender Chefredakteur der Zeitung war er, die das »Nationalkomitee Freies Deutschland« während des Krieges in Moskau herausgab – und dann verschwand er für Jahre im hintersten Kaukasustal, warum? Lang war die Liste seiner Übersetzungen, kulturpolitischen Schriften und Essays, schmal die der epischen Versuche. So stellte er sich seinen Schülern vor im Herbst 1955 in einer geräumigen Etage am Clara-Zetkin-Park in Leipzig als Direktor des Literaturinstituts, das später, nach dessen Tod, den Namen Johannes R. Bechers erhielt.

Begabung sei Voraussetzung, hatten der stellvertretende Kulturminister Alexander Abusch und Direktor Kurella in der Eröffnungsfeier erläutert, jedoch müsse der Begabte lernen, um ein Meister zu werden, und diese Möglichkeit böte ihm der Staat der Arbeiter und Bauern. Danach stellte sich ein Schüler ans Pult und dankte SED und Staat, Erich Loest.

Er hatte sich schwergetan, ehe er sich für ein Jahr auf die Schulbank setzte. Er war fast dreißig und hatte drei Romane und drei Erzählungsbände veröffentlicht. Eine Parodie auf Nazi-Memoiren schwebte ihm vor. Ein kleiner sächsischer Gummiwarenfabrikant sollte der Ich-Erzähler sein, der seine fiese, miese Rolle als Nazi herunterspielte. Daneben hin und wieder eine Kriegsgeschichte – er fand's nicht öde hinter der Schreibmaschine. Ihm war nicht langweilig daheim mit Frau und Sohn und Tochter, und so hatte er es nicht gern gehört im Verband und der Parteiorganisation, wenn ihm nahegelegt worden war, für ein Jahr das geplante Institut zu besuchen. Er fühlte sich nicht abgedrängt von Speichern und

Kochtöpfen der Bildung: Allerlei Theoretisches erschien von Lukács und Shdanow. Manfred Naumann, Schulfreund aus Mittweidaer Tagen, Doktor der Romanistik inzwischen und demnächst Professor, wohnte mit ihm im gleichen Haus. Zu Wieland Herzfelde konnte er pilgern – warum also ein Jahr ans Bein binden an diesem Institut, von dem keiner wußte, wie es um dessen Qualität bestellt sein würde? Da haute der eisenharte Eduard Claudius, nach Kuba nun Generalsekretär des Verbandes, den Knoten mittendurch. Wir brauchen am Institut, so er klipp und knapp, auch ein paar Schüler, die sich als Schreiber ausgewiesen haben, die in der Debatte den Ton angeben können, wir brauchen sie nicht zuletzt für das Renommee des Hauses. Und: Es geht nicht ohne Genossen dort. Du wohnst in Leipzig, es bringt für dich keine große Umstellung. Als L. noch immer muffelte, schloß Claudius messerscharf: »Wenn du nicht einverstanden sein solltest, werden wir dich zum Zentralkomitee bestellen und dort so lange mit dir diskutieren, bis du unseren Vorschlag eingesehen hast.« L. fand es zeit- und kraftsparend, die Segel zu streichen.

Etwa dreißig Schüler waren sie, davon zwei Frauen. Aus den Westzonen waren Ralph Giordano gekommen, KPD-Mitglied aus Hamburg, und Adolf Endler, ein Suchender, Schweifender, aus Hessen der KPD-Genosse Gotthold Gloger; dem war L. schon fünf Jahre vorher in Bad Saarow begegnet. Ein Genosse aus Wien: Fred Wander, er hatte Auschwitz überlebt. Darüber schrieb er viel später ein gerühmtes Buch: »Der siebente Brunnen«. Seine Frau Maxi besuchte ihn, auch sie siedelte in die DDR um und wurde Schriftstellerin. Giordano kehrte in den Westen zurück, mit dem Buch »Die Partei hat immer recht« schwor er dem Kommunismus ab. Viele Fernsehfilme drehte er, der Hunger in der Welt wurde zu seinem Thema. Endler schrieb und kritisierte fünfundzwanzig Jahre lang Gedichte, mit L. und sechs anderen schickte er im Mai 1979 einen Brief an Honecker, in dem sie gegen die Strafverfolgung von Stefan Heym seines »Collin«-Romans wegen protestierten. Endler flog aus dem Verband, L. trat aus – was sind das alles noch für Geschichten!

Im Alter zwischen zwanzig und fünfzig waren sie, Kinderbuch- und Hörspielautoren, Lyriker und Dramatiker, gewesene Lehrer, Lektoren, Journalisten, ein Schneider dabei und ein Lok-Führer, und sie alle schickten sich an, Versmaß und Theorie des Klassenkampfs zu erlernen, in die Problematik des »Tasso« einzudringen, sie hörten natürlich eine Vorlesung über russische und sowjetische Literatur; in den Pausen spielten sie Tischtennis. Manchmal, selten, zog Kurella Querschnitte, Längsschnitte: Literaturerfahrung war das mit Zeitgeschichte und Philosophie gemischt. Immer blieb der Eindruck eines Mannes, dessen Erfahrung turmhoch über der eigenen stand. Kurella hatte Politik auf einer Ebene erlebt, die schlichte Hörer schwindlig machen konnte. Natürlich forderte er zu Debatte auf, da stellte sich nach kurzem heraus, daß er der Jugend durchaus nicht gestatten wollte, dort Erfahrung zu sammeln, wo sie seiner Meinung nach gesichert war. Das haben wir alles längst hinter uns! rief er, warum wollen Sie das Fahrrad noch einmal erfinden? Manchmal pochte einer der Jüngeren auf die Nützlichkeit der Überzeugung durch eigenes Erleben. Kurella ging das so gegen den Strich, daß er aufbrauste: Das haben wir uns in den zwanziger Jahren an den Schuhsohlen abgelaufen! Seine Mißstimmung drängte tief zwischen die Schülerbänke.

Kurella beschränkte sich auf Vorträge zu einzelnen Themen, auf eine Vorlesungsreihe ließ er sich nicht ein. Da und dort setzte er Schlaglichter, System war nicht erkennbar. Er hielt sich den Rücken frei, auch was seine Zeiteinteilung betraf. Nicht vor den Studenten, in einer Sitzung der Dozenten legte er sein Konzept vor: Ziel des Instituts wäre es erst in zweiter Linie, schriftstellerische Kenntnisse zu vermitteln, darum müsse sich jeder Kursant letztlich selbst kümmern. Hauptziel sei, die Studenten zu befähigen, die Beschlüsse der Partei mit den Mitteln der Literatur den Massen nahezubringen. Wenn Kurella so sprach, ging Kälte von ihm aus.

Die erste Gastvorlesung hielt Ernst Bloch, die zweite Hans

Mayer. Sie kamen nie wieder. Als L. einmal bei Mayer Frankenwein kostete, klagte der Empfindsame, nie sei ihm ein so unaufmerksames, stupides Publikum begegnet. Schon nach zwei Monaten mußte über Bummelei debattiert werden: Nicht wenige Studenten nutzten die Möglichkeiten der Großstadt zu intensiv, bald hörte man, manche kennten sich im »Kaffeebaum« und in der »Femina« besser aus als im Institut. Ein Bier nach Vorlesung und Seminar, ein Skat – L. mußte von Annelies mahnende Wörtchen hören, wie er denn bei dieser Weise noch zum Schreiben käme. Dennoch, an schulfreien und schulgeschwänzten Nachmittagen wuchs seine Parodie.

Wie waren der Geist am Institut, die Atmosphäre, das Fluidum? Im nachhinein wird an dieser Epoche oft der Schwung gerühmt, mit dem eine wissensdurstige Generation, eine bisher zurückgesetzte Klasse die Höhen der Kultur stürmte. Kants Roman »Die Aula« hat nicht wenig dazu beigetragen und wird mit Fleiß zitiert. Am Literaturinstitut war von diesem Elan nichts zu spüren. Keine Arbeiten wurden geschrieben, keine Prüfungen waren angedroht. Fehlte Leistungsdruck als Motivation?

Und da war Michael Janzen. Kurella hatte ihn aus Moskau nachkommen lassen, einen untersetzten Russen Mitte der Fünfzig, dessen Deutsch langsam und kieselklar floß; es hieß, er habe in Gefangenenlagern Hunderten, Tausenden Nazis die Augen geöffnet. Jetzt lehrte er marxistische Philosophie in blockhafter Weise, in seinem Unterricht ging alles auf wie ein Puzzlespiel. Wer aufgepaßt hatte, schritt in dem beruhigenden Gefühl in den Tag hinaus, daß ihm nun die Sonne wieder ein wenig klarer schien. Die Welt war erkennbar, man mußte den untrüglichen Kompaß des Marxismus-Leninismus und seines Vollenders Stalin nur richtig anwenden.

Kein glücklicher Mensch am Institut: Wieland Herzfelde. Schon bei Gesellschaftswissenschaftlern und Journalisten hatte er als Literaturprofessor keine strahlende Figur gemacht. Es mutet heute seltsam an, daß der Leiter des besten linken Verlages im Deutschland der Zwischenkriegszeit nach seiner Rückkehr nicht einen einzigen Tag als Verleger tätig gewesen ist. Die Bürde der Westemigration, des Parteiausschlusses wegen der Bekanntschaft zu Noel Field als Grund? Field hatte deutschen Flüchtlingen während der Nazizeit geholfen, nun galt er als Agent des Imperialismus und Zionismus. Die Bekanntschaft mit ihm konnte tödlich sein. Field war in Ungarn verhaftet und erwartete einen Prozeß, später wurde er freigelassen und jegliche Anschuldigung als nichtig erklärt. Herzfelde trug schwer an dieser Last, zudem hielt er zu seinem Bruder John Heartfield, dem Meister der Fotomontage, die aber wurde ein Dutzend Jahre lang als formalistisch in die Ecke gestellt. Jeden Augenblick konnte Herzfelde verhaftet und mit anderen Westemigranten zusammen angeklagt werden, in den Volksdemokratien gab es Beispiele genug. Was Wunder, daß er das Prosaseminar ohne innere Sicherheit leitete; seine Schüler merkten es bald, hinter die Kulissen schauten sie freilich nicht. Herzfelde hat später bekannt, daß diese Jahre nicht zu seinen besten zählten – dabei ging er über die Gründe hinweg. Noch lange hat er gelebt und blieb immer im dritten Glied. Seine Schüler von damals konnten nicht kennen, was er in der Zeit der Emigration organisatorisch geleistet und geschrieben hatte. Sofort nach dem Sprung der Nazis zur Macht baute er mit Anna Seghers und Oskar Maria Graf in Prag den Malik-Verlag neu auf, ein Jahr später verteidigte er auf dem Allunionskongreß in Moskau James Joyce gegen den mächtigen Ankläger Karl Radek in einem geschliffenen Vortrag. Brecht und er hatten sich in den USA unterstützt, Freundschaft zu Brecht aber konnte – darüber wird noch zu berichten sein – in den Augen Kurellas keineswegs als Vorzug gelten. Jetzt wich Herzfelde beinahe vor jedem Argument zurück. Undenkbar, er hätte sich Kurella zum Disput gestellt.

Kurella war da und war nicht da. Sein sechzigster Geburtstag lag hinter ihm, da mußte er sich sputen, wollte er noch aufsteigen. Direktor dieses Instituts war er, den Professorentitel hatte er bei dieser Gelegenheit eingeheimst, die nächsten Sprossen aber waren in Berlin zu erklimmen, und so war er immer häufiger dort. Seine Studenten genossen bald eine ruhige Zeit, Entschuldigungen, wenn einer z. B. zu einem Verlag fahren mußte, wurden ohne weiteres erteilt. So übel fand L. es nun nicht mehr, hier Schüler zu sein, 600 Mark Stipendium im Monat versöhnten mit mancherlei.

Und er schrieb. Auch für die »Pfeffermühle«, das heimische Kabarett, vor zwei Jahren gegründet und geleitet von Conrad Reinhold, einem dürren, rothaarigen Vollblutkabarettisten, der spielte, wo er ging und stand, die meisten Texte selber erdachte mit den besten Pointen für sich, der Regisseur war und Starschauspieler. Ein Drittel seines Zimmers war durch einen Vorhang abgeteilt, dahinter standen Ballonflaschen, in denen Brotwein gärte, die spottbillige Hausmarke. Die Abende mit Reinholds waren lang und voller Gesänge.

L.s wohnten unterdessen in der Oststraße nahe dem Zentrum, sie hatten eine geräumige Wohnung eingetauscht, in der sie – mit leidiger Unterbrechung – fünfundzwanzig Jahre bleiben sollten: Vier große und zwei kleine Zimmer mit Parkett und Kachelöfen, hier war Platz für den Schreibtisch und zwei muntere Kinder und viele Gäste. Nach dem Einzug hackten sie ein paar Zentner Stuck von den Decken und über den Türen herunter, so unglaublich modern waren sie. Einer der ersten Fernsehapparate weit und breit stand hier, an manchem Abend versammelte sich ein Dutzend Freunde um ihn. Eintrittspreis: eine halbe Flasche Korn. Bierholen an der nächsten Ecke. Einer, der wenig trank einer nicht gänzlich auskurierten Tbc wegen war Zwerenz. In seinem Buch »Der Widerspruch« (S. Fischer Verlag, 1974), liest sich das so:

»Es ging sparsam zu in ihrem Haushalt. Zum Abendbrot gab es oft Bratkartoffeln. Einmal tischte Loest rigoros die Reste der Woche auf. Seine Familie und er wollten am nächsten Morgen verreisen, also wurde zuvor alles Angefangene bis zum letzten Gramm verwendet. Auf der Tafel standen zwölf kleine Schüsselchen, Ingrid, die zum erstenmal mit eingeladen war, traute ihren Augen nicht. ›Indische Reistafel‹, flüsterte sie verwundert. War aber nicht, es gab Restefeste. Ein Löffelchen Rotkohl, ein paar Häppchen Karpfen in seinem Kochwasser, drei Möhren und sieben Erbsen, einen halben Kopf grünen Salat und ein halbes kleingeschnittenes hartgekochtes Ei, dazu massenhaft gute Laune.

Loest konnte nächtelang saufen, ohne mehr Wirkung zu zeigen als einen eigentümlich schweren Gang. Wie ein Bär tappte er dann durch die Zimmer, das Lächeln maskenhaft vor dem Gesicht, in den Augen unüberwindbare Schwermut. Nach Mitternacht legte er regelmäßig eine Schallplatte auf, die er hütete wie seinen Augapfel, das berühmte Trompetensolo aus ›Verdammt in alle Ewigkeit‹.

Loest war oft beruflich unterwegs. Als Delegierter des Schriftstellerverbandes bereiste er die Volksdemokratien. Wenn er zurückkehrte, waren seine Augen schwarz vor Trauer...«

2

Im Januar 1956 machte sich das Institut vom Direktor bis zum zufälligsten Schüler auf zum Schriftstellerkongreß in der Hauptstadt. Monatelang war über die Rolle des Schriftstellers in dieser Zeit, über das Gewicht von politischem Engagement und künstlerischer Meisterschaft gestritten worden. Der ›Eulenspiegel‹, das satirische Blatt, hatte eine zweiseitige Zeichnung beigesteuert: Der Kongreß in und an einem Schwimmbecken, am Rande saß Kurella als Schwimmlehrer, an seiner Angel, am Rettungsring, hing prustend sein Schüler E. L.

Minister Becher in der Eröffnungsrede: »Wir sind noch nicht so weit, daß das Neue unserer Weltanschauung uns so tief in Fleisch und Blut eingegangen wäre, um uns frei im

Stoff bewegen zu können. Wir müssen uns diese Bewegungsfreiheit im Stoff erst erarbeiten, und es kann gar nicht ausbleiben, daß das Inhaltliche häufig als Rohstoff, künstlerisch unverarbeitet noch, in den Werken unserer Schriftsteller hervortritt. Aber dieser Inhalt, dieser Rohstoff, das sei in aller Bescheidenheit und Entschiedenheit betont, ist goldhaltig im Gegensatz zu dem sogenannt künstlerisch verarbeiteten Material, das die bürgerliche Literatur zu liefern hat.« Das war Wasser auf L.s ästhetische Mühle.

Dieser Kongreß bleibt in aller Erinnerung als lebendig, streitbar, heiter sogar. An einer Wandzeitung im Foyer wurde beinahe stündlich glossiert, was im Plenum und in den Wandelgängen geschah. Das Gedächtnis bewahrt einen Seitenhieb: »Keine Feier ohne Krach mit Hans Mayer«, der Anlaß ist nicht mehr auffindbar. Alle, alle waren gekommen und wechselten sich am Rednerpult ab, Arnold Zweig, Jerzy Putrament aus Polen, der exilierte Türke Nazim Hikmet, Konstantin Fedin aus Moskau, Georg Lukács aus Budapest, Leonhard Frank, Ernst Bloch, Ludwig Renn. Die leidenschaftlichste Rede hielt Willy Bredel in der Meisterschaftsfrage gegen Wilhelm Girnus, der gab eigene Unschärfen zu. Im Referat von Anna Seghers war Kritik am Formalismusbegriff zu hören, der wurde still eingesargt. Offener Schlagabtausch am Pult zwischen Stefan Heym und Walter Ulbricht aus dem Stegreif, wann hatte es das je gegeben. Die sozialistische Literatur eroberte sich Plätze, führte Scheingefechte und errang Teilsiege dort, wo Popanze gestürzt wurden. Brecht sagte, und es wurde gedruckt, daß die Formen Goethes und Schillers für die Erfassung einer derzeitigen Welt nicht ausreichten, daß es immerfort gelte, neue Formen zu finden. Und sie bewegte sich doch, die Literatur, Schriftsteller waren es, die in ihrer Sache stritten, Philosophen und Kritiker am Rande auch. Ein Schüler des Literaturinstituts, Ralph Giordano, führte eine Attacke gegen Kuba, der scheinheilig gefragt hatte, welcher Schriftsteller in der DDR wohl Mut brauche; die Forderung nach Mut hatte Kuba bereits als Unverschämtheit bezeichnet. Was sei das für eine seltsame Erscheinung, fragte nun Giordano, gegen die sich der persönliche Mut des Schriftstellers in der DDR zu richten habe? Ernst Bloch habe im Literaturinstitut erklärt, das Charakteristische an der gegenwärtigen Situation in der DDR sei die Diktatur des kleinbürgerlichen Geschmacks im Namen des Proletariats. So protokolliert Giordano in »Die Partei hat immer recht« seinen Ausbruch:

»Wir wunderten uns, daß noch keine echte literarische Diskussion in Gang gekommen sei und daß keine kämpferischen Auseinandersetzungen mit polemischem Schneid ausgefochten würden? Woher sollten diese Diskussionen denn kommen, wenn nur das absolut Richtige, das gänzlich und ohne Zweifel Richtige, mit einem Wort das schrecklich Richtige veröffentlicht werde? Gewiß sei eines: daß eine einzige echte Diskussion über eine interessante Erscheinung in der Literatur, mag sie auch problematisch sein, mehr nützte als die Veröffentlichung von hundert schrecklich richtigen, grundfalschen, rührseligen und niemand anrührenden Gedichten etwa! Müsse dieser Kongreß nicht allen die Gewißheit geben, daß Werke auch veröffentlicht werden, wenn dazu einige Courage gehörte? Im Kampf gegen den Mangel an Courage müßten wir uns später, nach diesem Kongreß, auf seine Autorität und seine Beschlüsse berufen dürfen. Das Amt für Literatur sei ja wohl eine notwendige Einrichtung, weil es sonst wahrscheinlich schon abgeschafft worden wäre, aber wenn es sich in Fragen der Gestaltung und des künstlerischen Details stecke, dann überschreite es seine Befugnisse und müsse – Verzeihung – eines auf die Finger bekommen. Wenn zwischen mir als Autor und dem Verlag nach der Prüfung eines Manuskriptes die letzte Entscheidung positiv ausgefallen sei, dann wolle ich nicht klopfenden Herzens auf die allerletzte des Amtes für Literatur warten. Man möge mir sagen, daß ich einer Halluzination erlegen sei und daß die demokratische Entwicklung des Literaturwesens in der DDR inzwischen so weit fortgeschritten, daß es keine Macht gebe, die, sei ein Werk sauber in der

Gesinnung, es am Erscheinen hindern könne. Vielleicht gebe es in diesem Saal noch andere, die diesen Zuspruch genauso nötig hätten wie ich.«

Dieser Diskussionsbeitrag brachte Giordano viel Ärger ein, unendliche nachträgliche Debatten, er war ein Wendepunkt in seinem Leben. So berichtet er:

»Der Gegenangriff aus dem Saal selbst kam am nächsten Nachmittag, aus der Gruppe um den Regisseur und Drehbuchautor Michael Tschesno-Hell. Eine Dresdner Literaturkritikerin, die zu intelligent war, als daß sie nicht genau gewußt hätte, was sie tat, verfügte meine Ausführungen in die Bereiche überentwickelter persönlicher Empfindlichkeit und fälschte sie in einen Angriff gegen Kubas Person um. Ihr folgte ein Mitglied der Berliner Autorengemeinschaft mit einem ›Bekenntnis der jungen Schriftsteller zur Partei, zum Staat und zum Sozialismus‹, mit Pauken und Trompeten und eindeutiger Stoßrichtung. Und endlich trat Alfred Kurella nach vorn. Aber es tat kaum noch weh. Weh tat etwas anderes. Warum schwieg Erich Loest? Viele hatten mir die Hand gedrückt – und geschwiegen. Auch Loest hatte mir die Hand gedrückt – und geschwiegen. Keiner war nach oben gestiegen und hatte den Faden aufgenommen. Ging es Loest auch nur um das eigene Wohlergehen, um seinen Ruf als arriviertem Autor, um seine Tantiemen?«

An einem Abend sah der Kongreß Brechts »Kaukasischen Kreidekreis« am Schiffbauerdamm. In der Pause schon sprach Kurella einige seiner Schüler lauernd an, was sie denn davon hielten. Begeistert zeigten sie sich und mußten verdutzt hören, daß ihr »Natschalnik«, so sein Spitzname, gegensätzlicher Meinung war. »Keine Ahnung hat Brecht vom Kaukasus!« Nun ja, wendeten die Schüler ein, das möchte schon sein, aber käme es denn aufs Detail an, würde hier nicht eine Parabel geboten? Zänkisch blieb Kurella: Und die Präambel, daß der Boden denen gehören sollte, die ihn gut bebauten, diese These könnte doch jeder Kolonialist für sich beanspruchen! Und das: Die Kinder den Mütterlichen? Würde denn der Sowjetunion nicht von ihren Feinden vorgeworfen, die Kinder würden den Müttern entrissen und vom Staat erzogen? Neinneinnein! Das Klingeln zum nächsten Akt unterbrach sein Gezeter.

Fortsetzung der Debatte in Leipzig wurde anberaumt. Es war die Zeit des Feldgeschreis: Hie Brecht, hie Stanislawski, hie episches, hie dramatisches Theater. Als Dramatiker konnte man, so schien es, entweder das eine oder das andere sein, es gab keinen dritten Weg. Kurella war ein altgedienter Gegner Brechts, wie hätten seine Schüler das ahnen sollen. Achtzehn Jahre zuvor, in der Emigrantenzeitschrift ›Das Wort‹ in Moskau, hatten sie sich Wunden geschlagen. Unter dem Pseudonym Ziegler hatte Kurella die streitbare These aufgestellt, der Expressionismus führe stracks in den Faschismus hinein, sei einer seiner Vorläufer. Gottfried Benn war zu Hitler abgefallen, andere, Becher etwa, waren Kommunisten geworden. Benn als Faschist, darüber schrieb Ziegler-Kurella:

»Dieses Ende ist gesetzmäßig. Daß nicht alle Expressionisten diesen Weg gegangen sind, ist kein Gegenbeweis. Den Expressionismus so umfassend und so ganz zu verwirklichen, war nicht jedem gegeben. Es gehörte ein ungewöhnliches Maß von – wie soll man sagen? – Stärke oder Schwäche dazu. Die diese Stärke oder Schwäche nicht besessen haben und denen ein Ende wie das Gottfried Benns erspart geblieben ist, sollen daraus noch keine Tugend machen, bevor sie nicht restlos erkannt haben, was der Expressionismus war; bevor sie nicht verstanden haben, daß er nichts enthält, worauf man für den antifaschistischen Kampf fußen kann; bevor sie nicht einsehen, daß jeder Rest aus jener Gedanken- und Gefühlswelt ein Fremdkörper in unserem Lager ist.«

Lukács stellte sich an Kurellas Seite, Bloch wetterte gegen beide, Brecht knöpfte sich Kurella und Lukács so vor:

»Da haben wir die gepflegte marxistische Analyse, welche Kunstrichtungen mit einer erschreckenden Ordnungsliebe in gewisse Schubkästen legt, wo schon politische Parteien liegen, den Expressionismus zum Beispiel der USP. Da ist etwas Langbärtiges, Unmenschliches am Werk. Da wird eine Ordnung geschaffen nicht durch Produktion, sondern durch Eliminierung. Da wird etwas auf die einfachste Formel gebracht. Da war etwas, was lebte, falsch. Ich erinnere mich immer mit einer Mischung von Vergnügen und Grauen (die es nicht geben sollte, wie?) an den Witzblattwitz, in dem ein Aviatiker auf eine Taube deutet und sagt: Tauben zum Beispiel fliegen falsch.«

L. saß in der Abendschlacht der Brechtianer gegen Kurella und verstand gar nichts. Brechtadepten der Theaterhochschule stritten mit – es war eine dieser fruchtlosen Debatten, wo Theoreme wie Festungen gehalten werden, wo keiner den anderen verstehen will, sondern mit Behagen in die eigenen Minenfelder lockt. An diesem Abend geriet Kurella in Zorn, schlug tief, verschmähte nicht die Niederungen der Demagogie. Helmut Baierl – er erschrieb sich später mit dem Drehbuch zum Kurella-Film »Unterwegs zu Lenin« einen Nationalpreis – hatte eine Grundlage ausgearbeitet; als er sie vorgetragen hatte, sagte Kurella, was er da gehört habe, sei womöglich außerordentlich klug, leider aber habe er nicht ein einziges Wort verstanden. So ließ er abprallen, was ihm nicht behagte, und griff an, wo er Lücken fand. Es war ein unschönes Schauspiel. Aber L. legte die falsche Elle an. Hier ging es nicht um Literatur, sondern um Macht über Literatur. Es ist nun einmal so: Viele Kulturpolitiker, Kulturwissenschaftler, Kritiker und Lektoren fühlen Drang zum Künstlertum in sich, manche haben sich kreativ versucht und bewahren Mißgeburten tief in den Schubfächern. Aus Rache stoßen sie dann ihre Seziermesser in die Werke anderer und legen sie unter ihre Fallbeile. Sie halten sich am Leben durch den rigoros verteidigten Glauben, daß sie das Wahre in der Kunst befördern und daß Kunst nicht gedeihe ohne sie. Aber in Wirklichkeit eliminieren sie nur. Kurella wäre nichts gewesen ohne seine Gegner Brecht, Kafka, Huchel.

Wütend stritt Kurella an diesem Abend, im Grunde aber kämpfte er hier nur an einer Nebenfront. Nach diesem Schriftstellerkongreß schritt er weiter aus auf dem kurzen Marsch durch die Institutionen hinauf zur Macht. Nach ein paar Tagen fragte ein Assistent Kurella beiläufig, ob er es denn bei seiner Abneigung gegen Brechts Theorie und Praxis richtig fände, daß man Brecht eines der Schlußworte auf dem Kongreß eingeräumt hätte. Kurella antwortete mit etwas auf den Lippen, das man als eine Art Lächeln bezeichnen könnte: »Das gehört zu unserer Strategie.«

3

Die Debatten über den Kongreß waren noch nicht abgeflaut, da begann ein Parteitag der sowjetischen Kommunisten, der zwanzigste. Die Zeitungen berichteten wie gewohnt: »Der Beifall steigerte sich zum Orkan, als N. A. Bulganin, N. S. Chruschtschow, L. M. Kaganowitsch, M. S. Saburow, M. A. Suslow und K. J. Woroschilow im Tagungsgebäude eintrafen.« Aber dann ging es gar nicht im alten Fahrwasser weiter, Chruschtschow berief sich auf Lenins verblaßte These von der friedlichen Koexistenz und stellte damit Stalins Ansicht ins Abseits, daß der Krieg zwischen den beiden Weltsystemen unvermeidlich sei. Das lockende Banner des friedlichen wirtschaftlichen Wettstreits entrollte er und bot den Sozialdemokraten Zusammenarbeit an. Dann folgte ein weiterer Paukenschlag: *Verschiedene* Wege zum Sozialismus seien möglich, die Volksdemokratie sei nur einer davon, es sei ein Köhlerglaube, annehmen zu wollen, Dänemark und Brasilien beispielsweise würden auf dem gleichen Pfad in den Sozialismus marschieren. Keineswegs überall müsse es zum Bürgerkrieg kommen, es sei sogar denkbar, daß in diesem und jenem Land auf parlamentarischem Wege die Bourgeoisie zu entmachten sei. Molotow: Die gegenwärtige Form des Kampfes um den Frieden sei der Kampf um Entspannung.

Das Leben am Literaturinstitut ging davon unberührt seinen lauen Gang, die Vorlesungen schleppten sich hin, in den Seminaren wurde gealbert, schweren Kopfes oder gar nicht erschien dieser und jener nach ausgiebiger Zecherei oder Skatschlacht. Prominente Schriftsteller des Landes reisten zu Gastgesprächen an, Ehm Welk, Bodo Uhse. Am vorletzten Tag des Moskauer Parteikongresses beging L. seinen 30. Geburtstag, der Institutsdirektor schenkte ihm eine Ausgabe des Briefwechsels zwischen Goethe und Schiller, fand warme Worte und pries L.s Alter: Was konnte ein Dreißigjähriger aus seinem Leben machen! Zu spüren war: Vor Kurella ragten die Gipfel steiler.

Nicht alle am Institut lasen so aufmerksam Zeitung wie L., mit wenigen nur konnte er sich über die Neuigkeiten erregen. Das tat er ausgiebig mit Freunden anderswo, eifernd wiesen sie sich auf diese und jene Stelle in den Reden der sowjetischen Führer hin. Togliatti bekräftigte, daß die Länder auf verschiedenem Wege zum Sozialismus finden müßten, Italien eingeschlossen. L. hielt den Atem an: Tito, vor wenigen Jahren noch als faschistischer Verräter gebrandmarkt, schickte ein Grußtelegramm, ›Neues Deutschland‹ druckte es kommentarlos ab. Und dann hörte dieser und jener etwas im Westradio, das besorgniserregend klang, sensationell, aufwühlend: Da sollte doch Chruschtschow in einer Geheimrede schwerste Vorwürfe gegen Stalin erhoben haben – was war Wahres daran? Die Gerüchte verdichteten sich, über westliche Sender wurden Auszüge zitiert: Die Gesetzlichkeit wäre schwerstens verletzt worden, Stalin hätte alte Mitkämpfer umbringen lassen, die Prozesse, Ende der dreißiger Jahre, wären eine Farce gewesen. Freunde riefen bei L. an: Was hast du gehört? Fäden knoteten sich wie von selbst: Joachim Wenzel, vormals beim ›Börsenblatt‹, arbeitete jetzt beim ›Sonntag‹ in Berlin und brachte manches mit, was über die Sektorengrenze gedrungen war. Bei Lehmann, einem Slawisten, lief allerlei zusammen an Gerüchten aus Leningrad, Moskau, Warschau. Ein Fieber grassierte wie nach dem 17. Juni 1953. Kein klärendes Wort fiel von seiten der SED.

Mit größter Erwartung setzte sich L. in eine Institutsversammlung, in der Michael Janzen über den XX. Parteitag referieren wollte. Von herrlichen wirtschaftlichen Erfolgen hörte L., von gigantischen Plänen, von der Geschlossenheit der Sowjetvölker, mit der sie dem Kommunismus entgegeneilten. Gewiß, auch von bestimmten Unzulänglichkeiten der letzten Jahre wäre gesprochen worden, wie sollte bei einem so riesigen Werk nicht hier und da ein wenig Sand ins Getriebe geraten können? Die Genossen hätten ihn inzwischen hinausgepustet. Daraus machten nun westliche Gazetten eine Sensation! Michael Janzen lächelte siegesgewiß: Die Geschichte würde darüber hinweggehen. Der Chronist ist sich nicht sicher, ob schon Janzen dieses Wort für die Untaten Stalins gebrauchte, oder ob es erst später durch Wagner aufkam: »Sensatiönchen«.

Nach der Vorlesung, noch auf dem Korridor, ging L. auf Janzen zu. »Herr Professor, ich bin sehr traurig«, begann er. »Und warum sind Sie das?« fragte Janzen. Er hätte eine Antwort auf das erwartet, was ihn bewegte, klagte L., die umschwirrenden Gerüchte über Straflager und Liquidierung verdienter Genossen, was wäre denn nun wahr am bisherigen Geschichtsbild und was nicht? Kirow wäre also, das hätte Chruschtschow angeblich enthüllt, nicht ermordet worden, und was wäre dann mit dem Mord an Gorki, mit...

Im Nu waren Janzen und L. umringt. Einer mischte sich ein, ein Freund L.s – wie sich hinterher herausstellte, wollte er ihm beispringen –, aber L. war schon so in Fahrt, daß er ihn anschrie: »Halt die Schnauze, jetzt rede ich!« Enttäuschung brach aus ihm heraus, daß sie wie Kinder behandelt würden, über Maisanbau und Erdölförderung dürften sie etwas wissen, aber das ideologisch Wichtige bliebe für sie in den Schubläden. »Deshalb bin ich traurig«, schloß L., »und das besonders über Sie.«

Erstarrung in allen Gesichtern. Janzen machte nicht die geringsten Ausflüchte. Wenn es der allgemeine Wunsch wäre, wollte er die Versammlung fortsetzen. Er werde sich bemühen, neues Material zu bekommen, in einigen Tagen wolle er noch einmal konferieren.

Aber nicht Janzen sprach, sondern Kurella. Er merkte, daß in seinem Institut eine Bombe tickte, und machte sich daran, sie zu entschärfen. Da war nichts von der Leichtfertigkeit, Chruschtschows Stalinkritik als »Sensatiönchen« abzutun. Er konzentrierte sich auf die Prozesse vor dem Krieg; die Sowjetunion sei umstellt gewesen von Feinden, die sie zu erwürgen drohten, mit allen Mitteln der Spionage und Sabotage sei versucht worden, sie zu unterwühlen, sie habe sich gegen den weißen mit dem roten Terror wehren müssen, dabei wäre es nicht immer möglich gewesen, die Gerechten von den Ungerechten zu scheiden. Eine Metapher brauchte er, die den Atem stocken ließ, dabei kreiste sein Zeigefinger auf dem Unterarm: Wenn ein Arzt ein Krebsgeschwür herausschneide, wäre es nicht zu vermeiden, daß er auch gesunde Zellen entfernte. Im *gesunden* Fleisch müsse er schneiden, denn wenn nur eine einzige befallene Zelle bliebe, wucherte das Geschwür nach. In dieser Versammlung offenbarte er, worüber er weder vorher noch nachher gesprochen hat, daß sein Bruder Heinrich Kurella, Kommunist und Emigrant wie er, damals verhaftet worden, in ein Lager gebracht und seitdem verschollen sei. Kurella stand vor seinen Schülern als einer, dessen Bruder zum Opfer geworden war, Kurella war Kommunist geblieben, wie konnten seine Zuhörer nun, bei aller Schrecklichkeit dessen, was enthüllt worden war und vielleicht noch enthüllt werden würde, am Kommunismus zweifeln? Die Revolution in ihrer Kompliziertheit erfordere Opfer, vielleicht sei in der Erziehung der jungen Generation zu wenig auf die Schwere dieses Prozesses hingewiesen worden, davon spreche auch er sich nicht frei. Immer müsse sich der Kommunismus auf neue innere und äußere Bedingungen einstellen. Man werde weiter diskutieren, er stehe zur Verfügung.

Seine Hörer saßen wie gebannt. Kurella hatte ihnen Vertrauen entgegengebracht, sie fühlten sich einbezogen. Vor drei Jahren, als Stalin gestorben war – diese Reden, Gedichte, Gefühle galten nicht mehr. Stalin war kein Gott, er war ein Mensch und hatte Fehler von schwindelerregendem Ausmaß begangen.

Natürlich Fragen, Fragen. Der Hitler-Stalin-Pakt in neuem Licht? Wenn es in der Sowjetunion Verstöße gegen die Demokratie gegeben hatte, wenn in der CSSR, in Ungarn und Bulgarien die Gesetzlichkeit verletzt worden war, wie stünde es damit in der DDR? Wenn der Weg Stalins oder doch ein Teil davon falsch war, vielleicht wäre dann der seines ärgsten Widersachers, Trotzki, richtig gewesen? Auf einmal hatten alle das Gefühl, daß es möglich war, *alle* Fragen aufzuwerfen, selbst solche, vor denen sie sich gehütet hatten, sie in der eigenen Brust zu stellen. Kurella warnte: Wenn etwas falsch gewesen war, mußte nicht das Gegenteil richtig sein. Mochte Stalin noch mehr Fehler begangen haben als bekannt waren: Trotzki war und blieb ein Feind.

Eine Debatte war in Fluß gekommen, sie schwoll an, Begriffe wurden wie Bälle geworfen: Personenkult, Dogmatismus, Verletzung der Gesetzlichkeit, Apparat, Apparatschik, sehr bald: Stalinismus. Für L. war dieses Suchen, Bohren nicht neu; jetzt, sagte er sich und anderen, tauchen Probleme wieder auf, die wir nach dem 17. Juni verdrängt haben. Die große Gelegenheit ist da, Verkrustungen aufzubrechen, den Kommunismus wieder in Bewegung zu bringen. An ihm sollte es abermals nicht fehlen.

Da wieder eine dieser lakonischen Zeitungsmeldungen: In zwölf dürren Zeilen wurde mitgeteilt, die Kommunistischen Parteien der Sowjetunion, Polens, Italiens, Bulgariens und Finnlands hätten den Kominternbeschluß von 1938, die KP Polens aufzulösen, »als ungerechtfertigt festgestellt«. Die damals gegen die KP Polens vorgebrachten Anschuldigungen wären von Provokateuren erhoben worden, später hätte man sie entlarvt. L. fror. Ein Freund fragte: Und wie war das wirklich in Katyn?

Der Institutsbetrieb schleppte sich wieder hin, wichtig war er für L. selten. Gäste kamen, unter ihnen der Germanist Marcel Reich-Ranitzki aus Warschau, sie brachten Farbe ins Einerlei. Noch einmal Ralph Giordano:

»Die Wut über die eigene Ohnmacht war es, die am Institut für Literatur die Stimmung so gereizt sein ließ wie nie zuvor. Nach der Premiere des DEFA-Films über Leben und Sterben des Thomas Müntzer – in Farben, didaktisch, ausgewalzt, undramaturgisch – schrie Gotthold Gloger in einer Parteiversammlung auf, dieser Film sei eine miserable Sache wie die ganze Filmerei bisher, die immer aufs neue die sozialistische Filmkunst hoffnungslos diskreditierte. Gloger redete mit Händen und Füßen, er tobte und war nur schwer zu beruhigen. Und jeder von uns wußte, der mißratene Film war nur ein Anlaß. Leiser, aber hintergründiger ging es auf einer Parteiversammlung zwischen Kurella und Loest zu. Nach der Behandlung der überaus gelockerten Studiendisziplin sollten wir Mitglieder der Partei den Beschluß fassen, vorbildlich voranzugehen. Niemand dürfte ohne den zwingendsten Grund mehr fehlen. Ob, fragte Loest, unaufschiebbare Arbeit an einem Werk von der Institutsleitung auch als zwingender Grund anerkannt werde? Da sprang Kurella, der so stumm gewesen war in der letzten Zeit, obwohl er die vielen Blicke auf sich gerichtet gefühlt hatte, auf und rief, vor Erregung stark sprachgehemmt: Wer gehen wolle, der könne gehen!

Ich sehe diese Szene noch heute vor mir. Loest auf die Lehne des Stuhls gestützt. Sonst keine Bewegung ringsum. Würde Loest gehen, so würden andere ihm folgen, das spürte jeder in dem schweren Schweigen.

Aber Loest blieb.«

Immerhin, eine Extrawurst ließ L. sich braten von Kurella, nur noch wenige Vorlesungen besuchte er, darunter pflichtgemäß die von Janzen, im übrigen holte er sein Stipendium ab und las in der Deutschen Bücherei, was in bundesdeutschen Verlagen an Literatur über den Zweiten Weltkrieg erschienen war, die Memoiren von Guderian, Manstein und Skorzeny, Gesudel von Dwinger und Kern – es war grauslig, gar so »neo‹‹ schien ihm der Neonazismus nicht. Vorträge hielt er darüber hier und da und schrieb weiter an seiner Parodie über eben diese Art, braune Vergangenheit zu verharmlosen und ihre giftigen Früchte zu konservieren. Zwischendrin blieb er stecken und begann mit einem Roman: Er stellte sich vor, er selbst sei in die Waffen-SS geraten – an der Bereitschaft dazu, als die Division »Hitlerjugend« aufgestellt wurde, hatte es ja keineswegs gefehlt. Den Proletarierjungen Harry Hahn, nun nicht mehr aus Mittweida, sondern aus Leipzig, ließ er SS-Werbern, SS-Pressern in die Hände fallen zunächst in der Geschichte »Linsengericht«, die er im ihm wohlbekannten Ausbildungslager Schneckengrün spielen ließ, dann sprang die Handlung nach Polen und in die Slowakei. Er las und schrieb, war selten Student, sein Tag hatte viele Stunden. Eine Nacht war gefüllt damit, die Geheimrede Chruschtschows zu lesen. Irgendwie war sie aus der geschlossenen Parteitagssitzung in den Westen gelangt, dort publiziert und in die DDR geschleust worden, sie kursierte unter der Hand. L. bekam sie von einem Freund, las sie, gab sie tags darauf zurück.

Von welchem Freund? Ihn zu nennen wirkte vielleicht auch nach so vielen Jahren noch als Denunziation. Dieser Mann ist in der DDR aufgestiegen zu schöner Stellung – so sei jetzt gesagt, daß in der Folge ein paar Namen nicht genannt werden. Mancher hat sich nach Wirrnis und Schmerz, nach quälenden Debatten, Parteiverfahren oder Zuchthaus wieder eine Position gezimmert, hat sich mit dieser Strecke seines Lebens abgefunden, hat verdrängt – was soll der Chronist ihn aufstören? Über das Verhalten von diesem und jenem war sich L. damals schon nicht in jeder Phase klar; darüber zu schreiben, brächte manchen womöglich in falsches Licht. Nicht alle, die redeten und dachten wie L., sahen sich später auf der Anklagebank wieder – warum waren sie davongekommen? Das wird nimmermehr aufgehellt werden. Lassen wir ein paar Namen, ein paar Schicksale weg. Daß L. sich weiterhin dem Chronisten zu stellen hat, bleibt von dieser Überlegung unberührt.

Ganz langsam, vorsichtig rührte sich die verschreckte SED: in einigen Parteiorganisationen wurde Chruschtschows Geheimrede verlesen, nicht am Institut für Literatur. In der DDR wäre die Gesetzlichkeit nie verletzt worden, hieß es beharrlich, auch mit der innerparteilichen Demokratie stünde es hierzulande zum besten. Jetzt gelte es, alle Angriffe auf die Sowjetunion zurückzuweisen, Geschlossenheit sei oberstes Gebot. Klären müssen wir! lärmten junge Genossen dazwischen. Auch Kurella sprach nun wieder verbissener von Festigkeit als nach dem ersten Schock.

L. wartete. Die SED mußte doch reden! Kurt Hager hatte Tito als Faschisten verteufelt, nahm er nun den Hut? Ulbricht hatte Stalin wieder und wieder gepriesen, dieser Kult am 70. Geburtstag und als Stalin starb – wie mochte Ulbricht das erklären? Und die Dichter der Stalinhymnen, Becher, Kuba, Hermlin? Überall hingen Bilder, standen Büsten Stalins. Stalinalleen, Stalinplätze, Stalinstadt sogar. Was nun?

Auf der Bezirksdelegiertenkonferenz in Leipzig Mitte März fand die neue Lage nur spärlichen Niederschlag. Im Referat wurden die Ergebnisse des XX. Parteitags natürlich begrüßt, die friedliche Koexistenz freilich so erklärt, daß der Friedenskampf nur dann Erfolg hätte, wenn die sozialistischen Länder stark blieben. Keine Schwächung der Volksarmee und der Kampfgruppen! Ein Parlamentssieg des Sozialismus sei nur einer geeinten, starken Arbeiterklasse möglich. Nicht etwa, daß die SPD nun auf einmal recht gehabt hätte! Sekretär Paul Fröhlich – unter seiner Bezirksherrschaft wurde später die Universitätskirche in die Luft gejagt – zog an bewährten Zügeln: »So kritisierten wir die Redaktion der ›LVZ‹, weil sie zuließ, daß besonders während der Weihnachtszeit religiöser Aberglauben verbreitet wurde.« Immerhin: Es sollten Aktivs gebildet werden, die sich mit den neuen Fragen beschäftigten. Albert Norden als Gast des

ZK rief: »So war und bleibt Genosse Stalin ein hervorragender Funktionär der Arbeiterbewegung, und niemand denkt daran, sich von ihm zu trennen. Wir trennen uns nur von seinen Fehlern.« Und, fragte er, hätten Karl Liebknecht und Rosa Luxemburg nicht auch Fehler begangen? Die kollektive Führung in der Sowjetunion sei wiederhergestellt, der Feind selbst spüre die Wirkung. »Denn warum erhebt er ein solches Geschrei über das, was er am liebsten als einen ›Fall Stalin‹ konstruieren möchte? Er will, daß wir uns mit nichts anderem beschäftigen sollen. Er will ablenken davon, daß die Sowjetunion 1960 dreimal so viel Industrieprodukte erzeugen wird wie 1950!« Das sei die Hauptsache: In historisch kürzester Frist werde die Sowjetunion die USA wirtschaftlich überflügeln.

Ulbricht war es, der auf der Berliner Bezirkskonferenz ein Schrittchen weiterging: »Zu den Klassikern des Marxismus kann man Stalin nicht rechnen.« Vor Jahren hätte es beim Ministerium für Staatssicherheit Tendenzen zu Eigenmächtigkeiten gegeben, aber die seien korrigiert. »Der Stoß, den wir vom XX. Parteitag bekommen haben, ist für uns sehr gesund.« Und: »Für diesen Führerkult tragen wir mit dem ZK der KPdSU die gemeinsame Verantwortung.« Aber Ulbricht ritt auch schon wieder ein flottes Pferd: »Die jungen Genossen sind zum großen Teil so geschult, daß sie bestimmte Dogmen auswendig gelernt haben. Sie wissen über die Biographie des Genossen Stalin mehr und Genaueres als das ganze Politbüro. Aber wenn man sie jetzt fragt: Wie verhalten wir uns in den Fragen der sozialistischen Ökonomik, da liegen sie glatt auf dem Kreuz.« Der Reporter des ›Neuen Deutschland‹ vermerkte Heiterkeit. Da erboste sich L.: Hatte nicht gerade Ulbricht das Studium der Stalinbiographie befohlen? Und L. dachte und sagte es: Es wird endlich Zeit, daß dieser Mann verschwindet.

Ende März 1956, auf ihrer 3. Parteikonferenz, beschloß die SED den 2. Fünfjahrplan. Der erste hatte für alle sichtbare Erfolge gebracht, wenngleich er seine ursprünglichen Ziele nicht erreicht hatte. Darüber fiel kein Wort. L. las von beeindruckenden Vorhaben in Industrie und Landwirtschaft, in manchem Bereich sollte die Produktion mehr als verdoppelt werden. So weit, so gut, aber sein Feld war die Ideologie; hier und da entdeckte er ja auch ein Wörtchen Kritik am Dogmatismus und dem Personenkult, und Ulbricht bekannte sogar namens des Zentralkomitees über den XX. Parteitag der sowjetischen Freunde: »Seine Kritik an der Buchstabengelehrsamkeit, dem Schematismus und der Abstraktheit in der Propaganda trifft auch auf die Arbeit der SED zu.« Wenn das ein Anfang war, ein schüchterner, wenn es nicht dabei blieb, mochte es hingehen. Kurt Hager wagte sich aufs Pult, ohne eigener krasser Irrtümer zu gedenken, als hätte er nie ein jugoslawisches Wässerlein getrübt, er empfahl ein differenzierteres Herangehen an die Geschichte der KPD, keineswegs immer wäre sie von Sieg zu Sieg geeilt. Karl Schirdewan rief: »Die ganze Partei muß wie eine eherne Phalanx um das Zentralkomitee stehen!« und nannte besonders den Namen Walter Ulbricht. Einmal wurde das Herz L.s warm, Willi Bredel zitierte Ulbrichts höhnische Passage, daß die jungen Genossen fleißig Stalin gelernt hätten und nun, wenn es um die Ökonomik ging, auf dem Kreuz lägen. »Der Berichterstatter setzte zu diesen Ausführungen zweimal in Klammern das Wort Heiterkeit. Ich bin überzeugt«, sagte Bredel, »es gab Heiterkeit. Aber ich habe mich gefragt, ob es die anwesenden jungen Genossen waren, die Heiterkeit bekundeten? Vielleicht waren es die Zirkelleiter? Wenn unsere jungen Genossen Stalin Seite für Seite und Wort für Wort in sich aufgenommen haben, ist das dann ihre und zwar ihre alleinige Schuld? Wir sollten, meine ich, jetzt weniger die jungen Genossen dafür auslachen, sondern etwas mehr Selbstkritik üben.«

Bezirksvorsitzender der Schriftsteller in Leipzig war jetzt Kurella, L. sein Stellvertreter. In dieser Eigenschaft fuhr er bisweilen nach Berlin und geriet in eine Parteiversammlung, in der es heiß herging. Information wurde verlangt, der Schrei nach Wahrheit gellte wieder einmal hinter verschlossenen Türen. Inge v. Wangenheim, während des Faschismus in die Sowjetunion emigriert, gelernte Schauspielerin, rief mit beeindruckender Geste: »Genossen, sagt mir, ob Blut an meinen Händen klebt!« Ein andermal machte sich Bestürzung breit. Verbittert berichtete Bredel, ein »hochgestellter Genosse« hätte seinen Diskussionsbeitrag als feindlich bezeichnet. Wutentbrannt war Bredel, rückte dennoch parteidiszipliniert nicht mit dem Namen dessen heraus, der ihn da beleidigte, fraß seinen Zorn in sich hinein. Andere, darunter Kuba und Hermlin, versicherten, wenn es hart auf hart käme, an Bredels Seite zu stehen. Der Zwist muß wohl still beigelegt worden sein, L. hörte nicht wieder davon.

Wie nach dem 17. Juni ist es, sagte L. im Freundeskreis. Wieder keine Debatte, keine Erneuerung, schon wieder ist fast alles unter den Teppich gekehrt. Was, wenn darunter kein Platz mehr ist?

Diese Flut von Witzen! Sarkastisch waren sie, böse, sie ließen das Lachen erfrieren.

Drei Sträflinge sind entlassen und fahren mit dem Zug nach Hause. Sie fragen sich, warum sie gesessen haben. Der erste: »Ich war für Popow.« Der zweite: »Ich war gegen Popow.« Nach einer Weile der dritte: »Ich bin Popow.«

Stalin hält ein Referat, ein Genosse niest. Stalin fragt: »Genossen, wer hat hier geniest?« Als sich niemand meldet, kommen NKWD-Männer herein und erschießen die erste Reihe. Stalin fragt: »Genossen, wer hat hier geniest?« Als sich wieder niemand meldet, wird die zweite Reihe liquidiert. Der Mann, der geniest hat, sitzt in der dritten Reihe, er denkt: Es hat keinen Zweck mehr, jetzt bist du so oder so dran. Als Stalin ein drittes Mal fragt, wer geniest hat, steht er auf: »Ich, Genosse Stalin.« Und Stalin sagt: »Gesundheit!«

4

Der Institutsbetrieb lahmte dem Lehrgangsende entgegen. Prüfungen fanden nicht statt, keine Abschlußnote mußte ergattert werden, mancher kümmerte sich mehr darum, was er künftig arbeiten wollte, als daß er sich mühte, im Seminar zu glänzen. Janzen wurde nicht mehr aufgestört durch wilde Fragerei, er lehrte weiterhin das kleinste Einmaleins marxistischer Philosophie. Vor ihm auf dem Pult stand ein Zettelkasten. Bei jedem Begriff brauchte er nur zuzufassen, Kärtchen auf Kärtchen lieferte ihm Zitat, Antwort, Beweis. Jetzt geschah es oft, daß er irritiert ein Kärtchen zurücksteckte; seine Schüler argwöhnten, daß er auf ein Stalinwort gestoßen war. Aber er merzte die Stalinkärtchen nicht aus; man konnte nicht wissen.

Das geht vielen so: Im Laufe des Lebens schichtet sich der Freundeskreis ein paarmal um. Jetzt saßen andere Leute öfter bei L., Zwerenz, Lehmann, Conrad Reinhold. Für sein Kabarett bereitete Reinhold ein Programm vor, die neuen Ereignisse gedachte er keinesfalls beiseite zu lassen. Leipzigs Stadtväter benannten die Stalinallee leise in Friedrich-Ludwig-Jahn-Allee um, schon spaßte Reinhold über J.W.S.: »Hätte er nur geturnt, dann hätte er seine Allee noch!« Ob Zwerenz und L. mittun wollten an diesem Programm? Ja, natürlich. Lehmann diskutierte, agitierte, wo er ging und stand. Wer trieb Trotzkis »Mein Leben« auf und ließ es kursieren? Wer brachte ein Buch von Ruth Fischer in Umlauf? So war es ja nun nicht, daß den Renegaten alles und jedes abgenommen wurde. Was war wahr, was gegeifert, übertrieben? Kunde aus Polen, aus Leningrad. Allmählich machten sich kommunistische Parteien in Westeuropa an den wägenden Disput. Tauwetter nun doch?

Zwerenz zeigte sein Gedicht herum: »Die Mutter der Freiheit heißt Revolution«. Es begann:

> Die alte Erde hält den Atem an,
> heißer Brodem der Revolution
> erfüllt wieder die Räume.
> Die Menschen schrein nach Zeitung,
> Babys schauen erstaunt,
> Bettler schmeckten Hoffnungsträume.
> Mißratne brüten Rache,

> ein Vertrockneter weint Jauche,
> Aufgeblasne ärgern sich krumm.
> Leben – ruft die Menge
> und baut Brücken ins Diesseits.
> Die Epigonen schreien stumm.

Es endete:

> Aber Buben gleich habt ihr geschlafen,
> lange, nur nicht so gesund,
> Die Revolution fuhr auf Grund,
> und das mitten im Hafen.
> Ihr schliefet den Schlaf der Ungerechten.
> Erwachet, und laßt uns gemeinsam
> besser fechten!
> Die Mutter der Freiheit heißt Revolution,
> Die Freiheit ist Tochter,
> Partei ist der Sohn.

Zwerenz schickte es an den ›Sonntag‹, dort redigierten Heinz Zöger und seit einiger Zeit Gustav Just, die bisher aus Ungarn und Polen allerlei Verwegenes übernommen hatten, wenn schon die eigenen Dichter und Denker sie nicht mit Aufregendem bedrängten. In dieser Redaktion, untergebracht im Aufbau-Verlag, arbeitete auch Joachim Wenzel, der wieder berichtete von aufgeregten Debatten in Pausen, am Mittagstisch, in Versammlungen: Wolfgang Harich trug seine Ideen vor, gezügelt vom Verlagsleiter Walter Janka, dem Spanienkämpfer und Mexiko-Emigranten, dann wieder angespornt. Der Aufbau-Verlag als Zentrum neuer Ideen?

Das Literaturinstitut schloß den ersten Lehrgang ab. L. mußte sich anhören, von ihm hätte man mehr Engagement erwartet. Die nächste Belegung sollte drei Jahre hier verbringen, man hörte die Namen von einigen, die sich bewarben, darunter Rudi Strahl, der später so erfolgreiche Lustspielautor, und Max Walter Schulz, danach dieses Hauses Direktor, Nationalpreisträger und Vizepräsident des Verbandes. Gemeinsam fuhren Lehrer und Schüler nach Oberwiesenthal und pilgerten auf den Fichtelberg. Kurella hatte sich dazu seine Kaukasusstiefel mitgebracht und war baß, daß man den höchsten Berg der DDR in Lackschuhen erklimmen konnte. L. war grimmig heiter an diesem Tag. Mit Kumpanen stürmte er in jede Kneipe am Wegesrand, sein Schlachtruf dabei war: »Seilschaft Loest zur Theke!« Auf der Rückfahrt im Bus sang der halbe Lehrgang ein Brechtlied nach dem anderen. Kurella schluckte stumm. L. weinte dem vergangenen Jahr keine Träne nach.

Nach diesem Tag sah er Kurella nur noch in einigen Parteiversammlungen, in denen wider und für den Ausschluß von Zwerenz gekämpft wurde. Zu dieser Zeit stieg Kurella steil auf zum Leiter der Kommission für Fragen der Kultur beim Politbüro der SED, wurde 1963 abgelöst und blieb immerhin Leiter der Sektion Dichtung in der Akademie der Künste, er war Mitglied des ZK der SED. Er hat sich hervorgetan in der infamen Hetzjagd auf Peter Huchel, war einer der Verteufler in der Kafka-Debatte, das Schriftstellerlexikon der DDR von 1967 bescheinigt ihm: »K. ist maßgeblich an der Ausarbeitung der sozialistischen Kulturpolitik der DDR (Bitterfelder Weg) beteiligt.« Vielleicht glaubte er, nachdem ihn der Blick Lenins getroffen hatte, er müsse immerfort den Bildungsbürger in sich töten, indem er sich als Scharfmacher und Scharfrichter der Revolution zur Verfügung stellte. Am Ende stürzte er ab und starb einsam, verachtet von den Nachwachsenden.

Dennoch: Er hat nur aufgeschoben, verhindert hat er nicht. Die Werke von Kafka, Proust und Joyce, die Expressionisten hat er allenfalls zehn, fünfzehn Jahre von der DDR ferngehalten, die Werke Brechts haben ihn schon zu Lebzeiten überrollt. Über Bloch und Huchel auch für die sozialistischen Länder ist das letzte Wort nicht gesprochen. Prinzip Hoffnung selbstredend auch hier.

Was vermögen im Grunde diese Kulturpolitiker? Vielleicht ahnen sie ihre Ohnmacht und nutzen deshalb ihre Zeit bis zum letzten Atemzug – auch der anderen – aus?

XI.

Roll back

I

Widerborstig gingen Leipzigs Funktionäre daran, das Neue des XX. Parteitags zu begreifen; so rasch ließ sich Stalin aus ihren Herzen nicht reißen. Jajaja, gestanden sie verdutzt und mürrisch zu, mochte es in der Sowjetunion zeitweise nicht ganz nach dem Lehrbuch abgelaufen sein – aber in der DDR hatte es Irrwege doch nicht gegeben! »Jetzt bloß keine Fehlerdiskussion!« L. kannte den Slogan aus der Zeit nach dem 17. Juni zur Genüge. Wer sägt schon selbst an seinem bequemen Ast, sagten sich L. und seine Freunde, man muß den Funktionären Zeit lassen, und mancher schafft's vielleicht nie. Chruschtschow wird ihnen Beine machen, wir helfen sanft von unten nach. Ein Brechtwort machte die Runde. Jemand hatte gesagt: Aber man kann doch niemanden einfach auf die Straße werfen! Darauf der Meister: Warum nicht? Unsere Straßen sind gut!

Zur Herbstmesse 1956 brachte die »Leipziger Pfeffermühle« ein neues Programm, »Rührt euch!«. Natürlich war es von Funktionären der Stadtverwaltung abgesegnet worden. Unter den Begutachtern hatte auch Siegfried Wagner gesessen; hinterher hatte er geäußert, was er für scherzhaft hielt: »Kollege Reinhold, einerseits müßte ich Sie umarmen, andererseits Ihnen eine runterhauen.«

Es war wirklich frech, was sich Reinhold da geleistet hatte. Anspielungen auf den XX. Parteitag in jeder dritten Nummer. Eine internationale Fußballmannschaft aus Spitzenfunktionären stellte er auf, Ulbricht auf Rechtsaußen. »Warum denn nicht«, conferencierte er, »wenn Ulbricht auf die Vorlagen von Togliatti richtig eingeht! Besonders in diesem Fall kommt es natürlich auf den neuen Trainer an!« Das war Chruschtschow.

Fast alle Texte stammten von Reinhold selbst, Zwerenz hatte Weniges beigesteuert, L. eine läppische Nummer, die im Himmel spielte; weiß der Himmel, welchen Sinn sie haben sollte, brisant war sie keineswegs. Eine andere Nummer L.s war von der Berliner »Distel« aus dem vorjährigen Programm übernommen worden, ohne Harm auch sie. Damals war es scheindemokratische Sitte, Beiräte zu bilden, L. gehörte zum beratenden Gremium der »Pfeffermühle« und erlebte eine Vorauffführung mit wägender Diskussion, einzelne Formulierungen wurden noch einmal abgeklopft. Die Premiere brachte Jubel beim Fußvolk und saure Mienen bei Funktionären und deren unbedarften Ehefrauen, die nicht wußten, wann sie lachen durften oder sollten. Im Schlußchor sangen die »Pfeffermüller«: »Rührt euch, sonst werdet ihr wegtreten!«

Das war alles vor den Schüssen in Budapest. Aus Berlin drang die Kunde, im Kulturbund fände sich wöchentlich ein Trüppchen Intellektueller zusammen, das politische Themen freimütig bespräche wie der Petöfi-Klub in Budapest. Im Donnerstagskreis, so hieß es, führe Harich das Wort. Überhaupt Berlin: Hans Mayer warf in einem Doppelvortrag heiße Fragen auf und beantwortete einen Teil sofort selbst: Haben wir Marx immer historisch-konkret interpretiert? Kann der sozialistische Realismus der Sowjetunion ohne weiteres auf Deutschland und Westeuropa übertragen werden? Kein Einverständnis wurde über die Rolle Shdanows erzielt, immerhin: Für die dogmatische Einengung und administrative Lenkung der Kunst trüge er die Hauptverantwortung. In Berlin riefen junge Lyriker emphatisch: »Wir haben gelogen und stecken nun in einer tiefen Krise!« Das Amt für Literatur und Verlagswesen wurde aufgehoben und seine Aufgabe dem Ministerium für Kultur unterstellt. Wenigstens einer wagte die Ansicht vorzutragen, etwas an der Machtstruktur sollte geändert werden; Günther Cwoidrak, schon nach dem 17. Juni war er vorgeprellt. In der

›Neuen Deutschen Literatur‹ schrieb er: »Wir sind der Meinung, daß man aber noch einen Schritt weitergehen muß: unsere Verleger sollten überhaupt nicht mehr abhängig sein von der Druckgenehmigung einer staatlichen Instanz. Kindergärten sind vor allem gut für Kinder; unsere Republik darf sich mittlerweile schon zu den Erwachsenen zählen.« Dies in ihrem siebenten Jahr. Auch in ihrem zweiunddreißigsten hat sich nichts geändert.

Kaum Vergleichbares geschah in Leipzig. Immerhin lebte eine alte Idee auf, einen Klub junger Künstler zu gründen, in dem auch Studenten der Kunsthochschulen eine Heimstatt finden sollten. L. gehörte als Vertreter des Schriftstellerverbandes zu den Vorreitern, Räume wurden besichtigt, die die Stadtverwaltung eventuell zur Verfügung stellen wollte, darunter die heruntergekommene Villa des einstigen Herausgebers berühmter Reiseführer, Baedeker. Das Unternehmen kam nicht voran, sicherlich gab es Leute, die es als möglichen Tummelplatz schwer zu überschauender und zu steuernder Ideen fürchteten.

Zwerenz schrieb in diesem Sommer und Herbst wie besessen, der ›Sonntag‹ nahm ihm etliches ab. »Leipziger Allerlei« fand herben Widerspruch: Satirisch und sarkastisch war Zwerenz mit dem kulturellen Leben und dem schleppenden Aufbau ins Gericht gegangen. Eine Debatte wurde von den Stadtfunktionären entfacht; unter dreißig Kulturverwaltern und -schöpfern in der Bezirksleitung, die den abwesenden Zwerenz zausten, war L. der einzige, der ihn verteidigte. Alles, was diese Männer und Frauen geleistet hatten oder sich einbildeten, geleistet zu haben, fanden sie durch diesen Frechling und Frischling in den Schmutz gezogen. Immerhin hatte L. aus seinen Querelen im Jahr 1953 gelernt, daß es unklug war, alle Funktionäre zu verschrecken. Mit den meisten von ihnen würde die erhoffte neue Entwicklung auskommen müssen, ihnen galt es zu erklären, daß Zwerenz kein Verräter und Konterrevolutionär, sondern einer von ihnen war, ein sich sorgender und mühender Genosse, Arbeitersohn. Schon in dieser Sitzung klang durch, was L.

später immer wiederfinden sollte: Befürchtung waberte, daß da einer an eine Machtposition dränge, an eine Futterkrippe. Die Funktionen glaubten sie in den besten, nämlich in ihren Händen, wer muckte da auf? Zwerenz hatte provokante Töne angeschlagen und sich durch Ungenauigkeit offene Flanken geschaffen. In sie hinein stießen die Beherrscher der Leipziger Kultur. Sie sahen in Zwerenz von der ersten Begegnung an, die eine funkensprühende Reibung war, einen verkappten, schwer zu fassenden Feind.

L. blickte auf einen guten Sommer. Durch slowakische Berge war er gestapft und hatte Waldesgründe aufgespürt, in denen er die SS-Banditen seines Romans »Der Abhang« hausen zu lassen gedachte. Mit Annelies war er nach Hessen gereist und hatte fröhliche Tage mit Gotthold Gloger und dessen damaliger Frau, der Schauspielerin Christine, verlebt; mit Hans Mayer hatten sie in einem Wirtshaus im Spessart die Lieder des Tages aus der Musikbox gelockt, der hier so lockere Professor hatte alle Strophen von »Jim, Jimmy und Jonas« mitgesungen. Mit straffen Nerven kam L. nach Leipzig zurück in das Gerangel der Provinz um ein bißchen Freiraum hier und da.

Ende September las er in der »Leipziger Volkszeitung« einen Nachtrag zum »Pfeffermühlen«-Programm. Der Leiter der Kulturredaktion mäkelte nun doch: »Einmal spürt man noch zu sehr die Freude daran, jemandem ›eins überzubraten‹, und man spürt andererseits zu wenig, daß die Kabarettisten an den Kinderkrankheiten des neuen Lebens Anteil nehmen. Diese Anteilnahme muß dazu führen, daß den hämischen Grinsern das Grinsen erstirbt und bei den vielen anderen Besuchern der Wunsch zum Ändern wach wird, eben jenes positive Sich-Rühren.« Es gäbe Nummern, die Überwundenes aufwärmten (darunter die von L.), und wäre es nicht gut, die »Pfeffermüller« würden ein aktuelles Thema, die Verbesserung der Arbeitsdisziplin, auf ihre Weise im Programm behandeln? L. hörte ihn wieder, den Ruf nach positiver Satire. Nun ja, meinte er, ein Steinchen auf dem Weg nach vorn, mehr nicht.

Ende Oktober ging es dann Schlag auf Schlag: In Warschau tagte das 8. Plenum der Vereinigten Arbeiterpartei und wählte Gomulka zum Ersten Sekretär. So spärlich die Angaben der eigenen Presse und so tendenziös die Kommentare der Westsender auch klangen, zu erkennen war, daß ernst gemacht werden sollte mit der Überwindung von Personenkult und Dogmatismus. Ministerpräsident Cyrankiewicz beschwor die Freundschaft zur Sowjetunion, bei allem Drängen auf Veränderung dürfe sie nicht angetastet werden. Gomulka sagte, und L. sog es ein: »Personen, die in ihrer Tätigkeit Unfähigkeit bewiesen oder schwere Fehler begangen haben und nicht in der Lage sind, diese zu korrigieren, dürfen nicht auf verantwortlichem Posten bleiben.« Sofort dachte L.: Und bei uns?

Da drang Kunde herüber von Schüssen in Budapest. Imre Nagy wurde neuer Ministerpräsident. Die DDR-Zeitungen meldeten, der Aufruhr konterrevolutionärer Banditen sei niedergeschlagen. Tags darauf: Wer sich noch nicht ergeben hätte, solle dies bis 22 Uhr tun! Dann wieder forderte das ungarische Rote Kreuz die umliegenden Staaten auf, Verbandzeug und Medikamente zu schicken. In derselben Zeitung: Nur noch drei Widerstandsnester schwelten in Budapest. Die Westsender schrien vom Volksaufstand, der uralte Konterrevolutionär Horthy kroch aus seinem Loch. Von einer Woche auf die andere war die Welt in Gefahr, sich in einen Krieg zu verstricken. Wer hatte da gefordert, US-Fallschirmjäger, das UNO-Zeichen am Helm, sollten über Budapest abspringen? Streiks in Polen, und immer wieder sich jagende, sich widersprechende Nachrichten aus Ungarn. Die sowjetischen Truppen zogen sich zurück, kehrten um, die DDR-Zeitungen geißelten nun den weißen Terror, zeigten grausige Bilder von verstümmelten Sicherheitspolizisten und feierten die Sowjetarmisten als Retter. Das brachte natürlich neue, heiße Argumente für alle Debattierer in der DDR. So weit ist es gekommen, sagten die einen, das dauernde Gerede von Dogmatismus und Personenkult hat die proletarische Front aufgeweicht. Nicht schnell und gründlich genug ist Ballast weggeräumt worden, widersprachen L. und seine Freunde, deshalb fand die Konterrevolution verpesteten Boden. Beide Seiten zeigten anklagend auf Ungarn: Seht her, dahin habt ihr, ihr, ihr es gebracht!

Und dann dieser 30. Oktober 1956: Ein Freund rief an, ein Warschauer Journalist sei in Leipzig, Hochinteressantes berichte er vom polnischen Oktober, man wolle sich mit ihm zusammensetzen, habe L. Interesse? Natürlich! rief er, und wo? Das sei noch nicht geklärt, erfuhr er und schlug sofort vor: Kommt alle zu uns, bei uns ist der meiste Platz.

Dieser brachte jenen mit, manchen kannte L., manchen nicht. Sie packten Flaschen aus, und los ging es mit einem enthusiastischen Bericht über Polens Wandlung vom stalinistischen Unrechtsstaat zur wahren sozialistischen Demokratie unter Gomulka, der im Gefängnis gesessen hatte und nun ein neuer Messias war, begeistert stünden die Volksmassen hinter ihm. Die Sowjets habe er schlau neutralisiert, mit der Kirche endlich Frieden geschlossen. Frei sei die Bahn für eine wahrhaft sozialistische Entwicklung ohne Fesseln. Wie erwacht legten die Zeitungen Probleme dar, suchten nach Wegen – Beispiel auf Beispiel türmte der glühende Missionar und kargte keineswegs mit der Aufforderung, nun gefälligst auch in der DDR eine Wende zu ertrotzen. Polen habe seinen sozialistischen Oktober gehabt, wann zöge die DDR nach?

Angesteckt vom Eiferer ergingen sich seine Zuhörer in Spekulationen, wie's denn in der DDR weitergehen könne mit der Überwindung von Dogmatismus und Personenkult. Ulbricht würde als erster gehen müssen, das schien ihnen sonnenklar, wer noch? Schirdewan, Hager, Staatssicherheitsminister Wollweber, Grotewohl vielleicht nicht, auch nicht Pieck, Leipzigs Bezirkssekretär Fröhlich bestimmt, und L. nannte den Namen seines Widersachers Wagner. Die Formeln knallten nur so, Apparat, Dogmatismus, hatte Lenin wirklich vor Stalin gewarnt? Bucharin und die Trotzkisten, der überschnelle Aufbau der Schwerindustrie, die Liquidierung der Kulaken? Aber, ermahnte einer, nicht wir paar Leutchen aus der Intelligenz geben den Ausschlag, sondern die Arbeiter; Räte müssen gebildet werden, und sie müssen Schritt für Schritt ihre Macht ausweiten. Genau wie bei uns! rief da der Gast und pries die Arbeiter der Autofabrik von Zeran, die eine Schutztruppe für Gomulka gebildet und sowjetfeindliche Demonstranten zerstreut hatten, von ihnen waren Armee-Einheiten für Gomulka gewonnen und ZK-Mitglieder über Truppenbewegungen informiert worden, sie hatten Verbindung zu anderen Betrieben im Land geknüpft. Aber, mahnte der Gast, vergeßt nicht die enorme Rolle der Studentenzeitschrift ›Po prostu‹, auch die Intelligenz hat ihren Platz! Als einer sagte, die Stalinisten hätten Fehler gemacht, warf der Pole eiskalt ein: »Stalinisten machen keine Fehler, sie sind Verbrecher.« Jahrelang habe er selbst, aktiver Kämpfer gegen die Faschisten, nach dem Krieg im Lager gesessen. Der Hitler-Stalin-Pakt, der Polen zerriß, die Aussiedelung von Millionen aus Ostpolen nach dem Krieg – kein Ende, kein Ende! Und wieder das deutsche Thema: Wie war das in der DDR gewesen mit den Prozessen gegen Leo Bauer und Lex Ende, und war Franz Dahlem zu Recht gefeuert worden? Gomulka hatte im Gefängnis gesessen und war nun Erster Sekretär der Partei, würde es in der DDR analog gehen, wie stand es um Paul Merker? Großer Quatsch, sagten andre, Merker doch nicht, der ist völlig kaputt. Und in Ungarn, Erich, fragten seine Freunde, da ist unter den Schriftstellern der Teufel los, wie kannst du das erklären? Und bei uns, unterbrach einer, wie ist das mit der Bezahlung für das Uranerz aus Johanngeorgenstadt?

Gegen zehn klingelte das Telefon: Joachim Wenzel war gerade aus Berlin gekommen und fühlte dringendes Bedürfnis nach einem Gespräch. Komm doch her! rief L. Eine halbe Stunde später wurde die Debatte durch Details aus der Hauptstadt bereichert, Harich habe Ulbricht eine Denkschrift unterbreitet, Kulturminister Becher habe den Leiter des Aufbau-Verlags, Walter Janka, den erfahrenen Offizier aus dem Spanischen Bürgerkrieg, ausersehen, mit dem Auto über die Bundesrepublik und Österreich nach Budapest vorzustoßen und Georg Lukács herauszuholen. In letzter Minute sei das Kommandounternehmen abgeblasen worden, da man erfahren habe, daß Lukács in Sicherheit sei. (Diese Episode hat Stefan Heym in seinem »Collin«-Roman geschildert; Janka hatte Heym wohl davon erzählt.) Also auch in Berlin schäumende Debatte, auch dort würden die Namen derer, die ihre Ämter zu räumen hätten, wie die der Nachfolger heiß gehandelt.

Gegen Mitternacht zog sich Annelies – sie war schwanger und überhaupt der Rederei müde – zurück. Auch der Pole verabschiedete sich, nun kochten zehn Enthusiasten, allesamt Genossen, weiter im eigenen Saft. Und wenn es auch in der DDR zum Kampf kommen sollte, wenn wie am 17. Juni die Westberliner Agentenzentralen ihre Stoßtrupps vorschickten? Dann werden wir, so versicherten sie ohne Zaudern, mit Ulbricht auf derselben Seite der Barrikade kämpfen, was denn sonst. Und kein Packeln mit irgendeiner Stelle des Westens, nicht mit den Sozialdemokraten und ihrem Ostbüro etwa, sonst werden wir und alle unsere Bemühungen unglaubwürdig!

Noch ein Bier, noch ein Schnaps, die Debatte versickerte, versackte, gegen zwei, drei gingen die letzten, auch L. legte sich schlafen. Wenn er in den nächsten Tagen diesen und jenen seiner Mitdiskutierer traf, sagten sie sich, daß es besser wäre, wenn sie nicht allzu laut über die Begegnung mit dem Polen und ihre Spekulationen sprächen, die Partei sähe solcherlei bestimmt nicht gern. Denn inzwischen ging die SED in die Offensive: Eduard v. Schnitzler, Chefkommentator des Rundfunks, hatte Ulbricht, Grotewohl und vier Berliner Arbeiter zu einem Rundtischgespräch versammelt, im Frage- und Antwortspiel war den führenden Genossen die Möglichkeit gegeben worden, zur Welt- und DDR-Lage Stellung zu nehmen. Die Konterrevolution griffe an, erklärten die beiden, jetzt gelte es mehr denn je, fest mit der Sowjetunion zusammenzustehen. Wie es denn stünde mit der Gesetzlichkeit in der DDR, ließ Grotewohl sich fragen, und antwortete, an die 20 000 Häftlinge seien im letzten

Halbjahr auf freien Fuß gesetzt worden, darunter jeder, der angab, er sei Sozialdemokrat. Eng bleibe das Bündnis mit den Mittelschichten, kein Grund sei vorhanden, in der Volkskammer etwa neue Fraktionen zu bilden, die bisherigen bürgerlichen Parteien genügten vollauf für eine lebendig funktionierende Demokratie. Natürlich gäbe es hier und da an der Wirksamkeit der Volksvertretungen etwas zu verbessern, aber: »Bei uns besteht gar kein Anlaß«, so Grotewohl, »die Regierung zu verändern. Regierungswechsel – nur weil es Mode ist – machen wir nicht mit. Wir sind für Modekrankheiten vollkommen unempfindlich.«

In Ungarn erdrückten sowjetische Panzer den Aufstand, zur gleichen Zeit griff Israel auf dem Sinai an, französische und britische Fallschirmtruppen sprangen am Suezkanal ab – dieser blutige November schlug viele Knospen ab. L. spürte es so: Die Funktionäre fanden die alte sichere Härte und harte Sicherheit ihrer Sprache und Argumente von einer Woche zur anderen wieder.

2

Es war eisig geworden. Jetzt werden wir es ungleich schwerer haben mit der Demokratisierung, begriff L., die Stalinisten sitzen wieder fest auf ihren Stühlen, keine Rede kann mehr sein, mit neuen Leuten neue Politik zu machen. Das Feuer gegen Zwerenz und sein »Leipziger Allerlei« verstärkte sich, L. hielt es für seine Pflicht, dem Genossen beizuspringen. Vorsichtig die Worte wägend, ging er in einem Diskussionsbeitrag vor, den er an den ›Sonntag‹ schickte: »Junge Künstler und der Weg zur Atmosphäre.« Längst nicht mehr so leichtfertig mit Dynamit warf er um sich wie in »Elfenbeinturm und Rote Fahne« dreieinhalb Jahre zuvor. Sorglich baute er vor:

»Erfrischend ist es für einen Publizisten, kann er sich unbeschwert an die Maschine setzen und das niedertippen, was er denkt und fühlt. Beklemmend wirkt es aber auf ihn, wenn er bei jedem Satz argwöhnen muß, man könnte an ihm herumdeuteln und -drehen, könnte ihn auf den Kopf stellen, um etwas anderes oder gar das Gegenteil des Gesagten herauszulesen. Und wenn ein Leipziger heute etwas zur Ergänzung des Zwerenz-Artikels schreibt, ist er nicht frei von Bedenken, Siegfried Wagner oder Karl P. Houpt oder andere könnten es unter ein schief eingestelltes Mikroskop legen und zu einem Ergebnis kommen, das ihrer eingestandenen Voreingenommenheit gegen den ›Sonntag‹ in den Kram paßt.«

Über den Klub junger Künstler dachte er dann öffentlich nach, der viele Temperamente zusammenführen sollte, Beispiele brachte er, wie er sich das vorstellte:

»Alles, was gemacht wird, muß interessant im besten Sinne sein. Man darf sich vor möglichen Fehlern nicht scheuen und lieber sie in Kauf nehmen als Langeweile und Stagnation. Dabei muß man aufpassen, daß das ganze Vorhaben nicht abrutscht, nicht die Zusammenhänge (auch politisch gesehen) mit seiner Umwelt verliert. Zunächst wird sich das Interesse vor allem Gebieten zuwenden, die in der Ära des Dogmatismus und des Schlagworts vom falsch ausgelegten ›Objektivismus‹ nicht zugänglich waren. Kafka und Proust werden vermutlich öfter genannt werden als Goethe und Heine. Das ist natürlich, und es sollte niemanden erschrecken. Später wird sich alles in ein gehöriges Gleichgewicht bringen lassen, aber heute sind Lücken zu füllen. Die jungen Künstler wollen sich auch mit den Schriftstellern und ihren Werken beschäftigen, die in der Sowjetunion vor Jahren der Verletzung der Gesetzlichkeit zum Opfer fielen, die rehabilitiert wurden und deren Werke jetzt wieder erscheinen. Vielleicht wird ihnen jemand vorwerfen, sie wären auf ›Sensatiönchen‹ aus. (Wie häßlich und herzlos ist es doch, tragische Kapitel der proletarischen Geschichte mit diesem Wort zu bezeichnen!) Sie tun es, weil sie hoffen, von diesen

Autoren mehr über die Sowjetunion und über das Wesen der sozialistischen Literatur erfahren zu können als von Ashajew und Babajewski.«

Der abschließende Satz:

»Der Klub ist eine zarte Pflanze, sie braucht Sonne und Freundlichkeit. Kalte Regengüsse könnten ihr schwer schaden.«

Mancher kam jetzt zu ihm, bot sich an, wollte Rat, Hilfe. Er, der schon einmal Federn gelassen hatte, galt anderen als erfahren, abgeklärt. So manches Mal nach so mancher Sitzung, beim Bier in »Auerbachs Keller« und im »Kaffeebaum« spürte er Jüngere, Jünger gar um sich. Etliche möchten nicht genannt sein, andere sind vergessen, ein paar Namen immerhin: Lehmann, Wenzel, natürlich Zwerenz, manchmal Reiner Kunze, immer wieder Reinhold. Zwerenz im »Widerspruch«:

»In jener Zeit fragte die ›Weltbühne‹ bei mir an, ob ich James Jones besprechen wollte. Ich wußte nicht, daß Loest den Roman besaß, und sagte sofort zu, um in den Besitz des Buches zu kommen. Als meine Rezension, sehr lang und ausführlich, erschien, kam Loest sofort zu mir, seinen Jones unter dem Arm. Ich hatte die Besprechung geradezu enthusiastisch gehalten. Loest aber ging mein Lob noch nicht weit genug. Wir stritten uns einige Zeit, und dann nahmen wir jeder unser Exemplar James Jones unter den Arm und rannten ins Kaffeebaum. Da hockten wir uns am Tisch gegenüber und lasen uns gegenseitig aus »Verdammt in alle Ewigkeit« vor. Die Gäste an den Nachbartischen, meist Leipziger Geschäftsleute, spitzten die Ohren. Sie hielten uns offenbar für verrückt. Da wir aber so vertraut sächselten, nahmen sie es uns nicht übel. Selbst ein Mann mit Parteiabzeichen nickte uns gönnerisch zu. Loest bestellte dem ›Genossen‹ daraufhin ein Bier.«

Und wieder Debatten, wo immer zwei sich trafen: Stalin, Stalin und kein Ende. Während der Chronist dieses Kapitel schreibt, jährt sich zum hundertstenmal Stalins Geburtstag. Längst hat Biermann gesungen: »geh ich mal zur Hölle runter und bestell Stalin ein Bier. Armer Alter.« Um den 21. Dezember 1979 gedachten hauptstädtische Blätter der DDR des Georgiers, ›Neues Deutschland‹ und ›Junge Welt‹ sogar mit Bild. Seine entscheidende Rolle beim Aufbau der Sowjetunion, seine Fehler, die aber immer im Zusammenhang mit der schwierigen Lage zu sehen seien (und damit wohl nur als halbe Fehler zu gelten hätten?), sein heldischer Kampf gegen Hitlerdeutschland – eine hölzern formulierende Geschichtsprofessorin entledigte sich einer ungeliebten Pflicht. Keiner der Führenden der DDR gedachte seines Ahnherrn. Die ›Tagesschau‹ der ARD meldete, in Gori, Stalins Geburtsort im Kaukasus, hätten Tausende mit Bildern und Blumen auf den Straßen getanzt. In der ›Leipziger Volkszeitung‹ kein Wort.

Eines Morgens rief Conrad Reinhold, der »Pfeffermüller«, in höchster Erregung an: Am Abend vorher sei seine Kabarettbühne mitten in der Vorstellung von Besuchern gestürmt worden, sie hätten ihm in wilder Debatte vorgeworfen, ein konterrevolutionäres Programm zu zeigen, einige hätten gefordert, die Garderoben nach westlichen Druckschriften zu durchsuchen. Nach ein paar Minuten habe sich der Stadtrat für Kultur auf der Bühne befunden... Moment, sagte L., ich komme augenblicklich hin!

Eine halbe Stunde später traf er bei dem entnervten Künstlervolk ein. Alle auf einmal beklagten sie den ungeheuren Tort, der ihnen angetan worden war, die Partei habe das organisiert, der Stadtrat für Kultur – woher kam er so schnell? – habe sich die Argumente der Aufrührer zu eigen gemacht, eine ungeheure Gemeinheit sei das; man habe sie körperlich bedroht...

In das erste erschöpfte Schweigen hinein sagte L. kalt: »Erstens: Die Partei macht so etwas nicht. Zweitens: Niemand kommt auch nur auf die Idee, die Partei könnte etwas

Derartiges organisieren. Drittens: In diesem Raum ist ein Verdacht in dieser Richtung niemals ausgesprochen worden.« Totenstill war es da, die »Pfeffermüller« müssen geglaubt haben, L. sei auf den konservativsten Parteiflügel übergelaufen – hatten sie ihn hierhergeholt, damit er ihnen diesen Quark auftischte? »Dieses Programm«, redete L. weiter, »ist von der Stadtverwaltung genehmigt, unter anderem von eben diesem Stadtrat. Eines ist sonnenklar: Wenn euer Programm angegriffen wird, dann geschieht es nicht von der SED. Was gestern geschah, ist der Angriff der Konterrevolution in Leipzig, und dieser Stadtrat, politisch blind, hat sich vor ihren Karren spannen lassen.«

Da machte sich ungeheure Heiterkeit breit über diese Schwejkiade, aber L. lächelte nicht ein einziges Mal. Bitterernst und in immer neuen Beispielen blieb er bei seiner Version, baute sie in Gegenargumenten aus. Das war anfänglich ein Probieren, ob die Brücke hielt, und siehe da, Bohle fügte sich an Bohle. »Diese Bühnenstürmer werden im Dunkel bleiben müssen, das ist unsere Chance. Wir verteidigen uns nicht, wir greifen an. Konterrevolutionäre haben zugeschlagen, ein Stadtrat hat sich in ihr Schlepptau nehmen lassen, so verbreiten wir es überall.«

Da sagte die jüngste Kabarettistin, als erste auf diese Linie einschwenkend: »Eigentlich müßten wir bei der Staatssicherheit Anklage erheben.«

Und L.: »Ihr seid doch Schauspieler. Nun zeigt mal, was ihr könnt!«

Und sie spielten, steigerten sich in ihre Rollen hinein und hielten sie durch am Biertisch und in Besprechungen mit Vertretern der Stadtverwaltung und insonderheit mit diesem Stadtrat, der plötzlich um seinen Posten bangen mußte. Still blieb L. im Hintergrund. Einmal noch war er dabei, als sich der Stadtrat mit Künstlern und Beiräten im Rathaus versammelte. Die Demonstranten hatten auf der Bühne zugesichert, sie kämen dorthin, aber keiner ließ sich blicken. »Es waren Werktätige«, barmte der Stadtrat, »ich saß zu Hause, da riefen mich Werktätige an und baten mich in die ›Pfeffermühle‹, und ich eilte hin.« Er mußte zugeben, daß er keinen der Demonstranten kannte, diese Werktätigen waren wie von Zauberhand aufgetaucht und wieder vom Erdboden verschwunden. »Es waren Konterrevolutionäre«, beharrten die »Pfeffermüller«, und eine Aktrice ließ sich zu einem perfekten Zornes- und Schmerzensausbruch hinreißen, sie sei von Banditen am Arm gepackt und beinahe mißhandelt worden – es war ein herrlich komisches und groteskes Schauspiel. Auf jedes verzweifelte Argument des Stadtrates und seiner Trabanten wiederholte der Dramaturg stoisch: »Und es waren doch Konterrevolutionäre, warum sonst sind sie jetzt nicht hier?«

Es war ein wunderschöner Erfolg. Den »Pfeffermüllern« wurde das Vertrauen ausgesprochen: Ein neues Programm sollten sie schreiben – vergessen würde die mißliche Turbulenz sein. Pause bis Weihnachten und dann ein neues, frisches, optimistisches Programm! Ihr schafft das doch, ihr seid doch die Kerle danach! Reinhold nickte namens seiner Mimen.

So ganz genau erfuhr L. nie, wer den Volkszorn personifiziert hatte, am wahrscheinlichsten blieb die Version, Kader der Parteischule hätten sich plangemäß empört. Kurz vor seinem Prozeß bluffte L. zu einem Vernehmer: »Und sagen Sie dem Staatsanwalt, er möchte nicht von dieser Geschichte anfangen, sonst müßte ich nämlich auspacken, wer die Leute damals wirklich waren.« So wurde L. nur verurteilt, an einem Programm der »Pfeffermühle«, das abgesetzt werden mußte, mitgewirkt zu haben. Daß seine Szenen harmlos waren, blieb unberücksichtigt. Wieviel bekam er anteilig? Mehr als drei Monate wohl nicht.

3

Ende November wurde Harich verhaftet. Ein theoretischer Kopf hatte sich in die Strudel der politischen Praxis gestürzt, hatte das Vakuum, das die SED-Führung beließ, mit eigenem Denken auffüllen wollen, hatte diskutiert, wo er ging und stand, hatte Denkschriften verfaßt und der Partei angetragen, war von Ulbricht verwarnt worden und hatte es doch nicht lassen wollen. Zur SPD nach Westberlin war er gefahren und hatte die Einheit der Arbeiterklasse auf eigne Faust zu schmieden versucht, mit Rudolf Augstein vom ›Spiegel‹ hatte er disputiert und ihm die Daten seines Lebens und Fotos aus dem Familienalbum geliefert. Nun wurde er eingelocht.

Es fällt schwer einzuschätzen, was Harich geplant hatte. Zu stark geht, was L. von seinen späteren Haftfreunden Janka und Just erfuhr, mit dem verquer, was in Ost und West in den Zeitungen stand. Janka beharrt, Harich habe ihn verleumderisch hineingerissen. Als hysterischer Schwächling erwies sich Harich in Bautzen, gewiß auch in der Untersuchungshaft und im Prozeß. Zwei Schlußworte werden kolportiert, Ostfassung und Westfassung. Es ist weidlich über Harich geschrieben und abgeschrieben worden, vielleicht gilt er stärker als Symbolfigur, als er es verdiente. Immerhin: Er wurde zu zehn Jahren Zuchthaus verurteilt und saß mehr als neun ab, davon mindestens sieben allein. Erst mal nachmachen.

Seine »Plattform«, im Westen veröffentlicht, klagte die SED-Führung an, den XX. Parteitag der KPdSU verniedlicht zu haben. Als Kommunisten bezeichnete Harich sich und seine Mitdenker, die die Partei reinigen wollten, nicht als Renegaten. In der SED wollten sie ihre Plattform diskutieren, falls die Parteiführung aber dies statutenwidrig nicht zulassen sollte, nach dem Vorbild Liebknechts auch außerhalb. Mit der SPD seien sie keineswegs in allen Punkten einverstanden, erkennten sie aber als führende sozialistische Kraft in Westdeutschland an, an der keiner vorbei könne. Der Westen solle in die Koexistenz die Demokratie einbringen, der Osten sozialistische Wirtschaftsstrukturen zumindest in der Grundstoffindustrie. »Der stalinistische Apparat hat nach Stalins Tod gemerkt, daß es so nicht weitergeht, und Konzessionen an die Volksmassen gewähren müssen.

Der XX. Parteitag der KPdSU war der Versuch, die drohende Revolution von unten durch eine Revision von oben aufzufangen.« So Punkt für Punkt weiter: Reform der Partei von innen, Ausschluß der Stalinisten, Gewinnbeteiligung der Arbeiter und Arbeiterräte nach jugoslawischem Vorbild, Auflösung der LPG, Geistesfreiheit, Schluß mit dem Kirchenkampf, Autonomie der Universitäten, Rechtssicherheit, Auflösung des Ministeriums für Staatssicherheit, Wahlen mit mehreren Kandidaten: »Die reformierte SED muß dabei an der Spitze bleiben.« Gegen Ende: »Die Gefahr eines Aufstandes der Bevölkerung in der DDR wäre nur gegeben, wenn die stalinistische Ulbricht-Gruppe weiterhin an der Spitze bleiben würde.«

Was ist echt, was nachträglich eingefügt, was spukte in den Köpfen, was wurde wirklich der Parteiführung vorgelegt? Wenn das überhaupt geklärt werden kann, dann keinesfalls hier.

Alles ist aus, sagte L. zu seinen Freunden, von oben wird nichts mehr im Sinne des XX. Parteitags geschehen. Was uns bleibt, ist die Verteidigung bescheidener Freiräume. Vielleicht im Klub junger Künstler, in den Diskussionen des Verbandes, in der »Pfeffermühle«. Nun wollen wir mal ganz vorsichtig sein!

Er kroch an seinen Schreibtisch zurück. Eine Panzerschlacht zwischen Waffen-SS und Sowjetarmee ließ er auf südpolnischen Gefilden toben, in der Deutschen Bücherei holte er sich die Namen der Generäle und die Nummern ihrer Divisionen. Breit fächerte er die Personage: SS-Männer, freiwillig oder gezwungen, Volksdeutsche, Partisanen, Frauen dazwischen, Sadisten, Feiglinge, Helden, Verführte.

Die Arbeit kam voran. Als Reinhold fragte, ob L. fürs neue Kabarettprogramm etwas liefern wolle, sagte L., er wolle sich nicht verzetteln.

Aber da war Zwerenz. Er gehörte jetzt der Parteigruppe des Schriftstellerverbandes an und referierte im Parteilehrjahr über Hegels Ästhetik. Zehn Leutchen brieten sich eine Extrawurst, das war schon wesentlich anders als sieben

Jahre vorher, als die gesamte Partei wie ein Mann die »Geschichte der KPdSU (B), Kurzer Lehrgang«, auf dem Plan gehabt hatte. Friedlich-freundlich saßen sie beisammen und ließen sich erklären, was Zwerenz bei Bloch gelernt hatte. Von ferne hörten sie, daß der Klub junger Künstler ohne ihre Beteiligung gegründet worden war. Sie zuckten die Schultern: Nun ja, sie waren ein wenig abgemeldet, um so mehr Zeit blieb für die eigene Arbeit. Und sie hörten auch, daß dieser Klub gleich nach der Gründung sanft entschlief.

Da grassierte ein weiteres Mal Volkszorn: Im Kirow-Werk hatten »Werktätige« den Jazz-Erklärer Reginald Rudorf gescholten, er propagiere die Musik des Klassenfeinds, Rudorf hatte sich verteidigt, er vermittle vielmehr die Schöpfungen ausgebeuteter Neger. Ein Handgemenge entstand, der Tonassistent floh so schnell, daß er sich einen Lungenriß zuzog, Rudorf kam mit Prügel davon. Wenig später wurde er verhaftet und zu zwei Jahren Zuchthaus verurteilt. Scherzfrage damals: »Was gibt's in Leipzig für Jazz?« Antwort: »Zwei Jahre.«

Und sie kamen in die Parteigruppe des Schriftstellerverbandes, die Genossen der Stadtleitung, der Bezirksleitung, und entfachten die Debatte mit Zwerenz über seine Artikel und Gedichte vom Sommer; besonders interessierte sie, was er denn indessen vom Gedicht »Die Mutter der Freiheit heißt Revolution« hielte. Keinen Millimeter ging Zwerenz zurück. Da kamen andere, die schlauer waren, jetzt hielt es L. für an der Zeit, daß er dem bedrängten Genossen beisprang. Zu zweit, wohlversehen mit Chruschtschow-Zitaten, sogar auf die 3. Parteikonferenz der SED pochend, schickten sie auch die nach Hause. Anschließend fragten sie sich besorgt: Wie geht das weiter mit unseren Siegen? Zwerenz wußte: An der Uni wurde gegen Bloch geschossen, gegen dessen Frau Karola war ein Parteiverfahren eröffnet worden. Ganz leise Zwerenz: »Du, die Stasi ist hinter mir her, manchmal schimpfen sie mit mir wie die Rohrspatzen, dann wieder wollen sie mich werben.« Wer hätte da Rat gewußt?

Zwerenz und L. wurden in die Bezirksleitung geladen und debattierten mit Wagner. Rücknahme und Selbstkritik war gefordert, aber Zwerenz blieb stur: Was er geschrieben habe, läge auf der Linie der Partei. Schritt für Schritt wurde Zwerenz zu einem »Fall«. Einen Verteidiger wenigstens hatte er. L. sagte sich: Wären mir 1953 nicht Kuba und Just beigesprungen, wäre es mir übel ergangen. Ein Schuft, ließe ich jetzt einen anderen im Stich.

Er hätte gern ohne Aufregung gelebt. Sein Thomas ging nun in die Schule, die dreijährige Brigitta nahm erstaunten Anteil daran, daß im Bauch der Mutti ein Geschwisterchen wuchs. Durchs Viertel spazierten sie, der Botanische Garten und der Alte und der Neue Johannisfriedhof lagen nahe. Kätchen Schönkopf, Goethes Geliebte aus Studententagen, ruhte im alten Friedhof in der Nähe von Hans Christian Weise, dem Barockdichter. Das Grab von Mutter und Schwester von Richard Wagner, Engel aus Granit und Bronze, Sandstein und Marmor, eine der letzten Grabkapellen aus dem Barock – langsam, langsam bröckelte alles. Auf dem neuen Friedhof lagen französische Gefangene, die 1870/1871 in Leipziger Lazaretten gestorben waren, neben den Verlegerfamilien Brockhaus und Reclam, dem Homöopath Schwabe, dem Eisenbahnbauer List, dem Begründer der Aquarienkunde und Revolutionär von 1848, Roßmäßler, neben Rektoren und Professoren in einer universitätseigenen Enklave. Darüber Kastanien, Buchen, Eichen – hier war gut zu gehen, zu atmen, zu sitzen, das Gefühl für Zeitabläufe einzusaugen. Kaninchen huschten, Fasane purrten auf. Bomben hatten hier und da ein Stück der Mauer umgeworfen, Splitter einen metallnen Jesus zersiebt. Hier sammelte L. mit seinem Jungen Kastanien und brach alljahreszeitlich Zweige für die heimischen Vasen. Hier konnte einer das Hemd ausziehen und sich in die Sonne strecken, auf einer Bank sitzen und lesen. Studenten der nahen Institute wußten das, auch Liebespaare.

Oder: Die »Königin der Nacht« blühte im Botanischen Garten. Dann standen Annelies und er geduldig unter den

Menschen, die manchmal hören mußten: Es ist noch nicht so weit, bitte kommen Sie morgen wieder. Sie murrten nicht und kehrten wieder und warteten eine Stunde und zwei; manchmal defilierten zweitausend, dreitausend an dem blühenden Wunder vorbei, ganz junge dabei und ganz alte. Und L. fand es wunderbar, daß so viele so viel Nachtschlaf hergaben für zwei, drei Minuten, in denen sie eine Blüte sehen durften.

Und wieder der Friedhof mit den Gräbern der Berühmten und der Namenlosen, er ging viel lieber hier, als daß er in Sitzungen Nerven und Zeit verschliß, in denen um Formulierungen messerscharf gestritten wurde; er hielt es für scholastisches Gezänk, was Funktionäre als Ringen um ideologische Klarheit betrieben. Als gäbe es nicht Wichtigeres zu tun, zum Beispiel, diese Friedhöfe zu erhalten. Den neuen haben später Raupen radikal planiert, wenige der bedeutsamsten Steine wurden in einer Ecke des alten Friedhofs auf einen Haufen geschmissen, man wollte sie wohl irgendwann irgendwo aufstellen. Kinder, sie für Geröll haltend, spielten sie kaputt. Da die Erwachsenen nichts taten, um den Alten Johannisfriedhof zu bewahren, hielten Jugendliche die schrundigen Mauern für geeignet, an ihnen wie an den Bänken dumme Kraft zu erproben. Für Kinder und Rowdies bleibt im Frühjahr 1980, da dieses Kapitel geschrieben wird, dort nicht mehr viel zu tun.

Leipzig sog er auf, Leipzig sog ihn auf. Er spürte, für wie wenige Zweige und Verästelungen der Kunst er sensibel war. Klassische Musik hatte ihn nie erreicht, die Notwendigkeit, einen Schlips zu tragen und einen korrekten Anzug, war ihm ein Greuel; so litt er stärker im Konzertsaal, als daß er genoß. Alte oder kostbare Bücher übten auf ihn wenig Reiz aus. Er wurde dennoch angenommen von Bibliothekaren und Buchhändlern, der legendäre Engewald führte ihn in seine Schatzkammern. Einen besonderen Wunsch? Noch nicht einmal Wünsche hatte L. Aus bürgerlichen Bücherschränken floß Band auf Band auf den Markt von Älteren und Alten, deren Ersparnisse verfallen und Verdienstmöglichkeiten klassenkämpferisch gestoppt worden waren. Einen besonderen Wunsch? Romane, sagte L., Erzählungen. So kaufte er zu Preisen zwischen sechs und zwölf Mark guterhaltene Malik-Ausgaben von Dos Passos und Upton Sinclair, die Erstausgabe von Gladkows »Zement«, einen Band Karl Kraus. Engewald legte ihm Graphiken von Otto Dix vor, denn Dix ließ in Dresden drucken, von dort gelangte so manches Blatt in Engewalds Gewölbe. Johannes Hegenbarth, natürlich Max Schwimmer – für dreißig bis sechzig Mark war schon einiges zu machen. L. hatte weder Gespür, noch ahnte er den enormen späteren Wertzuwachs. Kartenblätter aus alten Atlanten – hübsch, sagte L., aber er griff nicht zu. Er zeigte sich als Greenhorn, als Barbar.

Ist das Urteil zu hart? Er war nicht klüger als viele in dieser Zeit. Was heute Antiquität heißt, was Blicke und Stimmen in Verzückung geraten und Preise kobolzen läßt, galt als altes Zeug. Das Wort Kitsch inbegriff neben den Gartenzwergen auch den Jugendstil. Nicht nur bei L. rangierte ein Nierentisch mit Kunststoffplatte, auf der man Schnaps eintrocknen lassen und Zigarettenkippen ausdrücken konnte, vor altem Kirschbaum.

Gebaut wurde in Leipzig; das Hunderttausendmann-Stadion war fast fertig, die Oper wuchs. Es ging hin und her wie stets bis in die heutigen Tage, aber vorwärts ging's immerhin. Perspektivpläne wurden aufgestellt und verworfen, regen Anteil nahm Ulbricht am Wachsen seiner Geburtsstadt. Scheele Blicke warf er auf die Universitätskirche am Karl-Marx-Platz; ein Gotteshaus am Forum des Mannes, der Religion als Opium fürs Volk bezeichnet hatte? Schade, munkelten Genossen, daß Weltkriegsbomben ausgerechnet diese Kirche als einziges Gebäude am Platz verschont hatten, sonst wären sie ein Problem los. Elf Jahre später lösten sie es mit volkseigenem Dynamit.

Der liebe Gott? Thomas fragte nach ihm. Es gibt ihn gar nicht, sagte L., alte Leute glauben an ihn, auch die Oma ein bißchen, darüber lacht man nicht. In den Kirchen ist es schön, besonders wenn die Orgel spielt. Aber wir sind in der

Partei, wir wissen, daß es den lieben Gott nicht gibt. Und Engel schon gar nicht. Thomas nickte, natürlich hatte Papi recht, er war der klügste und beste Papi, den es überhaupt gab. Fünfundzwanzig Jahre später studierte Thomas Theologie.

4

Am 30. Januar 1957 versammelten sich Leipzigs Genossen »des kulturellen Sektors« in einem Nebensaal der Kongreßhalle; es waren einige hundert. Vier Stunden lang ging Wagner zum Angriff auf alle über, die in den letzten Monaten »geschwankt« hätten. Er lobte die wachsame Kirow-Sturmabteilung ihres Faustkampfes gegen Rudorf wegen und erntete zustimmendes Gelächter bei dem höhnischen Satz: »Das Plattenarchiv des Genossen Rudorf wurde nicht beschädigt.« Nicht allzu heftig wurde L. kritisiert, aber Zwerenz bekam volle Breitseiten ab. Wagner klaubte Zeilen des Gedichts »Die Mutter der Freiheit heißt Revolution« aus dem Zusammenhang und wollte so nachweisen, Zwerenz habe die Konterrevolution gemeint. Zwerenz tat das Klügste, er las das ganze Gedicht vor. Im »Widerspruch« erinnert er sich:

»Oben auf dem Katheder stehend, angesichts der versammelten Masse von Genossen, wurde mir das Vergebliche meiner Argumentation klar. Ich suchte denn auch lediglich gegen Wagner anzukämpfen und ihn dermaßen zu korrigieren, daß eine möglichst große Anzahl der Anwesenden still bei sich an der Berechtigung der Anklage zweifeln sollte. Ich mußte ihnen innerlich nahelegen, sie erschüttern in ihrer falschen Gelassenheit, sie durften nicht in die ärmliche, beschämende Selbstsicherheit der Stalin-Ära zurückfallen, in der das Wort der Partei alles, die Wirklichkeit aber gar nichts galt.

In der Diskussion sprach auch Wieland Herzfelde. Sein

Ton schon ließ aufhorchen. Das war nicht die Gebetsmühle eines parteifrommen Mitläufers, sondern die Stimme eines gereiften Mannes, der sich seiner revolutionären Aufbrüche erinnerte. Jedenfalls versuchte Herzfelde den versammelten Genossen ins Gewissen zu reden, der XX. Parteitag der KPdSU unterliege recht wechselhaften Wertungen, sagte er und fragte, ob man sich mit den jetzigen Angriffen auf den Genossen Zwerenz nicht schon wieder arg weit von den Ausführungen des Genossen Chruschtschow entferne.

In der Pause sprachen mich erstaunlich viele Parteimitglieder an. Wieland Herzfelde gratulierte mir zu meiner Verteidigungsrede, und ich bedankte mich für seine mutigen Worte. Mehrere Genossen drückten aus, daß sie die Anklage mißbilligten. Auch Übervorsichtige standen herum, brave Leute, die sich nicht festlegen wollten und nicht ja und nicht nein sagen, damit's nachher nicht hieß, sie hätten ja oder nein gesagt.

Endlich kehrten die Führungsgenossen zurück in den Saal. Kurella blieb hinter meinem Stuhl stehen und rief über meinen Kopf hinweg Wieland Herzfelde zu: ›Diese jüngeren Genossen wollen einfach nicht begreifen, daß die Partei klüger ist.‹ Herzfelde antwortete mit einem verlegenen Lächeln. ›Solche Aufstände haben wir schon vor Jahrzehnten erlebt‹, fuhr Kurella fort, ›die jungen Genossen verstehen nicht, daß sie sich der Partei unterordnen müssen.‹ Da lief Herzfelde ein feiner Schimmer von Röte übers Gesicht.

Wagner hielt eine zweite Rede, sein Schlußwort. Die Oppositionellen wurden endgültig verdonnert und zu Parteifeinden erklärt. Bevor Wagner die Veranstaltung schließen konnte, erbat Wieland Herzfelde aufgeregt noch einmal das Wort. Totenbleich stand er dann dort oben vor den Versammelten und erklärte, er habe sich nicht mit Parteifeinden verbünden wollen. Ich verübelte ihm das nicht. Er tat mir leid. Danach kam er mehr taumelnd als schreitend herunter und setzte sich auf seinen Platz, mir gegenüber, noch immer bleich und blicklos.«

L. meldete sich nicht zu Wort, er saß wie gelähmt. Hier wurden verschiedene Sprachen gesprochen, auf verschiedenen Gleisen gedacht. Er begriff Wagner und Kurella nicht, nicht den Kunstdozenten Ulitzsch, der die 3. Deutsche Kunstausstellung pries, diese schreckliche Blüte stalinistischer Kunstauffassung, die heute beschämt übergangen wird, und nicht die Professoren Maßloff und Fischer, die nach der kräftigen Führungshand der Partei riefen und klagten, monatelang im Stich gelassen worden zu sein. Gestandene Stalinisten durften ungerügt nach dem alten Zaumzeug lechzen, aber Zwerenz und L. galten als Feinde.

Was blieb zu tun? Durch den winterlichen Friedhof stapfte er zur Bücherei, schrieb weiter an seinem Roman. Manchmal traf er Lehmann, der von ungebrochenen Aktivitäten unter Slawistik-Studenten flüsterte; Ehrenburgs »Tauwetter« habe er zur Prüfungslektüre erhoben. Auch in Halle überwinterten Sympathisanten, dieser und jener sei »unser Mann«. L. fragte besorgt und apathisch: Hat denn das alles Zweck in dieser vereisten Situation? Lehmann beharrte: Wir sind viel stärker, als du glaubst.

Und dann diese »Pfeffermühlen«-Premiere. Reinhold hatte in ein paar Wochen ein neues Programm auf die Beine gestellt; dem Chronisten ist keine einzige Nummer erinnerlich. Aber es kann ja gar nicht anders sein, als daß alles bravbrav gewesen ist und nicht den geringsten Stolperstein zu obrigkeitlichem Stirnrunzeln bot. In der Premierenfeier machte sich Druck Luft, ein Chanson wurde wieder und wieder gebrüllt mit einem Zusatz; auf die Frage, wer schuld habe und weg müsse, hieß es jetzt: »Der mit 'm Bart, der mit 'm Bart!« Reinhold bot eine Conference, in der Namen von Verfemten eingebaut waren: »Zögert nicht, es kommen just hariche Zeiten. Jetzt heißt es fröhlich: Hay, Hay, haut den Lukács! Loest euch auf, macht keine Zwerenzchen, sonst werdet ihr eingeblocht!« Unter den Gästen saß ein Assistent der Journalistischen Fakultät: Reiner Kunze, ihm erzählte L. einen Stalin- und Ulbricht-Witz nach dem anderen. Mein Gott, sagte Annelies, wenn uns bloß keiner verpfeift. Dreißig, vierzig Leute tobten sich aus, und niemals wurde etwas ruchbar, niemals wurde jemandem in einer Vernehmung ein Foto dieser überschwappenden Feier vorgehalten und gefragt: Welche weiteren staats- und parteifeindlichen Äußerungen tat diese Person? Äußern Sie sich!

Im März 1957 wurde Harich verurteilt, aus dem Zeugenstand heraus wurden Zöger und Just abgeführt. Im selben Monat schickte die Universität Leipzig den Philosophen Ernst Bloch aufs Altenteil. Seinen Assistenten wurde dringlichst nahegelegt, sich zu distanzieren. Nach quälendem Ringen tat dies Hans Pfeiffer; später war er zwölf Jahre lang Vorsitzender des Schriftstellerverbands in Leipzig, schrieb Stücke und Filme über Scharnhorst, Müntzer und Marx, auch Krimis. Ihm übergab L. im Januar 1980 die Austrittserklärung aus dem Verband; hätte er es nicht getan, wäre er abermals gefeuert worden. Jürgen Teller wurde zur Bewährung in die Produktion geschickt, dort riß ihm eine Maschine den rechten Arm ab. Günther Zehm blieb unbotmäßig und wurde zu vier Jahren Zuchthaus verurteilt, später driftete er als ›Welt‹-Redakteur nach rechts ab. Parteiausschluß von Karola Bloch, und Zwerenz hatte nun nicht nur Artikel und Gedichte, sondern auch die Treue zu seinem Lehrer zum Problem. Paul Fröhlich wetterte auf einer Bezirksleitungssitzung gegen alle Ab- und Aufweichler; wer nicht mit ihm deckungsgleich dachte, hieß für ihn Konterrevolutionär in der ›LVZ‹:

»So haben sich Genossen Zwerenz und Loest im vergangenen Jahr weniger mit der Politik der Partei beschäftigt, um so mehr aber haben sie unter der Flagge des Kampfes gegen den Dogmatismus Auffassungen in die Partei getragen, die im wesentlichen mit denen der Konterrevolution und des ungarischen Petöfi-Kreises sowie der Gruppe Harich übereinstimmen. In der Zeitschrift des Kulturbundes ›Sonntag‹ fanden sie dafür eine Plattform. Mit diesen Auffassungen wird sich nunmehr die Grundorganisation der Schriftsteller im Bezirk Leipzig auseinandersetzen müssen.«

Das war wie vor Kriegsschluß, als L. auf den Türkenberg zumarschiert war: Er hatte etwas begonnen und ließ sich nicht abbringen, wollte nicht anders und konnte nicht anders. Noch wäre Zeit gewesen, hinzugehen und zu beteuern: Hab mich geirrt, Genossen, ich danke euch für die Hilfe, sie hat mir die Augen geöffnet. Natürlich hätte er sich demütigen und beispielsweise vor einigen hundert Funktionären Steine auf Harich und Zwerenz werfen müssen, ein Reueartikel in der ›Leipziger Volkszeitung‹ wäre ihm nicht erspart geblieben. Langsam, langsam hätte er sich wieder hinaufdienen dürfen über viele Phasen, nach außen hin wäre ihm verziehen gewesen, doch der Argwohn der Funktionäre wäre geblieben: Damals, wißt ihr noch? Aber er zuckte, als er Fröhlichs Schelte las, die Schultern: Er würde das Gegenteil beweisen, das wollte er doch mal sehen. Eine Alternative wußte er nicht, undenkbar wäre es für ihn gewesen, nach Westdeutschland zu gehen. Das galt ihm als Adenauers kapitalistischer, revanchistischer Staat, dorthin verschwanden ehemalige Nazistudienräte und bezogen fette Pensionen, dort saßen die Blutrichter Freislers im Amt, dort erschienen die Bücher von Dwinger und Skorzeny. Zunächst hätte er die Spionagebüros der Amerikaner, Briten und Franzosen durchlaufen müssen, ehe er aufgenommen worden wäre – unzumutbar. Die kalten Krieger vom RIAS und vom Ostbüro der SPD hätten nach ihm gegriffen – hätten sie etwa nicht? Was drei Millionen Bewohner der DDR als den lebenswerteren Weg sahen, hielt er für sich für unmöglich. Ihm galt ein noch so strapaziöser Sozialismus immer noch moralischer und zukunftsträchtiger als das perfekteste Wirtschaftswunder. Also die Stirn gesenkt, die Ellbogen rausgestreckt: Fröhlich und Wagner sollten nur kommen!

Die Parteigruppe der Schriftsteller wurde, um neue Mehrheitsverhältnisse zu schaffen, dem Literaturinstitut zugeschlagen. Zwerenz wich ein paar Schritte zurück, was sein Gedicht anbetraf, aber auf Bloch ließ er nichts kommen. Ein Gast in einer Versammlung: Hans Vogelsang. Guten Tag, Genosse Vogelsang! Da war er wieder, der Kommunist aus der Weberstraße von Mittweida, jetzt machte er sich als Vorsitzender der Kontrollkommission ein Bild. L. fuhr Wagner in die Parade, Zwerenz gelobte seine grundsätzliche Treue zur SED, wieder einmal zeigte sich eine Parteigruppe nicht bereit, Zwerenz auszuschließen, da unterbrach Vogelsang: »Ich habe den Eindruck, der Genosse Zwerenz sagt nicht die Wahrheit. Die Kontrollkommission wird sich folglich mit seinem Fall befassen.« Dazu brauchte er keinen Beweis, es genügte, daß er einen Eindruck hatte.

Ein Kapitel war geschlossen. Beim Nachhausegehen bedankte sich Zwerenz bei L., der sagte: Ist doch selbstverständlich so. Ihnen war schwer ums Herz. Aber für eine wirklich große Angst reichte ihre Phantasie nicht aus.

Am 8. Mai rief L. in den Morgenstunden die Medizinische Hilfe an, mit einiger Mühe stieg Annelies ins Rotkreuz-Auto. Drei Stunden später schon meldete sie sich am Telefon, ihr war eine rasche, problemlose Geburt gelungen, Robert war auf der Welt, ein gesunder, großer Junge. In der Oststraße versammelten sich Abordnungen, um Kränze zum Friedhof zu tragen, denn es war der Tag der Befreiung vom Faschismus, der Opfer sollte gedacht werden. L. wollte sein Glück mit anderen teilen, so ging er über die Straße an den Stammtisch der Eckkneipe. Eine Runde wollte er geben und noch eine, aber dazu kam er nicht: Drei Kinder, sagten die Nachbarn, du wirst noch merken, was das kostet, die nächste Runde geht an mich. Und sie tranken auf Mutter und Vater und den Knaben Robert und erzählten sich von Geburten hier und dort, sie waren gute Nachbarn unter der heiligen Losung: Am Stammtisch keine Politik.

Nach einer Woche war Annelies aus der Klinik zurück. Der kleine Kerl gedieh, sein Schwesterchen starrte verzückt auf ihn hinunter. Einmal, abends, sagte Annelies: »Es könnte alles so schön sein.«

XII.

Die Lehmann-Gruppe

I

Wenig bewahrt das Gedächtnis über diesen Sommer. Fuhr er mit dem Rad zum Baden? Ging er mit den beiden größeren Kindern spazieren, Robbi im Wagen? Wie kam Annelies mit den dreien zurecht? Wie wenig oder wie viel half er ihr? Er schrieb, nun ja, das hatte er immer getan.

Im Juni besuchte ihn ein Freund: In Halle sei ein halbes Dutzend Slawisten verhaftet worden, »Leute von uns«, die Frau des einen hätte vor kurzem Zwillinge geboren, es fehle an Geld; dann hörte er, die Schwiegereltern aus Westdeutschland hätten helfend eingegriffen. L. erfuhr auch, nicht alle, von denen man es erwartet hätte, seien bereit gewesen, in die Tasche zu greifen. Und es fiel ein romantisches Wort: »Rote Hilfe.«

Ende Juni wurden Janka, Just und Zöger abgeurteilt. Aus dem Harich-Prozeß hatte Janka ausgeklammert werden müssen, in seiner Renitenz hätte er alle Ablaufpläne verdorben. Gegen den Richter Melsheimer wehrte sich ein Mann, der schon bei den Nazis in Bautzen gesessen hatte und ausgebürgert worden war. Im Spanischen Bürgerkrieg hatte er als Offizier eine Stoßeinheit geführt, wurde verwundet, entkam nach Frankreich und von dort nach Mexiko. Seine Emigrationsgefährten waren Anna Seghers, Alexander Abusch, Ludwig Renn und Paul Merker. Mit ihnen kehrte er heim in die DDR, war Merkers Sekretär und danach Leiter des Aufbau-Verlages, zu seinen Autoren zählten Seghers, Becher, Renn, Bredel, Abusch, Zweig, Claudius, Strittmatter. Einige von ihnen saßen im Prozeßsaal als geladene Gäste und hörten zu, wie Janka sich verbissen sträubte, und sahen mit an, wie ihm von Staatsanwalt und Richter unter Mithilfe des gefälligen Zeugen Harich das Netz über den Kopf geworfen wurde. Es mag sein, daß sich einige Schriftsteller hinter ZK- oder Ministertüren bittend für ihren Genossen verwendet haben. Zu einem Protestwort – und das ist immer ein öffentliches Wort! – raffte sich keiner auf. Stefan Heym hat in seinem »Collin«-Roman auf diesen Prozeß Bezug genommen. Janka wurde zu fünf Jahren Zuchthaus verurteilt, vier saß er in Bautzen ab. Eine Wiedergutmachung hat er nie erfahren.

Joachim Wenzel konnte nicht mehr berichten, wie dieses Urteil im Aufbau-Verlag und in der umgebildeten Redaktion des ›Sonntag‹ aufgenommen wurde, krank lag er daheim in Leipzig, Leber, Milz oder Galle rebellierten oder alle drei zusammen. Der Arzt probierte dies und das. L. saß am Krankenbett, gelbgesichtig war Wenzel, täglich verlor er an Gewicht. Über die politische Lage sprachen sie natürlich, ihnen war keine Hoffnung geblieben.

Eines Tages stand ein dürrer braungebrannter Mann in der Tür, erst als er die Sonnenbrille abnahm, erkannte L. Zwerenz. Er und seine Frau hatten sich nach Dahme in die tiefe Mark Brandenburg davongemacht, dort lebten Ingrids Eltern. Nach Leipzig kam er, um sich vor der Kommission des Genossen Vogelsang zu verantworten, die Alternativen hießen: Totale Selbstkritik und totale Abkehr von Bloch – oder Ausschluß. Zwerenz verlor sein Parteibuch und wollte wieder zwischen Kiefern untertauchen, aber nicht einmal dort fand er Ruhe. Bücher wurden beschlagnahmt, auch die, die er der Universitätsbibliothek zurückgeben wollte. L. fragte, ob er finanziell helfen könne. Nein, nein, Zwerenz dankte, er komme schon zurecht, dort hinten sei das Leben billig, die Schwiegereltern seien gute Leute. Übrigens bekomme Ingrid demnächst ein Kind.

Noch einmal tauchte Zwerenz auf, da war er schon auf der Flucht. Im Prozeß gegen den Blochschüler Zehm sollte er aussagen, er fürchtete, man könnte ihn aus dem Zeugenstand heraus verhaften wie Zöger und Just. Vier Jahre russische Gefangenschaft, dazu Tbc – das nächste Mal, sagte er, ginge er drauf. Wochenlang streunte er durch die DDR, lag am Müggelsee am Strand, dann sprang er doch ab nach Westberlin.

Dann Schlag auf Schlag: Anfang September standen zwei Freunde kreidebleich vor L.: Lehmann und einige um ihn seien verhaftet worden. Kunde aus Berlin: Reinhold, seit wenigen Wochen Chef des Kabaretts »Die Distel«, hatte sich über Nacht abgesetzt, als er erfahren hatte, seine freche Conference sei von einer Freundin Lehmanns mitgeschrieben worden; in ihrem Zimmer hatten Hausdurchsucher sie gewiß gefunden.

Sich auf und davon machen? Dann würde ich ja, sagte L. seinen letzten Freunden und sich, allen recht geben, die mich angegriffen haben, dann hätte es Wagner ja so leicht: Na bitte, ein Konterrevolutionär und Verräter ist L., wir haben es schon 1953 gewußt! So billig nicht! beharrte L.; das war wieder wie auf dem Marsch zum Türkenberg.

Im Herbst las er in der Lausitz aus Manuskripten, einen Abstecher wagte er nach Dahme. Er kam noch rechtzeitig, um Ingrid Zwerenz in der Entbindungsstation zu besuchen. Die Schwestern hielten ihn für den Vater der Catharina. Gerhard habe geschrieben, hörte er, der Dornenpfad durch die Bürokratie des Notaufnahmeverfahrens in Westberlin mache ihn fertig. Ingrid fragte: Und was wird mit dir? Mir werden sie nichts tun, antwortete L., zumindest werden sie mich nicht einsperren; solange Bloch nichts passiert, bin ich sicher. Verwundert blickte er auf die so ähnlichen Stupsnasen von Großmutter, Mutter und Kind.

Es waren dumpfe, trübe Wochen. Unheil ballte sich, mit allen Nerven war es zu spüren. Dieser Abend mit dem Polen – zu viele waren dabeigewesen, konnte denn so was verborgen bleiben?

Der Hieb kam von der ›Leipziger Volkszeitung‹, seinem alten Blatt. Der Kulturredakteur forderte L. auf, sich öffentlich von Zwerenz zu distanzieren, das lehnte L. ab. Da wurde für den 11. 11. eine Parteitagung anberaumt, sie fand im Literaturinstitut statt. In einer Vorbesprechung wurde L. vom Stellvertreter des Genossen Vogelsang gefragt, ob er die Familie eines Staatsfeindes und Konterrevolutionärs in Halle finanziell unterstützt habe; das gab L. zu. Er wurde weiterhin befragt, wann endlich er sich von Zwerenz zu distanzieren gedenke. Da sagte L., er verurteile dessen Flucht, deshalb werde er jedoch die Artikel und Gedichte vom vorigen Jahr nicht plötzlich als feindlich erachten. Da wurde er einstweilen hinausgeschickt.

Am Abend begann das Parteiverfahren, das Ende stand von vornherein fest. Er hatte die Familie eines Staatsfeinds unterstützt und brach noch immer nicht rigoros mit einem Verräter – also Ausschluß. An einem Punkt war L. angekommen – monatelang war alles auf ihn zugetrieben. Manche in dieser Versammlung kannte er seit Jahren, einer, mit dem er hundertmal geskatet hatte, versicherte, nie mit ihm befreundet gewesen zu sein. Er begegnete Zorn und Abscheu, gespielt und echt, ein paar hoben den Blick nicht. Wagner hatte seine Vertreterin geschickt, sie spielte ihren Part so: Kinder seien nicht schlechthin Kinder, und die Kinder eines Klassenfeinds verdienten unser Mitleid nicht. Wer anders denke, könne Genosse, Kommunist länger nicht heißen. Wenig später wurde sie Kurellas Frau.

Noch einmal trafen sie sich, brisanterweise im selben Raum, im Herbst 1975 zum 20. Gründungstag des Literaturinstituts, da war sie Kurellas Witwe und sagte: »Erich, ich freue mich, daß du hier bist und wieder schreibst.« Da konterte er: »Daran hast aber du, daran habt ihr alle keinen Anteil.« Und sie: »Das stimmt, aber ich freue mich trotzdem.« Sie bat ihn, er solle sie doch einmal in Berlin besuchen, sie müßten miteinander reden. L.: »Zwischen uns gäbe es nur ein Thema: Meine völlige politische und juristische Rehabilitierung.« Sie gab folgsam zu: »Ja, Erich.« Dann unterhielten sie sich noch eine Viertelstunde lang über ihre Kinder.

Weiter in dieser Versammlung: Schmutzige Wäsche wurde gewaschen, wie konnte es anders sein. Leichenfledderer zogen vom Leder, und L. zerrten sie die Haut in Streifen vom Leib. Des einen Manuskript hatte er liederlich gefunden, jetzt bezeichnete der dies als heimtückischen Schlag eines Klassengegners gegen die aufstrebende Literatur. Die Frau eines anderen hatte er, so war hinterbracht worden, als Zicke bezeichnet, jetzt war das nur so zu erklären: Die Dame gefiel ihm nicht, weil sie treu zur Partei stand. Gegen den Ausschluß sprach und stimmte nur der spätere Lustspielautor Rudi Strahl. Für den Ausschluß stimmte auch das damalige politische und literarische Greenhorn Karl-Heinz Jakobs; in der Biermann-Affäre zwanzig Jahre später wurde er selber gefeuert. Als es ernst wurde, schlich einer aufs Klo: Fred Rodrian, der nachmalige Leiter des Kinderbuchverlags. Wer für den Ausschluß ist, den bitten wir um das Handzeichen! Zum Abschluß sangen alle: »Die Internationale erkämpft das Menschenrecht.« L. stand schweigend, dann gab er dem Vertreter des Genossen Vogelsang sein Mitgliedsbuch.

Da war noch immer der 11.11., der Karneval war eröffnet. L. nahm als erster seinen Mantel und ging als erster hinaus. Auf der anderen Straßenseite standen im Laternenlicht zwei Männer in Trenchcoats. Sie folgten ihm bis vors Rathaus. Dort stieg L. in eine Taxe, die beiden sprangen in die dahinter, fuhren nach bis in die Oststraße, dort postierten sie sich im gegenüberliegenden Haus unter der Tür.

Jetzt keine Panik, sagte Annelies, du wirst dich nach der Anspannung der letzten Wochen erholen. Wir finden schon einen Platz, wo du ausspannen kannst. Jetzt fahren wir erst mal nach Mittweida.

Denn Schwiegervater und Vater feierten den 60. Geburtstag, der eine am 13., der andere am 17. November. Am 13. November stiegen L.s mit ihren Kindern in den Zug. Sie blickten nicht hinter sich, gewiß herrschte Aufregung unter den Schatten: Setzte sich die Familie nach Westberlin ab? Aber der Zug fuhr nach Karl-Marx-Stadt, dort stiegen sie um nach Mittweida. Natürlich sagten sie daheim kein Wort, was sollten sie die Familie verschrecken. Mit dem Schwiegervater stießen sie an auf ein langes gesundes Leben. Was L. auch tat, die Beklemmung wich nicht aus seinem Kopf, Brust und Hals waren ihm eng.

Annelies wohnte mit den Kindern bei ihren Eltern, er am Pfarrberg bei Vater und Tante Lucie. Am 14. November holte er am Nachmittag seinen Thomas ab und ging mit ihm durch den Wald hinunter an die Zschopau. Sie standen am Wehr, dort hatte er in vielen Sommerwochen in der Sonne gelegen. Dort drüben hatte er ein Geländespiel gegen ein anderes Fähnlein verloren. Einen Fuchsbau zeigte er, Thomas redete und redete, wie er sich freuen würde, kämen jetzt junge Füchse heraus. Papi, hast du schon mal junge Füchse gesehen? Nein, nicht im Zoo, im Wald? Jetzt müßten Füchse miteinander spielen, er würde mucksmäuschenstill sein. Ja, sagte L., ja. Er dachte vielerlei, wie es weitergehen würde im Beruf, im Verband, er wollte still leben und schreiben, sich zurückziehen, verkriechen gar. Ein paar Freunde würden bleiben. Und das: Andere hatten eingelenkt, manche eifrig sich zu Fehlern bekannt, warum nicht er? Er spürte die warme Hand seines Jungen, beantwortete: Die Füchse gruben ihre Baue selber, kratzten die Erde mit den Vorderpfoten ab. Das waren aber fleißige Tiere! Er hatte die Pflicht, seinen Kindern ein Vater zu sein, jetzt gefährdete er diese Erfüllung durch Halsstarrigkeit. Selbstkritik, auch gegen das eigene Gewissen, um seinen Kindern der Vater bleiben zu können, der nicht hinter Gittern verschwand? Denn was bedeutete schon ein Vater, der nicht daheim war, der kein Geld verdiente, der zur Last wurde für die kleine Seele: Mein Papi im Gefängnis. Zu spät war es wahrscheinlich sogar für die Flucht – aber die Schatten waren ihm ja nicht in den Wald nachgekommen, vielleicht hatten sie von seiner Spur gelassen: Er war in Mittweida und würde nicht fliehen. Auch diese Idee: In Bussen, Personenzügen Stück für Stück sich Berlin nähern, nicht im D-Zug mit den Kontrollen. Mit der S-Bahn früh in der Dunkelheit, im Gedränge des Arbeiterverkehrs hineinfahren, auf einer Seitenstraße nach Westberlin schleichen – aber dann der Hohn seiner Gegner: Jetzt hat er sich entlarvt, der Feind, der Verräter! Im Westberliner Flüchtlingslager: So, den Hetzroman »Die Westmark fällt weiter«, haben *Sie* geschrieben, Herr Kommunist! Funktionär waren Sie, Genosse bis vorgestern noch, was wollen Sie im Kapitalismus? Papi, wenn wir einen Fuchs bei der Oma im Garten...

Es war ein diesiger, windstiller Tag mit feuchter Luft. Der Waldboden roch nässegetränkt. An diesem Hang war er hundertmal Ski gelaufen, leidlich und sehr gern. Papi, bei der Oma im Keller stehen Ski, nächstes Jahr? Und wenn ich erst schwimmen kann. Ja, Thomas, ja. Nächstes, übernächstes Jahr.

Sie gingen zur Stadt zurück, es wurde dunkel. An der Haustür der Schwiegereltern gab er den Jungen ab, redete ein paar Worte mit Annelies: Am nächsten Tag würde er zum Mittagessen kommen. Tschüs, ein kleiner Kuß. Eine Viertelstunde war es bis zum Pfarrberg, am Friedhof ging er entlang und durch den Park an der Kirche. Auf das Haus seines Vaters konnte er hinabsehen von einer Mauer. Er hatte gemeint, wenn er einen Schatten hätte, lauerte der hier oben zwischen den Büschen; ihm wollte er in den Rücken kommen. Er dachte auch: Wenn sie ihn verhaften wollten, dann, wenn er das Haus betrat. Aber kein Auto stand in der Straße, niemand war zu sehen.

Sie kamen während des Abendbrots. Sie kamen zu dritt und traten ins Zimmer, ohne anzuklopfen, sie waren ins Haus und in die Wohnung eingedrungen, keiner wußte wie. »Kriminalpolizei«, einer zeigte eine Marke vor, »Herr Loest, Sie möchten bitte mitkommen, wir haben ein paar Fragen an Sie.«

»Worum geht's dabei?« fragte Alfred L., das klang keineswegs erschrocken. »Und das um diese Zeit?« Alfred L. löffelte seine Suppe weiter. Die drei standen, warteten. Später hat L. hundertmal ausgesponnen, daß er da eine allerletzte Chance gehabt hätte: Stumm wäre er geblieben, hätte zugesehen, wie die drei mit seinem Vater fortgegangen wären, hätte sich augenblicks davongemacht. Lange Frist wäre nicht geblieben, bis aufgedeckt worden wäre, daß sie den falschen mitgenommen hatten. Aber er wollte ja nicht fliehen, wollte überdies seinem Vater Aufregung ersparen, und so sagte er: »Ich heiße auch Loest, vielleicht meinen Sie mich?«

»Ja, Sie.«

»Und wohin mitkommen?«

»Zur Polizei hier in Mittweida. Nur ein paar Fragen.«

»Wird nicht lange dauern«, sagte er zu seinem Vater und zu Tante Lucie. Er gab ihnen nicht die Hand und sprach kein Wort des Abschieds. Die Schuhe zog er an und den Mantel, so ging er zwischen den dreien hinunter und um die Ecke, dort standen zwei Autos. In das erste mußte er einsteigen, es fuhr schnell zum Markt, bog nicht zur Polizeiwache ein, kurvte in eine Straße, die hinausführte zu Dörfern, zur Talsperre, zwischen Felder. Am Rand der Stadt hielt es, L. dachte: Auf der Flucht erschossen. Da fragte der Fahrer: »Wo geht's nach Leipzig?«

L. erklärte es ihm.

2

Die erste Vernehmung dauerte dreißig Stunden. L. trug noch eigene Kleidung, er erfuhr, er sei festgenommen und befände sich beim Ministerium für Staatssicherheit. »Was denken Sie, warum Sie hier sind?« Da vermutete L., es mochte wegen der Unterstützung für zwei kleine Kinder in Halle sein, deren Vater verhaftet worden war. Das auch, und warum noch? Lehmann, Harich, Zwerenz, wie oft hatte er mit Bloch gesprochen? Just, Zöger – manches hatten sich die Vernehmer anders vorgestellt, das merkte L. bald. Engsten Kontakt zu Bloch hatten sie vermutet, auch daß L. angab, Harich nie gesehen zu haben, paßte nicht ins Bild. Dieser illegale Treff mit dem Polen – kein Treff, beharrte L., und illegal schon gar nicht. War die Zusammenkunft etwa polizeilich gemeldet? Aber nein, ein Besuch von Freunden!

Natürlich sei über Politik gesprochen worden. Der Name des Polen? L. wußte ihn nicht. Wer alles hatte teilgenommen? L. zählte Namen her, zwei waren ihm entfallen. Das Datum? So Ende Oktober, an einem Samstag. Welche Absprachen waren getroffen worden? Keine, und L. lachte, als er hörte: Sie haben an diesem Abend beschlossen, die Regierung der Deutschen Demokratischen Republik zu stürzen!

Manchmal waren drei Vernehmer im Zimmer, manchmal fragte nur einer. Sie tuschelten vor der Tür, zeigten sich Zettel. Vielleicht waren an diesem Abend noch mehr verhaftet worden, vermutete L., wer? Bloß keinen Einbruch zulassen, suggerierte er sich, abwehren, entkräften: *Meinungen* hätten sie an jenem Abend und auch sonst ausgetauscht, Meinungen von politisch Interessierten, von Genossen. *Ansichten*, wie man am besten die Regierung stürzen könne! konterten die Vernehmer, *Absichten!* Sie sprangen von einem Punkt zum anderen: Für ein verbotenes Programm der »Pfeffermühle« hatte L. geschrieben! und wie sei das nun genau gewesen mit der Unterstützung für die Hallenser Konterrevolutionäre, wer habe das Geld bei ihm geholt, bei wem sei der Sammler außerdem gewesen? Wer habe die Bezeichnung »Rote Hilfe« aufgebracht! Nie gehört, sagte L., und ich weiß von keinen anderen. Also konspirativ! Und wieder der Klub junger Künstler, dort habe L. dekadente Schriftsteller propagieren wollen, Kafka und Proust.

Die Vernehmer waren um die dreißig, sie trugen Straßenzivil, rauchten ständig und sahen nicht so aus, als ob sie oft an die Luft kämen. Man merkte ihnen eine klar gekantete politische Schulung an, von der absoluten Richtigkeit und Berechtigung ihrer Arbeit waren sie überzeugt. Zu Kunst und Literatur hatten sie keine Beziehung, was sie aber nicht unsicher machte: Sie kannten die Bücher nicht, über die sie urteilten, aber Urteile darüber: Fortschrittlich oder dekadent. Dekadent galt ihnen feindlich, verbrecherisch. Sicherlich waren sie Arbeiter gewesen, gewiß stammten sie aus Familien, in denen der proletarische Kampf Tradition war und Opfer gekostet hatte. Ihnen war befohlen worden, den Feind L. zu entlarven. Parteiauftrag, Klassenauftrag. Gegen Morgen lockte einer: »Wir haben ja Verständnis, daß Sie erst mal alles abstreiten. Aber jetzt sind Sie lange genug bei uns. Die Dauer der Vernehmung bestimmen schließlich Sie! Nun packen Sie endlich aus!«

»Gibt nichts auszupacken!«

Ein Vernehmer machte sich ans Protokoll, L. dachte: Danach bringen sie dich wieder nach Mittweida. Sie haben dir nichts nachweisen können, also *müssen* sie dich freilassen.

Die Vernehmung ging den Vormittag hindurch, mittags wurde eine Blechschüssel mit Weißkraut und Kartoffeln vor L. gestellt, fast nicht gesalzen, nicht gewürzt. Er konnte nur ein paar Löffel davon essen. Die Vernehmung schleppte sich den Nachmittag hin, auch die Vernehmer waren erschöpft, dabei hatten sie sich abgewechselt und sicherlich zwischendurch ein wenig geschlafen. Wieder wurde protokolliert, das dauerte seine Zeit. L. las durch und unterschrieb. Eine Zellenordnung wurde ihm vorgelegt. Danach wurde er durchs Haus geführt, Treppen hinauf. »Hände aufm Rücken! Und wenn Ihn jemand entgegenkommt, sofort mitm Gesicht zur Wand!«

Alles wirkte unwirklich, gespenstisch. Er mußte seine Taschen leeren. »Ziehen Sie das da an!« Gestreifte Klamotten. Bettzeug, zwei Decken, Kamelhaarpantoffeln. Trübes Licht auf einer Galerie, Gitter, Netze. Eine Tür wurde aufgeschlossen, er betrat eine Zelle. Ein junger Mann darin, ein Häftling. »Biste neu?« Der Mann gab ihm die Hand, nannte seinen Namen, freute sich sichtlich, einen Kumpan zu haben. Er half, die Decke zu überziehen, das hatte L. seit seiner Kommißzeit nicht mehr gemacht. Fünf Scheiben Brot und ein Becher mit Pfefferminztee wurden hereingegeben. Sie setzten sich auf die Pritsche, aßen, redeten. »Was haste ausgefressen?«

»Nischt.« L. dachte: Übermorgen hat Vater Geburtstag. Die Hauptsache, du bist bis dahin wieder raus.

Er wurde vernommen am nächsten und am übernächsten Tag, die Fragen drehten sich im Kreis. Der Klub junger Künstler als Basis konterrevolutionärer Aufweichung wie der Petöfi-Klub in Budapest, wie der Donnerstagskreis in Berlin – keine Spur, bestritt L. Sein Artikel im ›Sonntag‹ – alles in Ordnung, beharrte er. Er wurde dem Haftrichter vorgeführt, der verlas die Begründung: Bildung einer staats- und parteifeindlichen Gruppe, die sich als Ziel gesetzt hatte, die Regierung der DDR zu stürzen und ein antisozialistisches System an ihre Stelle zu setzen. Wem seine Verhaftung mitgeteilt werden sollte. »Meiner Frau«, sagte er, »zur Zeit in Mittweida, Dreiwerdener Weg 69.« Ob L. einen Verteidiger benennen wolle. Natürlich. L. entsann sich, daß im Zusammenhang mit der Verurteilung Rudorfs der Name Dr. Tolbe genannt worden war; der sollte seine Sache gut gemacht haben. L. unterschrieb ein Formular.

Wecken früh um sechs mit einer Schiffsglocke; eine Kanne Wasser, Handtuch und Zahnbürste wurden hereingegeben. Gegen acht Ablauf zur Vernehmung. Mittagspause. Wieder Vernehmung am Nachmittag, das tägliche Protokoll. Tagelang wurde L.s Lebenslauf durchforstet, er hätte nicht geglaubt, daß man darauf so viel Zeit verwenden könnte. »Elfenbeinturm und Rote Fahne« spielte eine Rolle, das Parteiverfahren von 1953. »Damals waren Sie also schon Konterrevolutionär!«

»Überhaupt nicht.«

Die Vernehmung des Zellenkumpels war abgeschlossen, er wartete auf den Prozeß. Für den amerikanischen Geheimdienst habe er spioniert und sei gefaßt worden, als er versucht habe, einen Stahlhelm der Volksarmee nach Westberlin zu bringen. Abends, auf der Pritsche, klopfte der Kumpel mit einer jungen Frau in der Nebenzelle. Das Klopfen wollte er L. beibringen: Ein Schlag mit dem Kamm bedeutete A, zwei bedeuteten B und so weiter das Alphabet hindurch. Nach drei Tagen: Du, da liegt eine, die kennt Lehmann, den kennste doch! Willste mal mit ihr klopfen? Nee, sagte L., lieber nicht! Wahrscheinlich entging er so einer Falle. Wie er später erfuhr, klopfte Lehmann, durch seinen Zellenkumpel ermuntert, mit einem Freund, das wurde verpfiffen, natürlich, und er ging in den Bau. In der Dunkelheit, bei kärglichster Verpflegung, klappte er nach einer Woche zusammen.

»Lehmann hat längst zugegeben...« Das hörte L. jeden Tag. Da hielt er es für richtig, Lehmann herabzusetzen: Ein überspannter Buchgelehrter sei das, habe immer zu Spintisiererei geneigt. Gut habe er ihn nicht gekannt, nur ein paarmal habe er ihn gesehen. Trotzki? Ja, von Trotzki habe Lehmann wohl geredet. Und Sie? Keine Ahnung, sagte L., hab keine Ahnung von Trotzki.

Der Geburtstag des Vaters war vorbei, L. dachte: Eine Woche wird's dauern. Du hältst durch. Welche Bücher er gelesen habe, »Die Revolution entläßt ihre Kinder« von Leonhardt doch wohl? Nee, sagte L., hab davon gehört, aber in den Händen gehalten hab ich's nie. Da wurde der Vernehmer ernstlich böse. »Sie haben es gelesen, wir wissen's genau!«

»Irrtum.«

Da erläuterte der Vernehmer, was ein Vorhalt sei. Der werde protokolliert, später machte er auf Staatsanwalt und Richter den übelsten Eindruck. Ein Häftling, der durch Vorhalte dazu gebracht worden sei, die Wahrheit zu sagen, könne natürlich nicht mit Milde rechnen. Also, wie war das gewesen mit dem Buch von Leonhardt?

»Keine Ahnung.«

»Sie bleiben dabei?« Da wurde aufgeschrieben und vorgelesen: »Vorhalt: Wie aus den Aussagen des Untersuchungsgefangenen Lehmann eindeutig hervorgeht, hat er Ihnen das konterrevolutionäre Buch von Wolfgang Leonhardt ›Die Revolution entläßt ihre Kinder‹ geliehen. Äußern Sie sich!«

Und L. sagte: »Lehmann irrt.«

»Sie bleiben auch jetzt noch dabei?« Das schrieb der Vernehmer hin. Es war der erste Vorhalt, im Laufe der Zeit handelte sich L. noch an die dreißig ein.

Und wieder der Klub junger Künstler, der Vernehmer

fixierte sich tagelang darauf. Wer die Anregung dazu gegeben habe, wann und wo L. davon zum erstenmal gehört habe; an welchen vorbereitenden Sitzungen habe er teilgenommen? Wer noch? und was habe Lehmann dort für eine Rolle spielen sollen?

»Hab ihn mal gefragt, ob er gelegentlich einen Vortrag halten wolle.«

»Das Thema?«

»Haben wir noch nicht besprochen.«

»Doch bestimmt ›Tauwetter‹ von Ehrenburg!«

»Ich sag eben, wir haben nicht darüber gesprochen.«

L. hatte vorgeschlagen: Einen Vortrag. Im Protokoll stand: Vorträge. L. bestand auf Änderung, die wurde vorgenommen. Aber im maschinengeschriebenen Protokoll ein paar Tage später stand wieder: Vorträge. L. unterschrieb nicht. »Wird noch mal abgetippt.« Es war ein zähes Spiel. Das Protokoll tauchte Wochen später wieder auf: Vorträge.

Die zweite Woche, die dritte. Irgendwann hatte L. gehört, eine Untersuchungshaft dürfe, wenn keine Beweise erbracht würden, nicht länger als vier Wochen dauern. Also, daran klammerte er sich, würden sie ihn nach vier Wochen entlassen *müssen*. Alle Gefahr glaubte er darin, daß er weich wurde, zugab.

»Aber Ihnen ging's doch finanziell gut!« hörte L. und begegnete erstaunten Gesichtern. »Was wollten Sie denn noch!« Da erklärte L. wieder, was er gewollt hatte und was nicht. Wenn er gesagt hätte: Ich wollte selber an die Krippe, das hätte den Vernehmern eingeleuchtet. Noch plausibler wäre gewesen: Da wollte ihnen einer *die Macht* wegnehmen, wollte selber an die Schalthebel. Sie besaßen Macht über ihn, hatte der da etwa Macht über sie gewollt? Allmählich und widerstrebend ahnten sie: Der da war Idealist. So einer, dämmerte ihnen, war gefährlicher als jeder andere.

Und wieder der Klub junger Künstler. Inzwischen hatte sich der Vernehmer Klippwissen angeeignet: Kafka und Proust seien dekadente Schriftsteller. Wer sie propagieren wolle, sei ein Gegner des Sozialistischen Realismus, damit des Sozialismus. Das hätte L. doch bei Professor Kurella gelernt haben müssen! Kurellas Ansicht war auf die nackteste Formel gebracht: Wer für Kafka war war gegen den Sozialismus, war Feind. Und Feinde gehörten ins Zuchthaus. Im Protokoll schrieb der Vernehmer Kafka beharrlich mit ff.

Eines Tages war L. allein in der Zelle, der Prozeß gegen den Kumpel hatte wohl begonnen. Die Zelle war drei mal drei Meter groß. Zwei mal drei Meter maß die Pritsche, Holz von Wand zu Wand, vorn abgeschlossen und so hoch, daß einer, saß er darauf, die Füße nicht aufstellen konnte. Die Matratze lag tagsüber quer und durfte nicht benutzt werden. Es war ein hartes Sitzen, erst nach Wochen hatte sich der Hintern ans Holz gewöhnt. Keine Lehne außer der kalten Wand. Wenn einer die Augen schloß, krachte der Posten gegen die Tür: »Penn Se nich!« Also marschierte der Häftling vor der Pritsche im Dreieck. In der Ecke war das Klosett, das von draußen gespült wurde. Glasziegel vor dem Fenster in doppelter Reihe, dazwischen eine Luftklappe. Hinaussehen war unmöglich. Über der Tür eine schwache Glühbirne hinter Glas und Draht. Früh und abends wurden Handtuch, Seife und Zahnbürste hereingegeben, früh warmes Wasser. Duschen und Wäschewechsel jede Woche. Ein sauberer Knast, immerhin.

Nun war er schon so lange hier, daß er den Verpflegungsablauf kannte. Früh zwei Scheiben Brot mit Marmelade, Malzkaffee. Abends fünf Scheiben Brot, bekratzt mit Margarine und Wurst, Kräutertee. Mittags: Montags dünnste Suppe mit Grieß oder Haferflocken, Dienstags dünnste Suppe mit Nudeln, Mittwochs Pellkartoffeln mit Kraut und Soße, Donnerstags Pellkartoffeln mit Hering und guter, schmackhafter Soße mit Zwiebeln und Gurke, Freitags Erbsen oder weiße Bohnen, Samstags Kartoffelsuppe, dünn. Das hieß: Hunger am Montag und Dienstag, Sättigung an den nächsten drei Tagen, Hunger am Samstag. Am Sonntag morgen, wahr ist's, zwei Brötchen mit Butter. Mittags eine volle Schüssel mit Salzkartoffeln, Rotkraut und Soße und obendrauf eine schöne Scheibe Schweinefleisch. Sonntags wurde jeder satt. Aber dann wieder der Montag.

Bevor die ersten vier Wochen vorbei waren, setzte der Vernehmer zum Generalangriff an. »Vorhalt: Das Untersuchungsorgan besitzt Beweise, daß Sie Mitglied einer staatsfeindlichen Organisation waren mit dem Ziel, die Regierung der Deutschen Demokratischen Republik zu stürzen. Äußern Sie sich!«

»Stimmt nicht.«

»Sie lügen! Sie werden aufgefordert, die Wahrheit zu sagen!«

»Ich sag die Wahrheit.«

»Vorhalt: Das Untersuchungsorgan macht Sie darauf aufmerksam, daß weiteres Lügen zwecklos ist! Sie werden abermals aufgefordert...«

So ging das einen halben Tag. Schließlich: »Weil Sie weiterhin lügen, sind wir gezwungen gewesen, nun auch Ihre Frau festzunehmen!«

L. feixte. Sein Kontrahent, so war er sicher, hatte alles Pulver verschossen. Das Protokoll mit drei Lügenvorhalten wurde abgeschlossen, L. unterschrieb. Er hoffte herzlich, diesem Mann fürs erste die Karriere vermasselt zu haben. Nie sah er ihn wieder.

Eine Woche lang sah er überhaupt niemanden. Er ging in seiner Zelle im Dreieck, schwankend zwischen der Hoffnung, am nächsten Tag entlassen zu werden, und der Furcht vor einer nicht abzuschätzenden Gefahr. Das Wort Haftkoller hatte er gelesen, jetzt spürte er, was damit gemeint war: Die Verzweiflung gegenüber einer Übermacht der Mauern und der Zeit. Und wenn er in eine Maschine geraten war, wie Kafka sie beschrieben hatte, wenn alle Argumente und Wahrheiten nichts nutzten? Jetzt, ohne tägliche Vernehmung, wurde er morgendlich in den Hof hinabgelassen zu dem, was Freistunde hieß und sieben oder neun Freiminuten waren. Ein Steingeviert, zehn Meter lang, zwei breit, Kopfsteinpflaster, Posten auf dem Turm. Freiübungen waren verboten. Er tappte in seinen Hausschuhen mühselig auf und ab, atmete tief, hörte Straßenbahnen fahren, sah an den Mauern hinauf. Diese Mauern mit ihren vergitterten Fenstern kann jeder sehen, der von der Beethovenstraße aus, rechts neben dem Bezirksgericht, ein Stück in eine Hofeinfahrt hineingeht. Wenn L. hinaufkam, waren zwei Stück Toilettenpapier hinter die Klinke gesteckt. Einmal maulte eine Aufseherin, er müsse fragen, ob er das Papier nehmen dürfe. Er ließ sich in Streit ein: Es sei doch für ihn bestimmt, warum müsse er da fragen? So ging das hin und her – eine Stunde später zitterte er noch vor Wut; da merkte er, daß es ökonomischer war, wenn er sich auf derartigen Zwist nicht einließ. Diese Aufseherin war von der Natur karg behandelt. Wenn sie Brot ausgab, schmeckte es nach der Creme an ihren Händen.

Es war ein diesiger Dezember ohne Schnee. Grauenhafter Gedanke: Er müßte hier Weihnachten verbringen. Vier Wochen waren vorbei, also stimmte es doch nicht, daß...

»Komm Se!« Und er ging Treppen hinunter, die Hände auf dem Rücken, und sah sich einem schlanken gelockten Hauptmann um die dreißig gegenüber; sein bisheriger Vernehmer war nur Unterleutnant gewesen. Jetzt, das merkte er bald, war ein neues Muster entworfen worden, dieser Mann hatte die zurückliegende Woche nicht vergeudet. Er stieß nicht mehr blindlings ins Leere, Bloch war nicht mehr wichtig, Harich nur insofern, als daß Wenzel der Verbindungsmann zu ihm gewesen sei. Der Hauptmann: »Lehmann hat zugegeben, daß er der Anführer einer Gruppe war. Und Sie gehörten dazu!« Eine Plattform sei am Abend mit jenem Polen diskutiert und beschlossen worden: Änderungen im politischen System der DDR, Sturz führender Politiker, vor allem Walter Ulbrichts – alles sei sonnenklar. Was sträube sich L., das zuzugeben? Andere seien schlauer, und den letzten bissen bekanntlich die Hunde. Das alles erklärte der Hauptmann als feststehende Wahrheiten. So sei es, jeder sähe es so, warum nur wehrte L. sich, das einzusehen?

Drei Tage lang: der Abend mit dem Polen. Wer war wann gekommen, wer wann gegangen? »Am Ende waren wir alle ziemlich blau«, sagte L., im Protokoll stand: »Es wurde relativ wenig Alkohol getrunken, die Klarheit der Gedanken wurde dadurch bei keinem der illegalen Teilnehmer getrübt.« L. stritt dagegen an. Vorhalt: »Dem Untersuchungsorgan ist bekannt... Äußern Sie sich!« Die Debatte darum kostete einen Tag. Manchmal setzte L. Änderungen, Milderungen durch, manchmal unterschrieb er nicht, ein andermal merkte er zu seinem Entsetzen, daß er in Nebensächlichkeiten nachgab, Nebensätze durchrutschen ließ. Besonders, wenn er sehr hungrig war.

»Nun muß aber auch ins Protokoll, daß wir bereit waren, im Falle einer Konterrevolution an der Seite Ulbrichts zu kämpfen.«
»Kommt noch.«
»Aber es gehört in diesen Zusammenhang!«
»Wir kommen noch drauf zurück. Man kann nicht an einem Tag alles behandeln.«
»Aber gerade hier...«
»Den Ablauf der Vernehmung bestimmen nicht Sie!«

3

In den Weihnachtstagen lag das Haus totenstill. Keine Vernehmung, keine Freistunde. L. hoffte, nun müßte sich draußen Widerstand regen, schließlich gab es Tapfere und Einflußreiche, die nicht hinnehmen würden, daß er verschwand. Und wenn sie nur immer wieder fragten! Der Verleger Sachs fragte bei »zuständigen Stellen« nach dem Verbleib seines Autors, da wurde ihm geantwortet, L. sei verhaftet worden, als er mit seiner Familie versucht habe, bei Helmstedt illegal die Zonengrenze zu überschreiten. Im Schriftstellerverband gab der Parteisekretär die niederträchtige Auskunft, bei einer Durchsuchung der Wohnung von L. seien Schußwaffen und Munition die Menge gefunden worden, L. habe mit seinen Kumpanen einen bewaffneten Aufstand geplant. Damit waren Freunden wie Georg Maurer die Hände gebunden. Die Lüge vom Waffenarsenal geisterte auch noch, als L. längst auf freiem Fuß und wieder Schriftsteller in Leipzig war. Lügen haben lange Beine.

Vor dem Heiligabend hatte er sich gefürchtet: Diese Gefühlsbelastung von Kindheit an, und dann eine Überdosis Einsamkeit, Ungewißheit. Nun würden sie ihn doch nicht einfach laufen lassen. Zwei Jahre vielleicht. Zehn gegen Harich, fünf gegen Janka – wir haben nichts mit dem Westen zu tun gehabt, besänftigte er sich immer wieder, das ist dieser gewaltige Unterschied, wir sind eine Opposition innerhalb der Partei geblieben, was wollen sie uns denn von Staats wegen vorwerfen?

Wenn der Wind günstig stand, war das Schlagen einer Kirchenuhr zu hören, es zerfaserte die Zeit. Ein Tag zwischen sechs Uhr morgens und zehn Uhr abends hatte 72 Viertelstunden. Jetzt feierte Annelies mit den Kindern Weihnacht in Mittweida, auf die Schwiegereltern war Verlaß. Sie würden die Kinder nichts merken lassen: Papi war verreist, in der Slowakei vielleicht, weil er ein Buch schrieb, das dort spielte. An die fünfzehntausend Mark lagen auf der hohen Kante, damit würde Annelies eine Weile hinkommen. Vater würde helfen, notfalls. Er selbst mußte hart bleiben in den Vernehmungen: Keine Gruppe, keine Plattform! Ein Streit innerhalb der Partei, ein ideologischer Streit, weiter nichts!

In diesen Zellen konnte sich keiner aufhängen. Kein Vorsprung irgendwo, das Fallrohr und das Heizungsrohr waren ummauert. Wenn sich ein Häftling rasierte, stand der Wärter dabei, obendrein war der Rasierapparat nur mit einem speziellen Schlüssel aufschraubbar. An den Weihnachtstagen, den Abenden besonders, äugten die Wächter in Minutenabständen durch den Spion. Hab keinen Grund, mich aufzuhängen, versicherte L. sich, ich doch nicht.

Nach Neujahr ging die Untersuchung schwungvoll weiter. Zu Beginn einer jeden Vernehmung bot der Hauptmann eine Zigarette an, ein wenig Zeitungsschau folgte: Die Ergebnisse der Fußballoberliga, Skispringen, Boxen. ›Neues Deutschland‹ blätterte der Hauptmann so schnell auf und zu, daß L. keine Schlagzeile lesen konnte. Aue gewann gegen Dresden, Zwickau spielte remis gegen Halle – abgesehen davon war die Welt für L. am 14.11.1957 stehengeblieben. Eine Woche verwendete der Vernehmer auf den 17. Juni und die Sitzungen im Verband danach; natürlich lag »Elfenbeinturm und Rote Fahne« auf seinem Tisch. Der Hauptmann war mittelgroß, ein bißchen hübsch und gewiß eitel, er hatte ein »äußeres Kennzeichen«. Vielleicht ist er indessen aufgestiegen und heute General oder Diplomat in einem Entwicklungsland; intelligent und wendig ist er zweifellos. Der Chronist würde ihn überall wiedererkennen an diesem »äußeren Kennzeichen« – warum verschweigt er es? Durchs Schlüsselloch hat er einen Blick ins Innere eines Geheimdienstes geworfen und zieht das Auge erschrocken zurück. Nicht wissen von etwas, woran man sich die Finger verbrennen könnte! Bloß nicht einmal vor Fotos sitzen: Haben Sie diesen Mann da mal gesehen? Denken Sie nach, lassen Sie sich Zeit, na, dämmert was?

Also das Parteiverfahren Ende 1953 – der Hauptmann blätterte in Akten. Konterrevolutionäre Tendenzen schon damals, untergetaucht, sich äußerlich angepaßt, aber bei erster Gelegenheit neue Aktivitäten. Komplizen, Verbündete – wann sahen Sie Zwerenz zum erstenmal? Was sprachen Sie? Wie lange dauerte der Treff? L. hatte einiges über die Moskauer Prozesse von 1937–1939 gelesen, über den Bucharin-Prozeß sogar ein wörtliches Protokoll. Er erschrak vor Parallelen. Diese Gruppe habe eine Plattform gehabt, entwickelte der Hauptmann: Sturz der Regierung, Veränderung der Kulturpolitik; der Vernehmer redete von der Lehmann-Gruppe, als sei das allgemeiner Sprachgebrauch. Das ideologische Oberhaupt sei in vollem Umfang geständig. Die Gruppe habe einen organisatorischen Leiter gehabt: Loest.

»Möchte mal wissen, was ich organisiert haben soll.«
»Diese illegale Versammlung in Ihrer Wohnung!«
»Hab ich doch nicht organisiert!«
»Sie haben Ihre Wohnung zur Verfügung gestellt. Und Sie haben die Verbindung zur Harich-Gruppe organisiert, Wen-

zel war der Kurier.« Diesen habe er mit Zwerenz zusammengebracht, jenen mit Lehmann. »Aber«, widersprach L., »die saßen doch zufällig bei mir, als Zwerenz kam, als Lehmann kam! Ich hab doch nichts *organisiert.*«

»Sie haben sie einander vorgestellt. Sie haben das Gespräch planmäßig auf konterrevolutionäre Themen gebracht.«

»Wir haben über Politik gesprochen.«

»Darüber, wie man die Regierung stürzen kann!« Eines verstörte die Vernehmerschaft: Lehmann und Zwerenz waren sich nie begegnet. Das konnten sie nicht fassen, bohrten von dieser und jener Seite, glaubten eine Zeitlang sogar Lehmann nicht. Warum hatte L. die beiden nicht zusammengebracht? Darin sahen sie schließlich den perfektesten konspirativen Trick. Im Vernehmungszimmer hing ein Stalingemälde in schwerem Rahmen, der Generalissimus mit allen seinen Orden, den Mantel halb offen, wie auf einem Feldherrnhügel, hinter ihm ging die Sonne auf oder unter. Dieser Mann und sein Geist hatten in diesem Haus den XX. Parteitag überstanden.

Eines Tages: »Wir waren wieder einmal in Ihrer Wohnung. Interessant, was wir da gefunden haben!« Es war das uralte Manuskript über den Druckfehler »Sozialdemokratische Einheitspartei Deutschlands«.

»Na und«, sagte L., »was wollen Sie damit schon anfangen. Wie geht's meiner Frau?«

»Ihr Schwiegervater war gerade in der Oststraße, er hat Sachen für Ihre Kinder geholt. Der hat uns reingelassen.«

»Sachen geholt, wozu das? Und warum nicht meine Frau?«

»Wissen Sie denn nicht, daß sie in Haft ist?« Ein Blick, der nicht auswich. »Ich denke, das ist Ihnen längst mitgeteilt worden.« Mit einem Schlag begriff L., daß nicht gebluft wurde. »Und die Kinder?«

»Sind bei Ihren Schwiegereltern.«

»Seit wann ist meine Frau in Haft?«

»So lange wie Sie.« Wieder dieser Blick, in dem kein

Zurückweichen lag, kein Schuldgefühl, sondern die Gewißheit, daß alles, was seine Genossen und er taten, richtig war, notwendig im Sinne der besten Sache der Welt, daß jemand, der ihr diente, niemals einen Fehler machen konnte.
»Was wird ihr vorgeworfen?«
»Mitwisserschaft.«
»Also hätte sie mich anzeigen müssen.«
»Natürlich. Und dann war es ja auch die Wohnung Ihrer Frau, in der die illegale Versammlung mit dem Polen stattfand. Und sie war dabei.«
Annelies in diesem Haus, in diesen Klamotten, nachts auf dieser Matratze, in diesem Freistundenhof, in Ungewißheit, Angst. Vielleicht war er jeden Tag an ihrer Zelle vorbeigegangen, vielleicht hatte sie hinter der Tür gestanden, ein Meter war zwischen ihnen gewesen. Das drang Wort um Wort, Begriff um Begriff in ihn ein, Annelies seit fast zwei Monaten in Haft, hinter Glasziegeln, wahrscheinlich allein.
»Vielleicht kommt sie mit einem blauen Auge davon. Ein Jahr oder anderthalb.«
Da war L. zu keinem Gedanken, zu keiner Aussage mehr fähig. Der Hauptmann gab ihm eine Zigarette außer der Reihe und beendete die Vernehmung früher als sonst. In dieser Nacht schlief L. keine Minute: Am selben Abend verhaftet; ihm fiel ein, daß noch ein anderes Auto in der Straße gestanden hatte, damit also hatten sie Annelies geholt. Sie hätte ihn anzeigen müssen. Er versuchte, durch die Mauern zu fühlen – vielleicht lag sie über ihm, vielleicht zwei Zellen weiter daneben. Immer neue Vorstellungen stürzten über ihn herein: Und wenn sie mit einer Kriminellen zusammenlag. Die Kinder, und was würden die Schwiegereltern ihnen sagen. Thomas mußte in Mittweida zur Schule gehen. Die Ummeldung, und konnten denn die Schwiegereltern an das Geld heran?
In den nächsten Tagen stritt er erbitterter denn je. Es ging am wenigsten um Fakten, sondern um Auslegungen, Bezeichnungen. Wenn zwei der gleichen Meinung gewesen waren, nannte der Hauptmann das eine Plattform. Eine

Plattform, beharrte L., müsse schriftlich ausgearbeitet sein. Wenn L. zu anderen gesagt hatte, Ulbricht müsse abgelöst werden, nannte der Hauptmann dies die Verbreitung einer staatsfeindlichen Ansicht; den Partner hätte L. damit anstacheln wollen, Ulbricht zu stürzen. Nicht stürzen, sagte L., er habe gehofft, das ZK wähle Ulbricht ab. Aber in dieser Situation! Als es in Ungarn brannte! Da erinnerte L.: Daß wir mit Ulbricht gemeinsam gegen die Konterrevolution kämpfen wollten, steht noch immer nicht im Protokoll! Der Hauptmann: Wir sind ja noch nicht fertig. L. fragte: »Muß sich denn nun nicht endlich mein Verteidiger blicken lassen?«

»Erst, wenn die Vernehmung abgeschlossen ist.«

Diesen Verteidiger stellte sich L. groß und breitschultrig vor, ein Hüne mit dröhnendem Baß, der wie Heinrich George in »Sensationsprozeß Casilla« die Anklage zerfetzte. Es galt, Dr. Tolbe die Arbeit nicht durch Nachgeben zu erschweren. Wie mit einer Streitaxt würde Dr. Tolbe alle Anklage zerschlagen.

Der Hauptmann kannte und wußte nun so ziemlich alles: »Elfenbeinturm und Rote Fahne«, die unveröffentlichte Geschichte um jenen Satzfehler, für die »Pfeffermühle« hatte L. geschrieben und für den ›Sonntag‹ über den Klub junger Künstler, er hatte vorgeschlagen, in ihm über Kafka und Proust zu debattieren, hatte staatsfeindliche Witze die Menge erzählt, war für Veränderungen im Kulturleben und die Absetzung von Politikern eingetreten, die er Stalinisten nannte. Tag für Tag rang der Vernehmer nun mit L. darum, dies als staatsfeindlich, als verbrecherisch erklärt zu bekommen, sie wendeten ihre Argumente hundertmal: Gruppe, Plattform, Organisation. Nicht meine Meinung, sagte L. Er glaubte noch immer: Vor Gericht sieht alles anders aus.

Im Februar begann sein Magen zu schmerzen, er schluckte Tropfen. Als es nach zwei Wochen schlechter wurde, sagte der Sani: Da müssen wir Sie mal dem Arzt vorstellen. Das Brot war so klumpignaß wie keines, das L. jemals gegessen hatte, auch nicht beim Kommiß, auch nicht nach dem Krieg. Mit der barbarischen Wucht seiner Blähungen brachte er den Hauptmann dazu, nur noch bei geöffnetem Fenster zu vernehmen. L. krümmte sich, wenn er Bohnen oder Hering gegessen hatte, aber er aß sie dennoch.

»Komm' Se!« Eine Treppe wurde er hinuntergeführt, vor einer Tür stand ein Wachtmeister. »Zeigen Se mal her!« Zum erstenmal hielt L. die Hände so hin, daß ihm Handschellen angelegt werden konnten, ungeschickt stellte er sich dabei an; er sollte es noch lernen. Gedemütigt fühlte er sich, Jahre später regte sich in ihm dabei keine Faser mehr. Ein Sanitätsauto stand im Hof, ein Wärter legte eine Maschinenpistole neben den Fahrersitz. L. wurde auf die Bahre geschnallt; so fuhr er mit drei Mann Bedeckung durch die Stadt zum Haftkrankenhaus in Meusdorf. Durch schmale Sichtstreifen sah er Dachrinnen, Fenster, auch mal die Nummer einer Straßenbahn. Das Auto mußte an Haltestellen warten, einen Meter von ihm entfernt stiegen Menschen ein und aus, gewiß hatten sie ihre Gedanken dabei, ihre Probleme, gleichgültige Blicke streiften ein Krankenauto. Ein Mensch lag gefesselt, in den Zeitungen hieß es »wie ein Schwerverbrecher«. Er galt als Schwerverbrecher; es war mühselig, das zu begreifen.

Ein Magengeschwür wurde festgestellt, ein Dutzend weitere sollten folgen. Jetzt aß er Weißbrot und dünne Griessuppe, dünne Kartoffelsuppe. Als seine Verzweiflung am größten war, begann er einen Hungerstreik. Am vierten Tag wurde er einem Mann vorgeführt, der sich als Staatsanwalt ausgab. Er verlange, brachte L. vor, daß die Gründe überprüft würden, nach denen seine Frau noch immer in Haft sei. Sein jüngstes Kind sei zum Zeitpunkt der Verhaftung ein halbes Jahr alt gewesen, seine Schwiegereltern könnten nicht monate-, vielleicht ein Jahr lang mit der Versorgung von drei Kindern belastet werden. Soweit er wisse, erwiderte der Mann, hätten die Schwiegereltern keinen Antrag gestellt, daß die Kinder etwa in ein Heim überwiesen werden sollten. »Um Ihre Kinder hätten Sie sich eher Sorgen machen sollen! Staatsfeindliche Tätigkeit und drei Kinder, das paßt eben nicht zusammen.« Der Mann versprach, sich zu erkundigen und schickte L. auf Zelle.

Fünf Tage lang aß und trank L. nicht. Sein Speiseplan sah sofort wesentlich anders aus: Boulette und Steak mit Bratkartoffeln, Kartoffelpuffer mit Apfelmus, Makkaroni mit Gulasch. Er nahm die Herrlichkeiten in die Zelle und gab sie Stunden später ungekostet wieder hinaus. Der Anstaltsleiter redete ihm väterlich zu, sich nicht kaputtzumachen, und ließ ihm frischgewaschene Klamotten bringen, der Sani fühlte den Puls und maß die Temperatur. »Wenn Sie sich krank hungern, tun Sie Ihren Kindern keinen Gefallen.« Am sechsten Tag redete der Staatsanwalt – war er einer? – noch einmal mit L.: Seine Kinder seien gesund, die Schwiegereltern kämen mit ihnen zurecht und ließen ihm sagen, er solle sich keine Sorgen machen. Jahre später erfuhr L., daß zu diesem Zeitpunkt niemand seine Schwiegereltern befragt hatte. »Ich hoffe, daß Sie Ihre sinnlose Haltung nun aufgeben!«

L. wurde in seine Zelle geführt, er mußte sich am Treppengeländer festhalten. Oben stand der Sani mit Milchsuppe. »Das Mittagessen kriegen Sie natürlich extra.« L. löffelte, er wußte nicht genau, ob er kapituliert hatte.

Und wieder Vernehmung, um Fakten ging es kaum mehr, nur noch um Auslegungen. Darüber wurde es Februar und März. Einmal machte der Hauptmann einen Fehler: Er gab L. ein mit Maschine abgeschriebenes Protokoll zur Unterschrift und versehentlich sein handgeschriebenes und *unterschriebenes* Protokoll dazu. So sah L. diesen Namen. Der Chronist wird den Teufel tun, ihn jemals zu nennen.

Einen Tag lang wurden Lehmann und L. gegenübergestellt. Lehmann grüßte freundlich, L. fauchte zurück. Alle Vorhalte wurden wiederholt. Lehmann: »Und ich war ganz sicher, daß ich ihm Leonhardts Buch geliehen hatte. Da muß ich mich wohl geirrt haben.« Lehmann redete L. zu, doch zuzugeben, daß sie *eine Gruppe* gewesen seien, diese Erklärung sei notwendig, andere abzuhalten, sich auf ähnliche Wege zu verirren. Lehmann spielte die Karte der Vernehmer, es war widerlich. In einer Pause unterhielt sich sein Vernehmer mit Lehmann, sie scherzten, als seien sie Freunde. Dann nahmen sie wieder gemeinsam L. in die Zange. »Wir waren«, sagte Lehmann, »eine staatsfeindliche Gruppe, ich war ihr Initiator und übernehme die volle Verantwortung, auch dafür, Erich Loest hineingezogen zu haben.« Das klang pathetisch, die Vernehmer machten feierliche Gesichter. So was mochten sie. L. war starr vor Wut.

Im April machte sich der Hauptmann an die Zusammenfassung. Kleinkram mußte noch aufgearbeitet werden, L. maß ihm keine Bedeutung zu. Da waren zwei faschistische Bücher in seiner Wohnung gefunden worden, er erinnerte sich mühselig, woher sie stammten. Er fragte: »Da ist wohl nun bald mit dem Prozeß zu rechnen?«

»Nach meiner Erfahrung – vielleicht Ende Mai, Anfang Juni.«

»Und meine Frau muß bis dahin im Knast bleiben?«

»Ihre Frau ist wieder bei Ihren Kindern.«

L. fragte dreimal, ob das wahr sei. Dann lehnte er sich gegen die Wand, schloß die Augen und sagte: »Geben Sie mir 'ne Zigarette.« Annelies war frei, sie hatte die Kinder aus Mittweida geholt, sie wohnte wieder mit ihnen in der Oststraße.

»Ihr Ältester hatte doch Geburtstag. An diesem Tag.«

So war es gewesen: Am 3. April hatten Vernehmer die Untersuchungsgefangene L. aus der Zelle holen lassen und gefragt: »Zum Geburtstag Ihres Thomas wollen Sie doch wohl zu Hause sein?« Als sie auf diesen Hohn nicht antwortete, hatten die Vernehmer hinzugefügt, sie werde noch an diesem Tag entlassen, denn es sei erwiesen, daß sie sich in der Haft grundlegend gewandelt habe. Da hatte sie gesagt: »Wenn ich mich grundlegend gewandelt haben sollte, müßte ich jetzt Faschist sein, denn vorher war ich Kommunist. Oder wie meinen Sie das?«

Sie bekam ihre Kleidung und durfte hinaus auf die Straße, bei einem Frisör war sie angemeldet. Während sie zum erstenmal seit fast fünf Monaten mit Haarwaschmittel in

Berührung kam und sich zum erstenmal wieder im Spiegel sah, wartete draußen ein Auto. Das brachte sie nach Mittweida. Vor dem Haus ihrer Eltern wurde sie abgesetzt; rasch fuhr das Auto davon. Fünf Monate Haft endeten ohne Prozeß, ohne Entschädigung, ohne Entschuldigung gar. Nie wieder kam eine Stelle des Staates auf diese Zeit in irgendeiner Form zurück. Annelies Loest war ja frei – war damit nicht alles gut?

Noch einmal stieß L. heraus: »Geben Sie mir 'ne Zigarette!«, ohne daß ein Bitte beigefügt gewesen wäre. Das war, als der Hauptmann ihm sagte, Joachim Wenzel sei tot. Kurz nach der Verhaftung am 14. November sei Leberkrebs festgestellt worden. Man habe ihn operieren wollen und gemerkt, daß es dazu zu spät sei; im Haftkrankenhaus in Meusdorf sei er am 1. April gestorben. Immer noch habe er gehofft, gesund zu werden. Das berichtete der Hauptmann in einem Ton, dem anzumerken war, daß er L.s Gefühle respektierte. War Wenzel vernommen worden? Ja, aber immer nur eine Stunde am Tag, und zuletzt nicht mehr. Eines wußte L.: Wenzel hatte niemanden belastet. L. saß an die Wand gelehnt und dachte an seinen fröhlichen Freund, das Nikotin lähmte ein wenig sein Hirn. Eine Witwe blieb zurück, sie war Mitte Zwanzig und hatte zwei Kinder, Joachims Sohn war ein Jahr alt. L. fragte: »Er wäre auch draußen gestorben?« Ja, das wäre er. Bot das einen Ansatzpunkt für Trost?

Der Hauptmann faßte zusammen. Es ergäbe sich das Bild einer konterrevolutionären Gruppe mit einem Anführer, einer Plattform, mit Sympathisanten, Verbindungen zu anderen Gruppen, mit Konspiration und gegenseitiger finanzieller Unterstützung. Aus dem Ausland seien feindliche Druckschriften eingeschleust und verbreitet worden. L. sei den klassischen Weg eines Zweiflers und Abtrünnigen von 1953 an gegangen, bis er ganz unten bei klassenfeindlichen Aktivitäten angelangt sei. L. gab bekannte Fakten zu und bestritt Einschätzungen, darüber erregte der Vernehmer sich nicht mehr. Er hatte eine Arbeit getan, wie sie seinem

Auftrag entsprach; es schien, als sei er mit ihr zufrieden. Er konnte seine Mappe zuklappen.

Leere Tage folgten für L., er ging in der Zelle im Dreieck. Jetzt, nachdem die Vernehmung abgeschlossen war, durfte er lesen, pro Woche ein Buch. Annelies war bei den Kindern, daran konnte er sich aufrichten. Noch ein paar Wochen bis zum Prozeß, dann kam er endlich hier heraus, kam unter andere Gefangene, konnte arbeiten bei besserem Essen, konnte sich zu rauchen kaufen, das hatte ihm der Vernehmer versichert. »Wenn Sie erst im Strafvollzug sind« – das hatte geklungen wie die halbe Freiheit. Falls ihn nicht Dr. Tolbe herausboxte. Aber nach mehr als sieben Monaten U-Haft würden sie ihn gewiß verurteilen, um das Gesicht zu wahren, notfalls mußten Witze gegen Ulbricht herhalten. Im Höchstfall zwei Jahre, zu Weihnachten hatte er mehr als die Hälfte geschafft, und sie würden ihn entlassen. So gesehen glaubte er schon die längste Zeit des Knasts hinter sich.

Es wurde Mai, nichts deutete auf den Prozeß hin. Es wurde Juni, endlich erhielt er Briefe von Annelies, jeden Monat zwanzig Zeilen: Er möge sich keine Sorgen machen, die Kinder hätten sich eingewöhnt, seien gesund, spielten. Ihr selbst ginge es wieder besser, ein Hautausschlag sei im Abklingen. Ausschlag hatte sie vor dem Knast nie gehabt. Etwas schrieb sie nicht: Robert, halbjährig, war von Rachitis bedroht gewesen und hatte nach der Rückkehr von den Geburtstagen seiner Großväter Spritzen bekommen sollen. Das hatte Annelies ihrer Mutter aus der U-Haft geschrieben und sie gebeten, mit Robert zum Arzt zu gehen. Dieser Brief hatte seine Adressatin nicht erreicht. Jetzt, sagte die Ärztin, könnten sie eine Gefährdung nicht ausschließen.

Die Glasziegel zeigten nach Süden, die Sonne heizte die Zelle auf, die Luftritze blieb wirkungslos. An Freiübungen war nicht mehr zu denken. Er wog noch 68 kg, seit der Einlieferung hatte er fünf Kilo verloren. Einmal reichte ihm der Wächter Thomas Manns »Zauberberg« herein, die Woche war damit ausgefüllt, ein andermal bekam er ein lächerliches Bändchen über ein Drehwerk in einem Berliner

Maschinenbaubetrieb, ausgelesen in einer Stunde. Einmal hielt ihm der Posten »Liebesgeschichten« hin. Er sagte: »Hab ich selber geschrieben.« Der Posten sperrte die Augen auf.

Und wieder Magenschmerzen. Er saß auf der Pritsche, den Rücken an der Wand. Manche Wärter donnerten nicht mehr gegen die Tür, wenn er die Augen schloß. Die Haare gingen ihm aus, nach dem Duschen kämmte er sie büschelweise aus. Ein paarmal träumte er, morgens lägen alle seine Haare auf dem Kopfkissen. Glatze mit dreiunddreißig. Er hoffte, bis zum Prozeß so viel Kraft zu behalten, daß er alle Zähne zeigen konnte.

XIII.

Gemordete Zeit

I

Da sind wir nun beim 13. Kapitel, keine symbolhaftere Zahl wäre denkbar. Der Chronist hält auch andere Kapitelüberschriften parat: »Paragraph 13« oder »Das Schwein Tolbe«.

Der Sommer 1958 blähte sich ohne Konturen. Er war heiß, trocken und wurde zur Qual hinter Glasziegeln. Unter den Betroffenen ist später fruchtlos gerätselt worden, warum es sich hinzog mit dem Prozeß. Die Auffassung wurde erwogen, der Sturz des Sicherheitsministers Wollweber, der mit Schirdewan vergeblich an Ulbrichts Stuhl gesägt hatte, sei der Grund gewesen. Wollweber habe den Prozeß glimpflich ausgehen lassen wollen mit Schreckschüssen, hieß es, ein paar Monate wegen Staatsverleumdung, Hetze. Oder auch dieses Erwägen: Ein neues Gesetz war nicht lange in Kraft, es bedurfte des Studiums durch Richter und Staatsanwälte und eines Kommentars. Sollte es auf dieses Aufrührerdutzend in Halle und Leipzig angewendet werden? Vielleicht mußten erst Weisungen erteilt, Anleitungen ausgetüftelt werden, bis alle wußten, wie zu hauen und zu stechen war. Die U-Häftlinge liefen ja nicht weg.

Nun tauchte endlich Dr. Tolbe auf, er war entgegen jeder Erwartung klein und fett, zeigte sich in erlesener Schale mit Schlipsnadel und Siegelring, verbreitete den Geruch edler Seife und redete ungehemmt sächsisch: Erst jetzt sei ihm Sprecherlaubnis erteilt worden, von Akteneinsicht sei nicht die Rede, nichts könne er mutmaßen über den Prozeßbeginn. Ein schweres Zigarettenetui klappte er auf. »Hab grad noch zwee«, bedauerte er, eine Zigarette für sich, eine für den Häftling. »Was wärfn Se Ihn denn vur?« L. schilderte es. »Nischt mitn Wesdn? Dann werds ooch nich schlimm.« Was könne er tun für seinen Mandanten?

»Meine Frau hat nächste Woche Geburtstag, bitte gehn Sie hin mit dem größten Blumenstrauß, den es überhaupt gibt.«

»Mach'sch gerne. Un Se hern vun mir bei erschter Geleschenheid.«

Eine Dreiviertelstunde dauerte der Besuch, Zuversicht strahlte er kaum aus. Mit diesem Verteidiger würde er streiten müssen, mit keinem Berserker. Vielleicht steckte List in dem Männchen, sächsische Schläue. Immerhin hatte er von Rudorf das Schlimmste abgewendet.

Briefe sind erhalten aus diesen Monaten, sie sind geprägt von Rücksicht auf die Zensur und vom Bemühen, den anderen zu trösten. Halb- und Viertelwahrheiten werden ausgesprochen. Mir geht es gut, bin voller Hoffnung, mach dir nur keine Sorgen. Die Kinder entwickeln sich, du würdest staunen. Schwierigkeiten machte es, Annelies die Vollmacht über das Konto zu übertragen, das ging hin und her. Ein Brief verschwand, Mißverständnisse. Einmal: »Nach 77 Tagen die erste Nachricht, ich war schon ganz verzweifelt. Die schönen Bilder von den Kindern, ich durfte sie mit nach oben nehmen und schaue sie jeden Tag stundenlang an. Im Oktober war vom Prozeß leider kein Wort zu hören.«

Dann der erste Jahrestag im Knast. Jetzt blieb es hinter den Glasziegeln so düster, daß er an manchen Tagen gar nicht, an anderen nur um die Mittagsstunde lesen konnte. Seit sieben Monaten war er nicht mehr vernommen worden. Wieder ein Magengeschwür, Rollkur, Diät. Die Hofzeit wurde von einigen Minuten auf eine halbe Stunde erweitert. Wenn er einen Brief erhielt, wenn er schreiben durfte – monatlich zwanzig Zeilen –, sah er den Hauptmann. Der gab ihm Tinte und Papier, las ihm ein paar Fußballergebnisse vor; über den Prozeßbeginn wußte er selber nichts. Dann stieg L. wieder in seine Einsamkeit hinauf. Wenn der Chronist heute das Wort »Isolationsfolter« liest, möchte er kommentieren.

Ende November, an einem besonders trüben Tag, klappte er zusammen. Er mußte heulen wie seit Kindertagen nicht mehr, Tränen, er konnte sie nicht halten. Der Posten schloß auf.

»Was denn los?«

»Ich kann nicht mehr.«

Der Sani wurde geholt und sagte: »Denken Sie immer dran, Ihre Familie braucht Sie noch.« Der Anstaltsleiter: »Wie lange sind Sie denn schon hier?« Der Häftling hob den Kopf nicht, schneuzte sich.

Der Sani brachte Tabletten. »Legen Sie sich hin, schlafen Sie mal.«

L. begriff überdeutlich, was um ihn geschah, er hätte sich einen Nervenzusammenbruch anders vorgestellt. Das Gehirn registrierte: Bestimmte Nervenbereiche gehorchten nicht mehr. Er dämmerte ein, wurde wach, als das Essen gebracht wurde, aß und heulte wieder. Bei aller Schwäche spürte er keine Scham und sogar einen kleinen hämischen Triumph: So weit habt ihr's mit mir gebracht; nun seht zu, wie ihr mich wieder auf die Beine bringt!

Tabletten, Liegeerlaubnis. Nach einer Woche waren die Tränen versiegt, ein Zucken in der Oberlippe, ein Brennen über den Schläfen blieben. Er schlurfte wieder im Dreieck, las nicht. Um eine Erfahrung war er reicher, die Nerven hatten ihm seine Grenzen gezeigt.

In den ersten Dezembertagen wurde er in die Effektenkammer geführt, dort lag seine Kleidung, er zog sich um. Jetzt, da fühlte er sich absolut sicher, würde ein Staatsanwalt sagen: Wir haben noch einmal alles überprüft und sind zu dem Entschluß gekommen, daß kein Prozeß nötig ist, Sie können nach Hause gehen. Wir hoffen, daß Ihnen die dreizehn Monate eine Lehre waren.

»Gehn Se runter!«

Vor der Tür zum Hof wartete ein Posten mit Handschellen, L. bot ihm die Gelenke an. Auf dem Hof stand eine Grüne Minna mit offenem Heck, L. zwängte sich in ein Käfterchen. Posten überall. Husten hinter der Blechwand,

Gebrüll: Lassen Sie das Husten! Die Lehmann-Gruppe ging auf Transport.

Nacheinander, keiner sah den anderen, stiegen sie nach einstündiger Fahrt aus. Sie waren in Halle, im Roten Ochsen. Der Bau war düster, dreckig. In der Zellenecke stand ein Kübel. Also auch das noch. Am nächsten Morgen saß ihm ein Vernehmer aus Leipzig gegenüber, den er nur einige Male gesehen hatte. »Da wollen wir mal Ihr Gedächtnis auffrischen.«

An zwei Vormittagen stoppelten sie L.s Aussagen durch. Am dritten Tag las der Vernehmer die Anklageschrift vor und reichte sie über den Tisch. L. las selbst: Lehmann und andere, fünf Namen, seiner stand an dritter Stelle. Für die Kinder des zweiten war Geld gesammelt worden. Den fünften Namen hatte er nie gehört. Also waren Angeklagte aus Halle und Leipzig zu einem Prozeß vereint worden. »Es gibt noch einen zweiten Prozeß«, sagte der Vernehmer, »für die übrigen.« L. las die Liste der Zeugen und erlebte eine hirnlähmende Überraschung: Einer, den er mit absoluter Sicherheit unter den Angeklagten erwartet hatte, stand als Zeuge an erster Stelle. Wie das, dieser Mann, der immer dabeigewesen war, nicht in Haft? So edel ist keiner, daß nicht auch L. erbittert verglichen hätte: Der ist draußen, ißt und trinkt und liebt, reist und arbeitet nach seinem Sinn, und ich schmore seit dreizehn Monaten. Und L. dachte – und regte sich dabei nicht eine kleine böse Befriedigung? –, den *muß* der Staatsanwalt ja aus dem Zeugenstand heraus verhaften! Vermutlich hatte die Prozeßregie das so vorgesehen. L. las weiter: Er war angeklagt wegen Verbrechens gemäß Paragraph 13 des Strafrechtsergänzungsgesetzes.

»Was ist das?«

Und er hörte, am 11. Dezember 1957 sei dieses Gesetz verabschiedet worden, in dem alte Strafbestimmungen präzisiert und neuen Bedingungen angepaßt worden seien. L.s juristischer Verstand reichte so weit, daß er einwenden konnte: Wie war es denn aber möglich, ein Gesetz auf ihn anzuwenden, das *nach* seinen sogenannten Straftaten erlassen worden sei, zu einer Zeit, da er schon im Knast saß? Es sei eben *kein neues* Gesetz, erfuhr er, sondern die Ergänzung eines alten, daher der Name.

»Und was besagt der Paragraph dreizehn?«

»Ich les es Ihnen beim nächstenmal vor. Die Anklageschrift können Sie mit auf Zelle nehmen.«

Der Prozeßbeginn war auf den 19. Dezember gelegt, bis dahin blieben sechs Tage. »Wann kommt mein Verteidiger?«

»Er ist benachrichtigt. Ich weiß natürlich nicht, wann er Zeit hat.«

Da bat L. darum, man möge ihm Papier und Bleistift und die Gelegenheit geben, in einem hellen Raum die Anklageschrift durchzusehen und sich Notizen zu machen, in der Zelle sei es zu dunkel zum Lesen. Das wurde ihm zugesichert. Und nicht gehalten.

Sechs Tage bis zum Prozeß. Der erste Tag verging, der zweite. In den Mittagsstunden hielt L. die Anklageschrift an die Glasziegel und buchstabierte. Staatsfeindliche Gruppenbildung mit dem Ziel... Der Staatsanwalt, der das verfaßt hatte, hieß Mach.

Es war ein verkommener Knast, beschmiert alle Wände, gekehrt wurde nie. L. schob mit dem Fuß den Staub zu Flocken zusammen; wenn die Tür geöffnet wurde, trieb die Zugluft den Dreck hinaus. Nachmittags: Jeder Häftling trug seinen Kübel in die Spülzelle, kippte ihn in einen Trichter, spülte ihn aus, tat ein Löffelchen Chlor auf den Boden. Die Haltung beim Scheißen auf dem Kübel mußte L. erst erlernen. Erfahrung gehörte dazu, nicht zu wenig Chlor zu nehmen, dann stank die Scheiße, und nicht zu viel, dann blubberte der Deckel und das Chlorgas biß in die Nase.

Der dritte Tag, nichts geschah. Aber die Verpflegung war reichlicher, der Ton lockerer als in Leipzig. Beim Aufschluß früh grüßte der Häftling mit einem Guten Morgen, der Gruß wurde erwidert. An einem Mittag: Salzkartoffeln, Spinat, fettiges, duftiges Rührei. L. hörte es von der Nebenzelle und tat es nach, abends bei der Brotausgabe fragte er: »Kann ich *bitte* noch einen Kanten haben?« Die Wärterin nickte huldvoll.

Ein Freitag, ein Sonnabend verging, am Dienstag sollte der Prozeß beginnen, aber L. war in keinen Raum geführt worden, in dem Licht brannte, in dem er Bleistift und Papier vorfand. Keine Nachricht von Tolbe. Für L. gab es nur diese Erklärung: Der Prozeß war verschoben worden. Also noch ein Weihnachten in Ungewißheit.

Kübeln: Er kippte aus, ließ Wasser rauschen. Oben in der Wand war eine offene Klappe, er zog eine Kiste heran, sprang hinauf, erstarrte: Unter ihm lag ein Freistundenhof, dort bewegten sich Frauen in Kreisen, in Abständen, Frauen in grauen Kitteln, Gefangene, mehr als hundert. Im großen Kreis wurde flott geschritten, im mittleren mit kürzeren Schritten geschlurft, im kleinen hutschten Alte, gekrümmt, taumlig. Der Schnee war schmutzig, düsterer Himmel darüber, kein Laut. Ein gespenstisches Bild für zwanzig Sekunden, es prägte sich untilgbar ein.

Ein Wochenende – nichts. Am Montag Freistunde wie immer, nichts am Nachmittag. Gegen fünf: »Komm Se!« Kalte Flure, Gänge, Treppen. In einem Zimmer saß Dr. Tolbe. »Na, da gehd's morschn frie los!« Der Verteidiger klappte sein kostbares Zigarettenetui auf: »Hab grad noch zwee.« Am Freitag früh, erfuhr L., hätte Tolbe in seinem Büro die Nachricht über den Prozeßbeginn und die Erlaubnis zur Akteneinsicht vorgefunden. Am Freitag hätte er eine Verhandlung, am Sonnabend ein paar Termine in seinem Büro gehabt. An diesem Nachmittag wäre er nach Halle gefahren, hätte in die Akten geschaut und mit Oberrichter Kaulfersch, dem Leiter des Prozesses, gesprochen. »Der had gesacht: Dolbe, lassen Se mir scha nich mein Prozeß blatzn.«

»Könnten Sie denn das?«

»Eichendlich stehn mir vierzn Dache zu.«

»Und wenn wir platzen lassen?«

»Das däd'ch Ihn nich radn. Da griechn die bloß Wud.«

»Aber wenn Sie die Akten kaum kennen?«

»So schlimm is's nu ooch wieder nich.« Und Tolbe ließ

sich noch einmal erklären, weswegen L. angeklagt war. »Läßd sich scheen verdeidchn.« Am dritten Tag wäre er nicht da, da hätte er einen anderen Termin, aber einer seiner Kollegen würde gern einspringen. Da wäre bloß eine Unterschrift... Diese Unterschrift kostete Annelies später dreihundert Mark.

L.s Hände zitterten, seine Beine zitterten, er wußte nicht, ob es von der Kälte war. Etwas schlug über ihm zusammen, wogegen sich zu stemmen er keine Kraft besaß. Den Prozeß platzen lassen, Tolbe auf diesen Punkt hinweisen, auf jenen, ihn dazu bringen, daß er sich ernstlich in die Akten vertiefte... aber da war das Zucken in der Oberlippe, der Schmerz über den Schläfen, dieses Zittern, Schlagen der Glieder. »Ich bin gee Gämpfer«, hörte er, »ich bin ä Dinnbreddbohrer. Damit gommt mer weider, glom Se's!«

»Paragraph dreizehn, wie heißt der?«

Tolbe schlug ein Büchlein auf und las vor. Dies ist der Wortlaut dessen, was Tolbe am Vorabend des Prozesses kundtat, der Chronist hat später nachgeschlagen:

Wer
1. den Faschismus oder Militarismus verherrlicht oder propagiert oder gegen andere Völker und Rassen hetzt,
2. gegen die Arbeiter- und Bauernmacht hetzt, gegen ihre Organe, gegen gesellschaftliche Organisationen oder gegen einen Bürger wegen seiner staatlichen oder gesellschaftlichen Tätigkeit oder seiner Zugehörigkeit zu einer staatlichen Einrichtung oder gesellschaftlichen Organisation hetzt, Tätlichkeiten begeht oder sie mit Gewalttätigkeiten bedroht, wird mit Gefängnis nicht unter drei Monaten bestraft. Der Versuch ist strafbar.

L. lauschte in den Gesetzestext hinein. Der erste Punkt schied aus, zum zweiten vermochte der Staatsanwalt, meinte er, wohl leider allerlei Bezüge herzustellen.

»Mid drei Monadn gomm Se nadierlich nich weg.«
»Was vermuten Sie?«

»Zwee Jahre, oder anderdhalb. 's meisde ham Se chedenfalls weg.«

Diesen und jenen Anklagepunkt hoffte L. zu Fall zu bringen, Tolbe würde ihm beispringen. Noch waren die Zeugen der Verteidigung nicht benannt. Schlecht waren die Chancen keinesfalls; er würde sich wehren, auch wenn der Magen rebellierte, wenn die Schläfen brannten.

»Dasse so ziddern! So galt isses doch gar nich.«

»Vielleicht hab ich Hunger.«

»Griechn Se denn nich genuch zu essen?« Tolbes Miene drückte Staunen aus, baff war er: So was hatte er ja sein Lebtag nicht gehört, da hatte einer Hunger im Knast! »Na, da sehn mer uns morschn wieder, Ihre Frau bringsch glei mid.«

2

Schlief er in dieser Nacht vor dem Prozeßbeginn, dem Wiedersehen mit Annelies? Am nächsten Morgen fuhr er ins Zivil, die Hose war zu weit, aber an den Seiten ließen sich Schnallen festziehen. Der Posten stand mit Handschellen an der Tür, das wirkte nun schon nicht so deprimierend mehr. Sie stiegen aus in einem Hof, da begegnete L. den beiden Angeklagten aus Halle zum erstenmal, sah Lehmann und den übrigen Angeklagten aus Leipzig, sie nickten sich zu, nicht freundlich. Im Gänsemarsch im Abstand die Treppen hinauf, hinein in einen Saal, sie wurden auf Bänke dirigiert. Der Prozeß galt als öffentlich, aber die Kontrollen waren straff an der Tür. Die Ehefrauen wurden mit den Verteidigern eingelassen, da sah er Annelies zum erstenmal seit dreizehn Monaten, blaß war sie vor Aufregung, aber lächelnd kam sie auf ihn zu und gab ihm die Hand und wünschte ihm Glück und Erfolg, und sofort mahnte der Posten: »Es darf nicht gesprochen werden!« Ein junger unbeholfener Bursche war das. »Wird schon alles gut werden«, sagten L. und seine Frau wie aus einem Mund. Grüße von den Kindern richtete Annelies aus, »und wir halten alle fest zu dir.« Da verwarnte der Posten wieder. Ja ja, sagte L., schon gut.

Ein wenig Aufregung an der Tür, jemand wollte hinein und durfte nicht, dann marschierte Besucherschaft auf, dieser und jener Vernehmer, Parteisekretäre der Universitäten Leipzig und Halle, der Vorsitzende des Schriftstellerverbandes in Leipzig, Männer, Frauen — »die genn'sch fast alle«, murmelte Tolbe, »die sin alle von der Stasi.« Mit ihnen war der Raum gefüllt, mehr paßten nicht hinein, basta. Richter, Nebenrichter, Schöffen, Staatsanwalt und Verteidiger nahmen ihre Plätze ein, und los ging's — womit? Das gibt das Gedächtnis nicht her, sicherlich verlas Staatsanwalt Mach seine Anklageschrift, dabei wetterte er gegen einen gewissen Pasternak, der ein schändliches Buch geschrieben habe, »Dr. Schiwago«. L. kannte beide Namen nicht, da mußte etwas vorgefallen sein im letzten Jahr — was wollte der Staatsanwalt damit? Parallelen zog Mach von Pasternak zu den Angeklagten, die ihrerseits Aufweichung betrieben hätten an der kulturellen Front. Auch in Halle, so hörte L., sei über den XX. Parteitag zersetzend debattiert worden, Leonhards Hetzbuch und Orwells »1984« seien ausgetauscht worden, die Angeklagten hätten Stalin einen Verbrecher genannt. L. blickte hinüber zu Annelies, halb im Profil sah er sie, die Nase, das Kinn, das Haar. Wie von fernher hörte er den Staatsanwalt, dessen Stimme erstarb fast: Ein Angeklagter hatte doch die Stirn gehabt, zu äußern, falls in der DDR die Gesetzlichkeit verletzt worden sei, müßten die Verantwortlichen — Mach stockte der Atem — bestraft werden. Dabei hätten alle Angeklagten dem Staat der Arbeiter und Bauern dankbar zu sein, der sie hatte studieren lassen, und nun Aufweichung, Verräterei! Der Angeklagte L. habe sich Funktionen im Verband erschlichen, seine Bücher habe er nur geschrieben, um dahinter verbrecherische Absichten zu tarnen. Lehmann habe heimtückisch unter Mißbrauch des Lehramtes die Ideen der Konterrevolution…

Da äugte L. zu seinem Verteidiger, ob der sich wohl

Notizen machte, wo und wie er das Mach-Werk zu zerpflücken gedachte, aber Tolbe saß friedlich, behäbig. Aus Filmen kannte L., daß ein Verteidiger aufsprang: Einspruch, Euer Ehren! Hier war wohl derlei nicht vorgesehen. Die Anklage hatte Zeugen benannt, nicht die Verteidigung, da würde L. wohl noch gefragt werden müssen, wen er vorzuschlagen habe. Das war ja alles noch der Anfang; keine Besorgnis!

Eine Pause, Annelies hatte Hackepeterbrötchen und Zigaretten mitgebracht, ließ sie ihm durch den Verteidiger geben. L. schlang, rauchte. Mit der Vernehmung zur Person wurde fortgefahren, Lehmann war der erste, einen Mann aus Halle lernte L. kennen, am Nachmittag war er selbst an der Reihe. Er hatte gesehen, wie Lehmann vor Verlegenheit mit den Händen nicht gewußt hatte wohin und sie einmal sogar in die Taschen gesteckt hatte. So hielt er sie straff auf dem Rücken zusammen. Elternhaus, Schule, Hitlerjugend, der Krieg. Seine Wandlung, Arbeit bei der ›LVZ‹, seine Bücher. Schon jetzt unterminierte der Richter mit Suggestivfragen:

»Aber Sie haben doch die volle Förderung des Staates erfahren!«

»Ihrer Bücher wegen haben Sie doch nie Schwierigkeiten gehabt!«

»Aber Sie hatten doch für Ihr Alter ein blendendes Einkommen!«

»Aber Sie fanden doch Anerkennung durch die Kritik!«

»Aber Sie hatten doch gar keinen Grund, unzufrieden zu sein!«

»Aber Sie...« Kaulfersch schüttelte verständnislos den Kopf. Dann schimpfte ein Schöffe mit L., er war Bergarbeiter aus Mansfeld, ein Mann um die Sechzig, gewiß ein redlicher Antifaschist. Junge Genossen allesamt seien sie gewesen, hätten studieren dürfen, und nun hätten sie die Partei und den Sozialismus verraten! L. schwieg zu allen Vorwürfen, er fand, noch sei nicht der Zeitpunkt, sich zu wehren. Auch jetzt sprang Tolbe nicht auf: Einspruch, Euer Ehren! Nicht eine einzige Suggestivfrage wies Tolbe zurück.

Da war es achtzehn Uhr, der Tag war erschöpfend lang gewesen, da verkündete Kaulfersch, nach einer kurzen Pause würde noch gegen den dritten Mann aus Leipzig zur Sache verhandelt. Murren im Zuschauerraum, die Genossen wollten nach Hause, aber ihre Pflicht war ja, alle Stühle besetzt zu halten. Wenn doch jetzt der Verteidiger dieses Angeklagten geraten hätte: Sagen Sie, daß Sie am Ende Ihrer Kraft sind! Dann hätte Kaulfersch diesen Punkt auf den nächsten Tag verschieben müssen. Aber so wurde Leipzigs dritter Mann innerhalb einer einzigen Stunde nach einem bitter langen Tag überrollt. Diese Äußerung, die Weitergabe jenes Buches, er habe den polnischen Journalisten während des Leipzigaufenthalts zu betreuen gehabt, habe ihn zu L. gebracht und sich heftig an der Debatte beteiligt. Gespräche mit Lehmann über Trotzki, Einschleusung von oppositioneller polnischer Literatur. Dieser Mann versuchte sich zu verteidigen: Man müsse die *subjektive* Seite betrachten, er hätte immer den Nutzen des Sozialismus im Sinn gehabt, hätte sich als Genosse gefühlt. Da biß er bei Mach und Kaulfersch auf Granit, ihre Stimmen wurden höhnisch: Die Konterrevolution vorbereiten und dann noch behaupten, er habe es im Sinne des Sozialismus getan? *Objektiv* sei alles *eindeutig*, was wolle er da mit einer subjektiven Seite? Ein paarmal: »Das läuft doch auf dasselbe hinaus!« Verwunderung malte sich auf ihren Gesichtern, daß dieser Angeklagte *seine Beweggründe* gewertet haben wollte – was spielten denn die für eine Rolle? Ihr Staunen wirkte perfekt, kopfschüttelnd sahen sie sich an. Ob der Angeklagte nun *erwartet* und *gehofft* hatte, Ulbricht würde abgelöst, oder ob er ihn hatte stürzen wollen nach Art ungarischer Konterrevolutionäre: »Das läuft doch auf dasselbe hinaus!« Dieser Angeklagte hatte sich Widerstand vorgenommen; innerhalb einer Stunde war er gebrochen. Kein Verteidiger sprang ihm bei. Noch ein paar Fragen am Rande, die Vernehmung war beendet, totenbleich ging der Mann auf seinen Platz zurück. Erschrocken blickte Annelies ihren Mann an. Ein Nicken: bis Morgen.

Am zweiten Tag wurde Lehmann vernommen. Gruppenbildung, konterrevolutionäre Absichten – Lehmann gab alles zu und kehrte keine subjektiv positive Absicht heraus, sondern geißelte gelehrig die objektiv schlimme Wirkung. Zu einem mehr akademischen Disput kam es über die Rolle Trotzkis in einer bestimmten Phase; ohne Heftigkeit wurden Begriffe feiner definiert. Tief sei Lehmann in ideologischen Sümpfen versunken gewesen, gab er zu, andere habe er mit hinabgerissen, schwer seien seine Verbrechen. Er war ein Angeklagter wie aus dem Bilderbuch. Am Ende dankte er gar den Genossen der Staatssicherheit, die ihn in monatelangen geduldigen Gesprächen auf den rechten Weg zurückgeführt hätten. Da verschlossen sich die Gesichter der Gerichtsmannen ein wenig, sie fanden es wohl zu dick aufgetragen.

Dann wurden die beiden Angeklagten aus Halle vernommen – L. war mit seinen Gedanken nicht dabei. Ein Karren rollte den Berg hinab, er schien nicht aufhaltbar. Sein Bestes wollte er dennoch tun, sich wehren, und womöglich war es so, daß die Verteidiger jetzt noch gar nicht eingriffen, sondern das später tun würden, bei den Plädoyers. Gewiß kamen sie noch zum Zuge, und dann mußten ja noch Zeugen der Verteidigung benannt werden.

Kaulfersch blätterte in seinen Akten, als L. nach vorn ging. Miene und Stimme des Richters waren so, als läge alles sonnenklar. Und so referierte Kaulfersch mehr, als daß er fragte: »Elfenbeinturm und Rote Fahne«, das Parteiverfahren, die Parteistrafe. Ja, sagte L., nein, sagte er – er wußte nicht, daß Presseartikel nach einem Jahr als verjährt galten, und kein Verteidiger wies ihn und den Richter darauf hin. Die nicht veröffentlichte Geschichte über den Druckfehler »Sozialdemokratische Einheitspartei Deutschlands« – »die hab ich nach dem XX. Parteitag geschrieben«, sagte L., »ich wollte probieren, ob und wie man solche Stoffe behandeln kann«.

»Die Konterrevolution probieren! Außerdem waren diese Dinge damals längst geklärt!« Kaulfersch schüttelte wieder den Kopf über so viel Unverstand. Ob und warum derlei ein Verbrechen sei, erörterte er nicht, L. wollte dagegen anstreiten, aber der Richter war schon beim nächsten Komplex: Der XX. Parteitag, L.s Auffassung, führende Personen müßten gestürzt werden.

»Ich wollte niemanden stürzen.«

»Aber Sie haben überall herumerzählt, daß der Genosse Walter Ulbricht und andere führende Staatsmänner abgesetzt werden müßten, damit haben Sie andere Personen zu beeinflussen versucht – das läuft doch auf dasselbe hinaus!«

»Aber es ist nicht dasselbe!«

Da belferte der Hilfsrichter, mit solchen Debatten habe es in Ungarn auch angefangen, da vermeldete Mach, L. habe wo er ging und stand ins Horn der Feinde des Sozialismus geblasen. Ulbricht, Hager, Fröhlich und Wagner – untadlige Genossen, der Partei ergeben, sie hatten also beseitigt werden sollen –, Empörung über so viel Verblendung und Niedertracht erfaßte das Gericht.

Der Abend mit dem Polen – L. habe ihn also organisiert. Das habe er nicht, wendete L. ein. Aber er habe seine Wohnung zur Verfügung gestellt, habe diesen und jenen dazugeladen, na also! Und wieder: Man sei sich dort einig gewesen über personelle Ablösungen, Veränderungen in der Kulturpolitik, eine *Plattform* habe man gebildet. Schriftlich oder mündlich, das liefe auf dasselbe hinaus. »Aber«, sagte L., »wir waren darin einig: Wenn es wie in Ungarn zum Kampf kommt, würden wir auf der Seite der Partei, also auch an der Seite Walter Ulbrichts kämpfen.«

»Erst wollten Sie die Arbeiter aufhetzen und dann auf sie schießen!«

»Wir wollten keine Arbeiter aufhetzen.«

»Was wollten Sie denn dann?«

Was blieb darauf zu antworten? »Wir wollten eine Diskussion über Demokratisierung...« L. merkte, wie sinnlos es war, zu erläutern, zu erklären, zu argumentieren. Eine Meinung war vorgefaßt, er würde sie durch nichts erschüttern können. Also der Klub junger Künstler, was hatte er da vorgehabt? Schwarz auf weiß stand zu lesen, daß er die Diskussion der Werke von Kafka und Proust hatte propagieren wollen. Da kippte in L. etwas um, war das nun Sarkasmus, was ihn zum folgenden Satz führte, oder wollte er testen, was diesem Gerichtsgespann alles zuzumuten war? Er sagte: »Und die Werke von Joyce auch.«

Der Richter wendete sich zur Protokollantin: »Die Werke von Joyce auch.« Das fand sich prompt im Urteil wieder.

Die Verteidigung von Zwerenz, Beiträge für die »Pfeffermühle«, in seinem Schrank seien zwei faschistische Bücher gefunden worden, staatsfeindliche Witze habe er erzählt – ja, sagte L., ja. Der Richter hatte sich sein Bild bestätigt, der Schöffe verlangte noch einmal, L. sollte sich schämen, der Staatsanwalt hatte keine Fragen mehr, der Verteidiger schon gar nicht. Der Angeklagte durfte sich setzen. Annelies drehte sich zu ihm um, ihre Augen waren wie versteint.

L. fühlte sich wie in einem Glaskäfig, hinter den durchsichtigen Gittern lief Geschehen ab, unbeeinflußt von ihm, unbeeinflußbar. Jetzt aufspringen und schreien: Aber es war doch alles ganz anders! Erstaunt würden Richter und Schöffen und Staatsanwalt die Köpfe schütteln: Zwei Tage lang hatten alle hier im Saal schlimme, bedauerliche Wahrheiten begriffen, nur einer, einer wollte das alles nicht verstehen. Ein Saal mit hundert klugen, einsichtigen Menschen darin, in ihrer Mitte ein einziger Narr. Noch immer, noch immer gab er nicht zu und nicht nach? War das nun Dummheit oder Schlimmeres? Hinter den Glasstäben gab der Richter Anweisungen an die Protokollantin; hatte der Staatsanwalt noch Fragen? Die Verteidiger packten ihre Taschen, sie hatten einen Tag abgesessen, ihre Kohlen stimmten. Eine Maschine tat ihr Werk, L. kannte keinen Hebel, sie anzuhalten. Annelies gab ihm die Hand, sie war zu keinem Wort fähig.

Am dritten Tag wurden Zeugen vernommen, die die Anklage benannt hatte. Der Richter hielt eine Überraschung parat: Der Zeuge Nr. 1 sei nicht geladen, seine Aussagen hätten sich erübrigt. L. war von der Stunde seiner Verhaftung an sicher gewesen, auch dieser Mann säße in U-Haft, die Vernehmer hatten ihn durchaus in diesem Glauben gelassen. Ein Brief von Annelies war nicht ausgehändigt worden, weil sie erwähnt hatte, dieser Mann habe sich ein wunderhübsches Auto gekauft. L. hätte hoch gewettet, daß der Mann aus dem Zeugenstand heraus verhaftet werden müßte. Nun war er nicht geladen. Das alles zählt für den Chronisten zu den nie mehr aufzuhellenden Räumen.

Gegen L. sagten drei Zeugen aus. Der erste war ein Jugendfreund aus Mittweida, er brachte die – so meinte L. – wertarme Kunde, L. habe bei einem Besuch im Oktober 1956 von heftigen Debatten im Berliner Donnerstagskreis erzählt, von Harich, der dort das Wort führe. In der DDR werde sich allerlei tun, hätte L. vermutet, es könnte nicht alles beim alten bleiben. Der Verleger Sachs wurde über seinen Autor befragt, über dessen Charakter. Manchmal sei L. schon ziemlich halsstarrig, sagte Sachs aus, aber wenn man geduldig und gründlich mit ihm rede, sei er Argumenten nach einiger Zeit nicht unzugänglich. Ob sich L. in eine Idee verrennen könne? Das hielt Sachs für möglich. Der dritte Zeuge hatte eine weit sichtbarere Funktion. Als Freund L.s hatte er in aufgeregten Tagen die Linie der Partei verfochten, manchmal hatten sie sich bis in die Nacht gestritten. Kurz vor der Verhaftung hatte er L. aufgesucht und ihm geraten, zur Bezirksleitung zu gehen, Kontakt anzubieten und sich von Zwerenz zu distanzieren. Er hatte ihm nicht geflüstert, daß er von der SED geschickt worden war – jahrelang litt der Mann darunter, ein zweifelhaftes Spiel getrieben zu haben, viele Male, wenn er getrunken hatte, kam er darauf zurück und klagte sich an. Gewiß hatte er auch Auskünfte über L. gegeben, über dessen Ansichten, ein Mann zwischen den Fronten. Jetzt bezeugte er, L. auf das Falsche und Verderbliche seiner politischen Ansichten hingewiesen zu haben. Er wollte aus der Klemme heraus, als er sagte: »Ich bin erschüttert, daß jemand, der solche Bücher geschrieben hat, auf der Anklagebank sitzt.« Im Urteil hieß es dann: »Obwohl ihn sein Freund XYZ auf das Verbrecherische seines Tuns hinwies und geduldig die klare Linie der Partei erläuterte, blieb der Angeklagte...« Dieser Zeuge war ein nützlicher Bauer bei diesem Schachmatt.

Tolbe nahm anderwärts einen lange anberaumten Termin wahr. Annelies war daheim geblieben, sie war dieser Tortur nicht täglich gewachsen. Am Nachmittag wagte die Verteidigerin des zweiten Hallensers die Bitte, einen Entlastungszeugen in einer bestimmten Frage zuzulassen, da antwortete Kaulfersch, dazu bliebe keine Zeit mehr: Ehe der Zeuge geladen sei, ehe er hierher käme – für den übernächsten Tag sei ja schon die Urteilsverkündung angesetzt. Da zog die Verteidigerin ihren Antrag eilfertig zurück. An die Zeugen hatten die Verteidiger keine Fragen.

Nach einem Tag Pause stellte der Staatsanwalt die Urteilsanträge: Wegen Verbrechens gemäß Paragraph 13 des Strafrechtsergänzungsgesetzes für Lehmann zehn, für den ersten Hallenser achteinhalb, für Loest siebeneinhalb Jahre Zuchthaus und Entzug des Vermögens, für die beiden übrigen wegen Beihilfe zum Paragraphen 13 dreieinhalb und drei Jahre Zuchthaus. Keiner der Angeklagten, keine der Ehefrauen hatte diese Strafhöhen vorausgesehen. In der Pause danach standen sie unfähig zu einem Wort, fast unfähig, sich zu rühren. Die Verteidiger versuchten sich in Trost, man müsse ja die Strafen gewiß nicht absitzen, bei guter Führung... »Da isses schiefgegang«, murmelte Tolbe. L. stand neben Annelies. Jetzt, da alles vorbei war, drängte sie kein Posten auseinander. Siebeneinhalb Jahre, eine nicht zu begreifende Zeit.

Was noch? Die Verteidiger hielten ihre Plädoyers, sie rüttelten keineswegs am Gebäude der Anklage, versuchten noch nicht einmal, hier und da einen Sparren zu lockern; sie baten um etwas Milderung. Beratung des Gerichts, Urteilsverkündung. Das Gericht folgte den Anträgen des Staatsanwalts. Danach entstand gelinder Tumult: Die Anwältin des zweiten Hallensers hatte diesem geraten, sofort das Urteil anzunehmen, das mache einen reuebewußten Eindruck. Aber auch Lehmann wollte sich als botmäßig erweisen, und so drängelten, schubsten sie sich vor dem Richtertisch. Sie bekamen nacheinander Gelegenheit, sich demutsvoll zu äußern.

Nur L. nahm das Urteil nicht an. Es war gesagt worden, dazu blieben vierzehn Tage Zeit. Die Chance einer Berufung wollte er sich nicht verbauen, wollte nachdenken und sich beraten lassen. Tolbe: »Die gehn nich een eenzchn Millimeder zurick.« L. stand neben seiner Frau, jetzt fanden sie allmählich Worte. Schrecklich, sagten sie, und: Noch sechseinhalb Jahre, ich kann es mir nicht vorstellen. Tolbe gab Ratschläge, wie dem Vermögensentzug vorzubeugen sei: Sofort Geld abheben, z. B. die Miete im voraus bezahlen! Er verabredete mit Frau L., wann sie sich in der Sparkasse treffen wollten, er zeigte sich sehr interessiert, daß er schnell sein Honorar bekam. Für seine Anwesenheit und das Belügen seines Mandanten – darauf kommen wir noch – kassierte er etwas mehr als 2500,- Mark.

Es war der 23. Dezember, ein Tag vor Heiligabend. Annelies würde nach Mittweida fahren, die Kinder waren schon dort. Wie ihnen und den Verwandten dieses Urteil beibringen? Sie umarmten sich, der Posten mahnte nachsichtig, das sei nicht gestattet. Diese jungen Sicherheitsmänner hatten den Prozeß von Anfang an miterlebt – waren sie beeindruckt? Was begriffen, was ahnten sie? Ihre Stimmen waren leiser geworden. Aus Stein waren diese Arbeiterjungen nicht, und wenn ihnen hundertmal vorgesagt worden war, sie seien das scharfe Schwert der Partei, und diese da seien Konterrevolutionäre, Feinde.

Die Anklageschrift mußte L. abgeben. Die Urteilsbegründung bekam er nie zu lesen, er hat sie nur einmal aus Kaulferschs Munde gehört. Anklageschrift und Urteilsbegründung verschwanden in den Schränken des Bezirksgerichts und wurden zur Geheimsache. Der Chronist möchte aus ihnen zitieren, es ist ihm unmöglich.

Noch ein Abschiedswort, ein Gruß. Jetzt nicht durchdrehen, sagten sie sich, versuchen, sich auf dieses Urteil einzustellen. Schließlich gab es Straferlasse, Amnestien. Die

Frauen gingen hinaus auf die Straße, zu ihren Kindern, in ihre Wohnungen, in denen Kerzen brannten, in denen es trotzdem eiskalt war. Die Männer wurden in ihre Zellen zurückgebracht.

3

Zeit war zu morden, sechseinhalb Jahre mußten totgeschlagen werden, genauer sechs Jahre, vier Monate und zwanzig Tage. Er rechnete um in Monate, Wochen, Stunden. Bald würde er in den Vollzug gebracht werden, den hatten die Vernehmer gern mit dem Beiwort »human« belegt. Dort würde er arbeiten, sich Zigaretten und Wurst kaufen und Geld nach Hause schicken, würde unter Mithäftlingen sein und Zeitungen bestellen dürfen. »Wenn Sie erst im Vollzug sind«, hatten die Vernehmer versichert, »sieht alles anders aus.« Von der U-Haft aus betrachtet, erschien der humane Strafvollzug als gemäßigtes Paradies. Zwischen Weihnachten und Neujahr würde nichts geschehen, aber gleich im Januar... Jeden Abend bat er brav: »Kann ich bitte noch einen Kanten haben?« Er durfte. In der Freiviertelstunde absolvierte er ein scharfes Gymnastikprogramm, in der Zelle hielt er möglichst die Luftklappe offen. Dieser Knast wurde lässiger gehandhabt als der Leipziger. Kein Turm ragte über den Höfen, so schmissen die Häftlinge mit Schnee über die Mauern. Auch mit Kassibern. In einer Ritze hatte L. einen Bleistiftstummel entdeckt, wo fand er eine Kekspackung? Zwei Zellen weiter lag der dritte Leipziger, immerzu wurde geklopft, wurden von dazwischenliegenden Häftlingen Nachrichten weitervermittelt. Die eng beschriebene Kekspackung flog über drei Mauern. Stau auf den Treppen, Gelächter. An manchen Nachmittagen riefen sich die Häftlinge von Zelle zu Zelle zu, bis ein Posten von unten heraufbrüllte: »Mal Ruhe auf der Vierten! Ich komm gleich hoch!« Stille war für ein Weilchen.

Zwischen Weihnachten und Neujahr fand der zweite Prozeß statt, angeklagt waren zwei Männer und drei Frauen aus Leipzig und Halle. Die Höchststrafe betrug drei Jahre, die anderen kamen mit zwei und anderthalb Jahren davon. L. erfuhr noch am selben Abend detailliert die Urteile.

Er wurde verlegt in eine Zelle, in der der Raum vor der Pritsche nur 1,5 Meter mal 0,5 Meter maß, dort war noch der Heizkörper, dort blubberte der Kübel. Der Putz ums Fenster war brüchig, Häftlinge vor ihm hatten die Ritzen mit Brot verstopft. L. besserte aus. Neben dem Kübel drehte er sich stundenlang im Kreis, linksherum, rechtsherum. In diesem Loch verbrachte er länger als einen Monat. Aber auch das: Zweimal am späten Nachmittag schob sich leise der Schlüssel ins Schloß, und ein Posten, ein Mann um die Sechzig, gab ihm Stullen herein, gutes Brot, beschmiert mit Wurst und Butter. Der Posten äugte wachsam zur Seite, daß kein Genosse ihn sah. L. griff hastig zu, murmelte ein Danke; eine Minute später hatte er die Stullen verschlungen.

Wieder wurde er in eine normale Zelle verlegt, klopfte rechts, klopfte links. Grauer, kalter Januar, düsterer Februar, ach, das Paradies Strafvollzug würde sich schon noch öffnen, und jeder Tag, der abgerissen war, kam nicht wieder. An seinem Geburtstag durfte Annelies ihn besuchen, da hatten sich beide in der Gewalt und gaben sich zuversichtlich, gesprächig, heiter gar. Ach, wir werden schon mit allem fertig werden, die Hauptsache, wir bleiben gesund. Dein Magen? Hatte sich nicht wieder gemeldet. Bilder der Kinder hatte Annelies mitgebracht, obendrein ein Paket, so schwer sie es nur schleppen konnte. Die Anstaltsleitung ließ Wurst und Butter, Schokolade und Keks, Äpfel und Zucker, Apfelsinen und Milchpulver passieren. L. schwelgte, in der Freistunde schmiß er Äpfel nach rechts und links. Zwei Drittel, hieß es allgemein, mußte einer absitzen, ehe ein Gesuch auf vorzeitige Entlassung Erfolg hatte, das wäre also in drei Jahren, acht Monaten und... Keine Panik, die Nerven in Zucht nehmen, Kniebeuge, Liegestütze, die Arme kreisen lassen! Nicht immer wieder den Prozeß nacherleben und damit hadern, in welchem Tempo Kaulfersch und Mach ihn durchgepeitscht hatten. Die Verteidiger, diese Flaschen, Feiglinge, sie waren ein Thema für sich. Und die verdammten Suggestivfragen – also Schluß mit diesem Thema! Oder wenigstens nicht jeden Tag alles wieder durchkauen, da konnte das nächste Magengeschwür ja gar nicht ausbleiben.

Am 4. März wurde er von der Freistunde weg ins Verwaltungsgebäude dirigiert. Sein Zivil lag auf einem Tisch. Umziehen! Dann stieg er, die Hände im Eisen, in eine Grüne Minna. Die Sonne schien, durch eine Ritze unter der hinteren Tür konnte er den Schatten beobachten, den das Auto warf. Es fuhr im allgemeinen nach Osten, drei bis vier Stunden lang. In einem Gefängnishof kletterte er steif heraus. »Da lang!« Ein Gang, eine Tür, hinter einem Schreibtisch saß ein Hauptmann der Volkspolizei. »Wo denken Sie, daß Sie sind?«

»In Bautzen.«

»Ihr Gefühl täuscht Sie nicht.« Der Hauptmann war klein, drahtig, er hatte eine Hakennase wie Friedrich II. von Preußen und eine scharfe Stimme. Seine Spitzname, L. sollte ihn noch erfahren: der Uhu. Es hieß, er habe bei den Nazis im KZ gesessen. Er verlas die Anstaltsordnung; Verbote, Verbote. Verboten war, an das Fenster heranzutreten und hinauszuschauen, mit anderen Häftlingen zu klopfen oder sonstige Nachrichten auszutauschen. Bei jeder Gelegenheit war dem Anstaltspersonal zu melden, zumindest war es durch Kopfwendung zu grüßen. »Sie haben niemandem Ihren Namen zu nennen oder über Ihre Straftat zu sprechen. Sie haben von jetzt an die Nummer dreiundzwanzigneunundfünfzig. Mit dieser Nummer melden Sie sich an und ab. Noch Fragen?«

»Kann ich hier arbeiten?«

»Bei guter Führung nach einiger Zeit.«

»Kann ich rauchen?«

»Wenn Sie arbeiten, werden Sie Geld verdienen. Dann können Sie auch rauchen.« Das klang nicht wie das von den Vernehmern verhießene Paradies. »Also, melden Sie sich ab!«

Und L. sagte zum erstenmal, und tausendmal sollte er es wiederholen: »Strafgefangener dreiundzwanzigneunundfünfzig meldet sich ab.« Eine Treppe wurde er hinaufgewiesen, leer lag das Haus, grabesstill. In eine Zelle wurde er geschlossen, zehn Minuten später kam der zweite Hallenser hinzu. Steine fielen beiden vom Herzen. Wenigstens keine Einzelhaft.

Der Vollzug begann abgeschieden, in äußerster Disziplin. Ein Kalfaktor, der Frisör der Anstalt, wies sie in Riten ein, wie die Decken zu legen waren, wie zu grüßen war, er lehrte sie die Dienstgradabzeichen der Deutschen Volkspolizei. Auch die Spitznamen einzelner Wachtmeister flüsterte er: Trompeter, Blumenfreund, Na-sehn-Se!, und: Seht euch vor dem Schwarzen Peter vor! Er brachte ihnen die Freiübungen in sechzehn Zeiten bei und informierte, daß sie nicht im Gelben Elend wären, dem bekannten Bautzner Großknast, sondern in der Strafvollzugsanstalt Bautzen II, einem sonderbaren, intimen Haus. Nicht auffallen, riet er, fallt bloß nicht auf!

Sie legten die Decken akkurat wie in Rekrutenzeiten, meldeten und wendeten die Köpfe, in der Freistunde hampelten sie die sechzehn Bewegungen durch. Sie erzählten sich, was sie in den letzten Monaten erlebt hatten, kamen dabei auf den Paragraphen 13 zu sprechen, und L. erfuhr, er wollte nicht glauben und glaubte dann doch und wurde heiß vor Wut, als ihm sein Kumpel versicherte und wieder versicherte, wie dieser Paragraph wirklich lautete. Nicht auswendig kannte er ihn, doch dem Sinne nach. Viel später, wieder in Freiheit, in der Deutschen Bücherei zu Leipzig schlug L. nach und las dort:

Wer es unternimmt

1. die verfassungsmäßige Staats- oder Gesellschaftsordnung der DDR durch gewaltsamen Umsturz oder planmäßige Untergrabung zu beseitigen,
2. mit Gewalt oder durch Drohung mit Gewalt die verfassungsmäßige Tätigkeit des Präsidenten der Republik, der Volkskammer oder der Länderkammer oder des Ministerrats oder ihrer Präsidien oder eines ihrer Mitglieder unmöglich zu machen oder zu behindern,
3. Das Gebiet der DDR einem anderen Staate einzuverleiben oder einen Teil desselben von ihr loszulösen,

wird wegen Staatsverrats mit Zuchthaus nicht unter fünf Jahren und Vermögensentzug bestraft.

Der Kumpel blieb fest dabei, er wisse es genau, seine Verteidigerin habe ihm den § 13 schwarz auf weiß gezeigt. Welcher Teil kam denn nun für sie in Frage, doch nur, daß sie versucht hätten, durch planmäßige Untergrabung die verfassungsmäßige Staats- und Gesellschaftsordnung der DDR zu beseitigen. Es war klar und dennoch nicht zu fassen, Tolbe hatte ihn betrogen, hatte ihm, auch dafür 2500,- Mark kassierend, einen falschen Paragraphen verlesen, nämlich den Paragraphen 19. Das bot Stoff für viele Tage des Grübelns und Erörterns und Wütens. Warum die Lüge? Um L. zu besänftigen, um ihn abzubringen, sich auf Teufel komm raus zu wehren, umsichzuschlagen? Wenn es so war, warum war Tolbe daran interessiert? Natürlich war L. nicht gut zu sprechen auf Vernehmer, Staatsanwalt und Richter, aber er billigte ihnen Interessen zu, wenn sie auch den seinen entgegengesetzt waren. Aber der Verteidiger, von ihm bezahlt, schlug ihm die Beine weg.

»Dieses Schwein«, er wiederholte grimmig: »Dieses Schwein.« Später erfuhr er, daß Tolbe selber in den Knast gegangen war, weil er Briefmarken nach Westberlin verschoben hatte, da triumphierte er und malte sich aus, er begegnete ihm und kriegte ihn zwischen die Fäuste, den kleinen fetten Widerling – es waren keine Gedanken an christliche Vergebung, die ihn dabei durchzuckten.

»Noch was«, sagte der Kumpel. »Dieser Paragraph bezeichnet ein Unternehmensdelikt, das heißt, schon der Versuch und sogar die Absicht sind strafbar. Nun haben sie aber mich zur Beihilfe verurteilt. Und Beihilfe zu einem Unternehmensdelikt, das gibt's gar nicht.«

»Gehn wir in Berufung?«

Dafür war der Kumpel nicht zu haben, er hatte demnächst zwei Jahre abgesessen von dreieinhalb und hoffte auf vorzeitige Entlassung noch in diesem Jahr. »Wenigstens hat mir die Verteidigerin gesagt, der Richter habe durchblicken lassen, der Vermögensentzug würde nicht angewendet werden. Er träfe doch nur Frauen und Kinder. Wenn ihr Fabriken hättet, Häuser, Autos...« Er wurde nicht angewendet.

Das Gras wurde grün im Freistundenhof, die Kastanien hinter der Mauer blühten, 23/59 und 24/59 gingen eine halbe Stunde lang im Kreis, turnten die Freiübungen durch, dann hockten sie sich wieder gegenüber. Deine Frau, deine Kinder, was hast du im Krieg gemacht? Und wieder: Deine Vernehmung, meine Vernehmung. Jetzt, in Kenntnis des Paragraphen 13, dachte L. die Vernehmung, den Aufbau der Protokolle und den Verlauf des Prozesses neu durch. Die Vernehmung des Jugendfreundes aus Mittweida war ihm bisher als absolut sinnlos erschienen. Nun begriff er sie in den Augen des Richters so: L. hatte erzählt, im Kreis um Harich rede man von personellen Veränderungen in der Führungsspitze und von Erneuerung der Politik. L. hatte derlei gutgeheißen und, indem er davon sprach, einen Bürger beeinflußt, infiziert. Auch das galt als Untergrabung, zumindest kam es, wie Kaulfersch gern formuliert hatte, auf dasselbe hinaus. Erinnerung an den Krieg wurde wach: Zersetzung der Wehrkraft. Ein defätistischer Witz, Zweifel am Endsieg, im Kreis der Kameraden geäußert, konnten den Kopf kosten. Und L. und seine Freunde hatten mit ihren Vorstellungen in den Augen des Gerichts die bestehende Ordnung, diese beste aller Ordnungen, untergraben, hatten eine Entwicklung begonnen, an deren Ende der weiße Terror stand, an dem sich alle, Wagner und Fröhlich, Kaulfersch und Mach, an Laternenpfählen gehenkt sahen. Was bedeutete es da in den Augen des Gerichts schon, wenn ein Angeklagter seinen Paragraphen nicht erfuhr, wenn die Verteidigung keine Zeugen benennen durfte? Wehret den Anfängen!

Das Essen war miserabel und knapp. Morgens streckte jeder Häftling dem Kalfaktor zwei Schüsseln hin, eine für sogenannten Kaffee, die andere für eine dünne, bittere Hafermehlsuppe. Mittags ein Schlag Eintopf oder ein Löffel Quark und vier, fünf Pellkartoffeln. Abends ein Pfund Brot, ein Kleckschen Margarine oder Schmalz und eine Scheibe Wurst, alle drei Tage einen Löffel Marmelade. Sie sehnten sich nach den Hallenser Brotkanten zurück, erzählten sich von den Gerichten, die ihre Mütter und Frauen gekocht hatten. Schweineschlachten, ein endloses Thema. Sie hungerten wieder wie nach dem Krieg. L.

hatte sich anfänglich zu zwei mal zehn Liegestützen täglich gezwungen, die gab er bald auf.

Sie versuchten den Tag zu füllen. L. bot die Inhalte aller Romane von Thomas Mann, der Kumpel revanchierte sich, indem er versuchte, L. Russisch beizubringen. Das mißlang ohne Papier, Bleistift und Lehrbuch. Der Kumpel beschrieb die Schriftzeichen, sie waren beide nicht mit sich zufrieden; L. erwies sich zu stark als visueller Typ. Dann wieder eine Einzelheit aus dem Prozeß. Als mein Junge drei war. Gulaschsuppe, Eisbein, Hackepeter, Bier. Kohlroulade, Schlackwurst.

Der Kalfaktor gab eine Bücherliste herein und Lesekarten, ein Fäßchen Tinte und einen Federhalter. Sie stürzten sich auf die Liste und stellten fest, daß an die dreihundert Romane und Erzählungen angeboten wurden, aber kein wissenschaftliches Werk. Jetzt irgend etwas gründlich durcharbeiten von früh bis spät, und wenn sie Türkisch lernten – nichts damit. Viele Bücher waren Übersetzungen aus dem Russischen der letzten Jahre, »Fern von Moskau« fehlte nicht. Siehe da, »Jungen die übrigblieben« war von wachsamen Augen übersehen worden, es verschwand erst nach einem knappen Jahr. L. und sein Kumpel mühten sich, die wenigen Perlen herauszufinden. Nach einigen Wochen erhielten sie die ersten Bücher.

»Auf einen Tag freu ich mich wie verrückt«, sagte L., »auf den dreizehnten August einundsechzig. Da hab ich die Hälfte meiner Strafe rum.«

4

Was soll berichtet werden von diesen Jahren? Während der Chronist nachdenkt, sagt seine Tochter: »Eigentlich hast du immer bloß die paar lustigen Geschichten erzählt.« Die gab's auch. »Frohes Lachen hinter Zuchthausmauern«, kommentierte sie der Fischer, einer der vielen, neben denen er später arbeitete oder mit denen er die Zelle teilte. Die spaßigen und grotesken Begebenheiten aber füllten kein Promill der Zeit. Dumpfe Wut, Apathie, Streit um Läppisches, bis sich zwei an die Kehle gingen, das gab's öfter. Nach einem halben Jahr sah er zum erstenmal einen Film. Im Dachgeschoß hatte ein großer Raum früher als Kirche gedient. Als L. eintrat, saßen an die fünfzig Häftlinge auf Bänken ohne Lehne darin, jeweils im Abstand von zwei Metern, unbeweglich. Keiner wendete den Kopf, keiner flüsterte ein Wort. Vorn stand wachsam der Uhu, von rechts und links beobachteten Wachtmeister. Wer einem anderen auch nur zugezwinkert hätte, wäre sofort auf Zelle geschickt worden. L. wurde auf eine der hintersten Bänke verwiesen, dort saß er stumm und reglos wie die anderen. In der Dunkelheit wurden noch einige hereingeführt, und noch ehe wieder das Licht eingeschaltet wurde, dirigierten die Wachtmeister sie hinaus. Alle zwei Wochen war Kino für die, die sich nichts hatten zuschulden kommen lassen. Einige erstklassige Filme sah L., »Die Kraniche ziehen« und »Der stille Don« und sogar »Klarer Himmel«. Der sowjetische Film erlebte eine rasante, kurze Blütezeit. Meist liefen Partisanenstreifen aus bulgarischer, jugoslawischer und polnischer Produktion, einer war wie der andere. Ein Pfarrer oder eine Bibel etwa tauchten in diesen Jahren in Bautzen II nicht auf.

Dann die erste Arbeit auf Zelle, sie war herbeigesehnt worden als die große Wende. Mit scharfem Messer mußten Kabelenden von Isolation befreit werden, kapiert war das in drei Minuten, Handfertigkeit war in drei Tagen erworben. Nach einer Woche arbeiteten die Hände von selbst, wieder konnten die Gedanken schweifen. Manchmal sprachen die beiden Zellengenossen stundenlang kein Wort.

Annelies besuchte ihren Mann einmal im Vierteljahr auf eine halbe Stunde. Einen Tag war sie dafür unterwegs, das Fahrgeld schlug hart zu Buche. Vorher mußte L. sich umziehen, in saubere Klamotten schlüpfte er, sie waren ohne Taschen. Ein Wachtmeister stand dabei, es wäre unmöglich gewesen, einen Kassiber von einem Anzug in den anderen zu schmuggeln. »Nur Handschlag ist gestattet«, verwarnte der Wachtmeister, »und sprechen Sie nur über persönliche Dinge, nichts, was mit Ihrer Straftat zusammenhängt, nichts über die Anstalt, nicht, mit wem Sie zusammen sind und so weiter.«

Annelies saß schon in einer kahlen Zelle hinter einem Tisch, darunter war ein Gitter, damit die Füße sich nicht berühren konnten. Der Wachtmeister stellte sich bei der Begrüßung so, daß sie sich nur über den Tisch hinweg die Hand geben konnten, dann saß er natürlich dabei. L. hatte vor Jahren aus Ungarn den Handkuß importiert, der bewährte sich jetzt: Handkuß war im Verbotskatalog nicht aufgeführt. Wie geht's dir? Und dir? Und dein Magen? Was machen die Kinder? Bilder durfte Annelies zeigen, so groß ist Robbi nun schon. Da schossen L. Tränen in die Augen, Annelies nahm die Bilder schnell weg. Hast du Arbeit? Ja, wie schön. Annelies arbeitete jetzt auch, früh vor fünf stand sie auf, machte die Großen fertig zur Schule, brachte Robbi in den Kindergarten, dann saß sie am Band und lötete. Nicht immer schaffte sie die Norm. Was hast du gelesen? Ein Film, ja. Dieser Freund hatte sich sehen lassen, jener nicht. Manchmal lief nach ein paar Minuten ein richtiges Gespräch, es kam vor, daß sie lachten. Nach fünfundzwanzig Minuten sagte der Wachtmeister: Komm Se allmählich zum Schluß. Manchmal durfte Annelies einen Beutel mit Obst dalassen, manchmal eine Wurst. Manchmal gaben sie sich zum Abschied doch einen Kuß, und der Wachtmeister sagte monoton: Nur Handschlag ist erlaubt.

Und dann dieses Husarenstück: Einen Besuch hatte Annelies auf den 10. Hochzeitstag legen lassen. Gleich nach der Begrüßung, diesmal saß der Uhu daneben, packte sie in Windeseile aus: Eine Decke breitete sie über den Tisch, stellte Tassen und Teller darauf, Kaffee goß sie aus einer Thermosflasche ein und legte Torte auf die Teller, sogar eine Vase mit Blumen hatte sie bereit. »So«, sagte sie, »und nun feiern wir unseren Hochzeitstag!« Sprachlos war der Uhu ob dieser Hexerei, 23/59 trank Kaffee und löffelte Torte, es wurde ein fröhliches halbes Stündchen. Danach allerdings knöpfte sich der Uhu die flinke Besucherin vor: Wenn sie sich noch einmal etwas Derartiges leisten würde, könnte sie sicher sein, daß er ihr die Besuchserlaubnis entzöge! Und sie sagte, das werde nicht wieder vorkommen, so was machte sie nur an einem runden Hochzeitstag, und am 20. wäre ihr Mann ja zu Hause.

Was soll berichtet werden aus dieser Zeit? Fast zwei Jahre verstrichen, ehe er einer Brigade zugeteilt wurde, zwanzig Mann legten Drahtspulen in die Ständer von Elektromotoren ein. Er meinte, mit siebeneinhalb Jahren Zuchthaus Eindruck zu machen, hörte: lebenslänglich, fünf, fünfzehn, zwölf, dreizehn, lebenslänglich, drei, vier, acht, sechs, acht – er lag gut in der Mitte, niemand zuckte hilflos die Schultern wie gegenüber einem Lebenslänglichen, was sollte man da schon sagen, und keiner riß einen Standardwitz: Wenn du entlassen wirst und in die Effektenkammer kommst, da wackelt ja noch dein Mantel. Er war angenommen unter Spionen, Saboteuren und Mördern. Staatsverrat, das ließ sich hören, er war kein Hühnerdieb und kein Kinderschänder.

Als er merkte, in welcher Weise über welche Themen gesprochen wurde, ging er auf Distanz. Kein obszönes Wort, nahm er sich vor, keine schweinische Geschichte, wie schnell sackst du sonst ab. Allmählich verschaffte er sich Respekt. Als er in diese Brigade kam, tobte gerade die Zuckerdebatte, jeder wußte etwas und keiner alles, wütend schmissen sie Begriffe hin: Milchzucker, Rübenzucker, Blutzucker, Rohrzucker, Zuckerkrankheit. Kein Nachschlagewerk konnte konsultiert werden, es gab keinen Experten. Jeder hatte schon alles in den Streit geworfen, was er je gehört hatte, jetzt wurde auf Argumente zurückgegriffen wie: Mensch, mein Onkel hatte in Schlesien 'ne Zuckerfabrik! L. kannte noch von der Schule her die Formel für Zucker und wußte ein wenig über die Umwandlung in Alkohol. Na, und was ist Melasse?

Oder die Flunderdebatte. Wie war das nun, lag die Flunder immer flach auf dem Meeresgrund, oder schwamm sie als Kleinfisch munter wie jeder andere Fisch, verschob sich das eine Auge allmählich, wurde sie erst im Laufe ihrer Entwicklung platt? Da prallten die Meinungen aufeinander: Du Arschloch, ich hab drei Jahre in Rostock gewohnt, mir machste nischt vor!

Ein besonders guter Arbeiter war er nicht; zu gern unterhielt er sich ein bißchen nebenher. Wie schwer war der sowjetische Panzer T 34, wie stark seine Kanone? War Prien, der U-Boot-

Kommandant, in einem KZ umgekommen? War Thomas Mann Jude?

Ein neues Magengeschwür, er wurde auf Diät gesetzt, Weißbrot. Ein Sommer, ein Herbst, kommt eine Amnestie, sind wir zu Weihnachten zu Hause?

Und wieder Einzelhaft. Er hatte in der Brigade ein Schachturnier organisieren wollen, war es der Anstaltsleitung hinterbracht worden, hatte sie etwas dahinter vermutet? Eines sagten ihm seine Kumpel: Ein richtiger Knastologe bist du erst nach fünf Jahren, wart's in Ruhe ab.

XIV.

Sein albanisches Wunder

I

Was soll berichtet werden aus diesen Jahren?

Er holperte in einem Jeep, oder hieß das hochbeinige Ding Landrover, auf einem Ziegenpfad an der Küste entlang. Staub wolkte und legte sich auf Steppengras. Der Fahrer und der Parteisekretär des Distrikts trugen ihre knallschwarzen Locken militärisch kurz. Ehe sie lachten, spuckten sie die Zigarettenstummel in den Wind. Die Dolmetscherin stammte aus Jena. Er wußte nicht genau, ob sie seine Geliebte war. Wenn sie sich zu intensiv mit den beiden unterhielt, paßte ihm das freilich nicht. Er sagte: »Bring ihnen mal bei, Renate, daß die ersten Hotels hier stehen könnten.« Im Rückspiegel sah er, daß er das kleine Hardy-Krüger-Schmollmündchen hatte, von dem keiner wußte, was von ihm zu halten war. Bißchen unberechenbar war er schon.

Ulbricht hatte ihn runtergeschickt. Vorher hatte es Krach gegeben mit Paul Fröhlich in Leipzig wegen billiger Provinzargumente, L. hatte gesagt: Entweder ihr räumt mir Spielraum ein wie Ardenne, eurem Superphysiker auf dem Weißen Hirsch in Dresden, am Ende rechne ich ab, Nationalpreis oder Zuchthaus, aber vorher soll mir keiner reinquatschen, ich schreib nicht jeden Monat 'nen Zwischenbericht an irgendwelche kleinkarierten Buchhalter. Oder ihr sucht euch jemand anderen. Ulbricht hatte ihm erstaunt zugehört, und seine Lotte neben ihm mußte wohl begriffen haben, was in L. steckte, sozialistisches Dynamit. Es ging um den Etat, L. sagte: »Im ersten Jahr zweihundert Millionen. Wenn's läuft fünfhundert, dann kann ich runtergehen, und im dritten Jahr klimpert das erste bescheidene Einkommen. In zehn Jahren bin ich rentabel.« Das war der Augenblick, als Lotte sagte: »Genosse, wann werden Sie Frauenausschüsse auf breitester Basis entfalten?«

Das war Vergangenheit, er legte den Arm um Renate; wie war Renate, er hatte sich noch nicht entschieden. Aber so wichtig war das nicht, er mußte sagen: »Bring den Jungen bei, wo das erste Hotel zu stehen hat, hierher, dieser Strand und die Berge dahinter, wir müssen unseren Leuten ein Gefühl vermitteln; wie Usedom oder Rügen, bloß südlicher, du darfst meine Sachsen nicht erschrecken, die steigen aus der Maschine und brauchen ihre Bockwurst.« Ein Strand, aufsteigend, Wolken wie nackte Lämmer.

Er stand am Fenster und schaute den Dohlen zu, die ihre Nester bauten. Jedes Frühjahr war das so, er sah sie in den Essenköpfen ihre struppigen Behausungen montieren, immer mit Geschrei und Gekrächz, manchmal konnten sie, einen Ast quer im Schnabel, kaum die Höhe gewinnen. Schwerlastdohlen. Oder Krähen. Da war dieses Pärchen, er erkannte es an der Körperhaltung, wenn die beiden ihren Zweig in eine Lücke stopften, manchmal dachte er: Junge, schaffst du das oder stürzt du ab? Da stand er und pendelte wieder seine sieben Schritte und drehte an derselben Stelle und sah die Dohlen und dachte: Renate oder Ulbricht, wo spinnst du deine Geschichte weiter, also wieder mal am Anfang, und den Anfang dachte er sich so:

Ministerrat. Oder Hauptausschuß Urlaubsbetreuung der Gewerkschaften. Oder am besten bei Ulbricht im Zentralkomitee. Macht besitzen wollte er auf keinen Fall, nicht einmal über die Arbeitsleistung von drei Knastkumpel hatte er herrschen wollen. Nie wieder, wenn er erst draußen war, wollte er sich einen Teil der Gewalt zu Lehen geben lassen, auf daß er heraufgehoben wäre und fallengelassen werden könnte, gehorchte er denen über ihm nicht mehr. Aber in der Phantasie genoß er Entscheidungsglück dennoch, da beargwöhnte er sich als anfechtbar. Immerhin weiter in diesem Spiel:

Er schritt ans Pult. Absolut klar: Wenn er in dieser Stunde nur die kleine Variante angestrebt hätte, spähte er nicht die Küste hinauf, langte nicht in die Schachtel, die ihm der Distriktsekretär hinhielt. Unheimlich schwarzes Zeug rauchten sie dort unten. War ein Jammer, aber etwas, das einem natürlichen Hafen ähnlich sah, hatte er nicht gefunden, sie würden eine Mole schütten müssen, um das Zeugs aus Rostock anzulanden, Zement und Baustahl und Barackenteile zuerst. Die Mole war Sache der Albaner, vielleicht ihrer Armee. Die Mole konnten sie immer noch brauchen, wenn alles fertig war, hier legten die Urlauberschiffe an. Eine Belegung flog zurück nach Berlin, die andere stieg ein zur Kreuzfahrt durchs Mittelmeer, rund um Spanien, Biskaya, Kanal, Pendelverkehr von Rostock nach – da fiel ihm ein, daß er noch keinen Namen für sein Wunder hatte. Vielleicht nach dem nächsten Dorf benennen, aber er wußte außer Tirana und Durazzo keine albanischen Ortsnamen. Und fragen konnte er niemanden und nicht nachschlagen. Warum nicht Sonnenküste. Vorläufig so banal wie möglich »Projekt Sonnenküste«. Er stand zwischen Ulbricht und Hager an einem Modell und zeigte auf die weißen Klötzchen: die Hotels. Die Mole. Weiter hinten das Dorf für die Albaner. »Hier werden ausschließlich Albaner wohnen. Die hole ich mir aus den Dörfern und schule sie in Rostock. Oder Leipzig, Dresden. Kleine Cafés, Hammelbratstuben im heimischen Stil. Da rede ich meinem albanischen Architekturberater überhaupt nicht rein.«

Lotte sagte: »Genosse, hast du an die Kombinierten Kindereinrichtungen im Sinne Makarenkos gedacht?« Und Walter sagte: »Nu, ich denge, das is eine gude Sache, jo!«

Da wurde die Klappe vor dem Spion sachte beiseitegeschoben, ein Wachtmeister äugte herein, und 23/59 grinste sich eins, denn der da draußen konnte gucken, solange er wollte, und 23/59 stellte sich doch vor, wie Ulbricht seinen Lieblingssatz im fistelnden Sächsisch aufsagte, und keiner konnte ihm an den Arsch.

Also die Mole. Die Armee hatte von den Bergen her eine

Schmalspurbahn gebaut, auf ihr rollten Loren, vorn wurden die Brocken ins Meer gekippt. Er hatte an die zwanzig Mann runtergeholt, Bauingenieure, Landvermesser, er mußte Druck machen, daß es mit dem Flugplatz ernst wurde, was hieß Flugplatz, eine schlichte Piste brauchte er, mehr nicht. Ein Flughafengebäude baute er vielleicht überhaupt nicht oder zuletzt und ganz klein. Jeden Tag eine Maschine von und nach Berlin. Vielleicht die Hotels so anlegen, daß gerade eine Flugzeugladung hineinpaßte, an die hundertfünfzig Betten. Das war rationell, er konnte...

Rumsrums im Schloß: »Freistunde!« Er trat auf den Gang, der Kumpel aus der Nebenzelle ging gerade die Treppe hinunter, er hielt den vorgeschriebenen Abstand. Sah: ein Pappkärtchen mit einer schwarzen Zwei an Zelle 17, die war gestern noch leer gewesen. In der Freistunde waren sie sonst acht, an diesem Tag bloß sieben, der Pfarrer aus Magdeburg fehlte, krank oder was? Blickwendung zum Posten hinauf, manche ruckten den Schädel wie auf dem Kasernenhof, er guckte mal gerade hoch. Einer meldete: Herr Hauptwachtmeister, siem Straffangne zur Freistun antreten! Rechts üüm, im Gleichschritt.

Sie rechteckten in ihren dünnpfiffarbenen, dottergelbgebiesten Klamotten ums Volleyballfeld, dort würde er wieder spielen, wenn er aus der Einzelhaft raus war. Jetzt kein Gedanke an Albanien. Freiübungen. Und eins, und zwo. Kindergeschrei von der Schule nebenan. Das fehlte ihm in den Ferien. Einrückn! Meldung. Kopfwenden. Im Abstand die Treppe hoch, Einschluß. Eine halbe Stunde saß er auf der Bank, die Unterarme aufgestützt. Allmählich kam er wieder auf Albanien. Er wußte nicht, wie's angefangen hatte, jetzt trieb er das jeden Tag stundenlang. Eine ungeheure Aufgabe. Eines war klar, Albanien mußte Nutzen haben wie die DDR, sie waren keine Kolonialisten neuen Typs, sondern leisteten im gleichen Maße Entwicklungshilfe, wie sie ihren beengten Sonnensuchern ein südliches Paradies boten. Die erste Flugzeugladung mit Albanern hob in Tirana ab und setzte in Leipzig auf. Erst mal Deutsch lernen im Intensivkursus, nach Neigungen fragen: Er brauchte Köche, Servigerinnen, Sekretärinnen, Dolmetscher, Handwerker, was brauchte er denn nicht. Aus der Zeit vor dem Knast kannte er ein paar Leute aus dem Herderinstitut, mit denen saß er am Tisch. Eine enorme völkerverbindende Aufgabe, befand er, das ist Sozialismus, wie ich ihn mir vorstelle. Jetzt gähnt da unten leerer schöner Strand mit fünf Kilometern Hügelland, mickrige Hütten, Schafe, Sumpf. Dahinter die schwarzen Berge, und oben liegt Schnee. In zehn Jahren steht dort eine Hotelstadt mit einer Kapazität von... Er sah sich auf der Mole, das Wasser klatschte an die Quader. Soldaten mit nackten Oberkörpern stampften die Kiesdecke fest. Er hatte dem Major gesagt: Wenn ihr's bis Donnerstag schafft, schenk ich eurer Einheit drei Radios.

Er wußte nicht, ob der Major erwartete, daß er ihn persönlich bestach. Balkan, grübelte er, wer weiß, wie das hier zugeht. Er sah sich an der Mole, braungebrannt, zäh, fünfunddreißig war er, im besten Alter für einen operativen Posten. Führende japanische Manager waren so alt. Das Schiff kroch pünktlich über die Kimm, die Adria plätscherte, die Sonne knallte, den Soldaten rann der Schweiß über die Rücken. Das Schiff machte fest, Kräne schwangen Kisten aus dem Bauch, Baumaschinen, Dumper, Moniereisen, Lastautos. Sein Dolmetscher hieß wahrscheinlich Iskander; hoffentlich war das ein albanischer Name.

Kurz vor dem Mittagessen fiel ihm ein, daß er überhaupt kein Kraftwerk hatte. Total vergessen. Verschlampt. Mensch, ärgerte er sich, was bist du für ein Spinner, bildest Kellner weitsichtig aus, und jetzt, da du Bier und Schweinehälften aus der Heimat kühlen willst, hast du keinen Strom, willst die Grube fürs erste Hotel ausschachten lassen, und womit drehst du die Mischer?

Gemüseeintopf. Er aß Brot dazu. Der Eintopf war nicht so schlecht, daß er ihn mißmutig gemacht, und längst nicht so gut, daß er stundenlang über ihn gejauchzt hätte. Während er die Schüssel ausspülte, kam er auf Hemingway und fand, daß er eine derartige Geschichte am besten im Hemingwaystil erlebte. Er sagte sich alle Titel her, die ihm einfielen, die Romane und »Francis Macomber« und »Der Schnee auf dem Kilimandscharo« und »Der Kämpfer« und »Die Killer« und alle Nick-Geschichten, wo gewaltige Forellen geangelt wurden. Er sah sich wieder an der Mole, er hatte keineswegs ein Hardy-Krüger-Mündchen, als er die Kraftwerkspanne ausbügeln wollte, seine Lippen waren vielmehr messerschmal, er trug ein Khakihemd und kurze Hosen und seine ausgelatschten Sandalen von daheim und dachte Hemingway-artig, daß das Ganze eine Erzscheiße sei. Jetzt konnte nur einer helfen, der Major, und da er immer mehr reinrutschte in den harten Stil, knurrte er zu Iskander: »Wenn du den Mehtscher nicht in zehn Minuten auftreibst, Junge, hast du morgen 'nen neuen Chef! Und ich schreib dir 'ne Karte aus Bautzen, siehste klar?« Iskander sah natürlich nicht klar, bellte aber: »Ei, ei, Sör!«

Nun bestach er den Major doch, weil der andere bestechen mußte. Die ganze Satansscheiße kostete ein Förderband, Glaswolle und eine komplette Toiletteneinrichtung für die Datsche des Majors. Sie alle waren Männer, die die Welt kannten, am Ende stießen sie an mit Raki, diesem fürchterlichen Schnaps, den sie da unten aus Pflaumenkernen brennen, an den er sich gewöhnt hatte wie an Faßbrause. Fünf Aggregate, betrieben mit Dieselöl. Sein Kopf war aufs erste aus der Schlinge raus.

Das Kraftwerk kaufte er in Österreich. Es war ein unglaublich aufreibendes Geschäft, und er hatte vollauf damit zu tun, bis er am Nachmittag die Zeitung kriegte. Erst wollte er einen Teil des Geldes damit kompensieren, daß er österreichische Urlauber anheuerte zu Vorzugspreisen, aber rechtzeitig fiel ihm ein, daß es ausgesprochen beschissen wäre, wenn es an seiner Sonnenküste Gäste aus zwei Währungsbereichen gäbe. Die Österreicher an gesonderten Tischen mit besserer Verpflegung, die konnten Westzeitungen kaufen und unsere nicht, nee! Wenn er erst mal damit anfing, war Neckermann nicht weit. Sein Sonnenstrand war sauber, politisch klar, ohne Doppelbödigkeit. Also bezahlte er zum Teil in bar, zum Teil mit Strümpfen aus dem Erzgebirge und mit Briketts. Mit Heinrich Rau handelte er das alles im Ministerrat aus. Rau blickte traurig, und am Ende mahnte er bloß: »Nächstes Mal denkste eher dran.« Im Vorzimmer hockte Neptun, Raus Persönlicher Schutz, sein PS, der ihn nie aus den Augen lassen durfte. Neptun saß jetzt in Bautzen II, er hatte wohl geklaut. Aber in dieser großen Geschichte wachte er noch in Raus Vorzimmer, die Kanone im Schulterhalfter. L. nickte ihm im Hinausgehen zu: Noch mal Schwein gehabt! Und Neptun sagte wie stets im Knast: »Nischt zu roochn?«

Er wußte, als die Zeitung kam, daß er mit dem Kraftwerk längst nicht zu Rande war, damit hatte er sicherlich einen Abend und einen Vormittag zu tun. Ölkraftwerk am Strand, die Tanker legten vor der Haustür an. Riesenschornstein, umweltfreundlich. Heizwerk dabei, auch für die Albanersiedlung. Mit so 'nem Kraftwerk krempelte er die ganze Landschaft um. Sozialismus plus Elektrifizierung ist Kommunismus. Ogottogott.

›Neues Deutschland‹, zusammengerollt, rutschte durch den Spion, der Kalfaktor schob, 23/59 zog sachte. Er blätterte auf und las. Im Eichmannprozeß war nun endlich Globkes Name genannt worden, L. hatte seit Tagen den Eindruck, daß die DDR gierte, Adenauer eins auszuwischen, was mußte sich der Idiot einen Staatssekretär wie Globke leisten. »Der perfekte Polizeistaat«, das war natürlich Westdeutschland. Eine 62jährige war in die DDR gereist, bei der Rückkehr hatte die Polizei sie festgesetzt. »Man nahm ihr die Fingerabdrücke ab, und sie mußte sich nackt ausziehen. Acht Stunden wurde sie in Kronach vernommen. Grund der hochnotpeinlichen Untersuchung: Die Frau hatte einzelne Druckschriften aus der DDR bei sich. Die arme, arme Frau, da kamen ihm ja die Tränen! Westberlins Bürgermeister machte den Redakteuren des ›ND‹ auch keine rechte Freude. »Willy Brandt steigerte die Revanchehetze und provokatorische Agententätigkeit. Als echter Ostlandreiter und Strauß-Gefreiter protegierte er die Treffen revanchistischer Organisationen in der Frontstadt. Schon drei Tage nach den Wahlen lag er wieder mit der CDU und den Konzernen im gleichen Bett.« Siehe da, Kennedy wollte sich mit Chruschtschow in Wien treffen. Sollten mal schnell machen, die beiden, Abrüstung und großer Weltfrieden lagen in der Luft, natürlich mit gewaltiger Amnestie als Folge. Er konnte sich denken, wie die Kumpel jetzt in den Brigaden redeten: Zu Weihnachten sind wir alle zu Hause! In Albinshof bei Anklam waren die Bauern tüchtig, vergnügt, klug und fleißig, fütterten prima Schweine und waren rundum glücklich im Sozialismus. Das Urlauberschiff »Fritz Heckert« war nach 1700 Seemeilen langer Jungfernfahrt wieder im Hafen von Wismar eingelaufen. Na bitte, folgerte 23/59, in zehn Jahren hat die DDR *zwanzig* Urlauberschiffe, und fünf davon kreuzen ständig runter zu deinem albanischen Wunder.

Das Abendbrot, gespannt war er trotz alledem. Im Rhythmus Butter – Schmalz – Margarine war Margarine dran, im Rhythmus Leberwurst – Blutwurst – Jagdwurst mußte Blutwurst kommen, die ihm die liebste war, weil stark mit Majoran gewürzt; wenn er nicht Wurst schmeckte, dann wenigstens Majoran. Er horchte hinaus, das Ausgeben dauerte länger als sonst, ein vorzügliches Zeichen, und siehe da, in der Schüssel neben dem Kleckschen Margarine und dem Scheibchen Blutwurst lag ein Bückling, ein mittelschwerer Kerl, der Duft schlug ihm in die Nase, er dachte: Dreimal Bückling hintereinander sei drückender Beweis für unmittelbar bevorstehende Amnestie. Nun brauchten bloß noch zwei zu folgen. Er verspeiste die Herrgottsgabe und dachte dabei an nichts als an sie, kein Gedanke flog etwa weg zu seinem Kraftwerk; er zerlegte sie achtsam vom Rücken her, darin war er Meister, kaum ein Grätchen blieb im Fleisch, die Haut schabte er, bis sie knisterte wie Stroh. Vierhundert Kalorien, schätzte er, leichtverdauliches Eiweiß die Menge. Der Tag war gelaufen, ein guter Tag, wahrhaftig.

Er begann seinen Abendspaziergang in dem beruhigenden Gefühl; sein Projekt war moralisch, sozialistisch. Es gab

keine Geleimten dabei, keine Ausgebeuteten, keine Bonzen. Kein Westtourist konnte auf einen Osttouristen herunterspucken, am Sonnenstrand gab es weder einen Regierungsbereich mit Zaun drum und Posten davor noch ein Gästehaus des ZK oder so was. Gleiche Preise, gleiche Bedingungen. Das beschloß er abermals, nachdem er nach der Postenablösung ein wenig auf dem Arsch lag. Na-sehn-Se! hatte Wache, der riß sich kein Bein aus und L. keins ab. Er machte Na-sehn-Se! keine Schwierigkeiten, dem doch nicht. Also Beteiligung der Albaner von Anfang an, die DDR mietete das Gelände auf zwanzig Jahre, dann fiel es an Albanien zurück. Die DDR bildete die Leute umsonst aus und zahlte anständige Gehälter, so viel wie hier in einem Monat verdienten sie sonst in zwei Jahren. Einen Spitznamen gaben sie ihm, welchen? Er hätte gern gewußt, wie sie ihn nannten, seine lieben Albis, ihren Wohltäter. Er war unbestechlich, auf den Beinen von früh bis spät. Er wohnte im Zelt, während das erste Hotel montiert wurde, war überall und nirgends, in kurzen Hosen und Sandalen. Abends stand er am Ziehbrunnen im Zentrum des Dorfes, die Sonne sank, ein paar Leute brachten ihre Wünsche vor, Beschwerden waren es kaum. Einen kannte er, der war in Leipzig als Kranführer ausgebildet worden. Sie redeten leise, albanisch natürlich, ein Mißverständnis, sie lachten. Inzwischen hatte er sich an die teuflisch schwarzen Zigaretten gewöhnt. Ist ja ganz gut, was ihr da anbaut, sagte er, aber für meine sechstausend Urlauber brauche ich Gemüse jede Menge, nicht nur Frühkartoffeln und Tabak. Ein Gemüsekombinat mußte her, das war's. Rumsrums im Schloß:
»Was denn mit Ihn los! Hamse Liegeerlaubnis?«
»Zelle fünfzehn belegt mit einem Strafgefang, es meldet...«
»Warum Se liegn!«
Ihm war ein wenig taumlig, vielleicht war er eingeschlafen.
»Nur mit Liegeerlaubnis! Wissen Se nich?«
»Doch, Herr Hauptwachtmeister.«

»Na sehn Se!« Rumsrums.

Da ging er wieder auf und ab, es war bestimmt gleich sieben, Einschluß und Nachtruhe, auch wenn die Sonne schien. Sein Dichterkollege Kuba fiel ihm ein, der nach dem 17. Juni 1953 gedichtet hatte, Berlins Bauarbeiter dürften nun wie gute Kinder schlafen gehen, während die Sowjetarmee wachte. Auch sie waren gute Kinder, die Volkspolizei befand über ihren Schlaf. Sie waren brave Kinder und quängelten nicht, noch ein Stündchen aufbleiben und etwa das Sandmännchen sehen zu dürfen, sie packten ihre Klamotten zu Blöcken auf den Schemel, Mütze und Schüssel obendrauf, stellten sie auf den Gang, meldeten ab in Hemd und Unterhose und machten sich auf den Strohsack. Dort konnte er noch ein bißchen spinnen. Der Mond ging über Albaniens Bergen auf und warf sein Licht wie bei Caspar David Friedrich über die Hügel und die Baugrube und die Baracken und die Mole, der Wind war ablandig und hatte das Wasser zurückgedrückt, es roch nach Tang und Muscheln. Draußen lagen Fischerboote, seine Leute hatten sich an Tintenfisch in Öl gewöhnt. Iskander fragte ihn, ob er am Sonntag mit dem Distriktssekretär zur Rebhuhnjagd gehen wollte. L. sagte, aus Jagd mache er sich nichts. Dann bummelten sie hinüber zur Küchenbaracke II, dort wurde albanisch gekocht, meist für die Armee, aber auch die deutschen Spezialisten gingen immer öfter hin. L. kriegte seinen ersten Raki gratis. Hinter dem Herd hingen Hammel- und Ziegenhälften, die dort trockneten und garten, er ließ sich ein Pfund abschneiden und aß dazu Maisbrei mit den Pfoten. Es war eine gute, fette Mahlzeit, die einem Mann Kraft gab. Wer so aß und so satt war konnte reden wie die Leute bei Hemingway.

Am nächsten Morgen kniete er sich mit aller Energie ins Kraftwerksprojekt. Er war sauer auf die Österreicher, die ihn hinhielten, um die Lieferfristen gab es Stunk. Eine Tafel, ein Dutzend Glatzköpfe dran, erst einmal ließ L. seinen Justitiar reden, während in ihm die Wut stieg. L. wurde *wirklich* wütend, die Dohlen lenkten ihn nicht ab, nicht das

Näherkommen des Schließens, er dachte: Schmetterst ihnen diesen Brocken hin: Meine Herren, wenn Sie nicht liefern *können,* sagen Sie's gleich! Er hatte mit Siemens telefoniert, die waren teurer, aber schneller, und im Grunde genommen blieb ihm keine Wahl.

Ein paar Zellen vor ihm hörte das Schließen auf, wer weiß, was wieder los war. Das hätte ihn an anderen Tagen in Braß gebracht, aber diesmal hatte er blödsinnige Wut auf die Österreicher, die Penner, vergaß die Freistunde, spielte Siemens gegen die Österreicher aus und die Österreicher gegen Siemens, aber es konnte natürlich auch sein, daß die beiden unter einer Decke steckten und sich gegenseitig hochschaukelten, unter Kapitalisten war ja jede Sauerei möglich. Zwischendurch beschlich ihn die Idee, ob Gefahr bestehe oder in zwei, drei Jahren bestehen könnte, ihm rutschten die Dinge durcheinander, ein Gedankenspiel drängte sich vor, wurde übermächtig, Realität und Traum kippten um, er bildete sich dann wirklich ein, der große südliche Planer zu sein, und der Knast wäre die Spinnerei. Schizophrenie. Mittlere Stufen gab es, vielleicht glitt er so ab: Die Siemensleute hatten ihn schwer übers Ohr gehauen, jemand hatte Dollarbündel in seinen Schreibtisch praktiziert: Siebeneinhalb Jahre Knast wegen Devisenvergehen, Betrug, Unterschlagung?

Also weiter: Abends saß er in einem typischen Wiener Speiselokal – sein Plüschhotel in Budapest legte er nach Wien, der alte Stöckicht aus »Pfeifers Weinstuben« in Leipzig bediente ihn, und gegen Mittag, es war wirklich keine Freistunde gewesen, kam ihm die Idee, wie es wohl weiterginge an der Sonnenküste, wenn er in Wien ermordet würde. Der österreichische Konzern versuchte ihn zu erpressen. Ein Schuß im Bad, er rutschte an der Kachelwand zusammen. Überführung des Katafalks nach Berlin. Heinrich Rau am Grab, Neptun, die Pistole im Schulterhalfter, einen Schritt dahinter. Unersetzlicher Verlust. Immer in vorderster Front. Taufen wir sein Lebenswerk auf den Namen Erich-Loest-Strand.

Nudelsuppe, Mensch, war die klebrig. Das Kraftwerk stellte er fünf Kilometer südlich an den Strand. Schornstein, eiserne Brücke ins Meer hinaus für die Tanker, die von Mittelost kamen, es war ein kurzer Weg für sie. Er formulierte: Blitzende Tanks, das war festgefrorener journalistischer Ausdruck. Er flog von Berlin runter, das wievielte Mal bloß, in seinem Team hatte er einen Abwasserspezialisten aus Leuna, einen holländischen Blumenkohlzüchter und drei ungarische Weinbauern. Sie sahen beim Eindrehen auf die blitzenden Tanks und den Kraftwerksblock, die Rollbahn zu den Hotels, die ersten vier standen nun schon. Ihn überkam ein Gefühl von Heimat, er hatte prima Freunde unter den Albis. Iskander studierte in Leipzig, mit dem hatte L. so seine Pläne. Die Sonne stand tief über dem Meer, draußen lagen Fischerboote malerisch mit spitzen Segeln. Wenn bei Capri – vielleicht war's nach Capri gar nicht weit.

An seinem albanischen Wunder bastelte er vier Monate. Es war eines der drei gigantischen Projekte, die er in Bautzen bewältigte, von dem Dutzend kleineren nicht zu reden. Nach zehn Jahren war alles fertig, Sonnenküste war *das* Urlauberparadies für die DDR und eine Quelle des Wohlstands und ein Kern der Industrialisierung für Albanien. Flugzeuge flogen, Schiffe kreuzten, zufriedene Urlauber bedeckten mit ihren Körpern die Strände, zufriedene Köche kochten albanisch und deutsch, Rebhänge grünten, zufriedene Kühe in sauberen Ställen lieferten Butter und Käse, sein Werk war rentabel, bloß wäre ihm lieber gewesen, er hätte nicht so viele Delegationen aus Japan, Bulgarien, Spanien und sonstwoher führen müssen. Die wollten natürlich wissen, wie man so was macht.

Es waren vier erträgliche Monate, er dachte sich weit weg oder holte die Weite zu sich herein. Ein paar hundert Kilometer pendelte er zwischen Fenster und Tür, registrierte vierzigmal den Zyklus Butter – Schmalz – Margarine, der Frühling ging in den Sommer über; in dieser Zeit durchlebte er seine zehn Jahre Sonnenküste. Er war Generaldirektor bis zuletzt. Ein Hotel nach dem anderen gab er in die Hände der

Albis, die meisten hatten von der Pieke auf gedient; eine Direktorin hatte im ersten Flugzeug gesessen, das Analphabeten aus den Dörfern ringsum nach Leipzig ans Herderinstitut gebracht hatte. Heute sprach sie sechs Sprachen perfekt.

Da wurde Herbert zu ihm in die Zelle gelegt, ein dünner Bursche knapp unter dreißig, er galt als aufsässig, übernervös. Nach fünf Monaten Einzelhaft freut sich jeder auf ein Gesicht und ein Wort. Sie redeten immerzu und nach dem Einschluß noch die halbe Nacht, so war es stets nach einer Verlegung. Reichlich wirr war seine Story: Acht Jahre wegen Grenzverletzung mit Waffenanwendung; in dem Wald, in dem er den Durchbruch versucht hatte, waren Schüsse gefallen, eine Pistole war gefunden worden. »Aber doch nicht von mir«, sagte Herbert, und weil es dunkel war, konnte L. nicht sehen, ob er grinste. »*Ich* weiß doch nicht, wer geschossen hat. *Ich* hab keine Pistole gehabt.«

L. fragte: »Fingerabdrücke?«

»Bin doch nicht blöd.« Und wieder konnte L. nicht sehen, ob Herbert grinste.

Sie redeten drei Tage lang, L. erzählte ungefähr, warum er im Knast war. Kennste den? Den? Wo steckt der? In den ersten Gesprächspausen besann sich L., daß er ja mit seinem albanischen Wunder noch nicht zu Ende war. Immer quatschen kann man, wenn man zu zweit auf Zelle ist, nun auch nicht.

Nach zehn Jahren stand die Sonnenküste fertig mit allem Zubehör; kaum ein Bewohner der DDR, der dort noch nicht seine Ferien verbracht hätte. Nach und nach hatte L. immer mehr Funktionen in die Hände der Albis gelegt, der letzte Deutsche war er.

Eines Tages übergab er den Posten des Generaldirektors. Es war eine ergreifende, schlichte Feier auf dem Dachgarten eines Hotels, Reden wurden gehalten, Toasts ausgebracht. L. bekam einen albanischen Orden – nicht, daß er sich was draus gemacht hätte, aber ohne Orden ging so was nicht ab. Enver Hodschas Stellvertreter steckte ihm den Brocken an.

Zehn Jahre, ein enormes Stück Leben. Iskander war damals Schafhirt gewesen, jetzt übergab L. ihm die Schlüssel zum Tresor des Generaldirektors. Sie umarmten sich. Zum Lachen war's keinem von beiden. L. trat an die Brüstung, ein Glas Sekt in den Händen, er stammte aus der Kelterei hinter den ersten Hügeln. Er schaute hinunter auf den dunklen Strand und das Meer, auf die Lichterkette der Promenade und die Hotels und die Bungalowsiedlung. Wind wehte Musik und Gesang herauf, Lichter gleisten, und über allem stand ein überwältigender südlicher Mond. Es war ein Spiel mit Macht, so fühlten wohl die Großen dieser Welt, sie begriffen sich als Glücksbringer für ihren Teil der Menschheit – ihre Satrapen und Journalisten halfen da ja kräftig nach – und glaubten sich den Göttern nicht fern. Aber, das wußte er auch, wirklich unabhängige Macht gab es nur im Wundertraum. In der Realität blieb ihm nur eines: Sobald die Macht die Arme öffnete, um ihn an ihre Brust zu drücken, mußte er so schnell wie möglich fliehen.

Eine Woche später bekamen Herbert und L. Arbeit in einer Brigade, L. war wieder unter Kumpeln, und alles wurde ganz anders. Immerhin hatte er mit seinem albanischen Wunder vier Monate totgedacht.

Einmal in dieser Zeit wurde er in der Grünen Minna quer durch die Stadt transportiert, um geröntgt zu werden. Gegen Handschellen kam sein Wunder freilich nicht an, und er versuchte es auch nicht erst.

2

Den 13. August 1961, dieses Datum, das Schulkinder noch lange werden auswendig lernen müssen, hatte er herbeigesehnt: An diesem Tag würde die Hälfte seiner Strafe vorbei sein; dann konnte rückwärts gerechnet werden. Schon nach *einem* Tag war die zurückgelegte Strecke um *zwei* Tage länger als die zu bewältigende. Das nannte man die chinesische Knastrechnung.

Dieser 13. August war ein Sonntag. Mit wem lag er auf Zelle? Vielleicht mit einem guten Schachpartner, vielleicht hatte es mittags Wiegebraten gegeben und nicht Gulasch, bei dem die Kalfaktoren dem eigenen Bauch das Fleisch und den gewöhnlichen Häftlingen die Soße zumaßen. War es das Jahr 1961, als die Häftlinge zweimal ein Stück *richtiges* Fleisch zwischen die Zähne schoben, einmal an einem beliebigen Sonntag im Juli und dann am Republiktag, dem 7. Oktober?

Briefe sind aus dieser Zeit erhalten, Faltblätter. Ein Stempel: »Schreiben Sie bitte nicht mehr als 20 Zeilen Din A 4 und deutlich. Postkarten sind nicht gestattet. Bei Nichtbefolgung wird der Brief an den Str.-Gefangenen nicht ausgehändigt. Die Anstaltsleitung.« Daneben der Zensurstempel VI/42.

»Liebling, ich bin gesund und froh. Ich besitze 2 kg Äpfel; jeden Morgen esse ich einen, mache also eine Vitaminkur. Mein Gewicht: 72,5 kg. Sodann erwarb ich ein Stück feinste Seife, Sonntag wasche ich mich damit; zwischendurch wird bisweilen daran geschnuppert. Endlich habe ich auch ein eigenes Schach. Ansonsten Arbeit und Volleyball wie immer. Du fragst, wie wir uns N. usw. gegenüber verhalten wollen. Was hältst Du davon, großmütig zu sein, natürlich nur bis zu einem gewissen Grad? Freundschaft wird's keine wieder, das ist klar (besonders nicht bei G. und B.), aber vollkommen schroff möchte ich auch nicht sein. Es ist eben nicht jedermanns Sache, Freiheit, Familie, Beruf und Gesundheit aufs Spiel zu setzen.«

Allerlei war geschehen zum Besseren hin: Auf dem Freistundenhof hatten Häftlinge in Sonderschichten einen maßgerechten Volleyballplatz gebaut – L. hatte da gerade in Einzelhaft gesessen, hatte vielleicht sein Projekt »Sonnenküste« bewältigt. Überhaupt: An Arbeit war kein Mangel mehr, in zwei Schichten wurden Elektromotoren gebaut, fast jeden Tag brummte ein Laster in den Hof, brachte Material, holte Ware ab. Einkauf: Durchschnittlich zwischen 16,– und 20,– Mark im Monat, damit ließ sich von einem Nichtraucher allerhand machen. ›Neues Deutschland‹ mußte bezahlt werden mit 3,20 Mark, Spielraum blieb sodann für Marmelade, Kunsthonig, Schmalz, Pflaumenkonserven, Keks, Braunschweiger grob und fein, Blutwurst im Glas, Senf. Das Mittagessen taugte noch immer nicht viel, aber Brot war reichlich, und vielleicht enthielt alles zusammen sogar, was der Mensch braucht an Vitaminen, Eiweiß und Kohlehydraten. Übel waren natürlich die Raucher dran, fünf Zigaretten der Marke »Salem« durften sie täglich kaufen, das summierte sich im Monat auf zwölf Mark, ›Neues Deutschland‹ dazu – manchem blieb nicht mehr als ein Glas Marmelade und ein Würfel Schmalz. L. war schon lange kein Raucher mehr, sein Magen hätte es nicht zugelassen. Mancher Kumpel bat ihn verstohlen, für ihn ein oder zwei Schachteln Zigaretten mit zu bestellen im Austausch gegen Wurst oder Margarine. Das schlug er den klapperdürren Kerlen ab: Ich will nicht mitschuldig sein, wenn du dir 'ne Tbc holst! Sei nicht so blöd, Junge!

Dieser 13. August: Wahrscheinlich lag L. nach dem Mittagessen ein Stündchen auf dem Bett und schlief, las, redete ein bißchen mit dem Kumpel. Musik aus dem Lautsprecher draußen auf dem Gang: Schlager, klassische Musik, ein Opernkonzert gar; das hing vom Geschmack des Diensthabenden ab. »Dahamals, dahamals, damals war alles so schön«, entsann sich Bärbel Wachholz. »Ich komme wieder in einem Jahr!« jauchzte Peter Beil. »Mensch«, sagte L. zu seinem Kumpel, »die Hälfte hab ich rum, stell dir das vor!« Hoffentlich wiederholte er es nicht, wenn er mit einem zusammen war, der noch zehn oder zwölf Jahre vor sich hatte.

Am nächsten Tag blieb es nach dem Aufschluß und der Ausgabe des Morgenkaffees still im Haus, niemand rief zur Arbeit ab. Eine technische Panne, Stromausfall? Nur wenige Wachtmeister waren im Haus, das war zu spüren. Wohin waren die anderen? Wiederholte sich so etwas wie am 17.

Juni womöglich? Keine Freistunde, kein LKW rollte in den Hof, kein Material wurde polternd abgesetzt. Fein sind die Ohren eines Häftlings, gewöhnt an alle Geräusche. Keine Zeitung wurde am Nachmittag ausgegeben.

Gegen Mittag des nächsten Tags erst kam das Leben wieder in Gang. Von Bemerkungen dieses oder jenes Wachtmeisters zu einem Kalfaktor sickerte es in die Brigaden durch: In Berlin war die Grenze dichtgemacht worden, keine Maus kam mehr hinüber. Das war wahrlich eine umwerfende Neuigkeit, und wie der Blitz versuchte jeder Häftling – denn eines jeden Haut war so geschunden, daß sie ihm näher war als das Hemd, vom Rock ganz zu schweigen – auszurechnen, was diese Tatsache für sein Leben brachte. Der Nachteil lag auf der Hand für viele: Jetzt kann ich, wenn ich raus bin, nicht mehr abhauen. Die Westdeutschen oder die, deren Frauen inzwischen getürmt waren, hatten jetzt andere Probleme als die, die sowieso zu Frau und Kindern heimzukehren gedachten nach Mecklenburg oder ins Erzgebirge. Am nächsten Tag brachte endlich ›Neues Deutschland‹ Klarheit; Kampfgruppen waren zu sehen Mann an Mann, und es war zu lesen, sie hätten den Frieden gerettet. Einem DDR-Journalisten gelang die Formulierung, nun könne die Bundeswehr nicht mehr mit klingendem Spiel durchs Brandenburger Tor in die DDR einmarschieren, und andere kupferten es ab durch die Jahre hindurch: nicht mehr mit klingendem Spiel. L. dachte und sagte: Ich will ja sowieso nicht fort. Nach und nach klamüsterte er es sich so auseinander: Jetzt mußte die DDR nicht mehr mit aufgerissener Breitseite kämpfen, sie blutete nicht mehr aus durch die Republikflucht, sie konnte sich wirtschaftlich stabilisieren und auch demokratisieren, nach Jahren der Pression konnte sie nun endlich zu sich selbst, nämlich zur sozialistischen Demokratie, kommen. Jetzt würde sie im Inneren langsam Druck abbauen, würde Verantwortlichkeit nach unten delegieren, konnte dem einzelnen mehr Freiraum gestatten, also endlich dazu übergehen, die Diktatur des Proletariats, diese Übergangsform zum Sozialismus, zugunsten des sich selbst befreienden Menschen abzuschwächen. Das hieß aus der Sicht eines Häftlings natürlich vor allem: Amnestie! Dazu paßte Chruschtschows laute Initiative, einen Friedensvertrag mit Deutschland noch 1961 abzuschließen. So schrieb 23/59 im Septemberbrief nach Hause:

»Am 13.8. war nun endlich der Punkt erreicht, auf den wir so lange gewartet haben und von dem aus es abwärts geht. Daß am gleichen Tag Westberlin dichtgemacht wurde, verdoppelt den Glücksfall. Nun geht es dem Friedensvertrag entgegen, und danach wird für uns alles anders aussehen. Vielleicht solltest Du bis dahin alle Bemühungen einstellen, denn bis dahin wird nichts zu erreichen sein, und danach regelt sich womöglich alles von selbst. Ich bin sehr froh und ruhig. Trotzdem möchte ich die Antwort auf das Aprilgesuch und den Besuch bei Mach wissen, wenn sie auch überholt sind.«

Jeder weiß, daß es nichts wurde mit dem Friedensvertrag, keine Amnestie kam. Aber ein neuer Winter, ein neues Magengeschwür, Weißbrot, Schmerzen, Schwäche. Wie lebte Annelies inzwischen mit den Kindern? Manches wußte er, manches erfuhr er später. Sie arbeitete an einem Montageband und schrieb Blindenschrift, bis eine Sehnenscheidenentzündung sie vertrieb, danach gab sie Bücher aus in einer Institutsbibliothek. Nie verdiente sie genug für sich und drei Kinder. Die Schwiegereltern halfen, der Vater half, Freunde brachten etwas mit. Später trafen Pakete aus Hamburg ein, eine unbekannte Frau schickte Kaffee, Waschpulver, Bonbons, Keks, Fett, Apfelsinen, Feigen, sie fragte nach den Konfektionsgrößen der Kinder und verpackte Schuhe, Anoraks, Pullover; an Annelies schickte sie einen hochfeinen Wintermantel, daß L. beim Besuch die Augen aufriß. Eine Organisation stand gewiß dahinter, nie erfuhren L.s, welche es war, und wollten es nicht wissen. Manchmal strahlte Annelies von Kopf bis Fuß westlich, aber sie hatte nicht mehr als eine heimische Mark in der Tasche. Einer, der es gewiß nicht nötig gehabt hätte, sich zu kümmern, denn so befreundet war er mit L. nicht gewesen, bat Frau L. zu sich und befragte sie nach ihrer Lage: Professor Hans Mayer. Als er gehört hatte, bot er an, Frau L. sollte sich jeden Monat bei ihm 500 Mark abholen. Seiner Reisen wegen wurde das bald umständlich, da bat er Frau L. um ihre Kontonummer und überwies jeden Monat 500 Mark von seinem Konto. Es war eine offene, tapfere Tat: Ein Universitätsprofessor unterstützte die Familie eines Staatsfeinds. Darauf stand Zuchthaus. Diese Hilfe dauerte ein paar Monate, dann kehrte Hans Mayer von einer Reise nach Hamburg nicht zurück. Dank ihm.

Einmal drang Annelies zu einem der mächtigsten Männer des Staates vor, zu Otto Gotsche. Er war Sekretär des Staatsratsvorsitzenden Ulbricht und Nebenerwerbsschriftsteller, in seiner kargen Freizeit schrieb er schematische, kunstlose Romane über den proletarischen Kampf, den er im Mansfelder Bergbaurevier miterlebt hatte. Annelies hatte nach vielerlei Fürsprachen eine Besuchserlaubnis bei Gotsche erhalten, sie traf ihn in einem vergleichsweise riesigen Saal hinter einem riesigen Schreibtisch an. Gotsche monologisierte, daß er L. einfach nicht verstehen könne – alle Fürsorge des Staats habe er genossen, habe Erfolg gehabt, warum dann diese unsinnigen Gedanken? Dennoch, er wolle sich für L. einsetzen, wolle dessen Lage überprüfen lassen. »Wenn mein Mann wenigstens schreiben dürfte«, bat Annelies. Das sollte geschehen, versprach Gotsche und fügte hinzu, er könnte dies ja einfach so hinsagen und brauchte es nicht zu halten, aber nein, er werde es wirklich tun! Als er noch mal darauf zu sprechen kam, wie unverständlich und töricht sich L. verhalten habe, sagte Annelies: »Er stammt aus dem Kleinbürgertum, da hat er es viel schwerer. Sie und ich, wir sind beide Proletarier, uns könnten solche Irrtümer nicht passieren.« Da wurde die Miene des mächtigen Mannes frostig, die Audienz war bald vorbei.

Nie merkte L. an irgendeiner Reaktion, daß Gotsche zu seinem Wort gestanden hätte.

Ein Jahr bestand aus 365 Tagen, zwölf Briefen, vier Besuchen und zwei bis drei Magengeschwüren. Was soll einer schreiben über solch ein Jahr?

3

Die Fama des Löffel-Franz sprach sich zu L. durch, ehe er ihn sah: Franz hatte einen Löffelstiel verschluckt, er sei überhaupt, hieß es, ein wenig verrückt. Jeder, der ein Weilchen aus dem Blechnapf frißt, hört von der Eskalation des Protests, wenn einem Häftling ein Problem über den Kopf wächst und Gesuche nichts fruchten: Hungerstreik, Löffelstielschlucken, Aufschneiden der Pulsadern. Nur einen lernte L. kennen, der sich einen Aluminiumstiel durch die Kehle preßte, wohlweislich nicht mit der Bruchstelle zuerst: Er war im Haftkrankenhaus mit Sauerkraut und Suppe gefüttert worden, bis der Stiel auf natürlichem Wege den Körper verließ. Franz wurde dem Anstaltsleiter vorgeführt, der solcherlei Aufregung natürlich nicht mochte. Warum machen Sie derartige Geschichten? Der Anstaltsleiter fügte hinzu, was ihm eher hätte einfallen sollen: Können wir Ihr Problem nicht vernünftig klären? Ein Kompromiß wurde geschlossen; zehn Tage nach seiner Tat, die ihn knastbekannt machte, arbeitete Franz wieder in seiner alten Brigade.

Auf dem Hof zeigte jemand L. einen großen blonden Dreißiger: Löffel-Franz. Er sah nicht aus wie verrückt und war es natürlich nicht, vielmehr haftbedingt nervös; vielleicht neigte er schon immer zum Jähzorn. Er stammte aus dem Saargebiet; was ihn nach Bautzen verschlagen hatte, wußte keiner. Sein Strafmaß: Acht Jahre. Von einer Stunde auf die andere saßen Franz und L. schließlich nebeneinander und legten Spulen in die Ständer von E-Motoren ein. Nie überfiel L. einen mit Fragen, weil er selber nicht gerne damit eingedeckt werden wollte. Er fragte Franz auch am dritten Tag nicht, am vierten Tag hielt Franz es nicht länger aus und versicherte heftig, er habe einen triftigen Grund gehabt, der niemanden etwas anginge, vor allem habe er gegenüber der Anstaltsleitung sein Ziel erreicht. L. versicherte, er glaubte ihm durchaus, daß er einen schwerwiegenden Grund gehabt habe, denn wer schluckte sonst einen Löffelstiel? Dann fragte er nach seinem Dorf, nach der Landschaft, dem Dialekt. Weinberge? Felder? Zechen?

Zwei Wochen lang arbeiteten sie nebeneinander. Sie verglichen die Methode bäuerlicher Schlachtfeste in Sachsen und im Saargebiet. Also der Fleischer kommt früh um sechs, der Fleischbeschauer um sieben – wer besorgt die Gewürze? Je gründlicher Franz erzählte, desto ruhiger wurde er. Zwei Drittel des Magens und ein Meter Darm waren ihm damals schon herausgeschnitten worden, L. hatte, wenn nicht alles trog, diese Operation noch vor sich, das schuf zusätzlichen Gesprächsstoff. Zöllner war Franz gewesen an der Grenze zwischen dem Saargebiet und Lothringen. Was tat ein Zöllner? Was wurde geschmuggelt? Gehaltsklassen, Pensionsberechtigung – L. hörte zu. Zwei Kinder hatte Franz, er zeigte Bilder, ein Junge von sechs, ein Mädchen von fünf. Das Bild seiner Frau – Donnerwetter, versicherte L., was hast du für eine hübsche Frau! Der Junge wäre ein Wildfang, die Oma hätte alle Mühe mit ihm; das Haus lag an einer verkehrsreichen Straße, da hieß es aufpassen. Seine Frau arbeitete in einem Lebensmittelgeschäft als Verkäuferin, den Eltern ging es wirtschaftlich ausgezeichnet, ach nein, Sorgen um das Auskommen seiner Leutchen brauchte er sich nicht zu machen. Daran, wie er von seiner Frau sprach, merkte L., daß er sich schmerzhaft nach ihr sehnte.

Nach ein paar Tagen entpuppte Franz sich als etwas, das in diesem Alter selten ist: er war Monarchist. Einen Kaiser brauche Deutschland wieder, verkündete er, eine Respektsperson, an der sich alle ein Vorbild nehmen könnten. Halt hätte dann jeder, die Sitten würden nicht weiter verwildern. Er wäre durchaus bereit, jeden Monat ein paar Mark zu spenden, damit ein Kaiserhaus installiert werden könnte, und wie er dächten viele. Da wurde natürlich gefrozzelt, Franz stritt sich rötenden Kopfes, und für zwei Tage trug er diesen Spitznamen: Kaiser Franz.

Saarland, sagte L., wie war das eigentlich mit diesem Volksentscheid? Sachkundig erläuterte Franz die Grundzüge eines gewissen Saarstatuts, das das Saarland zu einem der reichsten Gebiete der Welt gemacht hätte, aber die Bevölkerung hätte dagegengestimmt, und so wäre sein Ländle zur Bundesrepublik geschlagen worden. L. entsann sich dunkel heftiger Polemiken in der DDR-Presse: »Adenauer verschachert die Saar.« Die Saar-Briefmarken aus der Zeit nach dem Krieg, berichtete Franz, seien nicht von Pappe, und sein Vater besäße sie komplett. L. sagte bescheiden: Mein Vater auch.

Da wurde nach der Anstaltsleitung unerforschlichem Ratschluß das Haus durcheinandergewirbelt, mit Sack und Pack zogen Häftlinge kreuz und quer und von einer Etage zur anderen, neue Zellengemeinschaften entstanden und veränderte Arbeitsgruppen, Gelegenheiten für frische Feindschaften und neues Sicheinpassen. Hin und wieder sahen sich Löffel-Franz und L. im Kino oder auf dem Korridor, sie nickten sich zu und sprachen ein paar Worte. Bis zum fünfzehnten Jahrestag der DDR war es noch ein gutes Jahr – Amnestie? Unbedingt, versicherte L., auch, um sich selbst Mut zu machen. Franz, die paar Monate schaffen wir noch, Franz, wir haben doch warten gelernt!

Da rannte eine Sensation durchs Haus, wieder war Löffel-Franz in aller Munde: Sein Junge sei tödlich verunglückt. Unter ein Auto geraten vor der Tür seines Hauses. L. ergänzte betroffen in betroffene Gesichter hinein, daß er das leider für möglich hielt, das Haus stünde an einer belebten Straße, der Junge sei temperamentvoll, ungezügelt. Den Franz erwischt's hart, sagten die Kumpel, die Magenoperation, die Sache mit dem Löffel, jetzt das. Als Franz den Stiel geschluckt hatte, war die Knastmeinung einhellig gewesen: dieser Idiot! Niemand hatte auch nur den Mut bewundert.

Jetzt vereinigte er alles Mitgefühl auf sich. Der Junge umgekommen, und dann hier drin, obendrein durch eine Grenze getrennt, ohne Möglichkeit zu helfen. Was tat denn schon, was konnte die Anstaltsleitung schon tun, als einen Sonderbrief zu genehmigen? Abends lag L. auf seinem Strohsack und dachte an Franz, und wie es in der Natur des Menschen liegt, verglich er dessen Schicksal mit dem eigenen. Was und wie auch immer – in einem Jahr und so viel Monaten und so viel Tagen sah er seine Kinder wieder.

Da, zwei Tage später die Gegennachricht: Stimmt alles nicht, ein Mißverständnis, der Junge lebt, ist gesund! Franz ginge wie im Traum herum, jetzt sei er erst recht fertig, eine Verwechslung, stellt euch das vor! Die Häftlinge schüttelten die Köpfe – war denn in diesem Haus irgendwas unmöglich? Noch so ein Hammer, sagten die Kumpel, und Franz schneidet sich die Pulsadern durch, der Mann ist fix und fertig.

Als L. ihn wiedersah, war ein Vierteljahr vergangen, mit seinem Deckenbündel stand Franz in der Tür der Viermannzelle, die Stahlberg-Fritz, irgendein vergessener Miesling aus Frankfurt am Main und L. bewohnten. L. kannte Stahlberg seit Jahren, von ihm war keine Überraschung zu befürchten, mit Franz würde ein Auskommen sein, das Arschloch aus Frankfurt hatte nun drei Mann gegen sich. Stahlberg und L. halfen Franz, sich einzurichten. Alter Junge, sagten sie, noch ein gutes Jahr bis zur Amnestie, die reißen wir auf einer Backe runter. Stahlberg, Spion aus Westberlin, hatte neun von zehn Jahren hinter sich, was juckte den schon noch, sie waren drei bewährte Strafer gegen den Koofmich aus Ffm, der jeden Tag jammerte, seine Frau würde ihn um Haus und Firma betrügen, bettelarm käme er eines Tages heraus, er, der im Ost-West-Geschäft doch nur gewisse Spielräume genutzt hätte, von Betrug könnte niemals die Rede sein. Halt die Schnauze, sagte Stahlberg, du mit deinen drei Jahren, denk ja nicht, daß du unter die Amnestie fällst, du Pfeife, Kriminelle sitzen bis zum letzten Tag!

Am ersten Abend erzählte Franz, wie das gewesen war vor einem Vierteljahr. Er war zum Anstaltsleiter bestellt worden, der hatte ihm mitgeteilt, aus Berlin wäre die telefonische Durchsage gekommen, sein Junge wäre tödlich verunglückt. Ein Telegramm dürfte er schicken. Der Sani hätte schon mit Beruhigungstabletten bereitgestanden; ein Kalfaktor wäre zu ihm in die Zelle gelegt worden, der die ganze Nacht kein Auge schloß, damit Franz sich nicht aufhängte. Am nächsten Tag die Nachricht: eine Verwechslung, der Junge lebt.

Unglaublich, sagten seine Kumpel. Wie kann denn bloß so was passieren! Da müssen doch irgendwo Idioten sitzen! Hüben oder drüben. Oder hüben und drüben. So was geht doch ärger an die Nieren als ein Jahr Knast. Als drei Jahre Knast. Die wollen dich fertigmachen, behauptete Stahlberg. Das nun auch nicht, sagte L., so nicht. Der Miesling wollte sich einmischen, Fritz sagte: Wer hat denn dich gefragt, nun red nicht rein, wenn sich Politische unterhalten. Ich hab keinen Brief schreiben können, sagte Franz, ich hab vor dem Papier gesessen und gedacht: Wenn nun deine Frau auch tot ist, und wenn deine Tochter tot ist, und wenn du morgen selber tot bist. Stahlberg sagte: Wenn du durch so 'ne Sache durch bist, Franz, kann dir überhaupt nichts mehr passieren. Was denn schon noch?

Sie machten eine läppische Arbeit, bogen Drähtchen und bestückten sie mit Schlauchstückchen. Und redeten. Amnestie, Einkauf, Post, Amnestie, was gibt's heute zu essen, Amnestie. Einmal, als der Miesling sonstwo war, vielleicht beim Arzt, oder er schiß sie gerade bei der Anstaltsleitung an, rückte Franz mit einem Teil seiner Story raus. Als östlicher Späher hatte Franz gearbeitet – hatte L. sich's doch gedacht! An seiner Grenze geschah allerlei an Militärischem, wofür weites Interesse bestand, bundesdeutsche und amerikanische Stützpunkte gab es in der Pfalz zuhauf, die Franzosen in der alten Festung Metz – keine Details, sagte Franz, ihr versteht, ich stecke tief genug in der Kacke drin. Irgendwie war er in eine Verbindung hineingeraten: Alle drei, vier Wochen flog er an einem dienstfreien Tag von Saarbrücken nach Tempelhof, rasch war er im Osten, lieferte seine

Erkenntnisse ab, kassierte Lohn und Spesen, und husch, war er zurück und zog seine Zöllneruniform an und stand am Schlagbaum, als könne er kein Wässerchen trüben. So ging das ein Jahr, politische Überzeugung war nicht dabei, wohl aber Nervenkitzel, ein bißchen Geld, und dann flog die Geschichte natürlich auf. Eines Tages standen zwei Herren vor der Tür und zeigten Ausweise und baten Franz mitzukommen, und in ihrem Dienstzimmer in Saarbrücken staunte Franz, was sie alles über ihn wußten. Das Gespräch begann abends um sieben, früh um vier war Franz ein Doppelagent.

Weiterhin stand er an der Grenze, in gewohnten Abständen flog er nach Berlin, und was er bei sich trug, war sorgsam abgesprochen mit den Herren aus Saarbrücken. Richtiges war dabei und ein bißchen Falsches, Belangloses und Wichtiges, das am nächsten Tag veraltet war, Geld bekam Franz von beiden Seiten, der Nervenkitzel war verdoppelt. Da vermutete L. scheinheilig: Franz, vielleicht wolltest du einen Schatz aufhäufen, denn die Erstausstattung für 'ne Majestät kostet doch 'ne Stange! Ach Mist, sagte Franz.

Wieder ging es ein Weilchen gut, und wieder kam, was kommen mußte. Eines Tages baten in Ost-Berlin zwei Herren Franz in ein anderes Dienstzimmer; dort staunte er, was alles über ihn in ihren Akten stand. Sie befragten ihn so lange und so gründlich, bis sie annahmen, nun alles zu wissen, und schließlich wurde Franz zu acht Jahren Zuchthaus verurteilt. Stahlberg, der sich in dieser Branche auskannte, sagte: Franz, so doof wie du kann doch gar keiner sein!

Sie steckten Schläuchchen auf Drähtchen, L. fragte Franz nach den Weinen der Saar und hörte von Wiltlinger Rosenberg und Serringer Vogelsang; Döppelkooken wären Puffer aus Kartoffeln, Zwiebeln, Milch und etwas Rauchfleisch, leicht gepfeffert und goldig gebraten. Italiener in den Stahlhütten der Saar, der Vergaser des Opel Kapitän, die Aufstellung des FC Kaiserslautern. Amnestie, Einkauf.

Eines Nachmittags war L. allein auf Zelle. Da wurde die

Tür aufgeschlossen und Franz taumelte herein, stürzte herein und warf sich aufs Bett, er weinte, schrie, es brüllte aus ihm heraus, das war kein Weinen mehr, es war ein Schreien aus den Gründen der Seele, so müssen Männer auf der Folterbank geschrien haben, wenn sich ihr Leib aufzulösen begann und die Seele bloßlag. L. sah den zuckenden Rücken und hörte das Schreien, krümmte sich mit wild aufschmerzendem Magen und drückte den Kopf auf die Knie, über sich das Brüllen, das ihn schlug, die Folter war geteilt. Nach einer Zeitspanne, die kein Maß hatte, wurde die Tür für Stahlberg aufgeschlossen, er fragte sofort, was los wäre, L. sagte, er wüßte es nicht, Stahlberg schrie Franz an, L. schrie Stahlberg an, aber Stahlberg riß Franz hoch, der vielleicht sonst stundenlang weitergebrüllt hätte, hielt ihn an den Schultern und schüttelte ihn, da brach das Brüllen ab, Franz hing in Stahlbergs Fäusten und sagte mit verwunderlich klarer Stimme: »Mein Junge ist tot. Er ist überfahren worden.«

Sie setzten Franz an den Tisch und sich zu ihm. Sie würden jetzt ganz für ihn da sein, sagte L. nach einer Weile, jetzt müßte Franz versuchen, sich vorzustellen, die nächste Woche ginge vorüber, der nächste Monat, es gäbe den Segen der Zeit. L. redete nicht zu leise und ahnte, daß der Tonfall wichtiger war als das Wort. Ein Wachtmeister schloß auf und fragte, ob der Strafgefangene fünfnullzwo, das war Franz, ein Telegramm aufgeben wollte. L. sagte: ja, das wolle Fünfnullzwo tun. L. schrieb: »In dieser schweren Stunde drücke ich Dir fest die Hand. Dein Franz.« Den Text las er Franz vor, der nickte noch nicht einmal. In einem halben Jahr bist du raus, Franz, sagte Stahlberg, am ersten Abend gehst du mit deiner Frau ins Bett, da macht ihr einen neuen Jungen. Hör auf mit so was, sagte L., aber Stahlberg blieb dabei: Gleich am ersten Abend ins Bett und einen neuen Jungen machen, was denn sonst. Franz, einer wie du.

Sie schmierten Stullen für Franz. Vor dem Einschluß kam der Sani mit Tabletten. Sie sagten Franz, er sollte sich sofort hinlegen, nach Minuten war er eingeschlafen. Am Morgen zog Stahlberg ihn hoch. Nun wasch dich mal richtig, heh, Franz!

Sie steckten Schläuchchen auf Drähtchen und redeten über Amnestie, Hausklatsch, Sport, Einkauf. Ein Kalfaktor schmuggelte Zigaretten aus einer Nebenzelle: für Franz. Sie spielten Franz intaktes Knastleben vor, und der Miesling war in diesen Tagen gar nicht so mies. Nach Tagen redete Franz brockenweise wieder mit.

Eine Woche später wurden sie getrennt. L. sah Franz noch auf dem Korridor und im Kino, gesprochen haben sie nicht wieder miteinander.

Im Herbst 1965 schrieb Franz von der Saar nach Leipzig: Ein halbes Jahr hätte er inzwischen in der Bundesrepublik hinter Gittern verbracht, auch der Bundesnachrichtendienst hatte seinen Part zu klären. Endlich sei er daheim, es ginge ihm gut, was sollte er schicken? L. schrieb, daß er sich freute für Franz, und auch ihm ginge es inzwischen gut. Vielleicht verschwand dieser Brief, vielleicht die Antwort darauf; die Verbindung riß ab.

1975 schrieb L. eine Geschichte, »Löffel-Franz«. In der DDR fand er keinen Verleger dafür, so wurde sie 1979 in der Bundesrepublik gedruckt. Eine Zeitlang hoffte L., Franz würde sich melden. Dann erfuhr er von einem anderen ehemaligen Mithäftling, Franz sei einige Jahre zuvor gestorben. Im Brief stand die klassische Knastformulierung: »Franz hat seinen Löffel längst abgegeben.«

XV.

Abschied von den Gittern

I

13. Mai 1964. Aus den Lautsprechern wie immer: »Strafgefangene, Nachtruhe beenden! Fertigmachen zum Aufschluß! Ich wiederhole...« Er schlug die Decken zurück, drüben auf das Dach des Gerichts knallte die Sonne, noch ein Jahr, Junge, dann können dich alle! Das Jahr kriegst du noch rum, dann spazierst du ins Maienlicht! Noch ein Jahr, dann haste die Scheiße hinter dir und bist nicht mehr 23/59, sondern wieder Loest, *Herr Loest*, wenn ich bitten darf! Wasserkanne rein, Kaffee rein, er wusch sich, schmierte Leberwurst und Senf aufs Brot, schnitzelte eine Knoblauchzehe darüber. Klappern im Bau, Zellen wurden aufgeschlossen, Knastalltag begann, oben auf der Zweiten nahmen sie die Arbeit rein, die ganz Verrückten fingen schon an, Tonkammern zu stecken, Drähte zu biegen, Schrauben mit Unterlegscheiben zu bestücken, Stößel zu entgraten. Alles das hatte er selbst irgendwann mal gefront. Haarscharf ein Jahr noch: Wirst dir kein Bein rausreißen! Rechts an die Wand donnerte er, links, brüllte aus dem Fenster: »Fritze, Felix! Ein Jahr noch!« Indianergeschrei von beiden Seiten. Allerhand nahm er sich vor für dieses Jahr: Keine Strümpfe mehr stopfen, die fünf Paar runterreißen. Keine einzige freiwillige Überstunde. Messerscharf die Norm erfüllen, kein Prozent darüber. Und Bambule bei jedem Dreck! Das Wort Bambule hatten die Hallenser eingeschleppt, es hieß Krach, Stunk und war vom Unterweltswort zum Allerweltswort geworden. Bambule!

Um sieben nahm er sein Material in die Zelle. Ständer, Drähte, Spulen, er kannte den Motortyp und die Norm, kalkulierte: Gegen drei konnte er fertig sein, wenn er die

Mittagspause nicht über anderthalb Stunden ausdehnte. Dann blieben zwei Stunden aufzuräumen, zu kehren, sich zu waschen. Vielleicht steckte der Kalfaktor schon gegen vier die Zeitung durch den Spion. Kein Wachtmeister würde ihn aufscheuchen, 23/59 machte der Polizei keinen Ärger, ein Verhältnis von gegenseitiger Nichteinmischung hatte sich eingespielt, denn auch ein Wachtmeister ist froh, wenn er seine Schicht ohne Krawall über die Runden bringt.

23/59 lag wieder mal seit vier Monaten in Einzelhaft, insgesamt hatte er nun zweieinhalb Jahre Soloknast hinter sich, kannte dessen Vorteile und Nachteile, und manchmal meinte er, daß er bald wieder unter Kumpel müßte, sonst drehte er durch. Immerhin: Hin und wieder quatschte er in der Freistunde oder beim Baden paar Worte, die richtige harte Einzelhaft war das auch nicht mehr. Vor fünf, vor vier Jahren, da war Knast noch was!

Er liebte einen flotten Start. Ein Motor fünfdreisechs stand auf dem Bock, sein Lieblingstyp, von dem er fünf schaffte, wenn er sich ins Zeug legte, von dem er heute drei bauen und damit die Norm erfüllen würde. Er begann sein Liederrepertoire herunterzupfeifen, die Wanderliederserie, Lieder aus der Kitschkiste, Schlager seiner Jugend, klassischen Jazz. Damit konnte er die zwei Stunden bis zum Frühstück rumbringen. Wieder wurde aufgeschlossen, der Kalfaktor pilgerte mit der Kaffeekanne von Tür zu Tür. Eine Viertelstunde leistete sich 23/59 zum zweiten Frühstück, schnipselte die zweite Knoblauchzehe des Tages aufs Brot, schwelgte wieder in Blutwurst und Senf. Dann schiffte er und stellte mit Behagen fest, wie prachtvoll der Urin nach Knoblauch stank; er erwog, die Tagesration von vier auf sechs Zehen zu steigern. Die Wäsche stank, Urin und Scheiße stanken, die Zelle stank, die Wachtmeister öffneten die Tür zur Meldung nur noch einen Spalt und zogen stöhnend ab. Wie wär's, wenn er einen Gestankrekord erzielte, von dem alle noch nach Jahren sangen und sagten? 23/59, der größte Knoblauchstinker aller Zeiten von Bautzen II. Knoblauchbambule!

Zehn Uhr ungefähr, da rasselte zu unplanmäßiger Zeit der Schlüssel, Oberleutnant Seele stand in der Tür, lächelte mild, nahm mild die Meldung entgegen, sagte mit mildester Stimme: »Kommen Sie doch mal mit vor zu mir.« 23/59 fuhr in die Schuhe, da sah Seele, daß in den Socken an den Fersen und unter den Ballen nichts mehr war, daß das Gebilde nur noch unter dem Spann von einem Steg zusammengehalten wurde, und mahnte väterlich: »Na, die Socken könnten Sie ja mal stopfen!«

»Hat keinen Zweck mehr«, sagte 23/59 über die Schulter, »die sind sowieso hin.«

»Aber vielleicht könnten Sie sie tauschen.«

»Das schon.« Er kannte diesen Ton, der dem Oberleutnant allerlei zarte Spitznamen eingetragen hatte: der Pfarrer, Hochwürden – schließlich hatte sich »Oberleutnant Seele« durchgesetzt. Seele war ein Gelehrtentyp mit goldgerandeter Brille und teilnahmsvoller Stimme, er löste den Uhu ab, den sehnigen Hasser. Skeptiker warnten, daß beide natürlich derselben Firma dienten. Durch eine Gittertür geleitete der Anstaltsleiter seinen stinkenden Häftling, schloß die Tür zum Dienstzimmer auf, bot Platz so weit wie möglich vom Schreibtisch entfernt an; ehe er sich setzte, öffnete er vorsorglich das Fenster. Die übliche Spannung lag über 23/59, was Seele wohl von ihm wollte, aber in allem und jedem war dieser Gedanke drin: Ein Jahr noch, wer will denn jetzt noch was von dir, wer kann dir noch!

»Ich möchte mich ganz offen mit Ihnen unterhalten. Als Sie hierherkamen, hatten wir den Eindruck, Sie seien ein vorbildlicher Strafgefangener. Ihre Einstellung zur Arbeit, Ihre Disziplin – es gab nichts auszusetzen. Dann haben Sie erschreckend nachgelassen. Woran liegt das?«

Auf diesen Augenblick hatte sich 23/59 in unzähligen Stunden vorbereitet, hatte die große Lüge durchgespielt und eine Anzahl von Halbwahrheiten und Taktiken. Jetzt war alle Berechnung weg, er sah die Möglichkeit, wenigstens einmal in diesem Haus seine Überzeugung kundzutun. Und so entwickelte er, mit welcher Absicht er hierhergekommen war: Alle Verbitterung hatte er hinunterschlucken wollen, hatte nur ein Ziel gekannt: Nicht anecken, alles tun, um so schnell wie möglich herauszukommen. »Aber dann«, sagte er, »spürte ich die unbilligen Härten, dann wurde ich krank.« Einen Augenblick lang wurde er sich bewußt, was das hieß: Wir wollen ganz offen miteinander reden. Das hieß, er sollte auspacken, das hieß nicht, daß auch Seele das Visier hob. Aber es war wie ein Rausch, zu sagen: Dieses Fressen, schließlich war ich zu Zuchthaus verurteilt und nicht auch noch zu Kohldampf. Nach zweitausend Tagen zum erstenmal die Gelegenheit, ein winziger Martin Luther zu sein: Hier sitze ich im Knast, ich kann auch anders reden, aber ich will nicht anders, Sie haben Macht über mich, aber wenn Sie mich schon fragen: Das, was Sie wahrscheinlich meist hören, diesmal hören Sie es nicht. 23/59, in gestreiften Klamotten, hatte keine andere Freiheit außer dieser, zu sagen, was er dachte, und die kostete er aus. »Dann kam ich in Einzelhaft und wußte nicht warum, Entlassungsgesuche meiner Frau wurden abgelehnt, ich wurde mit den widerwärtigsten Schweinen zusammengesperrt, und dann«, er mußte auf den Kern kommen, »veranstaltete Chruschtschow seinen zweiundzwanzigsten Parteitag. Da las ich so wunderbare Sätze, daß niemand für von der Parteilinie abweichende Ansichten gerichtlich bestraft werden dürfe.« Seele unterbrach nicht, seine Augen waren hinter der goldgefaßten Brille nicht zu erkennen. Jetzt schrieb man das Jahr vierundsechzig, entwickelte L., da lebte in Berlin ein Professor Havemann, der der Parteilinie widersprechende Meinungen nicht nur äußerte, sondern in westdeutschen Zeitungen publizierte. »Das alles geht meilenweit über das hinaus, was wir gedacht und geredet hatten. Aber ich sitze hier in dieser elenden Zelle da hinten, wo der Müllhaufen zum Fenster reinstinkt, mache meine Freistunde allein in diesem Käfterchen da unten mit mehr Hundedreck als Gras. Hochverrat«, fiel ihm ein, »das war ja früher wohl das, was man heute als Staatsverrat bezeichnet. Ich habe bei Bebel gelesen, wie froh er war, als das Kaiserreich den Hochverratsparagraphen präsizierte: Hochverräter war, wer einen *gewaltsamen* Umsturz *versuchte*. Von Gewalt war bei uns nie die Rede, auch nicht von Umsturz. Und das wissen Sie ganz genau.«

Zum erstenmal, leise, schaltete sich Seele ein: Man müßte die Umstände betrachten, in der diese Gedanken gefaßt und geäußert worden wären, eine Zeit der Wirren, der Gefahr. Ungarn! Und man könnte, was die Sowjetunion tat, nicht mechanisch mit den Notwendigkeiten der Deutschen Demokratischen Republik gleichsetzen, die Sowjetunion sei ein riesiges, stabiles Land, die DDR ränge vorgeschoben Aug in Aug mit dem Klassenfeind. Und was den Paragraphen 13 beträfe... Da saß 23/59 auf großem Pferd und unterbrach respektlos: Den Paragraphen 13 habe ihm bisher noch niemand vorgelesen. Die Vernehmer hätten ihn vertröstet: Der Rechtsanwalt würde ihn in Kenntnis setzen. Der Rechtsanwalt aber hätte ihm, so hätte er nach und nach erfahren, den Paragraphen 19 vorgelesen, ihn also böswillig getäuscht. Da verzog sich Seeles Gesicht ärgerlich, er stand auf, machte ein paar Schritte auf einen Schrank zu. Auf halbem Weg blieb er stehen, kehrte um, und 23/59 spielte seinen nächsten Trumpf aus: »Noch niemals in meiner Haft hat mir jemand den Paragraphen vorgelesen, nach dem ich verurteilt worden bin.« Triumph aller Triumphe: »Und ich sehe, auch Sie tun's nicht.«

Atempause. Seele sortierte seine Argumente um, bedächtig begann er. Einsicht, wenn auch noch so späte Einsicht in das Staatsgefährdende der damaligen Ansichten und Absichten wäre natürlich Voraussetzung für vorfristige Haftentlassung. »Ich entscheide darüber nicht allein. Aber bei Ihrer jetzigen Einstellung kann ich es nicht verantworten, eine Entlassung zu befürworten. Außerdem: Mit derartigen Ansichten erschweren Sie sich auch Ihre eigene Entwicklung. Ich weiß nicht, ob Sie wieder als Schriftsteller tätig sein wollen.«

»Ausschließlich.«

»Sehen Sie!« Und Seele breitete aus, was er vom Bitterfelder Weg gehört hatte, vom Ingenieur der menschlichen Seele, von den aktuellen Anforderungen an den Schriftsteller: Auf gleicher Position mit dem Lenker und Leiter gesellschaftlicher und wirtschaftlicher Prozesse sollte er stehen. »Mit dem jetzigen Bewußtsein können Sie dem unmöglich gerecht werden!« Wieder beharrte L. auf seinem Standpunkt: Die Praxis im Fall Havemann vertrüge sich nicht mit der Praxis im Fall L., Havemann müßte ins Zuchthaus oder L. hinaus. Wenn 23/59 zu diesem Zeitpunkt gewußt hätte, daß seine Frau anderthalb Jahre vorher einen Brief des Staatsanwalts aus Halle erhalten hatte, in dem ein Gnadengesuch abgelehnt worden war, hätte er noch ganz anders aufgetrumpft. Am 3.12.1962 hatte Mach geschrieben:

»Die von uns vorgenommene Prüfung auf der Grundlage einer gewissenhaft im Kollektiv der Vollzugsanstalt beratenen Einschätzung des Entwicklungsstandes Ihres Mannes ergab jedoch, daß eine bedingte Strafaussetzung im gegenwärtigen Zeitpunkt nicht vertretbar ist. Die Arbeitsleistungen Ihres Mannes im Strafvollzug entsprechen den Anforderungen. Er erhielt dafür die entsprechende Anerkennung. Sie werden jedoch verstehen, daß wir bei der Art der strafbaren Handlung Ihres Mannes im Verlauf des Strafvollzugs besonderen Wert nicht allein nur auf Arbeitsleistung legen können. Im Verlauf der Haft soll vielmehr auch eine Einsicht in die Gesellschaftsgefährlichkeit seiner Verbrechen bei ihm erreicht werden. Anhand konkreter Fakten mußten wir feststellen, daß weder diese Tateinsicht bisher vorliegt, noch Ihr Mann das Vertrauen der Anstaltsleitung, in einem größeren Kollektiv zu arbeiten, rechtfertigte. Seine Äußerungen zeigen, daß die Schwankungen in seiner Führung nicht auf die Sorge um seine Familie zurückzuführen sind. Solche zeitweiligen Depressionen sind uns bekannt und würden einem Strafgefangenen nie zu seinen Ungunsten angerechnet werden, sondern die Vollzugsorgane sind bemüht, beim Erkennen derartiger Erscheinungen dem betreffenden Menschen zu helfen. Als Ursache des jetzigen Verhaltens Ihres

Mannes muß dagegen seine bereits bei Begehung seiner strafbaren Handlung zum Ausdruck gekommene feindliche Einstellung zur sozialistischen Gesellschaftsordnung in der DDR angesehen werden.«

Diesen Brief sollte L. erst nach seiner Entlassung vorfinden. Im anderen Fall hätte er gestritten: Mit wem hat denn wohl diese kollektive Beratung stattgefunden, und was sind das für konkrete Fakten gewesen? Spitzelberichte! Aber auch so bereitete der Angriff Genuß. »Heute in einem Jahr hab ich alles hinter mir.« Genuß, nicht bittend zu fragen wie fast jeder Häftling auf diesem Stuhl: Bestand die Möglichkeit vorfristiger Entlassung? »Ein Jahr noch, und wenn Sie mich da hinten in diesem stinkigen Loch lassen, haben Sie in mir bald einen zweiten Essen-Willy, dann gibt's bei jeder Gelegenheit Krach!«

Da hob Seele die Hände: Das wollte er auf keinen Fall! Essen-Willy, er wußte, wer gemeint war, Willy Kraft aus Essen, der, wenn die Zelle aufgeschlossen wurde, nicht die vorgeschriebene Meldung schnurrte, sondern schrie: »Freiheit für Willy Kraft!« Der auf eine Mauer zwischen den Freistundenhöfen geklettert war und dem Wachtmeister zugerufen hatte: »Sheriff! Schieß doch!« Der demonstrativ den Kinosaal während des »Augenzeugen« verlassen und erklärt hatte, er nähme es nicht hin, daß sein Bundeskanzler beleidigt würde. »Das wollen wir auf keinen Fall!« wiederholte Seele und lächelte mild. »Wie stellen Sie sich den Rest Ihrer Strafe vor?«

»Ooch, am liebsten wär mir, ich säß mit drei oder vier Mann an einem Tisch, wir hätten 'ne Montagearbeit und könnten uns in aller Ruhe unterhalten.«

»Da hab ich was für Sie!« Klemmbretter für Motoren sollten künftig halbautomatisch hergestellt werden; wenn es so weit war, wollte er an 23/59 denken. Dann wieder: 23/59 sollte das Strafbare seiner Handlung *einsehen,* und L. wiederholte seine Argumente von der Gewalt und dem XXII. Parteitag, und Seele zeigte sich betrübt, daß seine gütigen

Worte so gar nicht auf fruchtbaren Boden fielen. Schließlich endete das Gespräch mit einem Gentleman's Agreement: 23/59 versprach, darüber *nachdenken zu wollen,* ob seine Ansichten nicht womöglich doch strafbar gewesen wären, und Seele sicherte noch einmal zu, ihn, sobald die neue Klemmbrettproduktion anlief, dort einzusetzen.

Er wurde in seine Zelle zurückgebracht, pfiff ein Potpourri aus fröhlichen Melodien, trommelte mit Träufelstäben den Takt. Keine Sekunde lang bereute er, nicht taktisch klug geheuchelt zu haben. Keinen Kompromiß mehr! Nur zwei Motore träufelte er an diesem Tag, dehnte die Mittagspause aus, lag auf dem Bett und pennte ein Stündchen.

Maitage: Die Blutbuchen jenseits der Mauer standen in tiefem Rot, von der Schule herüber klang Kindergeschrei. Nachts wühlte vor dem Zellenfenster ein Wachhund im Müllhaufen, klapperte in seiner trostlosen Langeweile mit Blechbüchsen. 23/59 brüllte hinaus, der Köter stob davon. Windböen rissen in dem Schacht zwischen den Mauern Papier hoch und hielten es minutenlang in der Luft. Beim Baden trafen manchmal zwei, drei Häftlinge zusammen und unterhielten sich ungeniert. Einer, den sie »Ami« nannten, erzählte von ungeheuerlichen Protestbriefen, die er an den Generalstaatsanwalt geschrieben haben wollte. Die Nachrichten des ›Neuen Deutschland‹ wurden ausgewertet; war die Zeit für eine Amnestie am 15. Jahrestag der DDR günstig? Der Ami: »Die DDR muß endlich was tun!« Fritze, Felix und L., die ihr Straf-Ende in greifbarer Nähe sahen, nickten, dachten: Lebenslängliche argumentierten immer so.

Drei Wochen lang rührte sich nichts von dem, was Seele zugesichert hatte. 23/59 merkte, wie die Einzelhaft an seinen Nerven zerrte. Einmal brach er mit einem Wachtmeister einen Krach vom Zaun, weil der ihm eine zusätzliche Kanne Wasser verweigerte. Das war sonst nicht L.s Stil, hinterher pendelte er eine Stunde lang in seiner Zelle und zwang die Erregung nieder. Er erfüllte seine Norm nicht mehr, wartete darauf, daß jemand ihn deshalb zur Rede stellte. Dann wollte er ein Faß aufmachen, auf das miserable Licht an seinem Arbeitsplatz schimpfen, der auch sein Eßplatz war, auf den Unterschied zur Arbeit im halbwegs modern eingerichteten Träufelraum und den Manufakturbedingungen in der Wohnzelle. Bambule! Einen Beschwerdebrief schrieb er an den Staatsanwalt über den Müllhaufen vor seinem Fenster, als er damit fertig war, dachte er: Drehst du allmählich durch? Ein paar Tage lang brüllte Essen-Willy bei jedem Aufschluß: »Freiheit für Willy Kraft!« Dann herrschte dort Ruhe, und Neptun flüsterte durch den Spion, Essen-Willy hätte der Anstaltsleitung versprochen, vier Wochen lang keinen Lärm mehr zu schlagen, und hätte dafür seine Bücher wiederbekommen, auch sein Lehrbuch für Italienisch. Mein Gott, dachte 23/59, wenn vor vier, fünf Jahren sich einer diese Zicken geleistet hätte, wäre er für einundzwanzig Tage in den Bau marschiert und so fix und fertig herausgekommen, daß ihm für das nächste halbe Jahr die Lust zu jedem Aufmucken vergangen wäre. Und er formulierte, was sie, die Alten, den Jungen hinrieben: Jetzt machte Knast beinahe Spaß. Baute die DDR wirklich ihr Justizwesen um, räumte sie Steine aus dem Weg zur völkerrechtlichen Anerkennung? Waren diese Änderungen Zeichen behutsamer, schrittweiser Entstalinisierung, sah so der Weg aus, den er und seine Freunde im Galopp hatten hinter sich bringen wollen?

Er las viel in dieser Zeit, er suchte im ›Neuen Deutschland‹ nach Nachrichten, die auf eine Entspannung der Weltlage hinwiesen. Im Kopf bastelte er an einem Filmszenarium, und wie jedes Jahr im Sommer stellte er beim Generalstaatsanwalt den Antrag auf Schreibgenehmigung, wobei er nicht die geringste Hoffnung hatte. Aber er wollte nicht, daß irgendwann jemand sagen konnte: »Wir dachten, Sie *wollten* gar nicht mehr schreiben!«

In diesen Tagen erreichte die Versorgung einen traumhaften Höhepunkt. Im Keller wurde ein Raum als Laden eingerichtet, der Koch stand hinter einer Tafel und verkaufte Wurst und Obst, Kuchen und Brötchen, Konserven und Bonbons, Brühwürfel und Seife, Haarwasser und Bratheringe. Jeder Häftling erhielt eine Karte mit Wertabschnitten, die beim Einkauf gelocht wurden, an jedem Wochenende pilgerte der Häftling hinunter, wählte aus und trug in die heimische Zelle, was das Herz begehrte. Die Wachtmeister schauten nicht hin, wenn sich vor dem Laden ein Trüppchen bildete, und hörten nicht aufs Basargeschwätz: Wie geht's dir, Junge? Spion und Dieb, Faschist und Kommunist gaben sich die Hand, der Totschläger fragte den Grenzverletzer: In welcher Brigade biste? Was machen deine Hämorrhoiden? Im Knast soll ein Chor gebildet werden, du kriegst die Tür nicht zu! Die da redeten, hatten elf, acht, sieben, fünf Jahre Knast hinter sich, manche kannten sich noch aus Brandenburg, Haus II, das im Herbst 1956 über Nacht geräumt worden war, als britische Abgeordnete angefragt hatten: Es soll da ein Schweigehaus geben, dessen Insassen mit Kapuzen über den Hof geführt werden. In einer einzigen Nacht waren in konzentriertem Einsatz aller Grünen Minnas der DDR an die mehr als hundert Spitzenhäftlinge von Brandenburg hierher gekarrt worden, und die staunenden Labourleute hatten einen friedlichen Knast vorgefunden mit freundlich grinsenden Ladendieben und Scheckfälschern. Die hier kauften und schwatzten, kannten sich aus hundert Situationen, sie konnten sich blind aufeinander verlassen. Jungstrafer standen im gebührenden Respekt dabei. Ist klar, Jungs, zu Weihnachten sind wir alle zu Hause!

Fürwahr, es war eine gute Zeit. Gegen zwanzig Mark durfte er im Monat umsetzen und tat es mit Bedacht. Von den mittäglichen Pellkartoffeln hob er einige auf, schnipselte einen Salat zurecht mit Zwiebel, Senf, Apfel, Gurke, er speicherte sechs Büchsen Fisch, sechs Gläser Wurst unter dem Bett, denn wie hätte er dem Frieden trauen sollen?

2

Dann hieß es wieder, zum zwanzigstenmal: »Packen Se Ihre Sachn!« und 23/59 zog um und fand sich mit Klemmbrett-Ewald auf Zelle. Ewald war der Kleinste des Hauses, ein

Berliner von hundertfünfzig Zentimeter Größe, eine Groß-
schnauze, ein tapferer Mann am Ende seiner Nervenkraft,
als Spion des amerikanischen Geheimdienstes zu lebenslan-
gem Zuchthaus verurteilt, seit neun Jahren in Haft, davon
acht allein. Ewald schleppte einen Wust von Zeug an, sieben
Decken statt drei, kurze Unterhosen, Badeschuhe und als
Clou ein Nachtmützchen. Ewald hatte es sich angewöhnt,
jede Tätigkeit endlos auszudehnen, so tötete er mit dem
abendlichen Waschen drei Stunden. Eng war der Raum, auf
dem sich die beiden Knastindividualisten einrichten mußten,
sie rieben sich, bauten Gewohnheiten ab, ein Vierteljahr
aßen und schliefen und kackten sie auf engstem Raum und
krachten sich nicht ein einziges Mal. Als die Polizei Ewald
vier von seinen Decken wegnehmen wollte, schmiß er sein
Gelumpe auf den Gang und schrie, sie sollten ihn doch
erschießen, dann sei alles gleich zu Ende, er habe seine Ruhe
und sie seien ihn los. Da redete der Schichtführer begütigend
auf ihn ein, und am Ende behielt Ewald fünf Decken. L. saß
derweil auf seiner Pritsche und zitterte am ganzen Körper.
Wenn er jetzt seine Klamotten hinterherschmiß, wäre das
Meuterei.

Abends erzählten sie sich ihre Geschichten. Ewald war
Elektriker in Karlshorst in der sowjetischen Kommandantur
gewesen, er hatte ein winziges Mikrofon und einen winzigen
Sender in den Kronleuchter eines Sitzungssaals eingebaut,
über Monate hinweg war jedes Gespräch vom amerikanischen Geheimdienst mitgehört worden. Ein paar hundert
Westmark hatte er dafür kassiert und schließlich lebenslan-
ges Zuchthaus. Seine Frau hatte sich scheiden lassen und
seinen Freund geheiratet, vier Kinder hatten wieder einen
Vater, und Ewald war überzeugt, seine Frau hätte das so
richtig gemacht. Und L. erzählte wieder einmal seine
Geschichte, verknappt, auf einen Kern gebracht. Manchmal
hatte er aus Bosheit oder Alberei seinen Report mit der
Blödheit begonnen, die Staatsanwalt Mach an die Spitze
seiner Anklage gesetzt hatte: »Ich wollte die Regierung
stürzen.« Da war es still geworden, da hatten sie aufge-

horcht um ihn herum, hatten gefragt, welchen *Posten* L. denn hätte ergattern wollen, denn wozu stürzte man eine Regierung, wenn man nicht an die Krippe wollte? Da hatte L. gesponnen, Harich hätte Erster Sekretär der SED werden wollen und Janka Ministerpräsident, Just Außenminister und Lehmann Präsident der Akademie, und L. habe sich herzlich auf das Amt eines Staatssekretärs für Kirchenfragen gefreut. Da hatten die meisten gemerkt, daß L. sie auf den Arm nahm, und die Klügsten hatten geargwöhnt, daß er sich nicht über sie lustig machte, sondern über die, die ihn eingelocht hatten. Ganz gewiß war die muntere Story alsbald in die Ohren der Anstaltsleitung gesickert, und Oberleutnant Seele hatte sicherlich gefunden, daß der wenig botmäßig war, der solches ersann.

Seele hielt Wort: Fünf Mann montierten an einem Karusselltisch, das waren Ewald Hollek, Fritz Stahlberg, Achmed aus Damaskus, Essen-Willy und L. Achmed, syrischer Student in Westberlin und Mitglied einer Organisation, die DDR-Bürger durch die Mauer geschleust hatte, genoß eine Sonderstellung: Sein Vater war Generalstaatsanwalt von Syrien, seine Mutter schickte ungeheuerliche Pakete mit Fressalien, der Koch bereitete ihm eine Sonderverpflegung ohne Schweinefleisch: Steak und Bratkartoffeln in Öl. Bisher hatte Achmed noch jeden Brigadier zusammengeschlagen. Zu den vorgeschriebenen Zeiten kniete er auf einer Zeitung nieder, wendete sein Gesicht gen Osten und stimmte seine Gesänge an. Alle Schätze des Orients teilte er mit jedem. Willy Kraft, ein junger Bergbauingenieur, hatte sich gerade diesen Streich geleistet: Die Zeitung durfte nur einen Tag lang behalten werden, Willy aber hatte sich ein »Archiv« anlegen wollen, nach zwei Wochen wurde dies entdeckt, und Willy erhielt den Auftrag, am nächsten Morgen das Bündel abzuliefern. Da stopfte er alles ins Klo und rief zum Kalfaktor hinaus, der sollte spülen. Der Spülhahn war vor der Zelle, der Kalfaktor drehte auf, das Klo patschte über. Willy hockte sich aufs Bett und sah fröhlich der Überschwemmung zu. Das Wasser stieg, und erst als es durch die Ritze unter der Tür hinausdrang, wurde die Schweinerei bemerkt. Brüllerei von beiden Seiten – am nächsten Tag wurde Willy zu uns verlegt.

Diese fünf arbeiteten, wie sie wollten. L. als Linkshänder mit gewöhnter rechter Hand konnte beidhändig Drähte und Schrauben auflegen, so war er das As der Truppe. Trotzdem schafften sie nie die Norm, niemand raunzte sie deswegen an. Jeden Tag rechnete L. aus: Noch dreihundertundsechsundfünfzig Tage, noch dreihundertfünfzig. Er hütete sich, zu Ewald ein Wort in dieser Richtung fallenzulassen, das wäre grausam gewesen einem Lebenslänglichen gegenüber. Da wußten sie beide nicht, daß auch Ewald noch in diesem Jahr freikommen würde. Er, der Ostberliner, ließ sich nach Westberlin entlassen, wurde Angestellter beim Senat in der Wohnraumstatistik, heiratete eine junge Frau, kaufte ein Reitpferd, segelte und schwamm, im Urlaub tauchte er an spanischen und israelischen Küsten. Hin und wieder schickte er einen Reisebericht mit phantastischen Fotos, auch regelmäßig Westberliner Briefmarken, und neun Jahre nach dem Knast telefonierten sie eines Nachts eine Viertelstunde lang zwischen Westberlin und Leipzig, und L.s Stimme war heiser vor Aufregung und Glück. Einmal fanden auf Umwegen zwei Recorder-Kassetten den Weg, drei Stunden lang erzählte Ewald in einem bundesdeutschen Sanatoriumszimmer seinem alten Kumpel von Tauchabenteuern und einem siegreichen Karatekampf gegen vier räuberische Beduinen am Roten Meer.

Sie besaßen eine sonderbare Position in der Hierarchie der Strafanstalt Bautzen II, dieses intimen Knastchens, das vom großen Zuchthaus, genannt »Gelbes Elend«, durch Straßen und Häuser und Gärten getrennt ist. L. fuhr die Strecke in der Grünen Minna zu ärztlichen Untersuchungen und einmal zu einem Krankenhausaufenthalt von vier Wochen seiner Magen- und Darmgeschwüre wegen, er spähte während der Fahrt durch die Schlitze auf Bäume und Menschen, von diesem Anblick zehrte er wochenlang. Die Strafanstalt Bautzen II gehörte zu einem Komplex, in dem auch Staatsanwaltschaft, Kreisgericht, Staatssicherheit und Kreispolizeiamt untergebracht waren; L. nannte dieses Ensemble das Gerechtigkeitskombinat. Dieser Knast war als Untersuchungshaftanstalt gebaut worden, bestand aus vielen Einmann- und wenigen Viermannzellen, er war in der Zeit, in der L. hier einsaß, wie es im Gerichtsdeutsch heißt, mit hundertzwanzig bis hundertsechzig Häftlingen belegt, meist waren zwei in einer Einzelzelle konserviert. Da waren Agenten westlicher Geheimdienste, die in öffentlichen Prozessen an den Pranger gestellt worden waren, der zum Tode verurteilte und begnadigte Max Held zum Beispiel, da hockte DDR-Prominenz mit dem abgestürzten Außenminister Dertinger und dem ZK-Landwirtschaftsexperten Viehweg, da schmorten ehemalige Angehörige des Ministeriums für Staatssicherheit, Verräter und Diebe, und einer hatte im Streit mit einem Handkantenschlag seine Braut umgebracht. Jetzt sahen sie sich alle gleich, aber ihre Stellung war verschieden. An der Spitze standen die Kalfaktoren, fast alle gewesene Staatssicherheitsoffiziere, sie wohnten auf einem Flügel für sich und hatten ein Aquarium auf dem Korridor, durften Uhren tragen und jeden Abend zum Fernsehen in den Saal hinaufsteigen, sie bewegten sich ungehindert im Haus und duschten, sooft sie wollten. Beim Essenausgeben sicherten sie sich die besten Brocken, sie verwalteten die Wäsche und wischten und bohnerten, arbeiteten hart zehn Stunden lang am Tag und meldeten ihren Herren alles, was diese wissen oder nicht wissen wollten. Nach Monaten der Demut und Angst in der U-Haft waren ihre Blicke wieder spähend und ihre Stimmen selbstsicher geworden, es gab wieder andere, die unter ihnen standen. Von ähnlichem Schrot und Schrott waren die Brigadiere. Die meisten Häftlinge wohnten zu zweit auf Zelle und rückten jeden Tag zur Arbeit ab, wo sie mit zehn oder zwanzig anderen zusammen waren, sie spielten zwei- bis dreimal in der Woche eine halbe Stunde Volleyball, kamen ein- bis zweimal wöchentlich in den Genuß des Fernsehens und sahen alle vierzehn Tage einen Film. Wenn sie besonders ranklotzten, zahlte paradoxerweise weder die Anstalt noch der Betrieb die Prämie, sondern die Ehefrau; sie durfte dem Fleißigen ein Paket schicken. Das war 1964 so, in den Jahren vorher hatte es bescheidener ausgesehen.

Jungs, haut ran! Manchmal fuhren die fünf unter Gebrüll eine Rekordschicht. Ob sie die Norm erfüllten, war ihnen schnuppe, und als Essen-Willy einen mit lebensnahen Beispielen gespickten Vortrag begann, daß der verrückt *wurde,* der verrückt spielte, stoppten sie ihr Karussell und debattierten den Fall gründlich zu Ende. Sie sahen sich als die Harten, denen keiner mehr konnte, und die Kalfaktoren behandelten sie mit kühlem Respekt.

Sommer war, in der Freistunde streckte L. im Hof sein Gesicht in die Sonne. Die Blutbuchen wechselten ins Grün hinüber, Düsenjäger krachten durch die lichte Mauer am Himmel. Zeitschriften durften abonniert werden, ›Eulenspiegel‹ und ›Fußballwoche‹. L. wechselte von Knoblauch zu Zwiebel über und stank nicht weniger als vorher, nur anders. Leider war Ewald kein Schachpartner.

Wenn sie friedlich zusammensaßen und Schläuche auf Drähtchen steckten, fragte auch mal einer: »Erich, und Harich war *wirklich* euer Anführer, das Arschloch?« Da mußte L. ausholen und erklären, er habe Harich vor dem Knast nie gesehen und hier nur im Kino, Harich habe als Schöpfer schillernder Ideen gegolten, aber vor Gericht habe er eine klägliche Rolle gespielt und alle Freunde, Walter Janka vor allem, hineingerissen, und dann wurden wieder diese Geschichten erzählt, die im Hause umgingen: Harich hatte Vitaminpillen verschrieben bekommen, der Sani-Kalfaktor hatte ihm drei Pillen durch den Spion geschoben und laut gesagt: »Ich gebe Ihnen *eine* Pille«, denn eine Pille täglich hatte Harich zugestanden. Und der Philosoph, der große Intellektuelle, hatte diesen Kalfaktor verpfiffen der guten Tat wegen: Er mißbrauchte sein Amt. Der Kalfaktor war abgelöst worden. Auch das: Ein Kalfaktor hatte gehört, wie ein Wachtmeister, genannt Gartenzwerg, zu einem anderen gesagt hatte: »Ich kontrolliere dann die Wasserkan-

nen, und bei wem sie dreckig sind, der geht nicht ins Kino.«
Da war der Kalfaktor von Spion zu Spion geflitzt und hatte
geflüstert: »Wasserkannen saubermachen, Gartenzwerg
kontrolliert!« Als sich der Wachtmeister die Kannen zeigen
ließ, herrschte eitel Freude. Bis er zu Harich kam, denn der
schiß den Kalfaktor an: »Dieser Mann hat überall gewarnt!
Kalfaktor zu sein ist doch eine Vertrauensstellung, Herr
Wachtmeister, und da...« Gartenzwerg hatte ohne ein Wort
die Zellentür geschlossen und war davongegangen, diese
Denunziation war ihm nun doch zu dreckig. »Und dieses
Schwein«, sagte Stahlberg-Fritze, »war euer Chef?«

Da grübelte L. nach, und schließlich fand er eine Antwort:
Harich als *Theoretiker* dachte alles bis ans Ende durch, und
da hatte er das *Prinzip Kalfaktor* gefunden; ein Kalfaktor
hatte einen Auftrag und eine Funktion, und wenn er sie
verletzte, tat ihm das im Innersten weh. Womöglich sank er
nicht wegen kleinen Vorteils unter das Niveau eines Ganoven hinab – Biermann schrieb später, nicht einmal Diebe,
Zuhälter und Schwiegermuttermörder würden Harich die
Hand geben –, sondern um hehrer gedanklicher Klarheit
willen. Da sagte Fritze mit der Logik eines klugen Bäckers:
»Selbst wenn du recht haben solltest, Erich – so ein *Spinner*
war euer Chef?«

Neptun kam herein, der Kalfaktor, ehemals mit allzeit
bereiter Kanone des Wirtschaftsfunktionärs Rau persönlicher Beschützer. Neptun tat und berichtete für eine Zigarette fast alles, diesmal hatte er eine brandneue Nachricht:
Winfried Esch war nicht mehr im Haus, seine Klamotten
lagen in einer Effektenkammer, Neptun hatte sie sortiert,
Winne Esch, Häftling seit elf Jahren mit fünfzehn Lenzen
auf dem Buckel, hatte diesen Knast verlassen! Mensch,
staunten die fünf, und schon streckte einer Neptun eine
Lulle hin, der grapschte zu und paffte gierig und wiederholte
seine Meldung, jede Einzelheit wendend: Im Hemd und in
den Socken stand Winnes Nummer, 1164/56, kein Zweifel.
Also war Winne in Zivil fortgebracht worden, vielleicht,
vielleicht zur Entlassung. Da blieb den fünf, die das hörten,

gar keine Zeit, sich über Winnes mögliches Glück zu freuen, denn sofort schoß in ihnen der Gedanke hoch: Wenn Winne draußen ist, hab auch ich eine Chance, dann kommt wirklich zum 15. Gründungstag der DDR eine Amnestie, und Winne ist der erste! Winfried Esch, Fotograf, aus Ostberlin nach Westberlin übergewechselt. Ein paar seiner tausend Fotos waren um die Welt gegangen: Ein FDJ-Landsknechtstrommler vom Deutschlandtreffen, darunter die alten Gedichtzeilen vom Trommlerbuben, der die Trommel gut schlüge und nichts vom Lieben und Sterben wüßte. Nach des Generalissimus Tod hatte Winne in der Stalinallee den dicken Hintern einer Volkspolizistin abgelichtet, die, auf einer Leiter stehend, Trauerflor um ein Straßenschild wand. Und dann hatte er einen Abzug lanciert, der alte, kranke Stalin auf seinem letzten Parteitag, als Nahaufnahmen schon nicht mehr gestattet waren, das Foto hatte er von jemandem bekommen, der es wieder von einem bekommen hatte aus Karlshorst, dem sowjetischen Hauptquartier, darüber redete Winne auch jetzt nicht. Ein kalter Fotokrieger also, ins Garn gegangen, guter Kumpel, der was zu erzählen hatte. Und jetzt, jetzt war er vielleicht draußen, drüben.

Miserabel blieb die Arbeitsleistung an diesem Tag. Abends lagen die fünf auf ihren Strohsäcken und dachten an sich und Winne und ihre Frauen und Kinder daheim. Eine Amnestie war am Tag ihrer Verkündung schon unter Dach und Fach, eine Amnestie brauchte Wochen und Tage, und vielleicht lief sie jetzt im Juli an.

Am nächsten Tag brach Krach auf zwischen Achmed und Ewald aus nichtigstem Grund, die Nerven rissen, Ewald stieß die Fäuste hoch und schwor, er würde Achmed zermalmen im nächsten Augenblick, er brüllte: »Ich will dir sagen, was du bist, ein kleiner Halsschrei!« Da wälzten sich Fritze und L. vor Lachen, das Gewitter verzog sich, sie setzten ihr Karussell wieder in Gang und jagten mit dem Schrauber die Muttern fest. Besondere Farbmuster für die Schläuche sollten sie wählen, aber dazu hatten sie keine Lust, heute rot und morgen blau. War Winne schon jetzt in Westberlin?

Mittags faßten sie Suppe aus dem Gewächs der Saison, Spinat, vielleicht mit Spuren von gebratenem Speck; Achmed teilte sein Steak und die öligen Bratkartoffeln diesmal mit Ewald. Unter Achmeds Bett standen Kartons mit arabischen Leckereien, übersüßen Früchtekuchen, Marzipan, Gläser mit Oliven, und Achmed hatte immer wieder gesagt: Was mir gehört, gehört euch allen. Aber L. konnte nicht zugreifen, sein Magen schmerzte schon, wenn er nur hinschaute. Der Arzt hatte ihm zugesichert: Wenn Sie operiert werden wollen, brauchen Sie's nur zu sagen. Aber L. hoffte, er könne sich in Freiheit aufschneiden lassen, mit Blumen auf dem Nachtschrank von Annelies. Wenn die Schmerzen zu stark waren, kniete er sich auf die Dielen und stützte die Ellbogen auf. Manchmal ließ dann der Krampf nach einer Viertelstunde nach.

Sie erzählten sich Geschichten – im Laufe ihrer Jahre waren ein paar hundert Schicksale an ihre Ohren gedrungen. Uraltstory: Der Mann, der beschuldigt worden war, den großen Sendesaal im Berliner Rundfunkgebäude in Brand gesteckt zu haben, der schon zugegeben hatte, er sei es gewesen, in allen Zeitungen hatte es gestanden, und dann hatte er das Gegenteil bewiesen. Sieben Jahre wegen Irreführung der Behörden. Uraltstory: Der Mann, der zu dreizehn Jahren verurteilt worden war und im Schlußwort um 15 gebeten hatte, denn dann ginge er gerade in Rente, und warum sollte er sich lappiger zweier Jahre wegen erst wieder um Arbeit bemühen? Taufrisch: Tunneldieter, der von Westberlin aus einen Tunnel unter die Mauer gegraben hatte, um seine Braut zu holen, der in eine MP-Garbe hineingelaufen war, man sah es noch an einer Narbe an der Wange. Ein paar Jahre später hingen in Leipzig Plakate, die vor einem gefährlichen Rechtsbrecher warnten, äußeres Kennzeichen: Narbe auf der Wange. Da hatte es Tunneldieter fertig gebracht, sich durch Bautzens dicke Mauern zu graben, in einer Gartenlaube hatten sie ihn eine Woche später halbverhungert wieder geschnappt. Alte Geschichte: Hast du den Fischer gekannt, der Westagenten über Tiefen,

Strömungen, Schilfgürtel und Gründe der Gewässer von Berlin detailliert unterrichtet hatte? Ein paar Westmark dafür und zwölf Jahre Knast. Zu ihm hatte sein Rechtsanwalt nach der Verhandlung gesagt: »Zugegeben, zwölf Jahre klingen unangenehm, aber es gibt ja Amnestien. Im übrigen darf ich mich wohl verabschieden.« Und dieser Jurist aus Westberlin, der die heimliche Brücke zwischen Außenminister Dertinger und westlichen Diplomaten geschlagen hatte. Dreizehn Jahre. Ach, und Jack Volante, das gewaltigste Großmaul des Hauses, der Kommandant eines sowjetischen Kriegsgefangenenlagers ebenso gewesen sein wollte wie Testflieger für V-Waffen, dessen Bruder Ritterkreuzträger der Nachtjäger gewesen sein sollte, dessen Braut selbstverständlich Fotomodell wäre, der drei Autos jetzt noch besäße und dessen Schäferhund eben wieder einen Preis gewonnen hätte. Der angebliche Briefe seiner Mutter, in denen das und vieles mehr stand, an sich selbst schrieb und herumzeigte, aber leider machte die Mutter, eine verdiente Ärztin des Volkes, erstaunliche orthographische Fehler. Jack Volante, der sieben Onkels allein mütterlicherseits zu besitzen vorgab, einer wäre Farmer in Texas, einer Kapitän in Norwegen, ein anderer in der französischen Atomforschung, aber über den dürfte Jack nicht sprechen. Er selbst säße im Knast, weil er als Hauptmann der Kasernierten Volkspolizei am 17. Juni 1953 seine Truppe auf eigene Verantwortung in den Kampf um den Potsdamer Platz geworfen hatte, ihm wäre die Rettung der DDR zu verdanken, aber er hätte einen Befehl mißachtet, tja, so war das. Jack Volante, der Mann mit den fürchterlichsten Schweißfüßen. Und Benno, der Pole, der als Froschmann durch die Oder geschwommen war, lebenslänglich. Ein SS-General, lebenslänglich, der behauptete, die Kommunisten hätten den Kalender um drei Tage verschoben, aber ihn legten sie nicht aufs Kreuz!

Und das versicherten alle: Wenn wir entlassen werden, nischt wie auf den Bahnhof und in den Wartesaal rein und an die Theke und dann ein Bier, Junge, das erste Bier wird zischen. Und einer sagte: Dann quasselt ihr los, und sie haben euch gleich wieder am Arsch. Erst mal hundert Kilometer fort.

Eines Abends, trotz Amnestiehektik, sagte dann L. doch zum Sani-Kalfaktor: »Doktor, bitte wetzen Sie das Messer.« Gut, er wolle es dem Häftlingsarzt mitteilen; vier, vielleicht sechs Wochen könnte es bis zur Operation dauern. Ein guter Entschluß, lobte Stahlberg, der es wissen mußte, er war den Zwölffingerdarm und zwei Drittel des Magens längst los; ihm schmeckten Achmeds übersüße Spezereien.

3

Schlüssel im Schloß, ein Wachtmeister öffnete: »Komm Se!« Da war es Nachmittags gegen drei, das Klemmbrett-Karussell drehte sich mäßig. »Runter ans Gitter.« Also zur Anstaltsleitung.

Seele saß hinterm Schreibtisch. »Nehmen Sie Platz«, und nachdem 23/59 das getan hatte: »Wie kommen Sie mit der Arbeit zurecht?«

»Ooch, geht ganz gut.« L. redete von fehlenden Schrauben, weswegen sie in Verzug gekommen seien. »Aber allzu sehr interessiert mich das nicht, ich werde nämlich in der nächsten Zeit operiert.«

»Wo?« fragte Seele scheinheilig.

»Im Haftkrankenhaus.« Wo sonst?

»Das glaub ich nicht.«

Darauf erwiderte L. nichts, er kannte solche Tastereien, Theatereien bis zum Speien. Das glaub ich nicht – was für ein Spielchen trieb Seele da?

»Daß Sie operiert werden, glaub ich schon, aber nicht im Haftkrankenhaus.«

Und wieder schwieg der steinalte Häftling, auf schwankende Brückchen ging er nicht, er bereitete Seele nicht das Vergnügen, kopfüber ins Wasser zu purzeln, würzte ihm den grauen Anstaltsleiteralltag keineswegs mit Verblüffung und

Tolpatscherei. Und so mußte Seele herausrücken: »Sie werden nämlich noch diese Woche entlassen.« Auch das nahm 23/59 ohne Wimpernzucken hin, ohne Ausruf oder Jauchzer.

»Da gibt es allerhand zu tun!« nun war Seele ganz Geschäftigkeit, »gehen Sie mal mit dem Wachtmeister mit, Sie müssen einiges unterschreiben.«

»Komm grade von Arbeit, hab dreckige Hände.«

»Da können Sie sich gleich hier waschen.« Und 23/59 wusch sich mit der Seife des Anstaltsleiters und trocknete sich an dessen Handtuch ab.

Der Wachtmeister war jung, befangen. Daten fragte er ab: Name, geboren dann und dort, Beruf, Familienstand. Entlassungsort?

»Leipzig.«

Wollte der freundliche Wachtmeister etwas andeuten, das er nicht formulieren durfte? »Ich möchte keine Dinge berühren, die mich nichts angehen, aber – nach sieben Jahren könnte es ja sein, daß Entfremdung zwischen Ihrer Familie und Ihnen – deshalb frage ich...«

»Nein, bei uns ist alles in Ordnung.«

Ein Blick. »Also ich schreib hin: Leipzig?«

»Ja.« Später erfuhr L. aus Briefen von Mithäftlingen, daß er in dieser Sekunde auch hätte sagen können: Westberlin, Hamburg, Köln, München, dann wäre er dorthin entlassen worden. Aber er war froh, daß er in diese Versuchung nicht geführt worden war, denn der Wachtmeister hätte ihm gewiß nicht garantieren können, daß seine Familie nachkommen dürfte. Zwiespalt blieb ihm erspart, er dachte in diesen Minuten überhaupt nur: In zwei, drei Tagen bist du bei Annelies und den Kindern, in der Oststraße in Leipzig.

»Ihr Berufswunsch?«

»Schriftsteller.«

Dann hopphopp hinauf in die Zelle, Sachen packen, denn gleich war Feierabend, und L. sollte keinem Kumpel mehr die frohe Botschaft vermelden können. Jetzt schnell Schüssel, Teller, Zahnbürste und Handtuch in die Decke geschlagen. Zwei Gläser mit Pflaumen, ein halbes Glas Senf und sieben Zwiebeln blieben für Ewald, Fischbüchsen und Wurstgläser nahm er mit, Bündel über die Schulter geworfen und hinunter in die Abgangszelle, in eine kleine Isolation noch. Jetzt war Dienstag, also würde wohl Donnerstag werden, ein Tag würde bestimmt für die Formalitäten gebraucht. Der Chefkalfaktor fragte milde, ob 23/59 warmes Wasser wünschte, eine ganze Kanne vielleicht. Stille war hier unten im Seitenflügel, leise schloß der Wachtmeister. Der Abschied von den Gittern begann.

Bislang hatte L. leidlich geschlafen in sieben Jahren, in dieser Nacht hörte er vom Schuldach jeden Viertelstundenschlag. Er lag wach und rechnete aus, wie viele Tage er hinter Gittern zugebracht hatte, es waren mehr als zweitausendfünfhundert. Er hätte gern gewußt, ob all das einen Sinn gehabt hatte, beginnend mit dem Grübeln und Debattieren nach dem XX. Parteitag, der Eifer und der Genuß des Engagements, Rechthaberei und Starrköpfigkeit, das Unvermögen, einzulenken. Die Haftzeit hatte seinen Kindern eine böse Jugend beschert und ihnen Kerben geschlagen, die sich vermutlich nicht glätten würden. Sieben Jahre fehlten im Leben und in der Arbeit – fehlten sie? Sein Magen war nur noch ein Dreck, und er wußte nicht, daß ein Jahr später der große Chirurg Uebermuth den Kopf schütteln würde: Sie haben Löcher drin, durch die man die Faust stecken kann! In dieser Nacht versuchte er herauszufinden, ob neben allem Leid und aller zerstörten Zeit auch etwas Positives war. Er war Dutzenden Menschen begegnet, die er sonst nie getroffen hätte, hatte unglaubliche Geschichten gehört, um die ihn Schriftstellerkollegen später beneiden sollten. Er kannte miese Deserteure und große Hasardspieler, rüde Burschen und Feiglinge, und maß die eigenen Grenzen genauer als vorher. Das wog nicht auf, aber was dann? In den Jahren danach hörte er manchmal, durch seine sieben Jahre seien ein paar Dutzend Funktionäre zum Nachdenken gezwungen worden, sie hätten begriffen, daß man so einen politischen Fall nicht lösen, so mit den eigenen Leuten nicht umgehen dürfe. Natürlich, seinen Roman »Schattenboxen« hätte er ohne Bautzner Erfahrung nie geschrieben. »Etappe Rom« und »Kein Mann für diese Welt« sind Knastgeschichten – ohne seinen Umweg über Bautzen hätte er natürlich andere Erlebnisse gehabt, sie hätten ihn zu freundlicheren Stoffen geführt. Wenn etwas auf der Plusseite notiert werden konnte, dann allenfalls, daß am Fall L. so augenfällig demonstriert worden war, daß diese Methode irrsinnig, inhuman und unsozialistisch war und jedes Licht scheuen mußte. Wenn es so war, daß einige von denen, die für diesen Prozeß verantwortlich waren, argwöhnten, daß so ein Feind des Sozialismus nicht aussah, dann hatte der Fall L. ein Quentchen Nutzen gebracht. Objektivität setzt sich aus Millionen von Subjektivitäten zusammen – ohne diese sieben Jahre, so dachte er, während er auf dem Strohsack lag und eine Kirchenuhr jede Viertelstunde schlagen hörte, wäre die objektive Entwicklung genauso verlaufen, vielleicht um eine Hundertstelsekunde langsamer. Unbändig freute er sich aufs Schreiben, und einen Tag später setzte er sich wirklich früh um fünf an die Tasten. Unauffällig wollte er leben, sich aus politischen Querelen heraushalten – das stand er im großen und ganzen fünfzehn Jahre lang durch, dann krachte es wieder. Die Memoiren des Waldemar Naß und den liegengebliebenen SS-Roman wollte er beenden, es gab Arbeit genug. Nicht an das Vergangene rühren – und er kam doch Jahre später zu der Ansicht und äußerte sie: Die Regierung der DDR habe seine Frau, seine Kinder, seine Schwiegereltern und seinen Vater und schließlich ihn selbst um Vergebung zu bitten. Natürlich tat sie das nie.

Am Morgen des 25. September 1964 rasselten zum letztenmal die Schlüssel. »Komm Se!«

23/59 kam.

Dieses Buch entstand von 1972 an in zögernden Versuchen, einzelne Zeitabschnitte zu fixieren; das Sichern von Erinnerungen war dabei wichtiger als der Gedanke an Publikation. Seit 1975 erschienen Kapitel in Zeitschriften und Erzählungsbänden. Diese Fassung wurde 1981 abgeschlossen.